普通高等教育电工电子基础课程系列教材

电 路 基 础

第 2 版

陈炳煌　陈佳新　编

机 械 工 业 出 版 社

本书全面系统地论述了电路理论和电路分析的知识。全书分为 14 章，内容包括电路模型和电路定律、电路的分析计算法（等效变换法、电路方程法、电路定理法）、正弦稳态电路的分析、耦合电感电路的分析、电路的频率响应、三相电路、非正弦周期电路的稳态分析、线性动态电路的时域分析、线性动态电路的复频域分析、二端口网络、电路方程的矩阵形式、非线性电路，书后附录部分对 Multisim 做了简要介绍。

本书内容详略得当、基本概念清晰、分析方法讲解透彻、难易度适中，方便学生自学和教师施教。本书可作为高等学校"电路"课程的教材，也可作为相关行业领域工程技术人员和科技工作者的参考资料。

图书在版编目（CIP）数据

电路基础/陈炳煌，陈佳新编. —2 版. —北京：机械工业出版社，2024.4
（2025.6 重印）
普通高等教育电工电子基础课程系列教材
ISBN 978-7-111-75322-3

Ⅰ.①电… Ⅱ.①陈…②陈… Ⅲ.①电路理论 – 高等学校 – 教材
Ⅳ.①TM13

中国国家版本馆 CIP 数据核字（2024）第 052364 号

机械工业出版社（北京市百万庄大街 22 号　邮政编码 100037）
策划编辑：路乙达　　　　　责任编辑：路乙达
责任校对：张爱妮　张　征　　封面设计：张　静
责任印制：常天培
河北虎彩印刷有限公司印刷
2025 年 6 月第 2 版第 2 次印刷
184mm×260mm・19.25 印张・476 千字
标准书号：ISBN 978-7-111-75322-3
定价：59.80 元

电话服务　　　　　　　　　网络服务
客服电话：010-88361066　　机　工　官　网：www.cmpbook.com
　　　　　010-88379833　　机　工　官　博：weibo.com/cmp1952
　　　　　010-68326294　　金　书　网：www.golden-book.com
封底无防伪标均为盗版　　　机工教育服务网：www.cmpedu.com

第 2 版前言

本书是依据教育部工科基础课程教学指导委员会 2019 年制定的《"电路理论基础"课程教学基本要求》和《"电路分析基础"课程教学基本要求》，2020 年教育部印发的《高等学校课程思政建设指导纲要》，以及贯彻落实《中共中央关于认真学习宣传贯彻党的二十大精神的决定》，推动党的二十大精神进教材，结合本书第 1 版 2014 年 12 月出版以来的教学实践，以及高等学校电类理工科应用型人才培养的需求修订而成的。

（1）为了深化教育领域综合改革，深入贯彻党的二十大精神，教材编写坚持以习近平新时代中国特色社会主义思想为指导，教材中增加了思想政治教育的内容，让教材承担好育人的责任，引导学生进行创新性思考，深刻理解和把握新时代的奋斗目标，为建设中国式现代化国家谱写新的篇章。

（2）电路的分析计算法（等效变换法、电路方程法、电路定理法），都将"含受控电源电路"的分析计算单独列为一节进行分析，方便根据教学需要进行取舍，这样更有利于掌握电路的基础理论知识、分析计算的基本方法。

（3）补充、修订了教材中的例题、习题。

（4）为方便学生学习"电路"课程，增加了讲课视频，学生可扫二维码进行自学。

本书可作为高等学校电类专业相关课程的教材，也可作为相关行业领域工程技术人员和科技工作者的重要参考资料。在编写过程中，作者学习和借鉴了大量有关的参考资料，在此向所有资料的编写者们表示深深的感谢。

本书由福建理工大学（原福建工程学院）的陈炳煌、陈佳新编写。书中第 1~5、8、13 章及附录由陈炳煌修订，第 6、7、9~12、14 章由陈佳新修订，全书由陈佳新最后统稿并定稿。

受编者学识水平所限，书中难免有错漏或不妥之处，恳请广大读者在使用过程中提出宝贵意见。编者邮箱：chenbh@fjut.edu.cn。

绪论

编者

第1版前言

电路理论是一门研究网络分析和网络综合或设计的基础工程学科,是电类各专业共同的理论基础。电路理论与电磁学、电子科学与技术、通信、电气工程、自动控制、计算机科学技术等学科相互促进、相互影响。经历了一个多世纪的漫长道路以后,电路理论已经发展成为一门体系完整、逻辑严密、具有强大生命力的学科领域。

人类随着自身能力的发展,从长期的生产生活和科学研究中逐渐认识到,电能的产生、传输、分配和使用要比其他能源更方便,因此电能成为目前人们利用的主要能源形式。发电、输电和配电必须要借助电路完成,这种电路形式构成了电力系统。对信号的传输,人们寻求了各种方法,从19世纪初开始的有线电报、电话,以及发展到现在的无线通信和互联网,这些技术的实现都离不开电路。同时,信号处理的研究也是建立在电路理论应用的基础之上的。

从20世纪30年代开始,电路理论已成为一门独立的学科,陆续建立了各种元器件的电路模型,成功地运用电阻、电容、电感、电压源、电流源等几种理想元件近似地表征了成千上万种实际电气装置,发表了叠加定理、戴维南定理、诺顿定理、互易定理等线性电路的重要定理,引入了复数和拉普拉斯变换等数学工具,解决了正弦稳态和电路瞬态的分析计算和综合设计问题。到20世纪50年代末,电路理论在学术体系上基本完善,这一发展阶段称为经典电路理论阶段。在20世纪60年代以后,电路理论又经历了一次重大的改革,这一变革的主要起源是新型电路元件的出现和计算机的冲击,电路理论无论在深度和广度方面均得到巨大的发展。因此,又称20世纪60年代以后的电路理论为近代电路理论。

"电路"课程是高等学校电子与电气信息类专业重要的基础课。该课程对培养学生电路的基础知识、基本能力和综合素质具有其他任何电类课程都不能替代的重要作用,对实现专业人才培养目标具有承上启下的关键作用,其教学质量和水平的高低将直接对专业课程的学习和人才培养产生重大而深远的影响。

"电路"课程的逻辑性较强,主要研究线性电路的基本理论、基本定律、基本概念以及基本分析计算方法,并通过实例、例题和习题来说明理论的实际应用,以加深对理论的掌握和理解,同时了解电路理论的发展。学生通过本课程的学习,可以掌握线性电路的基础理论知识和分析电路计算的基本方法,初步掌握计算机仿真软件的使用方法;为学习专业知识和从事工程技术工作打好必需的理论基础,逐步培养起科学思维能力,提高分析问题和解决问题的能力。"电路"课程的内容多、知识点多。学习过程不会一帆风顺,只要我们坚持自信自立,踔厉奋发、勇毅前行,努力掌握知识,一定能在建设中国特色社会主义现代化中做出贡献。

学生通过"电路"课程的学习,可获得电工、电子技术及电气控制等领域必要的基本理论、基本知识和基本技能,获得电工与电子技术的基本分析方法和应用技巧,并培养初步的实践能力。电路分析的方法不同,难易不同,因此要选择合适的分析方法,平时要坚持守正创新,与时俱进。

本书从适应高等学校电类理工科应用型人才培养的需求出发,力求以尽可能少的学时阐明电路的基本内容。编者在多年教学改革与实践的基础上，结合应用型人才的培养要求，吸收当前一些改革教材中的先进经验编写了本书，在课程内容的选择上，重点突出基本概念、基本理论、基本原理和基本分析方法，尽量减少过于复杂的分析与计算，强调知识的渐进性，兼顾知识的系统性和学科体系的完整性，注重理论联系实际、时代特色鲜明，同时体现近年来电工电子技术领域出现的新技术。

全书分为14章，内容包括电路模型和电路定律、电路的分析计算法（等效变换法、电路方程法、电路定理法）、正弦稳态电路的分析、耦合电感电路的分析、电路的频率响应、三相电路、非正弦周期电路的稳态分析、线性动态电路的时域分析、线性动态电路的复频域分析、二端口网络、电路方程的矩阵形式、非线性电路，书后附录部分对Multisim做了简要介绍。本书力求知识简明，概念清晰，条理清楚，讲解到位，插图规范，易教易学。教学中可根据教学对象和学时等具体情况对书中的内容进行删减和组合，也可适当进行扩充。

本书可作为高等学校电类专业相关课程的教材，也可作为相关行业领域工程技术人员和科技工作者的重要参考资料。在编写过程中，编者学习和借鉴了大量有关的参考资料，在此向所有资料的编写者们表示深深的感谢。

本书由福建工程学院的陈炳煌、陈佳新编写。书中第1~5、8、13章及附录由陈炳煌编写，第6、7、9~12、14章由陈佳新编写，全书由陈佳新最后统稿并定稿。福州大学的蔡金锭教授仔细审阅了书稿并提出了宝贵的修改意见，谨致以诚挚谢意。

受编者学识水平所限，书中难免有错漏或不妥之处，恳请广大读者在使用过程中提出宝贵意见。

编者

目　　录

第 2 版前言
第 1 版前言
第 1 章　电路模型和电路定律 ……………1
 1.1　电路和电路模型 …………………1
  1.1.1　电路的作用及组成 …………1
  1.1.2　电路模型 ……………………2
  1.1.3　集总参数电路 ………………2
 1.2　电流和电压的参考方向 …………3
  1.2.1　电流 …………………………3
  1.2.2　电压 …………………………3
  1.2.3　电位 …………………………5
 1.3　电功率和能量 ……………………6
 1.4　电路元件 …………………………7
  1.4.1　独立电源 ……………………8
  1.4.2　受控电源 …………………10
  1.4.3　电阻元件 …………………11
  1.4.4　电感元件 …………………12
  1.4.5　电容元件 …………………13
  1.4.6　运算放大器 ………………16
 1.5　基尔霍夫定律 …………………17
  1.5.1　基尔霍夫电流定律 ………18
  1.5.2　基尔霍夫电压定律 ………18
 习题 ……………………………………20
第 2 章　电路的分析计算法之一——
   等效变换法 …………………24
 2.1　电路等效变换的概念 …………24
 2.2　无源网络的等效变换 …………25
  2.2.1　电阻的串联和并联 ………25
  2.2.2　电容的串联和并联 ………27
  2.2.3　电感的串联和并联 ………28
  2.2.4　Y－△网络的等效变换 …29
 2.3　含有独立电源电路的等效变换 …31
  2.3.1　独立电源的串联和并联 …31
  2.3.2　实际电源模型及其等效变换 …32

 2.4　等效变换法分析含受控电源的电路 …34
  2.4.1　无源网络的输入电阻 ……34
  2.4.2　含受控电源电路的等效变换 …36
 习题 ……………………………………37
第 3 章　电路的分析计算法之二——电路
   方程法 …………………………41
 3.1　支路电流法 ……………………41
  3.1.1　基本思路 …………………41
  3.1.2　分析步骤及要点 …………42
 3.2　回路（网孔）电流法 …………43
  3.2.1　基本思路 …………………44
  3.2.2　分析步骤及要点 …………45
 3.3　节点电压法 ……………………47
  3.3.1　基本思路 …………………47
  3.3.2　分析步骤及要点 …………48
  3.3.3　弥尔曼定理 ………………49
  3.3.4　含有理想运算放大器电路的
     分析 …………………………50
 3.4　电路方程法分析含受控电源的电路 …51
  3.4.1　基本思路 …………………51
  3.4.2　应用指导及要点 …………51
 习题 ……………………………………52
第 4 章　电路的分析计算法之三——电路
   定理法 …………………………56
 4.1　叠加定理 ………………………56
  4.1.1　叠加定理 …………………56
  4.1.2　应用指导及要点 …………57
  4.1.3　齐性定理 …………………58
 4.2　戴维南定理和诺顿定理 ………59
  4.2.1　戴维南定理 ………………60
  4.2.2　诺顿定理 …………………60
  4.2.3　应用指导及要点 …………61
 4.3　最大功率传输定理 ……………62
  4.3.1　最大功率的传输条件 ……62

4.3.2 匹配条件下的传输效率 ………… 63
4.4 电路定理法分析含受控电源的电路 … 64
　4.4.1 基本思路 ………………… 64
　4.4.2 应用指导及要点 …………… 64
4.5 互易定理 …………………………… 67
4.6 对偶原理 …………………………… 70
4.7 替代定理 …………………………… 70
习题 ……………………………………… 71

第5章　正弦稳态电路的分析 ………… 75
5.1 正弦量的基本概念 ………………… 75
　5.1.1 正弦量 ……………………… 75
　5.1.2 正弦量的有效值 …………… 77
　5.1.3 正弦量的相量表示——相量法 … 78
5.2 正弦稳态电路的相量模型 ………… 81
　5.2.1 基尔霍夫定律的相量形式 …… 81
　5.2.2 RLC元件VCR的相量形式 …… 82
5.3 正弦稳态电路的分析 ……………… 86
　5.3.1 阻抗和导纳 ………………… 86
　5.3.2 电路的相量图 ……………… 89
　5.3.3 正弦稳态电路的分析计算 …… 91
5.4 正弦稳态电路的功率 ……………… 94
　5.4.1 瞬时功率、有功功率、无功功率和视在功率 …………………… 94
　5.4.2 复功率 ……………………… 98
　5.4.3 功率因数的提高 …………… 99
5.5 最大功率传输定理 ………………… 100
习题 ……………………………………… 102

第6章　耦合电感电路的分析 ………… 106
6.1 互感 ………………………………… 106
　6.1.1 互感现象 …………………… 106
　6.1.2 互感系数和耦合因数 ……… 107
　6.1.3 耦合线圈的同名端和互感电压 ……………………………… 108
6.2 含有耦合电感电路的计算 ………… 110
　6.2.1 应用耦合电感电路模型的分析计算 ……………………… 110
　6.2.2 耦合电感的去耦等效 ……… 112
6.3 变压器 ……………………………… 117
　6.3.1 空心变压器 ………………… 117

6.3.2 理想变压器 ………………… 120
习题 ……………………………………… 123

第7章　电路的频率响应 ……………… 127
7.1 网络函数 …………………………… 127
　7.1.1 网络函数与电路的频率特性 … 127
　7.1.2 网络函数类型 ……………… 128
7.2 RLC串联电路的谐振 ……………… 129
　7.2.1 RLC串联电路的谐振条件 …… 129
　7.2.2 RLC串联谐振电路的特点 …… 130
　7.2.3 RLC串联电路的频率特性 …… 132
7.3 RLC并联电路的谐振 ……………… 136
　7.3.1 RLC并联电路的谐振 ……… 136
　7.3.2 电感线圈与电容并联电路的谐振 ……………………………… 137
7.4 滤波器简介 ………………………… 140
习题 ……………………………………… 143

第8章　三相电路 ……………………… 145
8.1 三相电路的电源和负载 …………… 145
　8.1.1 对称三相电源 ……………… 145
　8.1.2 对称三相电源及负载的连接方式 ……………………………… 146
8.2 对称三相电路的分析计算 ………… 149
　8.2.1 Y-Y联结对称三相电路的计算 … 149
　8.2.2 对称三相电路的分析计算 …… 150
8.3 不对称三相电路的概念 …………… 153
　8.3.1 三角形联结情况 …………… 153
　8.3.2 星形联结有中性线情况 …… 154
　8.3.3 星形联结无中性线情况 …… 154
8.4 三相电路的功率 …………………… 157
习题 ……………………………………… 160

第9章　非正弦周期电路的稳态分析 ……………………………………… 162
9.1 非正弦周期函数的傅里叶级数分解 ……………………………………… 162
　9.1.1 非正弦周期信号 …………… 162
　9.1.2 非正弦周期函数的傅里叶级数分解 ……………………………… 162
　9.1.3 对称周期函数的谐波分析 …… 167
9.2 非正弦周期函数的有效值和有功功率 ……………………………………… 167

9.2.1 非正弦周期函数的有效值 …… 167
9.2.2 非正弦周期函数的有功功率 … 169
9.3 非正弦周期信号激励下的稳态电路分析 …… 170
习题 …… 174

第10章 线性动态电路的时域分析 … 177

10.1 动态电路的初始条件 …… 177
10.1.1 动态电路的概念 …… 177
10.1.2 换路定则 …… 178
10.1.3 动态电路初始值的确定 …… 179
10.2 一阶电路的分析 …… 182
10.2.1 一阶电路的全响应 …… 182
10.2.2 一阶电路的零输入响应和零状态响应 …… 184
10.2.3 一阶电路暂态分析的三要素法 …… 186
10.2.4 RC 电路暂态过程的应用 …… 193
10.3 一阶电路的阶跃响应和冲激响应 …… 195
10.3.1 阶跃函数 …… 195
10.3.2 一阶电路的阶跃响应 …… 197
10.3.3 冲激函数 …… 197
10.3.4 一阶电路的冲激响应 …… 198
10.4 二阶电路的分析 …… 200
10.4.1 二阶电路的零输入响应 …… 200
10.4.2 二阶电路的零状态响应和全响应 …… 205
习题 …… 208

第11章 线性动态电路的复频域分析 … 213

11.1 拉普拉斯变换与反变换 …… 213
11.1.1 拉普拉斯变换的定义 …… 213
11.1.2 拉普拉斯变换的基本性质 …… 214
11.1.3 拉普拉斯反变换的部分分式展开 …… 217
11.2 运算电路 …… 220
11.2.1 电路元件的运算电路模型 …… 221
11.2.2 电路定律的运算形式 …… 222
11.3 线性动态电路的复频域分析——运算法 …… 224
习题 …… 228

第12章 二端口网络 … 231

12.1 二端口网络的概念 …… 231
12.2 二端口网络的方程和参数 …… 232
12.2.1 Z 参数方程和开路阻抗参数矩阵 …… 232
12.2.2 Y 参数方程和短路导纳参数矩阵 …… 234
12.2.3 T 参数方程和传输参数矩阵 … 235
12.2.4 H 参数方程和混合参数矩阵 … 237
12.3 二端口网络的等效电路 …… 238
12.3.1 用 Z 参数表征的等效电路 …… 238
12.3.2 用 Y 参数表征的等效电路 …… 239
12.4 二端口网络的连接 …… 240
12.4.1 二端口网络的级联 …… 240
12.4.2 二端口网络的并联 …… 241
12.4.3 二端口网络的串联 …… 241
12.5 二端口网络的网络函数 …… 242
12.5.1 二端口网络的策动点函数 …… 242
12.5.2 二端口网络的转移函数 …… 243
12.6 回转器和负阻抗变换器 …… 244
12.6.1 回转器 …… 244
12.6.2 负阻抗变换器 …… 245
习题 …… 246

第13章 电路方程的矩阵形式 … 249

13.1 图的概念 …… 249
13.1.1 电路的图 …… 249
13.1.2 割集 …… 250
13.2 关联矩阵、回路矩阵和割集矩阵 … 252
13.2.1 关联矩阵 …… 252
13.2.2 回路矩阵 …… 254
13.2.3 割集矩阵 …… 256
13.3 节点电压方程的矩阵形式 …… 257
13.4 回路电流方程的矩阵形式 …… 260
13.5 割集电压方程的矩阵形式 …… 261
习题 …… 262

第14章 非线性电路 … 265

14.1 非线性电路元件 …… 265
14.1.1 非线性电阻元件 …… 265
14.1.2 非线性电容元件和非线性电感元件 …… 267
14.2 非线性电阻电路的分析 …… 268

14.2.1 图解法 ………………… 268
14.2.2 解析法 ………………… 270
14.2.3 小信号分析法 …………… 271
习题 ……………………………… 272

附录 Multisim 简介 …………………… 275
习题参考答案 ……………………………… 285
参考文献 …………………………………… 298

第1章 电路模型和电路定律

课程目标：本章重点讲述有关电路的基本概念、基本元件特性和电路基本定律。通过学习，应掌握电路基本元件特性，掌握基尔霍夫定律。

思政目标：本章是全书的基础，荀子曰："不积跬步，无以至千里；不积小流，无以成江海。"通过本章的学习，同学们将感受到电气和信息技术在国家综合实力中所发挥的重要作用，树立学好专业报效祖国的远大理想，忠于职守，服务人民，努力使自己成为担当民族复兴大任的时代新人。

随着科学技术的飞速发展，现代电气电子设备的种类日益繁多，规模和结构更是日新月异，从"蛟龙号"到"天问一号"，我国科技"上天入海"，但无论怎样设计和制造，只要用到"电"，就离不开电路理论的支持。

1.1 电路和电路模型

1.1.1 电路的作用及组成

1. 电路及其组成

实际电路通常由各种电气设备和电路元器件（如电源、电阻器、电感器、电容器、变压器、二极管、晶体管、仪表等）相互连接组成。每种电路元器件都具有各自不同的电磁特性和功能。按照人们的需要，把相关电气设备和电路元器件按一定方式进行组合，就构成了一个可供电流流通的通路，即电路（Circuit）。手电筒电路、单个照明灯电路是在实际应用中较为简单的电路，而电动机电路、"北斗"卫星导航设备电路、"九章"量子计算机等电路是较为复杂的电路，但不论是简单还是复杂，电路的基本组成部分都离不开三个基本环节：电源、负载和中间环节。

电源（Source）是向电路提供电能或电信号的设备，它可以将其他形式的能量，如化学能、热能、机械能、原子能等转换为电能。在电路中，电源是"激励"，是激发和产生电流、电压（称为"响应"）的因素。负载（Load）是取用电能的设备，其作用是把电能转换为其他形式的能量（如机械能、热能、光能等）。通常，在生产与生活中经常用到的照明灯、电动机、电炉、扬声器等用电设备都是电路中的负载。中间环节在电路中起着传递电能、分配电能和控制整个电路的作用。最简单的中间环节即开关和连接导线，一个实用电路的中间环节通常还有一些保护和检测装置，复杂的中间环节可以是由许多电路元器件组成的网络系统。

在图1.1.1所示的手电筒电路中，电池作为电源，白炽灯作为负载，导线和开关作为中间环节，将白炽灯和电池连接起来。

1.1 电路和电路模型

2. 电路的种类及功能

工程应用中的实际电路，按照功能的不同可分为两大类：一是完成能量的传输、分配和转换的电路，如电力系统的电路，发电机组将其他形式的能量转换成电能，经变压器、输电线传输到各用电部门，在那里又把电能转换成光能、热能、机械能等其他形式的能量而加以使用；二是实现对电信号的传递、变换、储存和处理的电路，如收音机或电视机电路，是将接收到的电信号经过调谐、滤波、放大等环节的处理，使其成为人们所需要的其他信号。

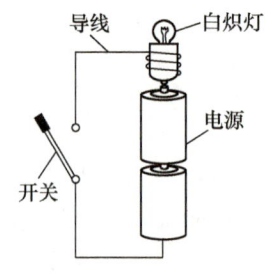

图 1.1.1　手电筒电路

1.1.2　电路模型

实际电路的电磁过程是相当复杂的，难以进行有效的分析计算。在电路理论中，为了方便实际电路的分析和计算，通常在工程实际允许的条件下对实际电路进行模型化处理，即忽略次要因素，抓住足以反映其功能的主要电磁特性，抽象出实际电路元器件的"电路模型"。例如一个实际电感线圈，在直流稳定状态下，可抽象为一个电阻；在交流低频情况下，可抽象为电阻和电感的串联；在高频情况下，还需要考虑线圈的匝间分布电容和层间分布电容，此时可抽象为电阻和电感串联后再与电容并联。

将实际电路元器件理想化而得到的只具有某种单一电磁特性的元件，称为理想电路元件，简称电路元件。每种电路元件都体现了某种基本现象，具有某种确定的电磁特性和精确的数学定义。常用的电路元件有表示将电能转换为热能的电阻元件、表示电场性质的电容元件、表示磁场性质的电感元件及电压源元件和电流源元件等，其电路符号如图 1.1.2 所示。本章后面将分别讲解这些常用的电路元件。

将由理想电路元件相互连接而组成的电路称为电路模型。在图 1.1.1 所示的手电筒电路中，电池对外提供能量的同时，内部也有电阻消耗能量，所以电池可用恒定电压源 U_S 和内电阻 R_0 的串联来表示。白炽灯除了具有消耗电能的性质（电阻性）外，在通电时还会产生磁场，具有电感性，但是电感十分微弱，可忽略不计，因此可认为白炽灯是一电阻元件，用 R_L 表示。由此，可得到图 1.1.3 所示的手电筒电路的电路模型。此后本书所涉及的电路均指由理想电路元件构成的电路模型，同时把理想电路元件简称为电路元件。

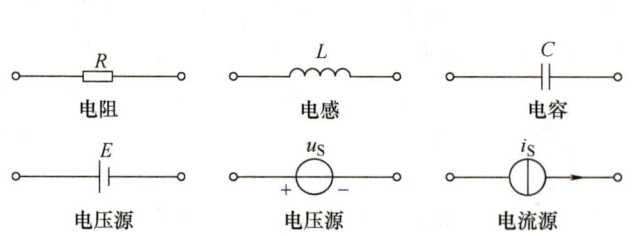

图 1.1.2　理想电路元件的符号

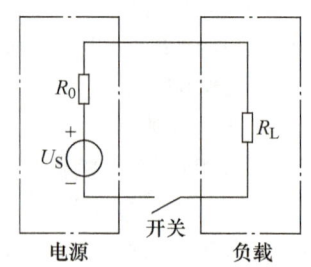

图 1.1.3　手电筒电路的电路模型

1.1.3　集总参数电路

实际电路可分为"集总参数电路"和"分布参数电路"两大类。由集总参数元件组成的电路称为集总参数电路,简称为集总电路(或集中电路)。所谓集总参数元件是:在任何时刻,流入元件任意一端的电流和元件任意端之间的电压是单值的物理量,元件有确定的电磁性质和确切的数学定义。实际电路只要符合下面的条件即可认为是集总电路:一个实际电路的整体几何尺寸远远小于该电路正常工作频率对应的信号波长。例如,音频信号频率范围为20Hz~20kHz,对应信号波长范围为$15 \sim 15 \times 10^3$km,因此实验室的常用电路完全可看成是集总电路模型。但是,对于长达数百千米的电力系统的传输电线而言,显然不能采取集总电路模型,而要用分布参数电路模型。分布参数电路模型比较复杂,描述电路的电磁量不仅是时间的函数,而且还是空间的函数。集总参数电路理论是电路的最基本理论,本书讨论的电路只限于集总参数电路。

1.2 电流和电压的参考方向

1.2.1 电流

带电粒子的定向移动形成电流。电流(Current)是单位时间内通过导体横截面的电荷量,用符号$i(t)$表示。根据定义有

$$i(t) = \frac{dq(t)}{dt} \quad (1.2.1)$$

1.2.1 电流的概念

式中,$dq(t)$为导体横截面中在dt时间内通过的电荷量。

在国际单位制(SI)中,电荷量的单位为库仑(C);时间的单位为秒(s);电流的单位为安培,简称安(A)。

如果电流的大小和方向都不随时间变化,则把这种电流称为恒定电流,简称直流(Direct Current,DC),可用符号I表示。如果电流的大小和方向都随时间变化,则把这种电流称为交变电流,简称交流(Alternating Current,AC),可用符号$i(t)$表示。

通常,习惯上将正电荷移动的方向规定为电流的正方向,也称为电流的实际方向。

以上规定了电流的实际方向,但是在进行电路分析时,电路中某个元件或某段电路的电流方向开始是未知的,因此在分析计算前需要先假定电流的参考方向。参考方向的假定可以是任意的,一般可用一个实箭头表示。如图1.2.1a所示,方框表示电路中的一个元件或一段电路,箭头由a指向b的方向,是假定流经这个元件的电流的参考方向。但流过该元件的电流的实际方向可能是由a指向b,也可能是由b指向a,也就是说,电流的参考方向与电流的实际方向要么相同,要么相反。若电流的实际方向是由a指向b,即如图1.2.1b中虚线箭头所示,它与假定的参考方向一致,则电流i为正值,即$i > 0$。在图1.2.1c中假定电流的参考方向是由b指向a,而实际方向是由a指向b,与电流i的参考方向相反,即$i < 0$。这样,在已经假定电流参考方向的情况下,电流i值的正和负,就反映了电流i的实际方向。若没有假定电流的参考方向,电流i的正值和负值就毫无意义,所以在分析电路时要预先假定电流的参考方向。

1.2.2 电压

电压(Voltage)是单位正电荷在电场力的作用下由a点移到b点时所做的功,即

$$u_{ab} = \frac{dw_{ab}}{dq} \tag{1.2.2}$$

式中，dq 为电荷由 a 点转移到 b 点的电量；dw_{ab} 为转移过程中电荷 dq 所失去的电能，单位为焦耳（J）；电压单位为伏特（V）。

1.2.2 电压的概念

单位正电荷在电场力的作用下由 a 移到 b，若消耗电能，则 a 点是高电位点，称为正极，用符号"+"表示；b 点为低电位点，称为负极，用符号"-"表示。电荷转移失去电能表现为电压降落，即电压降。通常，电路中两点之间的电压方向可用电压极性或电压降方向表示。

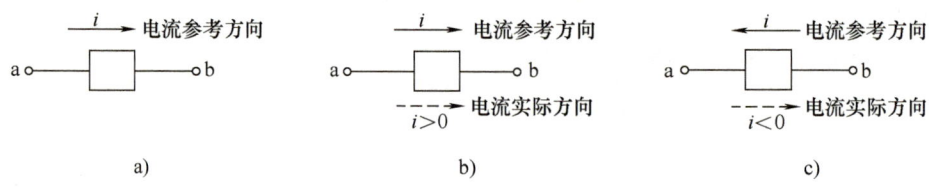

图 1.2.1 电流的参考方向

若电压的大小和极性均不随时间变动，则这样的电压称为恒定电压或直流电压，可用符号 U 表示。若电压的大小和极性均随时间变化，则称为交变电压或交流电压，用符号 $u(t)$ 表示。

电路两点之间的电压如同电流一样，在计算时也需要假定参考极性或参考方向。在图 1.2.2a 中，如果假定 a 点的电位高于 b 点的电位，则 a 点为"+"极性，b 点为"-"极性。若实际中 a 点的电位高于 b 点的电位，则电压 $u>0$，这表示元件两端的电压实际极性与参考极性相同，或者说电压实际方向与参考方向一致；如果 $u<0$，说明电压的参考方向与实际方向相反，如图 1.2.2b 所示。

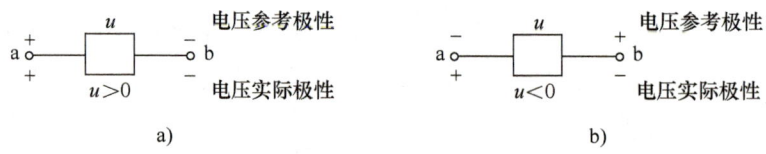

图 1.2.2 电压的参考极性

一个元件中通过的电流或端电压的参考方向可以分别任意指定，但是为了方便电路的分析，一般取电压和电流的参考方向为关联参考方向。如果假定流过元件的电流参考方向是从标有电压"+"极性的一端指向电压"-"极性的一端，即电流和电压参考方向一致，则把这种电流和电压参考方向称为关联参考方向，如图 1.2.3a 所示。当电压和电流的参考方向不一致时，称为非关联参考方向。在图 1.2.3b 中，N 表示电路的一部分，N 有两个端子与外电路相连，为二端电路，其电流 i 的参考方向是从电压的"+"极端流入二端电路，再从"-"极端流出，电流和电压参考方向一致，所以是关联参考方向。图 1.2.3c 所示的电流与电压是非关联参考方向。

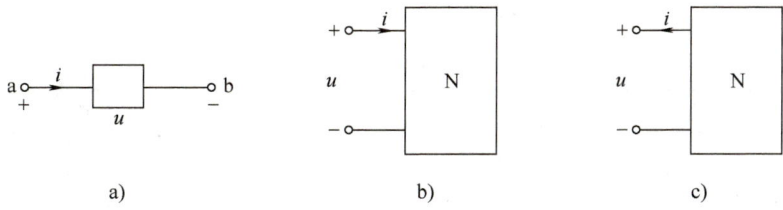

图 1.2.3　关联和非关联参考方向

1.2.3　电位

在电路中任选一点为参考点,则该电路中某一点的电位,为该点与参考点之间的电压。电位用 V 表示,也称为电势。电位和电压的单位完全相同。参考点的电位为零,也称为零电位点。在生产实践中,把地球作为零电位点,凡是机壳接地的设备,机壳电位即为零电位。有些设备或装置的机壳并不接地,而是把许多元件的公共点作为零电位点。为了方便分析问题,参考点用符号"⊥"表示,如图 1.2.4 所示,而接地点用符号"⏚"表示。电路中其他各点相对于参考点的电压就是各点的电位,因此,任意两点间的电压等于这两点的电位之差,即

1.2.3　电位的概念及例题 1

$$U_{ab} = V_a - V_b \quad (1.2.3)$$

电路中各点电位的高低是相对的,参考点不同,各点电位的高低也不同,但是电路中任意两点之间的电压与参考点的选择无关。电路中,凡是比参考点电位高的各点电位都是正电位,比参考点电位低的各点电位都是负电位。电路中,若两个点的电位相等,则为等电位点,等电位点之间的电压为零,电流不一定为零。

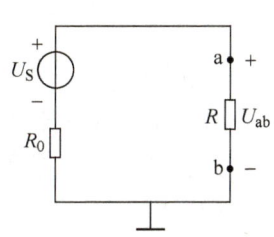

图 1.2.4　零电位示意图

【例 1.2.1】　求图 1.2.5 中 a 点的电位 V_a。

+12V　40Ω　a　20Ω

a)

+12V　50Ω　a　30Ω　-4V

b)

图 1.2.5　例 1.2.1 的图

解　对于图 1.2.5a,有

$$V_a = \frac{20}{40+20} \times 12\text{V} = 4\text{V}$$

对于图 1.2.5b,有

$$V_a = \left\{-4 + \frac{30}{50+30} \times [12-(-4)]\right\}\text{V} = 2\text{V}$$

1.2.4　例题 2

国际单位制(SI)已规定了电路变量的单位,如安(A)、伏(V)、秒(s)等。国际单位制中规定的十进制倍数和分数的单位词头见表 1.2.1。例如:

$$1 \text{ 微安}(\mu\text{A}) = 1 \times 10^{-6} \text{安}(\text{A})$$

$$5 \text{ 千伏}(\text{kV}) = 5 \times 10^{3} \text{伏}(\text{V})$$

$$2\text{毫秒}(\text{ms}) = 2 \times 10^{-3} \text{秒}(\text{s})$$

表 1.2.1　部分国际单位制倍数与分数词头

倍数	词头名称		词头符号	分数	词头名称		词头符号
	中文	原文（法）			中文	原文（法）	
10^{12}	太［拉］	tera	T	10^{-1}	分	deci	d
10^{9}	吉［咖］	giga	G	10^{-2}	厘	centi	c
10^{6}	兆	mega	M	10^{-3}	毫	milli	m
10^{3}	千	kilo	k	10^{-6}	微	micro	μ
10^{2}	百	hecto	h	10^{-9}	纳［诺］	nano	n
10	十	deca	da	10^{-12}	皮［可］	pico	p

1.3　电功率和能量

电流通过电路时传输或转换电能的速率，即单位时间内电场力所做的功，称为电功率，简称功率（Power）。数学描述为

$$p = \frac{\mathrm{d}w}{\mathrm{d}t} \tag{1.3.1}$$

1.3.1　电功率和能量

式中，p 表示功率。

在国际单位制中，功率的单位是瓦特（W），规定元件 1s 内提供或消耗 1J 能量时的功率为 1W。常用的功率单位还有千瓦（kW），1kW = 1000W。

将式（1.3.1）等号右边的分子、分母同乘以 $\mathrm{d}q$ 后，变为

$$p = \frac{\mathrm{d}w}{\mathrm{d}t} = \frac{\mathrm{d}w}{\mathrm{d}q}\frac{\mathrm{d}q}{\mathrm{d}t} = ui \tag{1.3.2}$$

可见，元件吸收或发出的功率等于元件上的电压乘以元件中的电流。

若元件的电流为直流电流 I，电压为直流电压 U，则电功率可表示为

$$P = UI \tag{1.3.3}$$

当式（1.3.2）或式（1.3.3）中的电压和电流为关联参考方向时，则 p 为元件吸收的电功率。若在某一时刻，$p > 0$，表明元件实际上吸收功率；$p < 0$，表明元件实际上提供功率或发出功率。

根据能量守恒原理，一个电路中，一部分元件或电路发出的功率一定等于其他部分元件或电路吸收的功率。或者说，整个电路的功率是守恒的。

电气设备或元件长期正常运行的电流允许值称为额定电流，其长期正常运行的电压允许值称为额定电压，额定电压和额定电流的乘积为额定功率。通常电气设备或元件的额定值标在产品的铭牌上。例如，一个白炽灯标有"220V、60W"，表示它的额定电压为 220V，额定功率为 60W。

式（1.3.1）又可写为

$$\mathrm{d}w = p\mathrm{d}t$$

在 $t_1 \sim t_2$ 的一段时间内，电路消耗的电能应为

$$w = \int_{t_1}^{t_2} p\mathrm{d}t \tag{1.3.4}$$

国际单位制中，电能的单位是焦耳（J），它表示功率为 1W 的用电设备在 1s 时间内所消耗的电能。工程实际中，还常用千瓦时（kW·h）（俗称度）作为电能单位，即

$$1\text{度} = 1\text{kW} \cdot \text{h} = 3.6 \times 10^6 \text{J}$$

【例 1.3.1】 计算图 1.3.1 所示各电路的功率。
(1) 设图 1.3.1a 中，$I = 1$A、$U = 2$V，$I = 1$A、$U = -2$V。(2) 设图 1.3.1b 中，$I = -2$A、$U = 3$V，$I = -2$A、$U = -3$V。

解 (1) 在图 1.3.1a 中，I 和 U 为关联参考方向，U 与 I 的乘积表示该元件吸收功率。

当 $I = 1$A、$U = 2$V 时

$$P = UI = 2 \times 1\text{W} = 2\text{W}$$

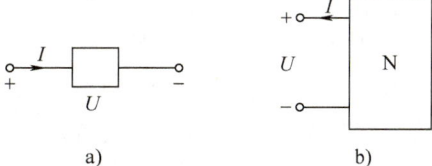

图 1.3.1 例 1.3.1 的图

计算结果为正值，表明该元件吸收 2W 功率。

当 $I = 1$A、$U = -2$V 时

$$P = UI = (-2) \times 1\text{W} = -2\text{W}$$

计算结果为负值，表明该元件发出 2W 功率。

(2) 在图 1.3.1b 中，电压和电流为非关联参考方向，U 与 I 的乘积表示该元件发出功率。

当 $I = -2$A、$U = 3$V 时

$$P = UI = 3 \times (-2)\text{W} = -6\text{W}$$

计算结果为负值，表明该元件吸收 6W 功率。

当 $I = -2$A、$U = -3$V 时

$$P = UI = (-3) \times (-2)\text{W} = 6\text{W}$$

计算结果为正值，表明该元件发出 6W 功率。

1.3.2 例题

1.4 电路元件

电路元件是构成电路的基本单元。元件按一定方式进行互连而组成电路，这种连接是通过元件端子来实现的。元件就其端子的数目而言，可分为二端元件和多端元件。具有两个以上端子的元件称为三端、四端、…、n 端元件，统称为多端元件。

元件的主要电磁特性通过端子间的有关变量来描述，不同变量间的特定关系反映了不同元件的性质。元件的这种关系可用一条曲线、一个或一组方程来表示，该曲线称为元件的特性曲线，该方程或方程组称为元件的定义（或特性）方程或方程组。通常，在电路分析中，用元件端电压与电流的关系（Voltage Current Relation，VCR）来表征元件的特性。VCR 方程也称为元件的特性方程或元件的约束方程。

1.4.1 电路元件的概念

电路元件还可以分为线性元件和非线性元件、时变元件和时不变元件、有源元件和无源

元件等。本章介绍的元件均是线性时不变元件。

1.4.1 独立电源

在组成电路的各种元件中,电源是提供电能或电信号的元件,常称为有源元件,如发电机、电池等。能够独立地向外电路提供电能的电源称为独立电源(Independent Source);不能独立地向外电路提供电能的电源称为非独立电源,又称为受控电源(Controlled Source)。本节介绍独立电源,包括电压源和电流源。

电压源和电流源是两个理想化的电路元件,它们的物理原形是实际电源,如干电池、发电机、信号源、光电池等。通常,电压源和电流源在电路中提供电能,是电源元件。

1. 电压源

电压源的定义是:一个理想二端元件,若其端电压 $u(t)$ 总保持为一个确定的值 U_S 或确定的时间函数 $u_S(t)$,而与通过它的电流 $i(t)$ 无关,则这种二端元件称为独立电压源,简称电压源。电压源的符号如图 1.4.1 所示。图中" + "" – "符号表示电压源的电压方向。

1.4.2 电压源

图 1.4.2a 所示为电压源接外电路的情况,通常取电压源的电压和电流方向为非关联参考方向。电压源的特点是:端电压 $u(t)$ 总等于 $u_S(t)$,不受外电路影响;而电压源的电流值由外电路决定,当电压源所连接的外电路不同时,流经电压源的电流也不同。

如果 $u_S(t) = U_S$ 为一直流电压,则电压源端电压 $u(t) = U_S \neq 0$,电压源的特性曲线是一条不过原点且平行于电流轴的直线,如图 1.4.2b 所示。如果电压源 $u_S(t) = 0$,则电压源相当于一条短路线,即电压源的伏安特性为 $u-i$ 平面上的电流轴。

电压源两端不允许短路,因为电压源短路时端电压 $u = 0$,这与电压源的特性不相容。

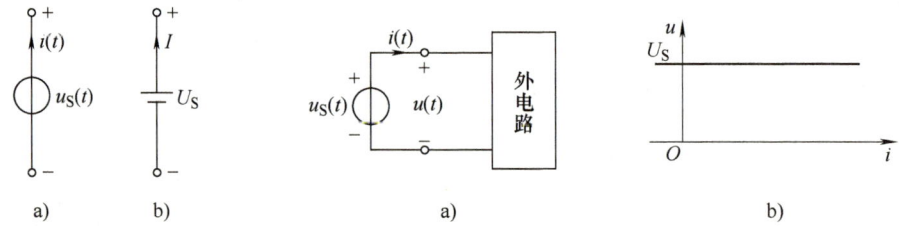

图 1.4.1 电压源的符号　　图 1.4.2 电压源外特性

在图 1.4.2a 所示的参考方向下,电压源发出的功率为

$$p(t) = u_S(t)i(t) \tag{1.4.1}$$

电压源流过的电流不是由它本身所确定的,而是由与之连接的外电路来决定的。电流可以从不同的方向流过电压源,因此电压源既可以对外电路发出功率,也可以从外电路吸收功率。

2. 电流源

电流源的定义是:一个理想二端元件,若其提供的电流总保持为一个确定的值 I_S 或确定的时间函数 $i_S(t)$,而与其端电压 $u(t)$ 无关,电流源端电压 $u(t)$ 由外电路决定,则这种二端元件称为独立电流源,简称电流源。

1.4.3 电流源

电流源的符号如图 1.4.3a 所示。图中，箭头表示电流源的电流方向。

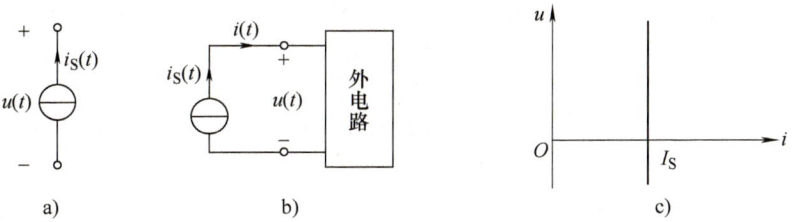

图 1.4.3　电流源符号及特性

图 1.4.3b 所示为电流源与外电路的连接情况，外电路不同使得电流源的端电压不同，但其电流总为 $i(t) = i_S(t)$ 而不受外电路影响。如果电流源 $i_S(t) = I_S \neq 0$，则该电流源称为直流电流源，其特性曲线是 $u - i$ 平面上平行于电压轴的一条直线，如图 1.4.3c 所示。当 $i_S(t) = 0$ 时，该直线与电压轴重合。

电流源不允许开路，因为电流源开路时提供的电流为零，这与电流源的特性不相容。

在图 1.4.3b 所示的参考方向下，电流源发出的功率为

$$p(t) = u(t) i_S(t) \tag{1.4.2}$$

电流源两端的电压不是由它本身所确定的，而是由与之连接的外电路来决定的。电流源端电压的参考方向可以是不同的，因此电流源既可以对外电路发出功率，也可以从外电路吸收功率。

【例 1.4.1】　计算图 1.4.4 所示电路中的独立电源所发出的功率。

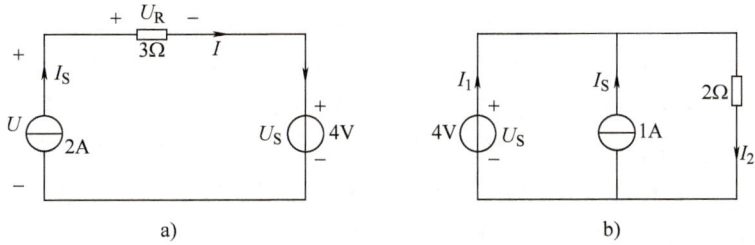

图 1.4.4　例 1.4.1 的图

解　（1）在图 1.4.4a 中，假设直流电流源两端的电压 U、电阻两端的电压 U_R 和电流 I 的参考方向如图所示。该电路为一个单回路，其电流 I 等于直流电流源电流 2A。根据欧姆定律，电阻上的端电压 U_R 为

$$U_R = 3I = 3 \times 2V = 6V$$

直流电流源两端的电压等于电阻上的电压与直流电压源的电压之和，即

$$U = U_R + U_S = 6V + 4V = 10V$$

直流电流源发出的功率为

$$P_{I_S} = UI_S = 10 \times 2W = 20W$$

因直流电压源的电流由外电路决定，其值为 2A，所以直流电压源功率为

$$P_{U_S} = U_S I = 4 \times 2W = 8W$$

电压源 U_S 和 I 为关联参考方向，因此，直流电压源发出 $-8W$ 功率。

(2) 在图 1.4.4b 中，各支路电流如图所示。三个元件并联连接，其电压相同，每个元件上的电压等于直流电压源的电压 $U_S = 4V$。根据欧姆定律，电阻中通过的电流为

$$I_2 = \frac{U_S}{2\Omega} = 2A$$

直流电压源 U_S 的电流 I_1 由它以外的电路决定且为

$$I_1 = I_2 - I_S = 2A - 1A = 1A$$

直流电流源发出的功率为

$$P_{I_S} = U_S I_S = 4 \times 1W = 4W$$

直流电压源发出的功率为

$$P_{U_S} = U_S I_1 = 4 \times 1W = 4W$$

1.4.4 例题

1.4.2 受控电源

电源除了有独立电源外，还有受控电源，受控电源也称为非独立电源。它与独立电源不同，受控电压源的电压和受控电流源的电流并不独立存在，而是受电路中其他支路电压或电流的控制。受控电源模型是一个二端口元件，其中一个端口是电源端口，另一个端口是控制端口。理想受控电源的电源端口的电压（或电流）为一个定值或给定的时间函数，与其通过的电流（或电压）无关，其值的大小和函数的形式取决于控制端口的电压或电流。

受控电压源和受控电流源按其控制量的不同可分为 4 种形式：

电压控制电压源（Voltage Controlled Voltage Source，VCVS）；

电流控制电压源（Current Controlled Voltage Source，CCVS）；

电压控制电流源（Voltage Controlled Current Source，VCCS）；

电流控制电流源（Current Controlled Current Source，CCCS）。

图 1.4.5 所示为 4 种受控电源的电路符号。图中受控电源用菱形符号表示，以便与独立电源区别。可以看出，受控电源元件的特性方程为二维方程。其中，u_1 和 i_1 分别表示受控电源的控制电压和控制电流，μ、r、g 和 β 分别为相应受控电源的控制系数，其中 μ 和 β 无量纲，r 和 g 分别为电阻和电导的量纲。当这些系数为常数时，被控制量与控制量成正比，这种受控电源称为线性受控电源。

1.4.5 受控电源

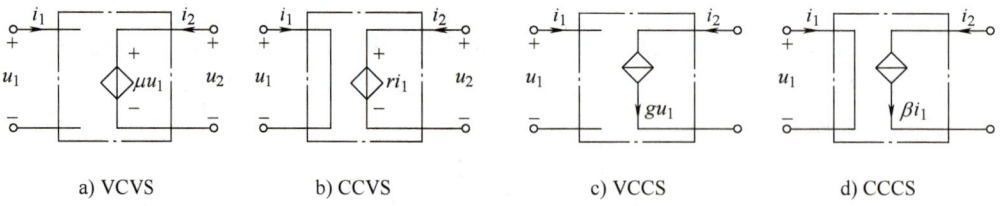

图 1.4.5 受控电源的电路符号

受控电源在电路中的作用与独立电源有所不同。后者是电路的输入，表示外界对电路的作用，电路中的电压和电流是由独立电源起"激励"作用的结果，而受控电源则表示电路中一条支路的电压或电流受另一条支路电压或电流的控制，反映了电路中的一部分变量与另一部分电路变量间的耦合关系。在进行含受控电源电路的分析时，有时将受控电源按独立电源处理，但要特别注意源电压或源电流的控制量，有时又将受控电源视为电阻对待。

【例 1.4.2】 在如图 1.4.6 所示的电路中求电流 I。

解 电路中含 CCVS，控制量是 I_1。由左边的电路可得

$$I_1 = \frac{10}{5}\text{A} = 2\text{A}$$

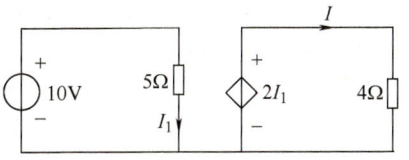

图 1.4.6　例 1.4.2 的图

故有

$$I = \frac{2I_1}{4} = \frac{2 \times 2}{4}\text{A} = 1\text{A}$$

【例 1.4.3】 求图 1.4.7 所示电路中的电压 U_{cb} 及受控电流源的功率。

解 先求控制量 U_1。由图 1.4.7 得

$$U_1 = 2 \times 5\text{V} = 10\text{V}$$

由右边的电路得

$$U_{cb} = -20 \times 0.1U_1 - 6$$

得

$$U_{cb} = -26\text{V}$$

受控电流源吸收的功率为

$$P = 0.1U_1 U_{cb} = 0.1 \times 10 \times (-26)\text{W} = -26\text{W}$$

受控电源是模拟一种实际的源电压和源电流受控的电源。例如，他励直流发电机的感应电压受励磁电流的控制，可以看成是一种电流控制电压源；又如，晶体管的集电极电流受基极电流的控制，可以视为电流控制电流源；再如，后面将要介绍的运算放大器的输出电压和输入电压的关系，也可用电压控制电压源来表示。以上这些电路元件的工作特性都可用受控电源来描述。

1.4.3　电阻元件

电阻（Resistor）是一种最常见的、用于反映电流热效应的二端电路元件。电阻元件可分为线性电阻和非线性电阻两类，如无特殊说明，本书所涉及的电阻元件均指线性电阻元件。在实际交流电路中，白炽灯、电阻炉、电烙铁等均可看成是线性电阻元件。如图 1.4.8a 所示为线性电阻的符号，在电压、电流的关联参考方向下，其端口的伏安关系为

$$u = Ri \quad (1.4.3)$$

1.4.6　电阻元件

式中，R 为常数，用来表示电阻及其数值。电阻两端电压与其中流过的电流成正比，这就是欧姆定律。

式（1.4.3）表明，凡是服从欧姆定律的元件都是线性电阻元件。图 1.4.8b 所示为线性电阻元件的伏安特性曲线。若电压、电流在非关联参考方向下，伏安关系应写成

$$u = -Ri \quad (1.4.4)$$

在国际单位制中，电阻的单位是欧姆（Ω），规定

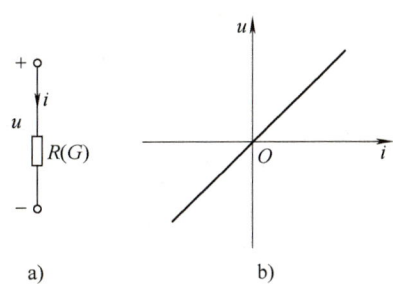

图 1.4.8　电阻的符号和特性

当电阻元件两端的电压为1V、流过的电流为1A时，其电阻值为1Ω。此外，电阻的单位还有千欧（kΩ）、兆欧（MΩ）、毫欧（mΩ）、微欧（μΩ）。电阻的倒数称为电导，用 G 来表示，即

$$G = \frac{1}{R} \tag{1.4.5}$$

电导的单位为西门子（S）或（1/Ω）。

电阻是一种耗能元件。当电阻通过电流时，就会发生电能转换为热能的过程。热能向周围扩散后，不可能再直接回到电源而转换为电能。电阻吸收的功率为

$$p = ui = i^2 R = \frac{u^2}{R} \tag{1.4.6}$$

在直流电路中

$$P = UI = I^2 R = \frac{U^2}{R} \tag{1.4.7}$$

对于线性电阻，当 $R = \infty$ 或 $G = 0$ 时，称为开路，此时无论端电压为何值，其电流恒为零；当 $R = 0$ 或 $G = \infty$ 时，称为短路，电阻元件相当于一段理想导线，此时无论其电流为何值，其端电压恒为零。

1.4.4 电感元件

根据普通物理学知识可知，载流导体的周围会产生磁场。如果将导线绕制成线圈，如图1.4.9a所示，当通以电流时，线圈中将会产生较强的磁场。电感元件（Inductor）是实际线圈的一种理想化模型，它能够储存和释放磁场能量。空心电感线圈常可抽象为线性电感，用图1.4.9b所示的符号表示。

1.4.7 电感元件

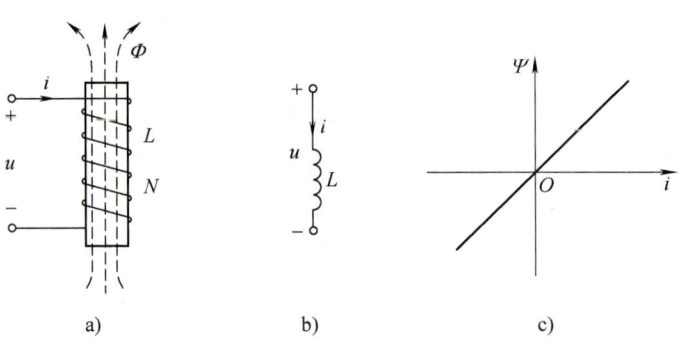

图1.4.9 线圈、电感的符号和特性

假设电感线圈的匝数为 N，当按图1.4.9a所示方向通以电流 i 时，可按右手螺旋关系确定磁通 $\varPhi$ 的方向，若磁通 $\varPhi$ 与 N 匝线圈交链，则线圈所交链的总磁通量用磁链 $\varPsi$ 表示，磁链 $\varPsi = N\varPhi$。对于线性电感有

$$\varPsi = Li \tag{1.4.8}$$

其中，L 称为该元件的自感（系数）或电感，是一个正实常数。

在国际单位制中，磁通和磁链的单位是韦伯（Wb），当电流的单位为安培（A）时，电

感的单位是亨利（H）。

线性电感元件的韦安特性是 Ψ-i 平面上的一条过原点的直线，如图 1.4.9c 所示。

根据电磁感应定律，当磁链随时间变化时，将在线圈中产生感应电压 u。如果线圈电流 i 的参考方向与磁通链 Ψ 的参考方向成右手螺旋关系，则有

$$u = \frac{d\psi}{dt} = \frac{d(Li)}{dt} = L\frac{di}{dt} \tag{1.4.9}$$

式（1.4.9）表明，电感元件上任一瞬间的电压大小与这一瞬间电流对时间的变化率成正比，因此电感元件是动态元件。如果电感元件中通过的是直流电流，稳定时因电流的大小不变，即 $di/dt = 0$，那么电感上的电压就为零，所以稳定时电感元件对直流可视为短路。

当电感电压 u 与电感电流 i 在非关联参考方向下，伏安关系应写成

$$u = -L\frac{di}{dt}$$

由式（1.4.9）得

$$di = \frac{1}{L}udt$$

当 $i(t_0)$ 为已知时，可由上式求得 t 时刻的电感电流为

$$i(t) = \frac{1}{L}\int_{-\infty}^{t} u(\xi)d\xi = i(t_0) + \frac{1}{L}\int_{t_0}^{t} u(\xi)d\xi \tag{1.4.10}$$

式（1.4.10）表明，电感电流 $i(t)$ 不仅与过去某时刻 t_0 的电流 $i(t_0)$ 有关，而且还与电感电压 u 在 $t_0 \sim t$ 之间的累积作用有关，因此电感又是一个记忆元件。

在电压、电流关联参考方向下，电感元件吸收的功率为

$$p = ui = Li\frac{di}{dt} \tag{1.4.11}$$

则电感线圈在 $0 \sim t$ 时间内，线圈中的电流由 0 变化到 I 时，吸收的能量为

$$W = \int_0^t pdt = \int_0^I Lidi = \frac{1}{2}LI^2 \tag{1.4.12}$$

即电感元件在一段时间内储存的能量与其电流的平方成正比。当通过电感的电流增加时，电感元件就将电能转换为磁能并储存在磁场中；当通过电感的电流减小时，电感元件就将储存的磁能转换为电能释放给电源。所以，电感是一种储能元件，它以磁场能量的形式储能。同时，电感元件也不会释放出多于它吸收或储存的能量，因此它是一个无源的储能元件。

实际的空心电感线圈除了要标注电感量以外，还考虑了内阻的影响，要标注出内阻值的大小。

1.4.5 电容元件

电容器种类很多，但从结构上都可看成是由中间夹有绝缘材料的两块金属极板构成的。电容元件（Capacitor）是实际的电容器即电路元件的电容效应的抽象，用于反映带电导体周围存在电场，是能够储存和释放电场能量的理想化电路元件。它的符号及规定的电压和电流参考方向如图 1.4.10a 所示。线性电容元件的元件特性为

1.4.8 电容元件

$$q = Cu \tag{1.4.13}$$

式中，C 为电容元件的参数，称为电容。图 1.4.10b 为线性电容元件的库伏特性。在国际单

位制中，当电荷和电压的单位分别为库仑（C）和伏特（V）时，电容的单位为法拉（F），$1F = 10^6 \mu F = 10^{12} pF$。

当电容接上交流电压 u 时，不断被充电、放电，极板上的电荷也随之变化，电路中出现了电荷的移动，形成电流 i。若 u、i 为关联参考方向，则有

$$i = \frac{dq}{dt} = \frac{d(Cu)}{dt} = C\frac{du}{dt} \qquad (1.4.14)$$

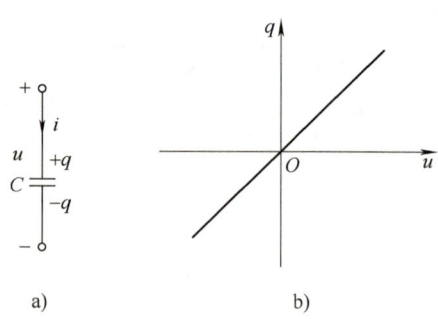

图 1.4.10 电容的符号和特性

式（1.4.14）表明，电容器的电流与电压对时间的变化率成正比，因此电容元件也是动态元件。如果电容两端加直流电压，稳定时因电压的大小不变，即 $du/dt = 0$，那么电容的电流就为零，所以电路稳定时电容元件对直流可视为断路，因此电容具有"隔直通交"的作用。当电容元件的电压 u 与电流 i 为非关联参考方向时

$$i = -C\frac{du}{dt}$$

由式（1.4.14）得

$$du = \frac{1}{C}idt$$

当 $u(t_0)$ 为已知时，可由上式求得 t 时刻的电容电压为

$$u(t) = \frac{1}{C}\int_{-\infty}^{t} i(\xi)d\xi = u(t_0) + \frac{1}{C}\int_{t_0}^{t} i(\xi)d\xi \qquad (1.4.15)$$

式（1.4.15）表明，电容电压 $u(t)$ 不仅与过去某时刻 t_0 的电压 $u(t_0)$ 有关，而且还与电容电流 i 在 $t_0 \sim t$ 之间的累积作用有关，因此电容又是一个记忆元件。

在关联参考方向下，电容元件吸收的功率为

$$p = ui = uC\frac{du}{dt} = Cu\frac{du}{dt} \qquad (1.4.16)$$

则电容器在 $0 \sim t$ 时间内，其两端电压由 0 增大到 U 时，吸收的能量为

$$W = \int_0^t p dt = \int_0^U Cu du = \frac{1}{2}CU^2 \qquad (1.4.17)$$

式（1.4.17）表明，对于同一个电容元件，当电场电压高时，它储存的能量就多；对于不同的电容元件，当充电电压一定时，电容量大的储存的能量就多。从这个意义上说，电容 C 也是电容元件储能本领大小的标志。

当电压的绝对值增大时，电容元件吸收能量，并转换为电场能量；当电压的绝对值减小时，电容元件释放电场能量。电容元件本身不消耗能量，同时也不会放出多于它吸收或储存的能量，因此电容元件也是一种无源的储能元件。

实际的电容器除了标注电容量以外，还标注耐压值，即该电容器所能承受的最大电压值。

【例 1.4.4】 图 1.4.11a 所示电容元件的电容 $C = 1F$，施加电压波形如图 1.4.11b 所示。试画出电流波形，并计算 $t = 0$、$t = 1s$、$t = 2s$ 时电容的能量，并观察电容元件能量的交换过程。

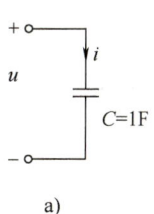 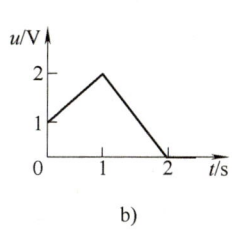 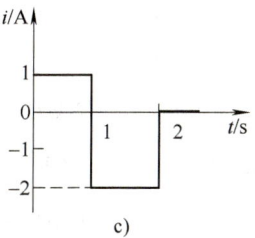

图 1.4.11 例 1.4.4 的图

解 根据给定的电压波形，其随时间变化的函数为

$$u(t) = \begin{cases} (1+t)\text{V} & 0 \le t \le 1\text{s} \\ 2(2-t)\text{V} & 1 < t \le 2\text{s} \\ 0 & t > 2\text{s} \end{cases} \quad (1.4.18)$$

由 $i = C\dfrac{\mathrm{d}u}{\mathrm{d}t}$，得电流

$$i(t) = \begin{cases} 1\text{A} & 0 \le t \le 1\text{s} \\ -2\text{A} & 1 < t \le 2\text{s} \\ 0 & t > 2\text{s} \end{cases} \quad (1.4.19)$$

电流的波形如图 1.4.11c 所示。

电容元件吸收的电功率为

$$p(t) = ui = \begin{cases} (1+t)\text{W} & 0 \le t \le 1\text{s} \\ -4(2-t)\text{W} & 1 < t \le 2\text{s} \end{cases}$$

电容元件在 $t=0$ 时储存的电能为

$$w_C = \frac{1}{2}Cu^2(0) = 0.5\text{J}$$

电容元件在 $t=1\text{s}$ 时储存的电能为

$$w_C(1) = \frac{1}{2}Cu^2(1) = \frac{1}{2}(1+1)^2 \times 1\text{J} = 2\text{J}$$

电容元件在 $t=2\text{s}$ 时储存的电能为

$$w_C(2) = \frac{1}{2}Cu^2(2) = 0\text{J}$$

由计算结果可知，在 $t=0$ 时，电容元件两端电压 $u(0)=1\text{V}$，电容元件储存能量为 0.5J；在 $0<t<1\text{s}$ 时，电压 u 由 1V 逐渐升高，电流 $i>0$、$p>0$，电容元件吸收能量；在 $t=1\text{s}$ 时，$u(1)=2\text{V}$，电容元件存储能量到 2J；在 $1\text{s}<t<2\text{s}$ 时，电流 $i<0$、电压 u 降低、$p<0$，电容元件释放能量；在 $t=2\text{s}$ 时，电压 $u(2)=0$、$p=0$，电容元件能量全部被释放。通过此例可以看出，电容元件在充电过程中，吸收电能 1.5J、释放电能 2J。电容元件释放的能量等于电容元件初始储能与充电过程中吸收能量的和。

若电容电流波形为图 1.4.11c 所示，电容的电压 $u(0)=1\text{V}$，电压和电流方向不变，参数不变，要如何求得电容两端电压？

根据图1.4.11c电流波形，其随时间变化的函数为式（1.4.19），则由式（1.4.15）得
当 $0 \leq t \leq 1s$ 时

$$u(t) = u(0) + \frac{1}{1}\int_0^t 1 d\xi = (1 + \xi \big|_0^t)V = (1 + t)V$$

当 $1 < t \leq 2s$ 时，$u(1) = (1+1)V = 2V$，则

$$u(t) = u(1) + \frac{1}{1}\int_1^t (-2) d\xi = [2 + (-2\xi)\big|_1^t]V = [2 + (-2t+2)]V = (4-2t)V$$

当 $t > 2s$ 时，$u(2) = (4 - 2 \times 2)V = 0V$，则

$$u(t) = u(2) + \frac{1}{1}\int_2^t (0) d\xi = [0 + (0)\big|_2^t]V = 0V$$

因此，电容电压的关系式和式（1.4.18）相同，其波形和图1.4.11b相同。

1.4.6 运算放大器

运算放大器（Operational Amplifier），通常简称为运放，是一种多端元件，最早开始应用于1940年，首先应用于模拟计算机上，作为基本运算单元，可以完成加、减、乘、除、积分和微分等数学运算。自1960年后，随着半导体集成工艺的发展，运放逐步集成化，大大降低了成本，其应用远远超出了模拟计算机的界限，在信号运算、信号处理、信号测量及波形产生等方面获得广泛应用。

在电路中，运放的作用一般是将输入的电压信号放大一定的倍数然后输出。通常用三个参数来描述一个放大器的特性：电压增益（或称放大倍数，指输出电压与输入电压的比值）、输入电阻（输入端的等效电阻）、输出电阻（输出端的等效电阻）。运放是一种高增益、高输入电阻、低输出电阻的放大器。

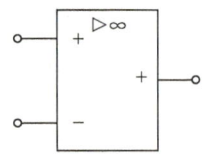

图1.4.12 运放和理想运放的符号

一般运放的开环电压放大倍数，可达十几万倍。所以都用理想运放的符号表示，如图1.4.12所示。运放是有源元件，还要有外部电源提供直流偏置电压，以维持内部电路的正常工作。

符号中的"+""−"表示运放的同相输入端和反相输入端，即当输入电压加在同相输入端和公共端之间时，输出电压和输入电压两者的实际方向相对于公共端来说相同；反之，当输入电压加在反相输入端和公共端之间时，输出电压和输入电压两者的实际方向相对于公共端来说相反，其意义并不是电压的参考方向。在运放中，公共端往往取为接地端（电位为零）。实际中，接地端常常取多条支路的汇合点、仪器的底座或机壳等，输入电压、输出电压都以之为参考点。有时，电路中并不画出该接地端，但计算时要注意它始终存在。

在运放的输入端分别同时加上输入电压 u^+ 和 u^- 时，则其输出电压 u_o 为

$$u_o = A_u(u^+ - u^-) = A_u u_d \tag{1.4.20}$$

式中，u_d 称为差动输入电压，$u_d = u^+ - u^-$；A_u 称为开环电压放大倍数。

实际上，运放是一种单向器件，即输出电压受输入电压的控制，而输入电压并不受输出电压的控制。由图1.4.13所示的运放输入输出关系曲线可以看出，运放的线性放大部分很窄，当输入电压很小时，运放的工作状态就已经进入了饱和区，输出值开始保持不变。

运放的电路模型如图1.4.14所示，可以通过将运放等效为一个含有受控电源的电路，

从而进行分析计算。

所谓"理想运放",是指图 1.4.14 运放电路模型的电阻 R_{in} 为无穷大、R_o 为零、A_u 为无穷大的情况。根据输入输出特性,可以得出以下含有理想运放电路的分析原则:

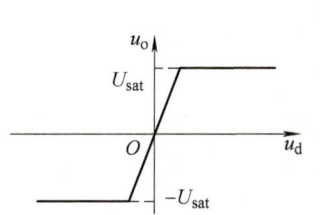

图 1.4.13 运放输入输出关系曲线　　　　图 1.4.14 运放的电路模型

(1)"虚短路"。由于理想运放的线性段放大倍数为无穷大,即从理论上说,要运放工作在线性区域,运放的输入电压应该无穷小,可见工作在线性区的理想运放的输入端电压近似为零,也就是说,输入端在分析时可以看成是短接的,这就是所谓的"虚短路"。在分析计算中,可将运放的同相端与反相端等电位处理。

(2)"虚断路"。由运放的模型可见,当运放工作在线性区内时,其输入电压近似为零,那么其输入电流亦近似为零。这样,在分析计算含运放的电路时,可以将运放的两个输入端视为开路。

理想运放的"虚短路"和"虚断路"两个特性在含有运放电路的分析中非常重要。实际的运放按理想运放分析,这样,电路分析简单,虽然有一定的误差,但在大多数场合下这个误差是被允许的。

1.5 基尔霍夫定律

集总参数电路中电压和电流要受到两种约束:一种约束来自组成电路的电路元件,就是前面介绍的常用元件电压和电流之间的关系(VCR);另一种约束来自电路元件之间的互连关系,因为元件的互连关系必然迫使各元件电流和电压间有联系或有约束,确定这种约束关系的就是基尔霍夫定律,它表达了电路的基本定律。

1.5.1 电路名词术语

为了叙述电路的基本定律,下面先介绍与电路结构有关的常用名词术语。

(1)支路。电路中的每一分支称为支路,一条支路只流过一个电流,如图 1.5.1 所示的 bafe 支路、be 支路和 bcde 支路。

(2)节点。电路中,三条或三条以上支路的汇交点称为节点,如图 1.5.1 所示的 b 点、e 点。

(3)回路。电路中由若干条支路构成的任一闭合路径称为回路,如图 1.5.1 所示的 abefa 回路、bcdeb 回路和 abcdefa 回路。

(4)网孔。平面电路中内部不含有其他支路的回路称

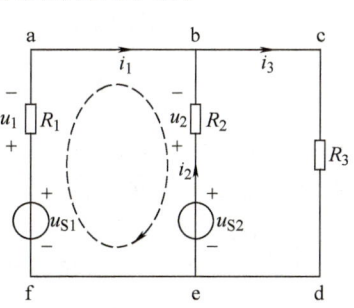

图 1.5.1 电路举例

为网孔。如图 1.5.1 所示的 abefa 回路和 bcdeb 回路为网孔,而 abcdefa 回路不是网孔。网孔可作为回路,但回路不一定是网孔。

1.5.1 基尔霍夫电流定律

基尔霍夫定律是电路的基本定律,它包括基尔霍夫电流定律和基尔霍夫电压定律。

基尔霍夫电流定律是建立在电荷守恒定律基础上的。基尔霍夫电流定律(Kirchhoff's Current Law,KCL)指出:"在集总电路中,任一时刻 t,对任意节点,所有流出该节点的支路电流的代数和恒等于零"。其数学表达式为

1.5.2 基尔霍夫电流定律

$$\sum i(t) = 0 \quad (1.5.1)$$

式中,$i(t)$ 为流出(或流入)节点的支路电流。

若假定流出节点的电流为"+",则流入节点的电流为"-",支路电流方向均由图 1.5.1 所示参考方向而定。对图 1.5.1 中节点 b 应用 KCL,则有

$$-i_1 - i_2 + i_3 = 0 \quad (1.5.2)$$

式(1.5.2)可以写为

$$i_3 = i_1 + i_2 \quad (1.5.3)$$

式(1.5.3)表明,流入节点 b 的支路电流等于流出节点 b 的支路电流。由此 KCL 又可以理解为:在任何时刻 t,流出任意节点的支路电流等于流入该节点的支路电流。可用数学式表示为

$$\sum i_{出} = \sum i_{入} \quad (1.5.4)$$

KCL 通常用于节点,也可以推广到包围若干节点的封闭面。在图 1.5.2 所示的电路中,用点画线表示的封闭面内包含①、②和③三个节点,通过分析有

$$-i_1 - i_2 + i_3 = 0 \quad (1.5.5)$$

式(1.5.5)中电流 i_1 和 i_2 流入封闭面,电流 i_3 流出封闭面。所以 KCL 又可以理解为:在任何时刻 t,流出封闭面支路电流的代数和恒等于零,或者说流出封闭面的支路电流等于流入封闭面的支路电流。

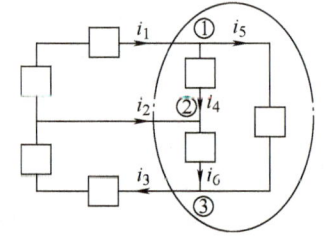

图 1.5.2 KCL 用于封闭面

KCL 对任意节点所连接的支路电流间施加了线性约束,这种约束关系与支路元件的性质无关,仅与元件之间的相互连接方式有关。

1.5.2 基尔霍夫电压定律

基尔霍夫电压定律建立在能量守恒定律的基础上,它表征了电路回路中各支路电压之间的关系。基尔霍夫电压定律(Kirchhoff's Voltage Law,KVL)指出:"在集总电路中,任一时刻 t,沿任意回路,所有支路电压的代数和恒等于零"。其数学表达式为

1.5.3 基尔霍夫电压定律

$$\sum u(t) = 0 \quad (1.5.6)$$

应用式(1.5.6)时,需要选择一个回路及其绕行方向,回路的绕行方向可以任意选

择。当支路电压的参考方向与回路绕行方向一致时,该支路电压前取"+"号,否则电压前取"-"号。在图 1.5.3 所示的某个电路中的一个闭合回路,若选择顺时针方向为回路绕行方向,而支路电压的参考方向如图中所示,则根据 KVL,对此回路有

$$u_1 + u_2 - u_3 + u_4 = 0 \quad (1.5.7)$$

或

$$u_1 + u_2 + u_4 = u_3 \quad (1.5.8)$$

式(1.5.8)表明,在任一时刻 t,闭合回路中各支路电压降等于电压升,即 KVL 可写为

$$\sum u_{降} = \sum u_{升} \quad (1.5.9)$$

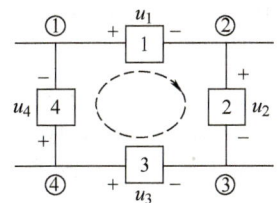

图 1.5.3 电路中的闭合回路

由式(1.5.9)可以看出,电路中任意两节点间的电压与路径无关。以图 1.5.3 所示电路为例,节点④与③之间的电压可以由支路 3 的电压得到,也可以由支路 4、1 和 2 的电压得到,其结果相同。

KVL 对电路中任意回路的支路电压施加了线性约束,KVL 仅与元件互连方式有关,而与元件性质无关。KVL 的约束是拓扑性质的约束。

【例 1.5.1】 在图 1.5.4 所示的直流电路中,已知 $U_1 = -2V$,$U_2 = 6V$,$U_3 = 12V$。求电压 U_4、U_5 和 U_6。

解 本题已给出电压参考方向,需要先找出只含一个未知电压的回路,然后选择回路绕行方向(如选顺时针方向),列写 KVL 方程。

对由元件 1、2、4 组成的回路列写 KVL 方程,有

$$-U_1 + U_2 - U_4 = 0$$

代入电压的数值得 $-(-2) + 6 - U_4 = 0$

故 $U_4 = 8V$

对由元件 2、3、6 组成的回路列写 KVL 方程,有

$$-U_2 - U_3 + U_6 = 0$$

代入数据得 $-6 - 12 + U_6 = 0$

故 $U_6 = 18V$

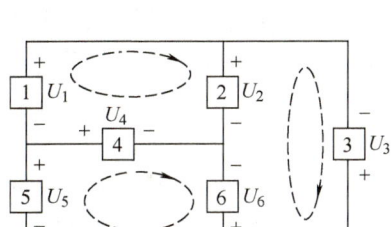

图 1.5.4 例 1.5.1 的图

对由元件 4、6、5 组成的回路列写 KVL 方程,有

$$U_4 - U_6 - U_5 = 0$$

代入数据得 $8 - 18 - U_5 = 0$

故 $U_5 = -10V$

应用 KVL 时要注意两套符号:一套是支路电压与绕行方向的关系符号;另一套是电压参考方向与电压实际方向的关系符号。例如,对由 1、2、4 组成的回路应用 KVL 时,U_1 与绕行方向不一致,故电压前面取一个"-"号,又因 $U_1 = -2V$,电压的参考方向与实际方向相反,所以又有一个"-"号。

1.5.4 例题 1

【例 1.5.2】 在图 1.5.5 所示的电路中,求电流 I 和电压 U。

解 2Ω 电阻两端的电压等于 10V 直流电压源的电压。根据欧姆定律,有

$$I_1 = \frac{10}{2}A = 5A$$

对节点③,由 KCL 列写电流方程,有

$$I_S = I + I_1$$

则 $I = I_S - I_1 = 4A - 5A = -1A$

对节点①，由 KCL 列写电流方程，有

$$-I_S + I_2 + 2 = 0$$

则 $I_2 = I_S - 2 = 4A - 2A = 2A$

利用 KVL 列写由节点①、②、③、①构成的回路的电压方程，有

$$-U + 4I_2 + 10 + 4I_S = 0$$

则 $U = 4I_2 + 10 + 4I_S = 8V + 10V + 16V = 34V$

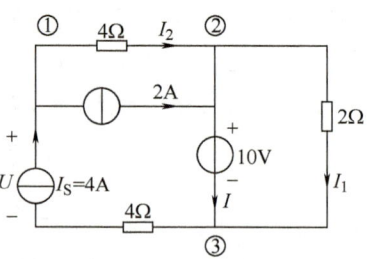

图 1.5.5　例 1.5.2 的图

【例 1.5.3】　在图 1.5.6 所示的电路中，已知 $R_3 = 2\Omega$、$I_1 = 1A$，求电流 I_3。

解　图中含有 CCVS，由于已知 $I_1 = 1A$，所以受控电压源电压为 $5I_1 = 5V$。对电路右边的回路（绕行方向如图中虚线所示）应用 KVL 列写电压方程，有

$$U_{R3} - 10 - 5I_1 = 0$$

$$U_{R3} = 5I_1 + 10 = (5 + 10)V = 15V$$

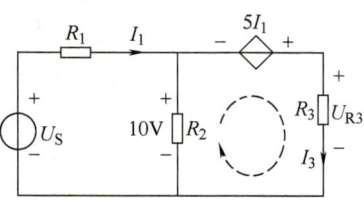

图 1.5.6　例 1.5.3 的图

由欧姆定律得

$$I_3 = \frac{U_{R3}}{R_3} = \frac{15}{2}A = 7.5A$$

以上例题是直接利用元件的 VCR 和 KCL、KVL 进行求解。这种直接方法适合简单电路的计算，并且为电路的一般分析和计算方法奠定了基础。

1.5.5　例题 2

习　题

1.1　题 1.1 图所示为电路中的一部分。求 a、b 两点间的电压 U_{ab}。

1.2　求题 1.2 图所示电路在开关 S 断开和闭合两种情况下 a 点的电位。

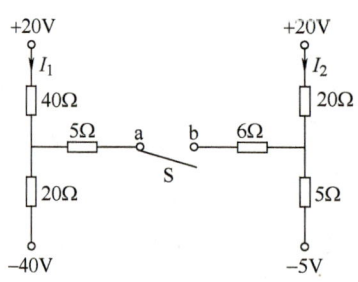

题 1.1 图

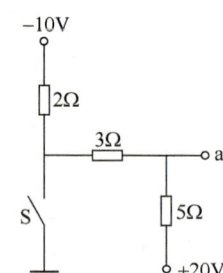

题 1.2 图

1.3　求题 1.3 图所示电路中 a、b 两点的电位 V_a 和 V_b。

1.4　由 4 个元件组成的电路如题 1.4 图所示。已知元件 1 吸收功率 500W，元件 3、4 分别发出功率 400W 和 150W，电流 $I = 2A$。求元件 2 的功率及各元件上的电压。

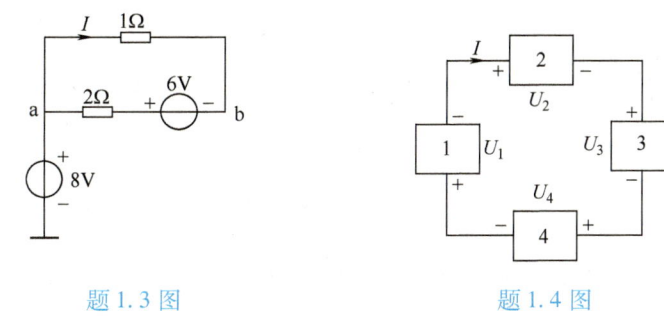

题 1.3 图   题 1.4 图

1.5 按题 1.5 图中所示的参考方向和给定的值，判断各元件实际上是吸收功率还是发出功率?

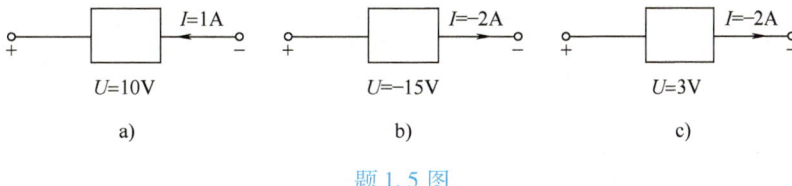

题 1.5 图

1.6 在题 1.6 图所示的各元件中，已知元件 A 吸收功率 60W，元件 B 发出功率 30W，元件 C 吸收功率 $-100W$。求 i_A、u_B 和 i_C。

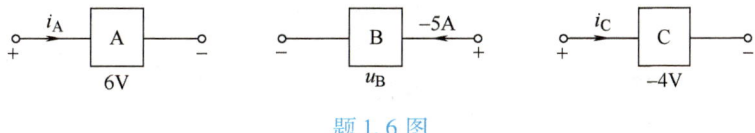

题 1.6 图

1.7 在指定的电压 u 和电流 i 的参考方向下，写出下述各元件的 $u-i$ 关系。(1) $R=1k\Omega$（u、i 为关联参考方向）；(2) $L=2mH$（u、i 为非关联参考方向）；(3) $C=1\mu F$（u、i 为关联参考方向）。

1.8 $10\mu F$ 电容上所加电压 u 的波形如题 1.8 图所示。求：电容电流 i 及其吸收的功率 p。

1.9 在 2.5H 的电感上施加波形如题 1.9 图所示的电压，设 $i(0)=2A$。求当 $t=1s$、$t=3s$ 和 $t=5s$ 时电感电流 i。

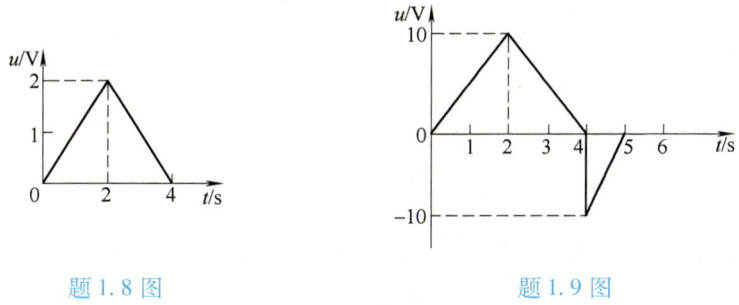

题 1.8 图   题 1.9 图

1.10 在题 1.10 图所示电路中，求各段电路的电压 U_{ab} 及各元件的功率，并说明元件吸收功率还是发出功率?

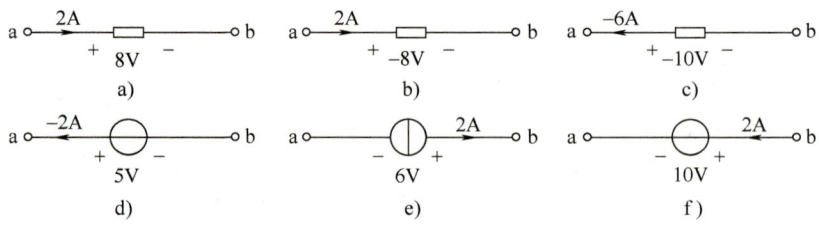

题 1.10 图

1.11 求题 1.11 图所示各电路中电压源流过的电流 I 和它发出的功率。

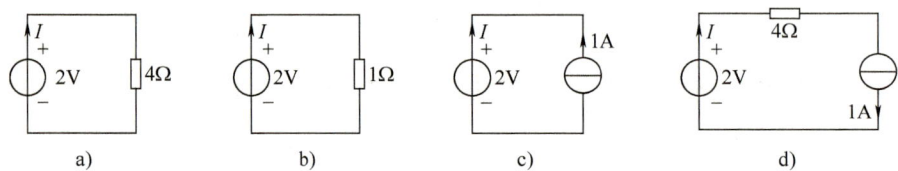

题 1.11 图

1.12 求题 1.12 图所示各电路中 U_1、I_2 和各电源的功率，并判断各电源实际是吸收功率还是发出功率。

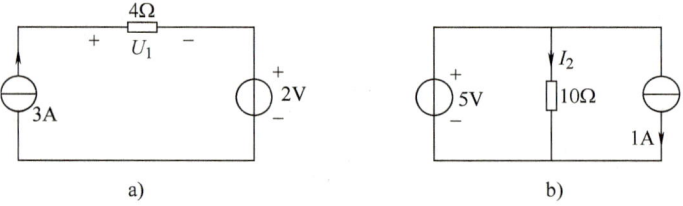

题 1.12 图

1.13 求题 1.13 图所示各电路中受控电源的端电压、电流和功率，并判断受控电源实际是吸收功率还是发出功率。

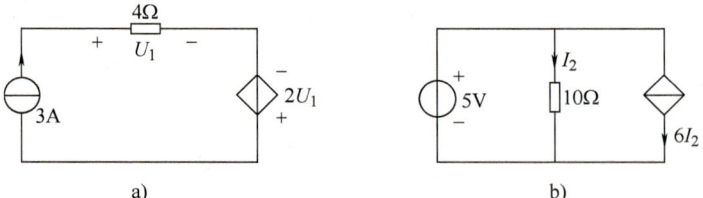

题 1.13 图

1.14 试写出题 1.14 图所示电路中 U_{ab} 和电流 I 的关系式。

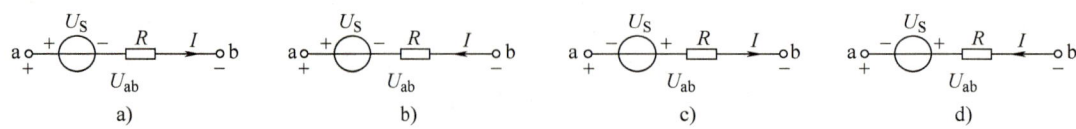

题 1.14 图

1.15 题 1.15 图所示为某电路的一部分。试求 I_X、U_{ab}、U_{ad} 和 U_{de}。

1.16 在题 1.16 图所示电路中，求 U_{AB} 和 I_X。

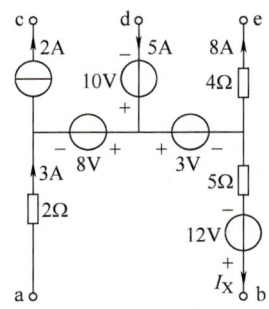

题 1.15 图　　　　　题 1.16 图

1.17 在题 1.17 图所示电路中，已知 R_2 的功率为 4W。求 R_1、R_2 和 R_3。

1.18 求题 1.18 图所示电路中的电压 U 和电流 I，并求各电源发出的功率。

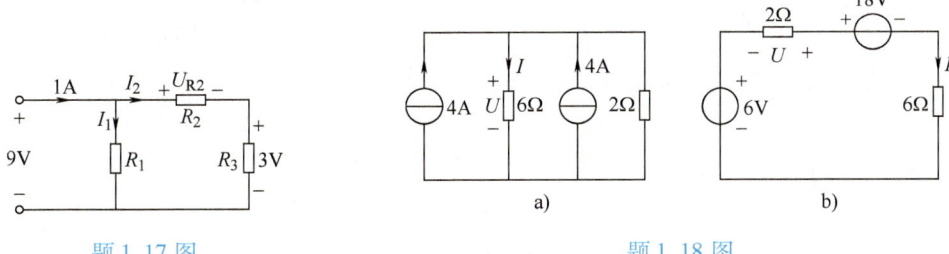

题 1.17 图　　　　　题 1.18 图

1.19 求题 1.19 图所示电路中的电压 U 和电流 I，并求受控电源吸收的功率。

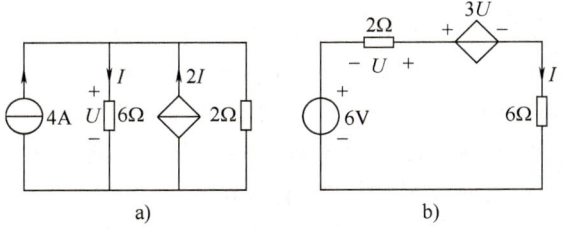

题 1.19 图

第 2 章　电路的分析计算法之一
——等效变换法

课程目标：本章先介绍电路等效变换的概念，然后介绍网络的等效变换法。通过学习，应掌握电阻、电感和电容的等效变换，掌握输入电阻和等效电阻的计算，掌握电源的等效变换和含受控源电路的等效变换。

思政目标：电路分析方法强调科学精神及科学方法，同学们要时刻把电路分析方法与科学观相结合，在科学思考中学习，在学习中思考，提高分析电路的效率，培养严谨的思维方式，以科学的态度对待科学。

"等效"是电路理论中重要的概念，等效变换是电路分析计算常用的一种方法。通过等效变换，可以将电路中的某一部分用一个在外特性上具有相同效果的简单电路来等效，使电路计算更加方便。电路可以进行多次等效变换，以达到进一步简化电路的目的。

2.1　电路等效变换的概念

在电路分析中，常用到等效的概念。如图 2.1.1 所示，有两个一端口网络 N_1 和 N_2，在 a、b 端口内两个电路不仅结构不同，而且元件的参数也不同，但端口的电压、电流关系（VCR）相同，均为 $U = 2I$，这说明 N_1 和 N_2 两个电路对外电路的作用完全相同。换句话来说，当用 N_2 电路替代 N_1 电路时，外电路没有受到丝毫影响。N_2 电路称为 N_1 电路的等效电路，同样 N_1 电路也称为 N_2 电路的等效电路，二者互为等效。从此例分析得出等效电路的一般定义：端口外部性能完全相同的电路互为等效电路。两个电路等效只涉及二者的外部性能，而未涉及二者的内部性能，所以两个等效电路的内部结构上可完全不同，可能一个非常复杂，而另一个却很简单。需要注意的是 N_1 电路和 N_2 电路中的 2Ω 电阻，显然含义是不同的，N_2 电路中的 2Ω 电阻不是 N_1 电路的某个电阻，而是替换了 N_1 电路后得到的等效电阻。总之，电路等效的概念是对外电路而言，而与内电路无关，对内电路不等效。

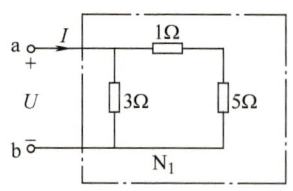 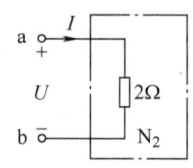 

图 2.1.1　等效电路的概念

2.1　电路等效变换的概念

由等效概念可以得到，等效电路之间可以互相置换，这种置换方式称为等效变换或等效互换。当电路中的一部分电路用其等效电路置换后，不会改变电路中其他部分的支路电流和

支路电压。这里需要注意:
(1) 电路等效的条件是相互置换的两部分电路的端口具有相同的 VCR。
(2) 电路等效是对外电路等效,而对内电路不等效。
(3) 等效变换的目的是简化电路以及电路计算过程。

2.2 无源网络的等效变换

构成无源网络的电路元件可以是线性电阻、线性电感、线性电容及受控电源等。当电路中没有独立电源存在时,受控电源仅仅是一个无源元件。电阻、电感和电容的连接有串联、并联及混联,还有星形联结和三角形联结。对无源网络进行等效变换,就可以用一个简单的等效电路来表示。

2.2.1 电阻的串联和并联

2.2.1 电阻的串联

1. 电阻的串联

图 2.2.1 所示的电路为 n 个电阻 R_1、R_2、$\cdots$、R_n 的串联组合。

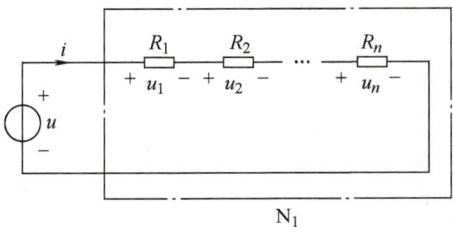 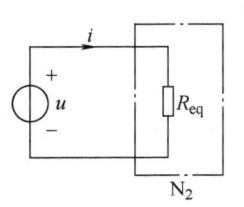

图 2.2.1 电阻的串联

电阻串联的特点:
(1) 电阻串联时,每个电阻中的电流为同一电流。
(2) 等效电阻 R_{eq} 为

$$R_{eq} = R_1 + R_2 + \cdots + R_n \quad (2.2.1)$$

(3) 电阻串联时主要起分压限流作用。由 KVL 有

$$u = u_1 + u_2 + \cdots + u_n$$

若已知总电压和各电阻的阻值,可用分压公式计算各电阻上的电压

$$u_k = \frac{R_k}{R_{eq}} u \quad (2.2.2)$$

如果只有两个电阻串联,则由式 (2.2.2) 可得分压公式为

$$u_1 = \frac{R_1}{R_1 + R_2} u \qquad u_2 = \frac{R_2}{R_1 + R_2} u \quad (2.2.3)$$

(4) 电阻吸收的总功率为

$$p = ui = (u_1 + u_2 + \cdots + u_n)i = p_1 + p_2 + \cdots + p_n = \sum_{k=1}^{n} p_k \quad (2.2.4)$$

即电阻串联电路消耗的总功率等于各电阻消耗功率的总和,且电阻值越大,消耗的功率越大。

2. 电阻的并联

图 2.2.2 所示的电路为 n 个电阻 R_1、R_2、$\cdots$、R_n 的并联组合。

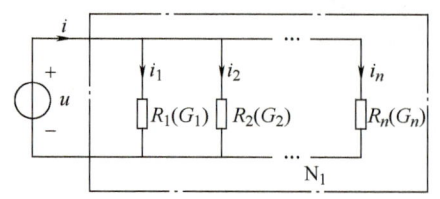 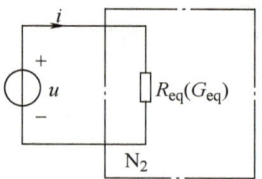 

图 2.2.2 电阻的并联

电阻并联的特点：

（1）电阻并联时，各个电阻元件上的电压相等，均为 u。

（2）等效电导 G_{eq} 为

$$G_{eq} = G_1 + G_2 + \cdots + G_n \tag{2.2.5}$$

或

$$\frac{1}{R_{eq}} = \frac{1}{R_1} + \frac{1}{R_2} + \cdots + \frac{1}{R_n} = \sum_{k=1}^{n} \frac{1}{R_k} \tag{2.2.6}$$

（3）电阻并联时主要起分流作用。若已知总电流和各电阻的数值，可用分流公式计算各电阻的电流

$$i_k = \frac{G_k}{G_{eq}} i \tag{2.2.7}$$

由式（2.2.7）可知，电导值小（或电阻值大）的电阻分得的电流小，反之分得的电流大。如果只有两个电阻并联，则等效电阻 R_{eq} 为

$$R_{eq} = \frac{R_1 R_2}{R_1 + R_2} \tag{2.2.8}$$

分流公式为

$$i_1 = \frac{R_2}{R_1 + R_2} i \quad i_2 = \frac{R_1}{R_1 + R_2} i \tag{2.2.9}$$

3. 电阻的混联

若在电阻连接中既有串联连接的电阻，又有并联连接的电阻，则称为串并联连接的电阻或混联连接的电阻。混联电路的串并联关系判别方法：

（1）看电路的结构特点。若两电阻是首尾相连且中间又无分岔，就是串联；若两电阻是首与首、尾与尾相连，就是并联。

（2）看电压、电流关系。若流经两电阻的电流为同一个电流，就是串联；若两电阻上承受的是同一个电压，就是并联。

（3）对电路作变形等效，即对电路作扭动变形处理。例如，左边的支路可以扭动到右边；上边的支路可以翻到下边；弯曲的支路可以拉直；对电路的短路线可以任意压缩和延长；对于多点连接的节点可以用短路线相连。

【例 2.2.1】 在图 2.2.3 所示的电路中，已知 $R_1 = R_2 = 8\Omega$，$R_3 = R_4 = R_5 = 4\Omega$，$R_6 = 2\Omega$，$R_7 = 6\Omega$。求 ab 端的等效电阻。

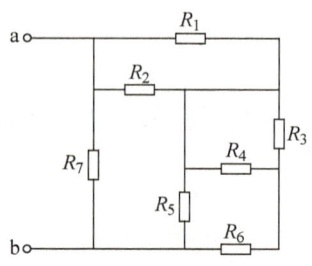

图 2.2.3 例 2.2.1 的图

解 此题给定的电路是由电阻串、并联组成的。

R_1 和 R_2 并联，其等效电阻为

$$R_{12} = \frac{8}{2}\Omega = 4\Omega$$

R_3 和 R_4 并联，其等效电阻为

$$R_{34} = 2\Omega$$

R_{34} 与 R_6 串联，其等效电阻为

$$R_{346} = 2\Omega + 2\Omega = 4\Omega$$

R_{346} 与 R_5 并联，再与 R_{12} 串联，最后再与 R_7 并联，得到 ab 端的等效电阻 $R_{ab} = 3\Omega$。

2.2.3 例题

在应用电阻串联和并联公式时，要弄清串、并联顺序，然后对电路进行逐级化简。另外，对电阻串并联连接的电路，在需要求出支路电流或电压时，可先用此方法等效简化电路，然后用分压或分流公式逐步求出支路电压或电流。

在图 2.2.4a 所示电路中，5 个电阻 $R_1 \sim R_5$ 构成了惠斯通电桥，当

$$R_1 R_4 = R_2 R_3 \tag{2.2.10}$$

时，电桥平衡；此时，a、b 两点的电位相等，R_5 上电流为零。因此，a、b 两点可以用导线短接，如图 2.2.4b 所示；也可以将 a、b 两点间断开，如图 2.2.4c 所示。

注意：惠斯通平衡电桥的特点，常常用于电阻电路的等效分析。

2.2.4 惠斯通电桥

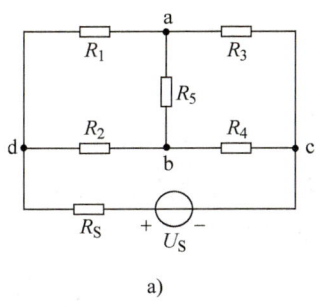
a)

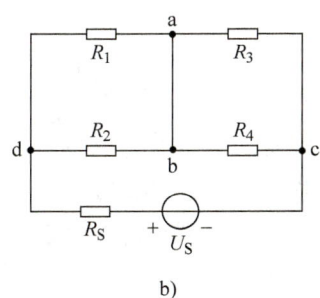
b)

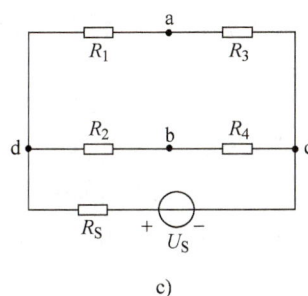
c)

图 2.2.4 惠斯通平衡电桥

2.2.2 电容的串联和并联

当电容元件为串联或并联组合时，可用一个等效电容来替代。先讨论电容串联的情况。图 2.2.5a 为两个电容串联，在端口电压、电流关系保持不变时，可用图 2.2.5b 来等效。由于每个电容流过相同的电流，故

$$u_1 = \frac{1}{C_1}\int_{-\infty}^{t} i(\xi)\,d\xi \qquad u_2 = \frac{1}{C_2}\int_{-\infty}^{t} i(\xi)\,d\xi$$

根据 KVL，总电压为

$$u = u_1 + u_2 = \left(\frac{1}{C_1} + \frac{1}{C_2}\right)\int_{-\infty}^{t} i(\xi)\,d\xi = \frac{1}{C_{eq}}\int_{-\infty}^{t} i(\xi)\,d\xi$$

2.2.5 电容的串联和并联

式中，C_{eq} 为等效电容，因此有两个电容串联的等效电容计算公式为

$$\frac{1}{C_{eq}} = \frac{1}{C_1} + \frac{1}{C_2} \tag{2.2.11}$$

两个电容串联的分压计算公式为

$$u_1 = \frac{C_{eq}}{C_1}u = \frac{C_2}{C_1 + C_2}u \qquad u_2 = \frac{C_{eq}}{C_2}u = \frac{C_1}{C_1 + C_2}u \tag{2.2.12}$$

图 2.2.6a 所示为两个电容并联的情况，并且每个电容的初始电压相等，等效电路如图 2.2.6b 所示。由于各电容电压相等，根据 KCL，有

$$i = i_1 + i_2 = C_1\frac{du}{dt} + C_2\frac{du}{dt} = C_{eq}\frac{du}{dt}$$

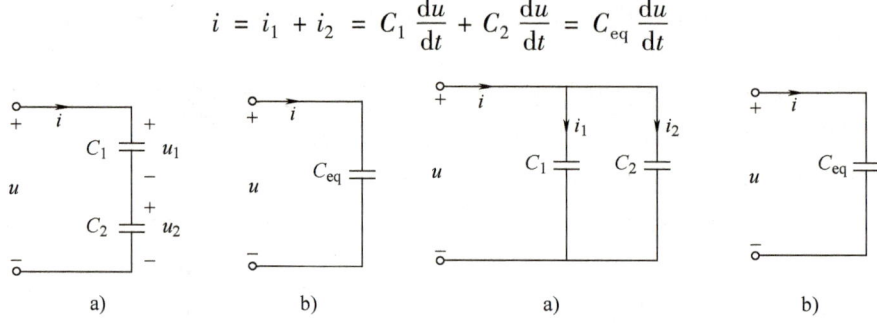

图 2.2.5 电容的串联　　　　图 2.2.6 电容的并联

式中，C_{eq} 为并联的等效电容，因此有两个电容并联的等效电容计算公式为

$$C_{eq} = C_1 + C_2 \tag{2.2.13}$$

两个电容并联的分流计算公式为

$$i_1 = \frac{C_1}{C_{eq}}i \qquad i_2 = \frac{C_2}{C_{eq}}i \tag{2.2.14}$$

当电容值不等的电容器串联使用时，每个电容器上所分配到的电压是不相等的，电容值小的电容器会分配到高的电压。因此，应先通过计算，在确保每个电容器的耐压值足够的情况下再串联使用，以减少不必要的损失，否则有可能出现电容器被击穿的现象。

2.2.3 电感的串联和并联

图 2.2.7a 所示为两个具有相同初始电流的电感的串联，等效电路如图 2.2.7b 所示。由于各电感中电流相等，根据 KVL，总电压为

$$u = u_1 + u_2 = L_1\frac{di}{dt} + L_2\frac{di}{dt} = L_{eq}\frac{di}{dt}$$

式中，等效电感

2.2.6 电感的
串联和并联

$$L_{eq} = L_1 + L_2 \tag{2.2.15}$$

两个电感串联的分压计算公式为

$$u_1 = \frac{L_1}{L_{eq}}u = \frac{L_1}{L_1 + L_2}u \qquad u_2 = \frac{L_2}{L_{eq}}u = \frac{L_2}{L_1 + L_2}u \tag{2.2.16}$$

对于两个电感作并联组合时，如图 2.2.8a 所示，等效电路如图 2.2.8b 所示。根据 KCL，可证得并联后的等效电感计算公式为

$$\frac{1}{L_{eq}} = \frac{1}{L_1} + \frac{1}{L_2} \tag{2.2.17}$$

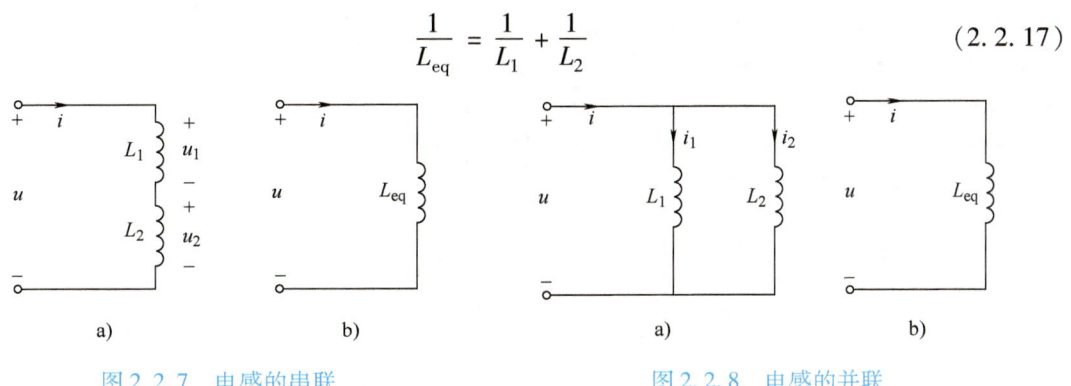

图 2.2.7 电感的串联 　　　　　　图 2.2.8 电感的并联

两个电感并联的分流计算公式为

$$i_1 = \frac{L_{eq}}{L_1}i = \frac{L_2}{L_1+L_2}i \quad i_2 = \frac{L_{eq}}{L_2}i = \frac{L_1}{L_1+L_2}i \tag{2.2.18}$$

实际电感线圈串联和并联时,除了要注意线圈内电阻的影响外,还应考虑两个电感之间的耦合作用,这些内容将在本书第 6 章中具体分析。

以上虽然是关于两个电容或两个电感的串联和并联等效,但其结论可以推广到 n 个电容或 n 个电感的串联和并联等效。

2.2.4　Y - △网络的等效变换

在图 2.2.9a 所示的电路中,电阻 R_1、R_2、R_3 为 Y(或称为 T 形、星形)联结。在 Y 联结中,三个电阻都有一端接在一个公共点上,另一端接在三个端子上。在图 2.2.9b 中,电阻 R_{12}、R_{23}、R_{31} 为 △(或称为 π 形、三角形)联结。△联结中,三个电阻分别接在三个端子的每两个之间。在电路分析中常需要将这两种电路进行等效变换,即 Y 联结的电阻可由 △ 联结的电阻等效替代;反之,也可以用 △ 联结电阻等效变换成 Y 联结电阻。如前所述,等效变换是指它们对外的作用相同,也就是要求二者的外特性完全相同。具体地说,二者端子间电压和电流分别对应相等,即 $u_{12} = u'_{12}$,$u_{23} = u'_{23}$,$u_{31} = u'_{31}$;$i_1 = i'_1$,$i_2 = i'_2$,$i_3 = i'_3$。由此条件可以导出 Y 联结和 △ 联结电阻等效变换的具体条件。

2.2.7　Y - △ 网络的等效变换

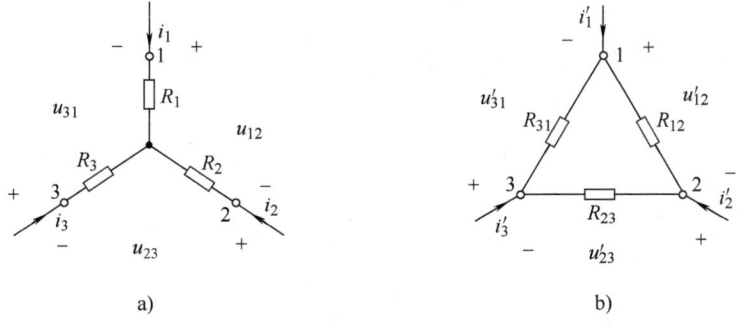

图 2.2.9　电阻 Y 联结与 △ 联结

为了简便起见，现分别假设两种电路的同一个端子开路，然后分别计算另两个端子间的等效电阻。由于Y联结与△联结电阻互为等效电路，因此，在两种电路中同一个端子开路时，得到另两个端子间的等效电阻应该相等。下面进行具体分析。

当 $i_1=0$ 和 $i_1'=0$ 时，在Y联结电阻电路中，2、3 端等效电阻等于△联结电阻电路的 $2'$、$3'$ 端等效电阻，即

$$R_2+R_3=\frac{(R_{12}+R_{31})R_{23}}{R_{12}+R_{23}+R_{31}} \tag{2.2.19}$$

同理，当 $i_2=0$ 和 $i_2'=0$ 时，则有

$$R_1+R_3=\frac{(R_{12}+R_{23})R_{31}}{R_{12}+R_{23}+R_{31}} \tag{2.2.20}$$

同理，当 $i_3=0$ 和 $i_3'=0$ 时，则有

$$R_1+R_2=\frac{(R_{31}+R_{23})R_{12}}{R_{12}+R_{23}+R_{31}} \tag{2.2.21}$$

将式（2.2.19）、式（2.2.20）、式（2.2.21）分别两两相加，减去另一式再除以2，可得

$$\begin{cases} R_1=\dfrac{R_{12}R_{31}}{R_{12}+R_{23}+R_{31}} \\ R_2=\dfrac{R_{12}R_{23}}{R_{12}+R_{23}+R_{31}} \\ R_3=\dfrac{R_{23}R_{31}}{R_{12}+R_{23}+R_{31}} \end{cases} \tag{2.2.22}$$

式（2.2.22）是△联结的三个电阻等效变换为Y联结的三个电阻的公式。

将式（2.2.22）两两相乘后相加，再除以其中一式，即可得到Y联结变换为△联结时的等效电阻公式

$$\begin{cases} R_{12}=\dfrac{R_1R_2+R_2R_3+R_3R_1}{R_3}=R_1+R_2+\dfrac{R_1R_2}{R_3} \\ R_{23}=\dfrac{R_1R_2+R_2R_3+R_3R_1}{R_1}=R_2+R_3+\dfrac{R_2R_3}{R_1} \\ R_{31}=\dfrac{R_1R_2+R_2R_3+R_3R_1}{R_2}=R_3+R_1+\dfrac{R_3R_1}{R_2} \end{cases} \tag{2.2.23}$$

如果采用电导代替电阻，根据 $R_1=\dfrac{1}{G_1}$，$R_2=\dfrac{1}{G_2}$，$R_3=\dfrac{1}{G_3}$，$R_{12}=\dfrac{1}{G_{12}}$，$R_{23}=\dfrac{1}{G_{23}}$，$R_{31}=\dfrac{1}{G_{31}}$，式（2.2.23）又可以写为

$$\begin{cases} G_{12}=\dfrac{G_1G_2}{G_1+G_2+G_3} \\ G_{23}=\dfrac{G_2G_3}{G_1+G_2+G_3} \\ G_{31}=\dfrac{G_3G_1}{G_1+G_2+G_3} \end{cases} \tag{2.2.24}$$

若丫联结的三个电阻相等，即 $R_1 = R_2 = R_3 = R$，则等效变换为△联结的三个电阻也相等，其值为 $R_{12} = R_{23} = R_{31} = 3R$ 或写为

$$R_\triangle = 3R_\curlyvee \text{ 或 } R_\curlyvee = \frac{1}{3}R_\triangle \tag{2.2.25}$$

【例 2.2.2】 在图 2.2.10a 所示的电路中，已知直流电源电压为 26V，求电压 U_0。

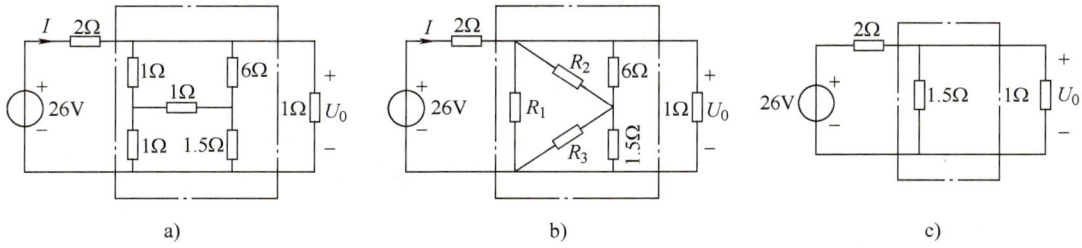

图 2.2.10 例 2.2.2 的图

解 先将图 2.2.10a 所示电路中点画线框内三个丫联结的 1Ω 电阻等效变换为 R_1、R_2、R_3 三个△联结的电阻，如图 2.2.10b 所示，其中 $R_1 = R_2 = R_3 = 3\Omega$，经电阻的串、并联，点画线框内的电阻简化为 1.5Ω 的等效电阻，如图 2.2.10c 所示，则由此容易求出 $U_0 = 6V$。

由以上的分析得知，一个无源二端电阻电路可以用一个等效电阻来表示。这个等效过程需要对电路中的电阻进行串、并联或△联结和丫联结的等效变换来实现。此外，在计算等效电阻时，还会遇到电路中有等电位点或某条支路没有电流的情况，这时，等电位点间可用短路线连接，没有电流的支路可视为开路，这样处理可以简化电路的计算。

2.2.8 例题 1

2.2.9 例题 2

2.3 含有独立电源电路的等效变换

2.3.1 独立电源的串联和并联

1. 电压源的串联和并联

当几个电压源串联时，可以用一个等效电压源替代，如图 2.3.1 所示。这个等效电压源的电压等于各串联电压源电压的代数和，即

$$u_S = u_{S1} - u_{S2} + \cdots + u_{Sn} = \sum_{k=1}^{n} u_{Sk} \tag{2.3.1}$$

等效电压源 u_S 中的电流仍为任意值。

2.3.1 独立电源的串联和并联

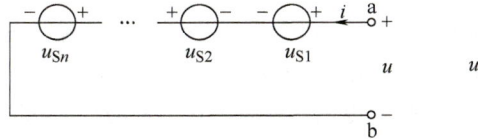

图 2.3.1 电压源串联

一般情况下,电压源是不允许并联的。因为每个电压源都有一个确定的电压,电压源并联与 KVL 不相容。只有电压大小和方向完全相同的电压源才能并联,并联后等效为一个电压源,此电压源的电压仍为原值,电流为任意值。

任意电路元件与电压源并联,由于并联电路两端的电压相等,因此对外电路而言,电路可用一个电压源来等效,如图 2.3.2 所示。

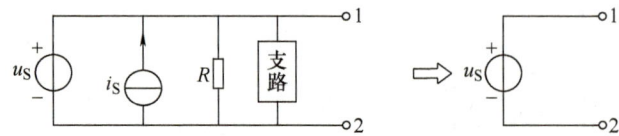

图 2.3.2　任意电路元件与电压源并联的等效

2. 电流源的串联和并联

当几个电流源并联时,可以用一个等效电流源替代,如图 2.3.3 所示。这个等效电流源的电流等于各并联电流源电流的代数和,即

$$i_S = i_{S1} - i_{S2} + \cdots + i_{Sn} = \sum_{k=1}^{n} i_{Sk} \quad (2.3.2)$$

等效电流源 i_S 的端电压仍为任意值。

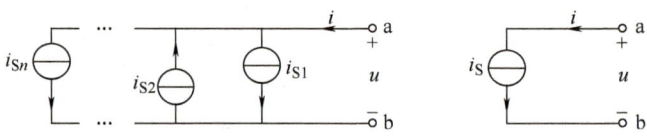

图 2.3.3　电流源并联

一般情况下,电流源是不允许串联的,因为电流源串联与 KCL 不相容。

任意电路元件与电流源串联,由于串联电路中流过的电流相等,因此对外电路而言,电路可用一个电流源来等效,如图 2.3.4 所示。

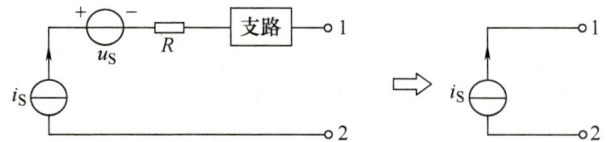

图 2.3.4　任意电路元件与电流源串联的等效

2.3.2　实际电源模型及其等效变换

一个实际电源,如图 2.3.5a 所示,在其内阻不能忽略时,其端电压将随输出电流的增大而下降。在正常工作范围内(其电流不能超过额定值,否则会损害电源),电压和电流的关系如图 2.3.5b 所示,近似为一条直线。

现有电压源与电阻串联的组合支路,如图 2.3.6a 所示,按图示的电压、电流参考方向,其外特性方程为

2.3.2　实际电源模型及其等效变换

$$u = u_S - iR \qquad (2.3.3)$$

图 2.3.6b 所示为电压源与电阻串联组合支路的端电压 u 和电流 i 的特性曲线。此曲线与实际电源的特性曲线基本相同，由此可见，电压源与电阻串联的组合支路可以作为实际电源的一种电路模型。

图 2.3.7a 所示为电流源与电阻并联的组合支路，按图示的电压、电流参考方向，其外特性方程为

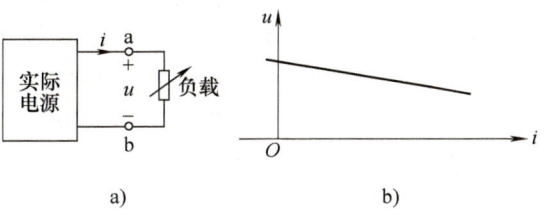

图 2.3.5 实际电源及其伏安特性

$$i = i_S - \frac{u}{R} \qquad i = i_S - Gu \qquad (2.3.4)$$

图 2.3.7b 所示为电流源与电阻并联组合支路的外特性曲线，由此可见，实际电源的另一种电路模型是电流源与电阻并联的组合支路。

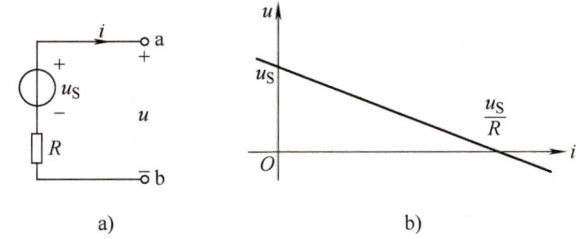

图 2.3.6 电压源与电阻串联的实际电源模型

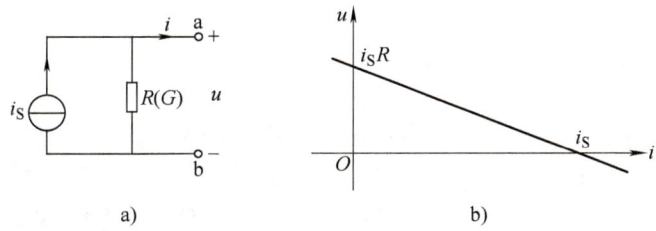

图 2.3.7 电流源与电阻并联的实际电源模型

这样，实际电源就有两种不同结构的电路模型。用两种模型来表示同一个实际电源，这两种模型应互为等效电路，即外特性方程应相等。比较式（2.3.3）和式（2.3.4），得

$$\begin{cases} i_S = \dfrac{u_S}{R} \\ G = \dfrac{1}{R} \end{cases} \quad 或 \quad \begin{cases} u_S = \dfrac{i_S}{G} = i_S R \\ R = \dfrac{1}{G} \end{cases} \qquad (2.3.5)$$

式（2.3.5）为两种电源模型等效变换的条件。在这种条件下，电压源与电阻串联的组合支路和电流源与电阻并联的组合支路可以相互等效变换。即一个电压源 u_S 与一个电阻 R 串联的组合支路，可以用一个电流为 $\dfrac{u_S}{R}$ 的电流源与一个电阻 R 并联组合支路来替代；反之也成立。但要注意，等效变换时 u_S 的极性和 i_S 的方向。

两种实际电源模型的等效变换，是指实际电源 a、b 端以外的电路在变换前后电流、电压及功率不变，而对 a、b 端以内的电路不等效。若 a、b 端开路，两种电源电路对外均不发出功率；对内电路来说，电压源与电阻串联的组合支路中的电压源的功率为零，而电流源与电阻并联的组合支路中的电流源发出功率为 $i_S^2 R$，显然两种实际电源模型的内电路不等效。

在实际电源的两种模型中，不论是电压源串联电阻的组合形式，还是电流源并联电阻的组合形式，均含有电阻，称这种电源为有伴电源，或分别称为有伴电压源和有伴电流源；反之，不含有电阻的电源则称为无伴电源，或分别称为无伴电压源和无伴电流源。

【例 2.3.1】 在图 2.3.8a 所示的电路中，求电流 I。

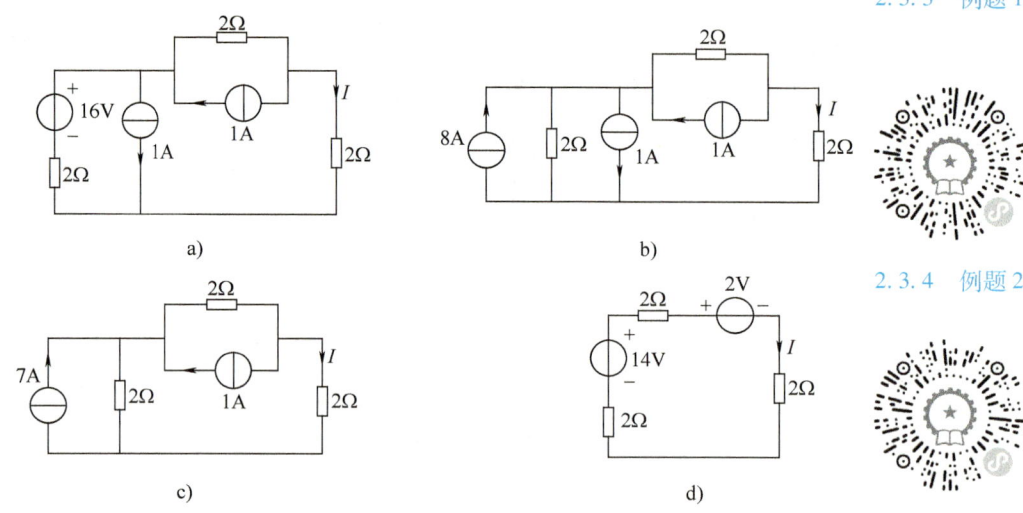

图 2.3.8　例 2.3.1 的图

解 利用电源等效变换，将图 2.3.8a 中 16V 和 2Ω 串联的实际电压源支路等效变换为图 2.3.8b 中的 8A 和 2Ω 的实际电流源并联支路，再将 8A 和 1A 电流源并联为图 2.3.8c 中的 7A 电流源，再将 2Ω 与 7A 并联的实际电流源支路、2Ω 与 1A 并联的实际电流源支路分别等效变换为电压源与电阻串联的组合支路，如图 2.3.8d 所示，最后由图 2.3.8d 得到电流

$$I = \frac{14 - 2}{2 + 2 + 2}\text{A} = 2\text{A}$$

2.4　等效变换法分析含受控电源的电路

2.4.1　无源网络的输入电阻

一个无源电阻网络 N_R 如图 2.4.1a 所示，其输入电阻（或入端电阻）R_{in} 的定义为

$$R_{in} = \frac{u}{i}$$

(2.4.1)

式中，u 和 i 为一端口网络的端口电压和电流，二者为关联参考方向。

通常，输入电阻的计算（或测量）采用外加电源的方法。在图 2.4.1b 所示一端口网络的 ab 处，施加一电压为 u 的电压源（或电流为 i 的电流源），求出（或测得）端口的电流 i（或电压 u），然后计算 u 和 i 的比值，即可得到输入电阻。

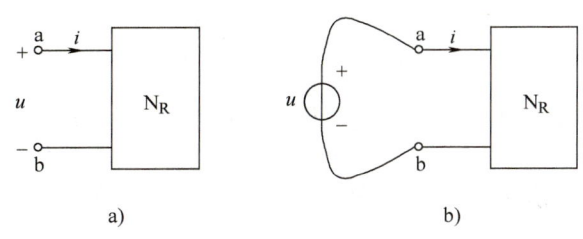

图 2.4.1　一端口网络及其输入电阻

当已知一端口网络内仅含电阻时，其等效电阻可以直接通过电阻的串、并联连接，电桥平衡及 Y-△ 等效变换计算得到，也可以通过外加电源法来计算其输入电阻得到。由无源电阻电路的等效变换分析可知，无源电阻一端口网络可用一个等效电阻 R_{eq} 来表示。由于等效电阻两端电压 u 和电流 i 的关系与一端口网络两端的电压 u 和电流 i 的关系相同，故等效电阻 R_{eq} 等于输入电阻 R_{in}，所以等效电阻可以通过计算一端口网络的输入电阻 R_{in} 来获得。

如果一端口网络内含有受控电源时，由于受控电源的电阻值是一个未知量，故不能直接用电阻的等效变换方法来计算其等效电阻，所以只能通过计算输入电阻的方法获得。

【例 2.4.1】　求图 2.4.2a 所示的一端口网络的输入电阻 R_{in}，并求其等效电路。

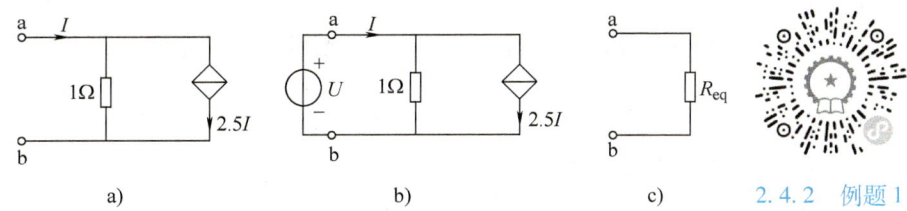

图 2.4.2　例 2.4.1 的图

解　先将图 2.4.2a 的 ab 端外加一电压为 U 的直流电压源，如图 2.4.2b 所示。可得到

$$U = (I - 2.5I) \times 1 = -1.5I$$

因此，该一端口网络的输入电阻为

$$R_{in} = \frac{U}{I} = -1.5\Omega$$

由此例可知，含受控电源的电阻电路的输入电阻有可能是负值，也可能为零。图 2.4.2a 所示电路的等效电路为图 2.4.2c 所示电路，其等效电阻值为 $R_{eq} = R_{in} = -1.5\Omega$。

【例 2.4.2】　求图 2.4.3 所示电路输入端口的输入电阻 R_{in}。

解　设端口处的电压和电流分别为 U 和 I，由运算放大器的"虚断路"特性，可得

$$I = I_3 \quad I_2 = -I_4$$

由"虚短路"特性，$U_{12} = 0$，可得

$$R_3 I_3 = R_4 I_4$$

因此

$$R_3 I = -R_4 I_2$$

即
$$I_2 = -\frac{R_3}{R_4}I$$

由 KVL 得 $U = R_1 I + R_2 I_2 + U_{12} = R_1 I + R_2 I_2 = R_1 I - \frac{R_2 R_3}{R_4} I$

所以输入电阻为 $R_{in} = \frac{U}{I} = R_1 - \frac{R_2 R_3}{R_4}$

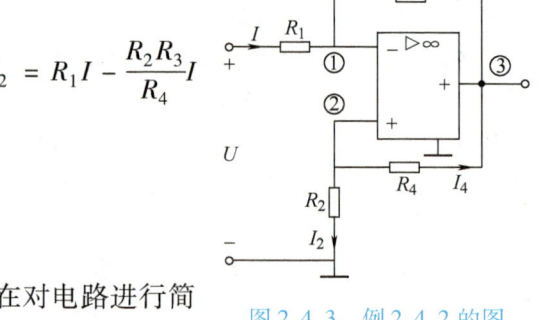

图 2.4.3 例 2.4.2 的图

2.4.2 含受控电源电路的等效变换

受控电源和独立电源虽有本质不同，但是在对电路进行简化时，可以把受控电源暂时按独立电源进行处理，前面介绍的独立电源处理方法对受控电源也适用。例如，若干个受控电压源串联可以用一个受控电压源等效，若干个受控电流源并联可以用一个受控电流源等效。

受控电压源与电阻串联的组合支路和受控电流源与电阻并联的组合支路可以相互等效变换，其方法与实际电源模型的等效变换方法相似。一个电压控制电压源与电阻串联的组合支路可以等效变换为一个电压控制电流源与电阻并联的组合支路。但在变换过程中控制量不能消失，必要时控制量可以转换。

2.4.5 含受控电源电路的等效变换

【例 2.4.3】 图 2.4.4a 所示为一个含受控电源的一端口电路，求其最简等效电路。

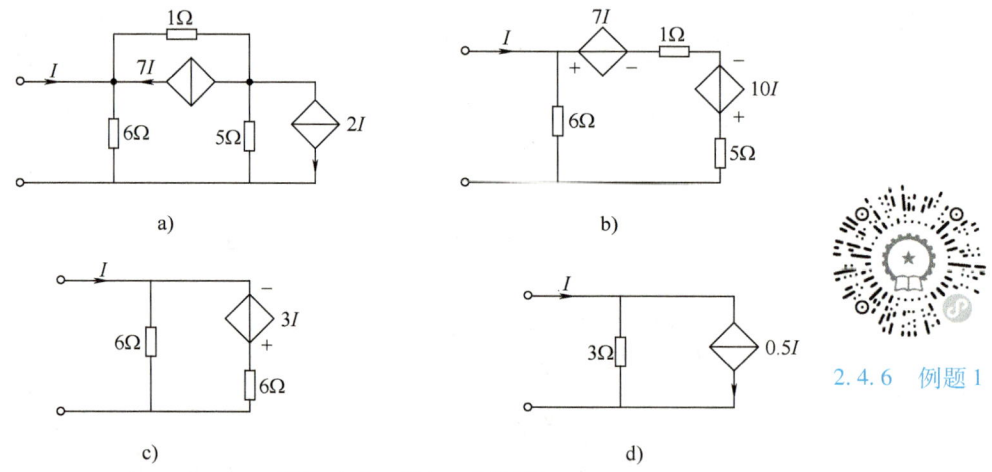

图 2.4.4 例 2.4.3 的图

2.4.6 例题 1

解 先分别将两个受控电流源与电阻并联组合等效变换为两个受控电压源与电阻串联组合，电路如图 2.4.4b 所示，其等效受控电压源的值分别为

$$7I \times 1 = 7I \quad 2I \times 5 = 10I$$

两个等效电阻分别为 1Ω 和 5Ω。再将两个串联受控电压源的电压相加，即

$$7I - 10I = -3I$$

其等效电路如图 2.4.4c 所示。将图 2.4.4c 进一步简化得到图 2.4.4d 所示等效电路。需要说明的是，该电路还不是最简电路，参考例 2.4.1 的方法，可以得到一个电阻值为 1.5Ω 的等效电阻，请读者自行分析。

【例2.4.4】 在图2.4.5a所示的电路中，利用电源等效变换求U_0。

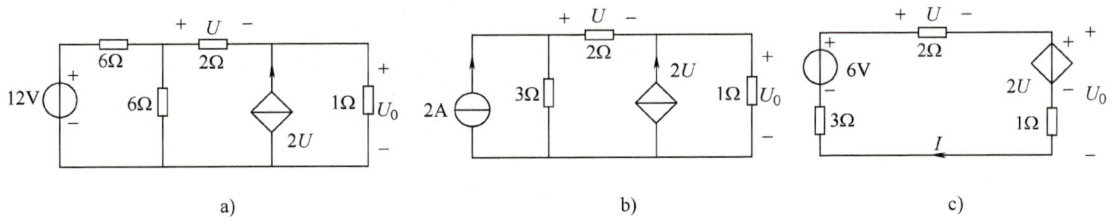

图2.4.5　例2.4.4的图

解　在图2.4.5a中先将12V与6Ω实际电压源支路等效变换为2A与6Ω的实际电流源支路，再将两个6Ω电阻并联后得图2.4.5b所示电路。然后，将2A与3Ω的实际电流源支路和2U受控电流源与1Ω电阻并联支路均等效变换，得图2.4.5c所示电路。

对图2.4.5c所示电路的回路，应用KVL方程得
$$6 = U + 2U + 4I$$
$$U = 2I$$

解得　　　　　　　　$I = 0.6\text{A}, \quad U = 1.2\text{V}$
由　　　　　　　　　$U_0 = 2U + 1I$
解得　　　　　　　　$U_0 = 3\text{V}$

请注意，电压U_0为图2.4.5c中受控电压源与电阻串联支路两端的电压U_0，也是图2.4.5a中受控电流源两端的电压U_0，而不是图2.4.5c中1Ω电阻两端电压。

2.4.7　例题2

习　题

2.1　求题2.1图所示电路的等效电阻R_{ab}和R_{cd}。

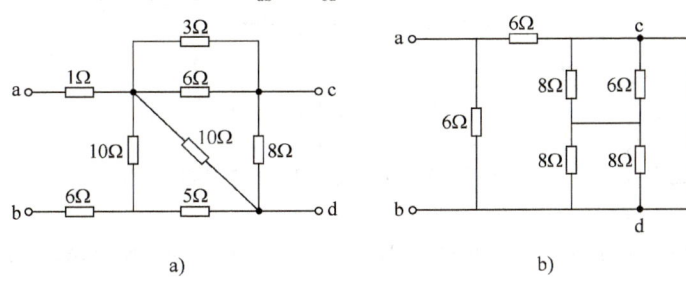

题2.1图

2.2　求题2.2图所示二端网络的等效电阻R_{ab}。

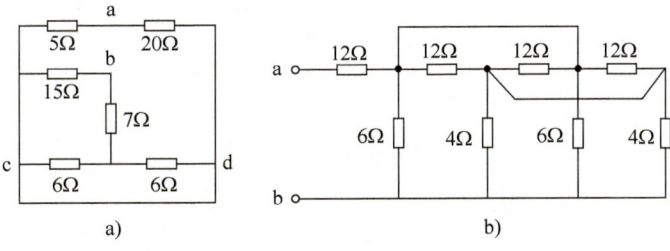

题2.2图

2.3 在题2.3图a、b所示的两个电路中,求a、b两端的等效电阻。

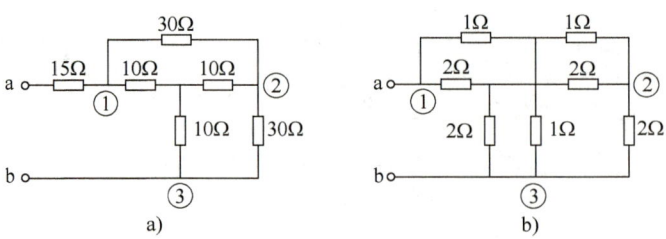

题2.3图

2.4 试把题2.4图所示各电路由Y联结变换为△联结或由△联结变换为Y联结。

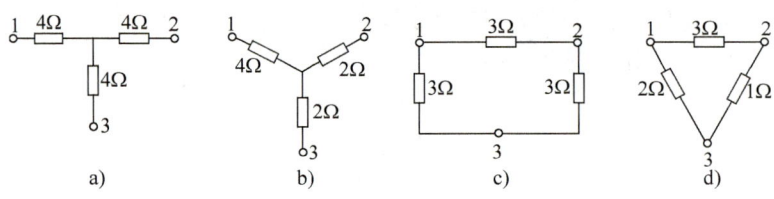

题2.4图

2.5 求题2.5图所示两电路的电流I。

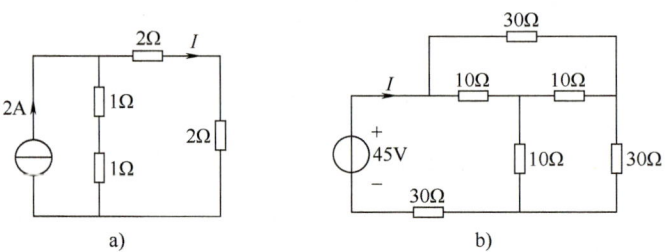

题2.5图

2.6 额定值分别为220V、0.45μF和220V、0.9μF的两个电容串联使用,总电容为多少?能承受的总电压是多少?

2.7 求题2.7图所示电路的等效电源模型。其中$U_S = 3V$,$I_S = 2A$,$R_1 = 3Ω$,$R_2 = 6Ω$。

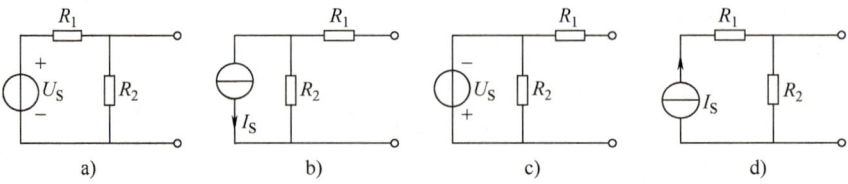

题2.7图

2.8 求题2.8图所示电路的等效电源模型。

2.9 应用电源等效变换的方法求题2.9图电路中的电流I。

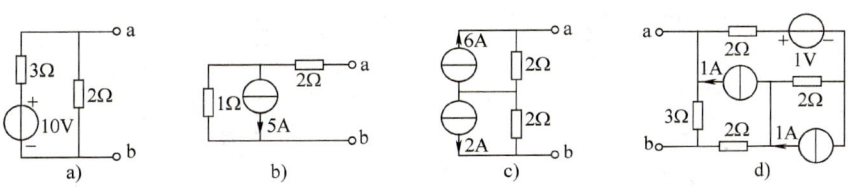

题 2.8 图

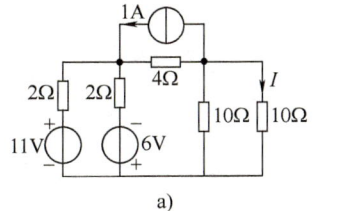
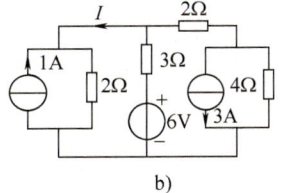

题 2.9 图

2.10 利用电源等效变换，求题 2.10 图 a、b 所示电路中的电压 U_{ab} 和电流 I。

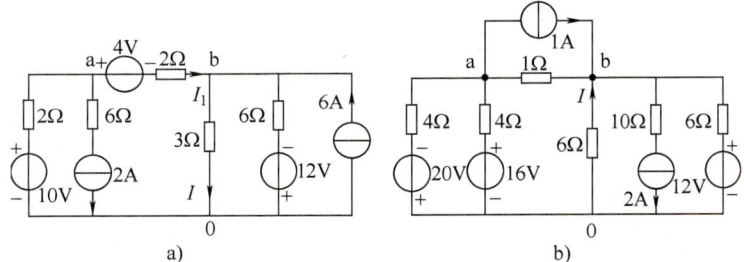

题 2.10 图

2.11 求题 2.11 图所示电路的输入电阻 R_{ab}。

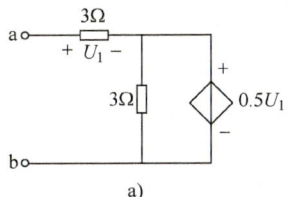
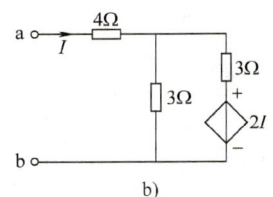

题 2.11 图

2.12 求题 2.12 图所示电路的输入电阻 R_{ab}。

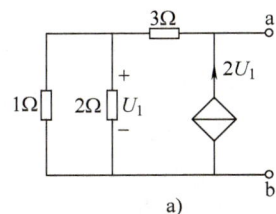
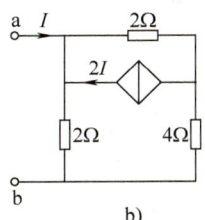

题 2.12 图

2.13 在题 2.13 图所示电路中：（1）若 $R=4\Omega$，求 U_1 及 I；（2）若 $U_1=-4\text{V}$，求 R。

2.14 试把题 2.14 图 a 所示电路化简为题 2.14 图 b 所示的等效电路。

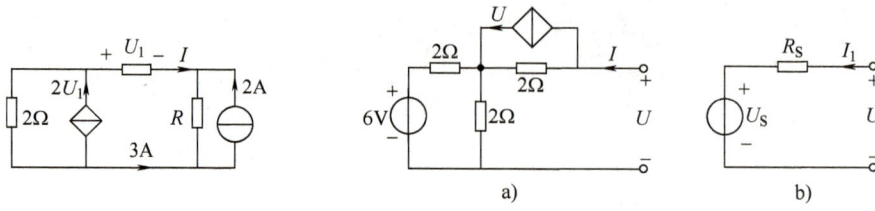

题 2.13 图　　　　　　　　　　题 2.14 图

第3章 电路的分析计算法之二
——电路方程法

课程目标：本章以线性电阻电路为研究对象，讨论通过列写电路方程的方法分析电路。通过学习，应掌握支路电流法、回路（网孔）电流法和节点电压法。

思政目标：通过学习，同学们可比较每一种电路分析方法的优缺点。具体问题具体分析，平时应多思考、多想办法，将所获得的知识、方法、思想融合应用以解决问题，不断提出真正解决问题的新理念、新思路和新方法。

电路的各元件之间是互连的，使得各元件间的电流和电压有联系或有约束，这种约束关系依据 KCL 和 KVL。当需要对电路进行全面分析时，可采用电路方程法进行分析计算，此时不需要改变电路的结构，通过设立独立变量列解方程，具有固定的格式和步骤，适用性强。

3.1 支路电流法

3.1.1 基本思路

3.1.1 支路电流法

电路分析的基本任务就是求出电路中各支路的电流、电压。支路电流法是以支路电流为独立变量，应用欧姆定律和基尔霍夫定律建立电路方程的一种方法。

图 3.1.1 所示的电路中有两个节点、三条支路，各支路电流的参考方向、独立回路及绕行方向均已标在图中。选择三个支路电流为变量，对节点 a、b 运用 KCL 可得方程如下：

$$\begin{cases} -I_1 - I_2 + I_3 = 0 \\ I_1 + I_2 - I_3 = 0 \end{cases} \quad (3.1.1)$$

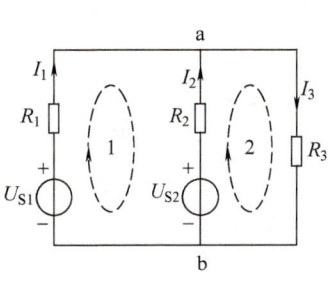

图 3.1.1 支路电流法

显然，这两个方程只有一个是独立的，因此只要列出一个 KCL 方程。

对图 3.1.1 电路中两个回路运用欧姆定律和 KVL 可得

$$\begin{cases} I_1 R_1 - I_2 R_2 + U_{S2} - U_{S1} = 0 \\ I_2 R_2 + I_3 R_3 - U_{S2} = 0 \end{cases} \quad (3.1.2)$$

实际上，还可以再列出一个 KVL 方程，即由外回路得

$$I_1 R_1 + I_3 R_3 - U_{S1} = 0 \quad (3.1.3)$$

显然式（3.1.3）也可由式（3.1.2）相加获得，因而不是独立的，因此只要列出两个 KVL 方程。

一般情况下，若电路有 b 条支路，则有 b 个支路电流变量，需用 b 个方程来分析计算。而对于有 n 个节点、b 条支路的电路，按照 KCL 可以列出 $(n-1)$ 个独立的节点电流方程，按照 KVL 可以列出 $(b-n+1)$ 个独立的回路电压方程，可联立解出 b 个支路电流。

因此，这种以支路电流为变量，建立联立方程组求解电路的方法称为支路电流法。图 3.1.1 所示电路中采用支路电流法，列写的方程如下：

$$\begin{cases} -I_1 - I_2 + I_3 = 0 \\ R_1 I_1 - R_2 I_2 = -U_{S2} + U_{S1} \\ R_2 I_2 + R_3 I_3 = U_{S2} \end{cases}$$

3.1.2 分析步骤及要点

用支路电流法列写电路方程的步骤和注意事项如下：

（1）以各支路电流为变量，选定各支路电流的参考方向。

（2）选取 $(n-1)$ 个独立节点，列写 $(n-1)$ 个 KCL 方程。

（3）选取 $(b-n+1)$ 个独立回路（平面电路常选网孔），指定回路的绕行方向（通常取顺时针方向），列写 KVL 方程。

（4）电流源和电阻的并联组合作为一条支路，在列写方程时，可将其等效变换为电压源和电阻的串联组合。

（5）当一条支路仅含有电流源而不存在与之并联的电阻时，这个电流源称为无伴电流源，该支路必须加以处理后才能应用支路电流法，一般对于无伴电流源，可以设其端电压为独立变量，再补充一个辅助方程。

3.1.2 例题1

支路电流法的优点是可以直接求出各支路电流，缺点是必须求解 b 个方程，若支路数 b 较多，则计算起来较麻烦。

【例 3.1.1】 在图 3.1.2 所示的电路中，求 I_X 和 U。

解 各支路的电流参考方向均已标明，电流源所在支路电流为已知 5A，则根据支路电流法，对独立节点列写 KCL 方程，得

$$I_1 + 5 = I_X$$

对两个网孔按顺时针方向选取绕行方向，列写 KVL 方程，得

$$5I_1 + U - 5 = 0$$
$$2I_X + 2 - U = 0$$

联立方程求得

$$I_1 = -1\text{A} \quad I_X = 4\text{A} \quad U = 10\text{V}$$

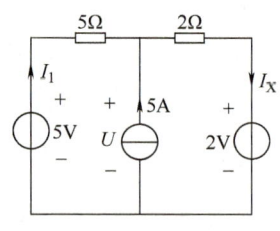

图 3.1.2 例 3.1.1 的图

【例 3.1.2】 在图 3.1.3 所示的电路中，求 U。

解 各支路的电流参考方向均已标明，电流源所在支路电流为已知 5A，虽然电流源和 2Ω 电阻串联可对外等效为 5A 电流源，但根据题目要求，不做等效才能求得 U。根据支路电流法，对独立节点根据 KCL，得

$$I_1 + 5 = I_2$$

对两个网孔按顺时针方向选取绕行方向，列写 KVL 方程，得

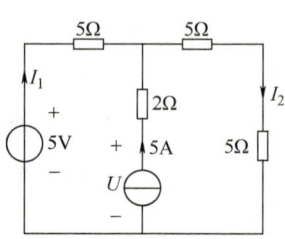

图 3.1.3 例 3.1.2 的图

$$5I_1 - 2\times 5 + U - 5 = 0$$
$$(5+5)I_2 - U + 2\times 5 = 0$$

联立方程求得
$$I_1 = -3\text{A} \quad I_2 = 2\text{A} \quad U = 30\text{V}$$

【例 3.1.3】 在图 3.1.4 所示的电路中，$R_1 = R_3 = 2\Omega$，$R_2 = 3\Omega$，$R_4 = 12\Omega$，$R_5 = 4\Omega$，$U_{S1} = 12\text{V}$，$U_{S2} = 8\text{V}$，$I_S = 4\text{A}$。求各支路电流并验证功率平衡关系。

解 各支路的电流参考方向均已标明，电流源所在支路电流为已知 4A，即 $I_2 = 4\text{A}$。为了减少方程中的变量，选取节点和回路如图 3.1.4 中所示。根据支路电流法，对节点①和②列写 KCL 方程，得

$$I_1 + I_2 = I_3$$
$$I_3 + I_4 = I_5$$

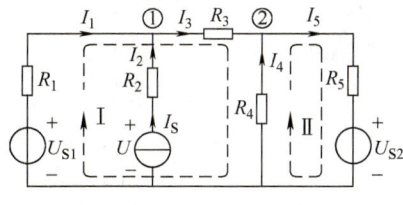

图 3.1.4 例 3.1.3 的图

对回路Ⅰ和回路Ⅱ，根据 KVL 列写方程，得
$$2I_1 + 2I_3 - 12I_4 - 12 = 0$$
$$12I_4 + 4I_5 + 8 = 0$$

联立方程求得
$$I_1 = -2\text{A} \quad I_2 = 4\text{A} \quad I_3 = 2\text{A} \quad I_4 = -1\text{A} \quad I_5 = 1\text{A}$$

验证功率平衡，结果如下：

电阻 R_1 吸收功率为 $\qquad P_1 = I_1^2 R_1 = (-2)^2 \times 2\text{W} = 8\text{W}$

电阻 R_2 吸收功率为 $\qquad P_2 = I_2^2 R_2 = 4^2 \times 3\text{W} = 48\text{W}$

电阻 R_3 吸收功率为 $\qquad P_3 = I_3^2 R_3 = 2^2 \times 2\text{W} = 8\text{W}$

电阻 R_4 吸收功率为 $\qquad P_4 = I_4^2 R_4 = (-1)^2 \times 12\text{W} = 12\text{W}$

电阻 R_5 吸收功率为 $\qquad P_5 = I_5^2 R_5 = 1^2 \times 4\text{W} = 4\text{W}$

电压源 U_{S1} 发出功率为 $\qquad P_{U_{S1}} = U_{S1} I_1 = 12 \times (-2)\text{W} = -24\text{W}$（实际为吸收功率）

电压源 U_{S2} 吸收功率为 $\qquad P_{U_{S2}} = U_{S2} I_5 = 8 \times 1\text{W} = 8\text{W}$

对左边网孔，根据 KVL，得 $\quad 2I_1 - 3I_2 + U - 12 = 0$
$$U = 28\text{V}$$

电流源 I_S 发出功率为 $\qquad P_{I_S} = I_S U = 4 \times 28\text{W} = 112\text{W}$

以上各元件功率的总和为 0，达到功率平衡。

3.2 回路（网孔）电流法

支路电流法对于具有 b 条支路、n 个节点的电路可列 b 个方程来求解电路中的支路电流，可以看出，应用此方法列方程很容易，但是方程数目较多，求解比较麻烦。为解决减少方程数目问题，需寻求另一种方法。由于网孔属于回路，故网孔电流法是回路电流法的特殊情况。本节先介绍网孔电流法。

3.2.1 基本思路

一个具有 b 条支路、n 个节点的电路有 $(b-n+1)$ 个基本回路,即有 $(b-n+1)$ 个独立回路,对于平面电路有 $(b-n+1)$ 个网孔。也就是说,平面电路的网孔是一组独立的回路。这里,假想在每一个网孔里均有一个电流沿着构成该网孔的各支路作闭合流动,这些假想的电流,称为各网孔的网孔电流。图 3.2.1 所示平面电路两个网孔的网孔电流 i_{M1}、i_{M2},方向如图中虚线所示,也是列写 KVL 方程时的绕行方向。

3.2.1 回路（网孔）电流法

网孔电流是相互独立的变量,每个网孔电流在它流进某一节点的同时又流出该节点,它自身就满足了 KCL。同时网孔电流又是完备的变量,如果知道了各网孔电流,就可以求得电路中任一条支路的电流。因为一条支路一定属于一个或两个网孔,如果某支路只属于某一个网孔,那么该支路电流就等于该网孔电流。在图 3.2.1 所示的电路中,有

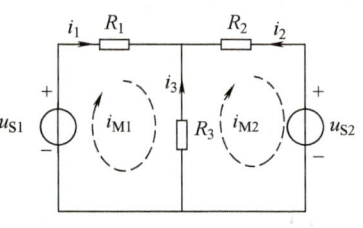

图 3.2.1 网孔电流法

$$i_1 = i_{M1} \quad i_2 = -i_{M2}$$

如果某支路属于两个网孔所共有,则该支路上的电流就等于流经该支路两网孔电流的代数和。图 3.2.1 所示电路中,有

$$i_3 = -i_{M1} + i_{M2}$$

对于平面电路,以网孔电流作为未知量,根据 KVL 列写网孔方程,求解出网孔电流,进而求出各支路电流,这种求解电路的方法称为网孔电流法。若对一般电路而言,这一方法可推广,即选择一组独立回路电流作为未知量,当然它们也是相互独立、完备的变量。若对各独立回路列写用回路电流表示 KVL 方程,这种求解电路方法称为回路电流法。

根据以上所述,对图 3.2.1 所示电路,可得

$$\begin{cases} R_1 i_{M1} - R_3(i_{M2} - i_{M1}) - u_{S1} = 0 \\ R_3(i_{M2} - i_{M1}) + R_2 i_{M2} + u_{S2} = 0 \end{cases} \tag{3.2.1}$$

经过整理可得

$$\begin{cases} (R_1 + R_3) i_{M1} - R_3 i_{M2} = u_{S1} \\ -R_3 i_{M1} + (R_2 + R_3) i_{M2} = -u_{S2} \end{cases} \tag{3.2.2}$$

已知各电压源电压及电阻,就可解出网孔电流,即可进一步求出各支路电流。这样,三个未知的支路电流都能求出,但只需解两个联立方程。

将式（3.2.2）改写为如下形式：

$$\begin{cases} R_{11} i_{M1} + R_{12} i_{M2} = u_{S11} \\ R_{21} i_{M1} + R_{22} i_{M2} = u_{S22} \end{cases} \tag{3.2.3}$$

式中,R_{11}、R_{22} 分别称为网孔 1、网孔 2 的自电阻,它们分别是各自网孔内所有电阻的总和；R_{12} 和 R_{21} 称为网孔 1 和网孔 2 的互电阻,它是该两网孔的共有电阻,且有 $R_{12} = R_{21}$；u_{S11}、u_{S22} 分别为网孔 1、网孔 2 中各电压源电压升的代数和。

自电阻均为正值,而互电阻可为正、负值。互电阻的正、负值要视有关的网孔电流流过

共有电阻时其相互的方向的关系如何而定，同向为正，异向为负。各电压源的方向与网孔电流一致时，前面取"－"号，反之取"＋"号。

对具有 m 个网孔的平面电路，网孔电流方程的一般形式可以由式（3.2.3）推广而得，即有

$$\begin{cases} R_{11}i_{M1} + R_{12}i_{M2} + \cdots + R_{1m}i_{Mm} = u_{S11} \\ R_{21}i_{M1} + R_{22}i_{M2} + \cdots + R_{2m}i_{Mm} = u_{S22} \\ \vdots \\ R_{m1}i_{M1} + R_{m2}i_{M2} + \cdots + R_{mm}i_{Mm} = u_{Smm} \end{cases} \quad (3.2.4)$$

3.2.2 分析步骤及要点

列写网孔（回路）电流法的电路方程的步骤和注意事项如下：

（1）选定一组独立回路（平面电路可选择网孔）的回路电流作为变量。指定各回路（网孔）电流的参考方向，并以此作为回路（网孔）的绕行方向。

（2）按式（3.2.4）列写标准回路（网孔）电流方程，并联立求解方程组，得出各回路（网孔）电流。

（3）选定各支路电流的参考方向，由各回路电流求得各支路电流或其他待求电量。

（4）一般情况下，可选择网孔电流的参考方向均为顺时针或逆时针同一绕行方向，这时所有的互电阻均为有关网孔共有电阻总和的负值。

（5）方程等式右部为有关网孔中所有电压源电压的代数和，各电压源的方向与网孔电流一致时，前面取"－"号，反之取"＋"号。

（6）将电流源和电阻的并联组合作为一条支路，在列写方程时，可将其等效变换为电压源和电阻的串联组合。

【例3.2.1】 用网孔电流法求图3.2.2所示直流电路中的支路电流 I_1、I_3。

解 电路为平面电路，共有三个网孔。
(1) 选择网孔为独立回路，参考方向为顺时针方向。
(2) 列网孔电流方程，有

$$(1+2+1)I_{M1} - I_{M2} - 2I_{M3} = 2$$
$$-I_{M1} + (1+3+2)I_{M2} - 3I_{M3} = 0$$
$$-2I_{M1} - 3I_{M2} + (3+2+3)I_{M3} = 6$$

(3) 用消去法或行列式法，解得

$$I_{M1} = 1.5A \quad I_{M2} = 1A \quad I_{M3} = 1.5A$$

(4) 支路电流 I_1、I_3 为

$$I_1 = I_{M2} - I_{M1} = -0.5A \quad I_3 = I_{M3} = 1.5A$$

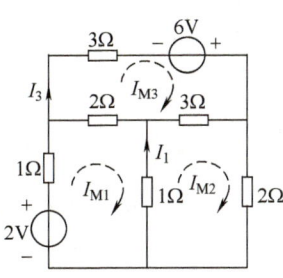

图3.2.2 例3.2.1的图

【例3.2.2】 按照给定的回路用回路电流法求图3.2.3所示直流电路的支路电流 I_1、I_3。

解 选择给定回路的参考方向为顺时针方向。回路电流方程为

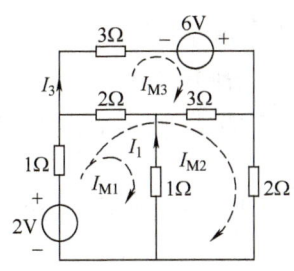

图3.2.3 例3.2.2的图

$$(1+2+1)I_{M1} + (1+2)I_{M2} - 2I_{M3} = 2$$
$$(1+2)I_{M1} + (1+2+3+2)I_{M2} - (2+3)I_{M3} = 2$$
$$-2I_{M1} - (2+3)I_{M2} + (3+2+3)I_{M3} = 6$$

解得
$$I_{M1} = 0.5\text{A} \quad I_{M2} = 1\text{A} \quad I_{M3} = 1.5\text{A}$$

支路电流 I_1、I_3 为
$$I_1 = -I_{M1} = -0.5\text{A} \quad I_3 = I_{M3} = 1.5\text{A}$$

从上述两个例题比较，网孔电流法只适用于平面电路，而回路电流法则无此限制，它适用于平面或非平面电路。解题时，对于所选定的回路，应注意自电阻和互电阻的参数及正负值的不同。

（7）对于无伴电流源，一种处理方法为设其端电压 u 为独立变量，直接列入式（3.2.4）的右边，再补充一个与电流源电流相关的辅助方程。

3.2.2 例题1

【例3.2.3】 图3.2.4a所示直流电路，试列出网孔电流方程。

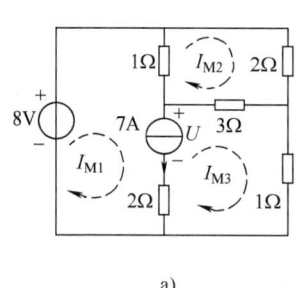
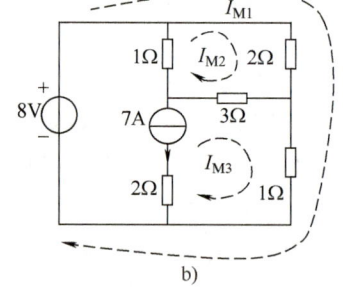

图3.2.4 例3.2.3的图

解 假设电流源两端的电压为 U，则网孔电流方程为
$$(1+2)I_{M1} - I_{M2} - 2I_{M3} = 8 - U$$
$$-I_{M1} + (1+2+3)I_{M2} - 3I_{M3} = 0$$
$$-2I_{M1} - 3I_{M2} + (1+2+3)I_{M3} = U$$
$$I_{M1} - I_{M3} = 7$$

3.2.3 例题2

注意：网孔电流方程实质上是 KVL 方程，在列方程时应把电流源端电压考虑在内。由于 U 也是未知量，故需增列一个补充方程，即上式中的第4个方程。

另一种处理无伴电流源的方法，可以采用回路电流法，即适当选择独立回路，使无伴电流源的电流只属于某一回路电流，回路电流的变量就少了一个，对应的回路方程可不必列出。此种方法就无须增设电流源端电压。如例3.2.3中，I_{M1} 若是选择最外面的回路电流时，则7A的无伴电流源只有网孔电流 I_{M3} 流过，如图3.2.4b所示，因此
$$I_{M3} = -7$$

只需要再列写其他两个方程，即
$$(2+1)I_{M1} + 2I_{M2} + I_{M3} = 8$$
$$2I_{M1} + (1+2+3)I_{M2} - 3I_{M3} = 0$$

由此可见第二种方法较为简单，但是要注意选择回路时，自电阻和互电阻的参数及正负值的确定。

3.3 节点电压法

3.3.1 节点电压法

3.3.1 基本思路

节点电压法是以电路中的节点电压为独立变量，对 ($n-1$) 个独立节点用 KCL 列写节点电压方程，从而求解电路中其他电量的方法。

任意选择电路中的一个节点作为参考节点，令其电位为零，其他节点到参考节点的电压称为节点电压。一个具有 n 个节点的电路有 ($n-1$) 个节点电压。若以 ($n-1$) 个节点电压为独立变量，可求出其他支路电压。由于任一支路电压都等于两节点电压之差，因此，对任意回路自动满足 KVL。

下面以图 3.3.1 所示电路为例推导节点电压法的标准方程。选择④为参考节点，则①、②、③节点到参考节点的节点电压分别用 u_{n1}、u_{n2}、u_{n3} 表示。根据 KCL 列出三个独立节点的 KCL 方程为

$$\begin{cases} i_1 + i_5 - i_S = 0 \\ -i_1 + i_2 + i_3 = 0 \\ -i_3 + i_4 - i_5 = 0 \end{cases} \quad (3.3.1)$$

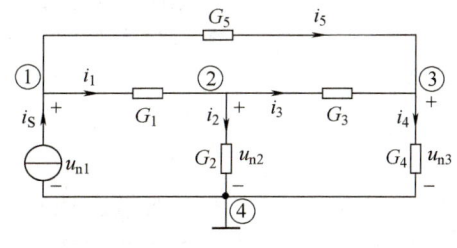

图 3.3.1 节点电压法

由欧姆定律，列写支路电流方程

$$\begin{cases} G_1(u_{n1} - u_{n2}) = i_1 \\ G_2 u_{n2} = i_2 \\ G_3(u_{n2} - u_{n3}) = i_3 \\ G_4 u_{n3} = i_4 \\ G_5(u_{n1} - u_{n3}) = i_5 \end{cases} \quad (3.3.2)$$

整理得到节点电压方程的标准形式如下

$$\begin{cases} (G_1 + G_5)u_{n1} - G_1 u_{n2} - G_5 u_{n3} = i_S \\ -G_1 u_{n1} + (G_1 + G_2 + G_3)u_{n2} - G_3 u_{n3} = 0 \\ -G_5 u_{n1} - G_3 u_{n2} + (G_3 + G_4 + G_5)u_{n3} = 0 \end{cases} \quad (3.3.3)$$

式 (3.3.3) 的特点是：方程左边系数中，主对角线元素为本节点所连接的各支路电导的和，称为自电导，恒为正值；非对角线元素为相邻的节点之间公共电导的和，称为互电导，恒为负值。方程右边为本节点所连接的独立电流源的代数和，流入节点的源电流为"+"，流出节点的源电流为"-"。由此可得到三个独立节点的节点电压方程的标准形式为

$$\begin{cases} G_{11}u_{n1} + G_{12}u_{n2} + G_{13}u_{n3} = i_{S11} \\ G_{21}u_{n1} + G_{22}u_{n2} + G_{23}u_{n3} = i_{S22} \\ G_{31}u_{n1} + G_{32}u_{n2} + G_{33}u_{n3} = i_{S33} \end{cases} \quad (3.3.4)$$

式中，$G_{11} = G_1 + G_5$，$G_{22} = G_1 + G_2 + G_3$，$G_{33} = G_3 + G_4 + G_5$，$G_{12} = G_{21} = -G_1$，$G_{23} = G_{32} = $

$-G_3$,$G_{31}=G_{13}=-G_5$。

式（3.3.4）可推广到具有（$n-1$）个独立节点的电路，读者可自行分析。

3.3.2 分析步骤及要点

列写节点电压法的电路方程的步骤和注意事项如下：

（1）任选一个节点为参考点，一般选择连接电源最多的节点，并标出其余节点编号。

（2）以节点电压为变量，根据标准形式列写（$n-1$）个独立节点的 KCL 方程。注意，自电导总为正，互电导总为负；还要注意，注入节点的源电流前面的"＋""－"号。

（3）联立方程求解节点电压，再求其他变量。

（4）电压源和电阻的串联组合，在列写方程时，可将其等效变换为电流源和电阻的并联组合。

（5）当一条支路仅含有电压源而不存在与之串联的电阻时，这个电压源称为无伴电压源。无伴电压源的两种处理方法如下。

① 将无伴电压源的一端连接点作为参考点，则另一端的节点电压已知，无须再列方程。

② 把无伴电压源的电流作为附加变量列入 KCL 方程，增加节点电压与无伴电压源电压之间的关系式。

（6）理想电流源与电阻串联支路，因对外等效为理想电流源，在列写方程时，该电阻不应出现在方程中。

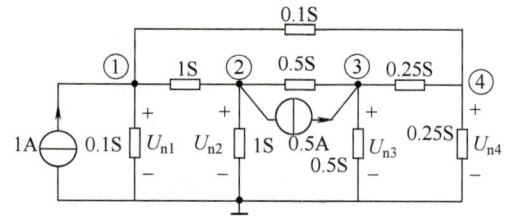

【例3.3.1】 试列出图 3.3.2 所示直流电路的节点电压方程。

解 该电路共有五个节点，选其中的一个作为参考节点。设其余 4 个节点的电压分别为 U_{n1}、U_{n2}、U_{n3}、U_{n4}，如图 3.3.2 所示。可得其节点电压方程为

图 3.3.2 例 3.3.1 的图

$$\begin{cases}(0.1+1+0.1)U_{n1}-U_{n2}-0.1U_{n4}=1\\-U_{n1}+(1+1+0.5)U_{n2}-0.5U_{n3}=-0.5\\-0.5U_{n2}+(0.5+0.5+0.25)U_{n3}-0.25U_{n4}=0.5\\-0.1U_{n1}-0.25U_{n3}+(0.1+0.25+0.25)U_{n4}=0\end{cases}$$

【例3.3.2】 如图 3.3.3 所示直流电路，用节点电压法求解电流 I_S 和 I_0。

解 方法一：节点编号如图 3.3.3 所示，选节点④为参考节点，节点电压方程为

$$U_{n1}=48$$

$$-\frac{1}{5}U_{n1}+\left(\frac{1}{5}+\frac{1}{2}+\frac{1}{6}\right)U_{n2}-\frac{1}{2}U_{n3}=0$$

$$-\frac{1}{3+9}U_{n1}-\frac{1}{2}U_{n2}+\left(\frac{1}{3+9}+\frac{1}{2}+\frac{1}{1+1}\right)U_{n3}=0$$

3.3.2 例题 1

解得节点电压为
$$U_{n2} = 18\text{V} \qquad U_{n3} = 12\text{V}$$
电流
$$I_S = \frac{U_{n1} - U_{n2}}{5} + \frac{U_{n1} - U_{n3}}{3+9} = \left(\frac{48-18}{5} + \frac{48-12}{12}\right)\text{A} = 9\text{A}$$
$$I_0 = \frac{U_{n3} - U_{n2}}{2} = \frac{12-18}{2}\text{A} = -3\text{A}$$

方法二：选节点③为参考节点。列节点方程为
$$\left(\frac{1}{5} + \frac{1}{3+9}\right)U_{n1} - \frac{1}{5}U_{n2} = I_S$$
$$-\frac{1}{5}U_{n1} + \left(\frac{1}{5} + \frac{1}{2} + \frac{1}{6}\right)U_{n2} - \frac{1}{6}U_{n4} = 0$$
$$-\frac{1}{6}U_{n2} + \left(\frac{1}{1+1} + \frac{1}{6}\right)U_{n4} = -I_S$$

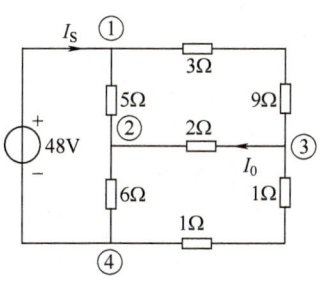

图 3.3.3 例 3.3.2 的图

3.3.3 例题 2

增加一个辅助方程
$$U_{n1} - U_{n4} = 48$$
联立方程，解得节点电压为
$$U_{n1} = 36\text{V} \qquad U_{n2} = 6\text{V} \qquad U_{n4} = -12\text{V}$$
故电流
$$I_S = \frac{U_{n1} - U_{n2}}{5} + \frac{U_{n1}}{3+9} = \left(\frac{36-6}{5} + \frac{36}{12}\right)\text{A} = 9\text{A}$$
$$I_0 = -\frac{U_{n2}}{2} = -\frac{6}{2}\text{A} = -3\text{A}$$

两种计算方法所得计算结果是一致的，但显然方法二比方法一要复杂一些。对有多个电阻串联的支路，应算出其总电阻，再计算其电导，如图 3.3.3 中节点①、③之间的支路其电导为 $\frac{1}{3+9}$S，节点③、④之间的支路其电导为 $\frac{1}{1+1}$S。

3.3.3 弥尔曼定理

对于支路多而节点却只有两个的电路，此时采用节点电压法分析电路最为简便，只需要列一个节点电压方程就可以了。其通用公式为

$$u = \frac{\sum i_S + \sum G_{Sk} u_{Sk}}{\sum G} \qquad (3.3.5)$$

3.3.4 弥尔曼定理

式（3.3.5）常被称为弥尔曼定理。

【例 3.3.3】 图 3.3.4 所示电路中，$R_1 = R_2 = 2\Omega$，$R_3 = 4\Omega$，$U_S = 10\text{V}$，$I_S = 2\text{A}$。试用节点电压法求电压 U_n。

解 由于电路只有两个节点，所以应用弥尔曼定理得

$$U_n = \frac{\frac{U_S}{R_1} + I_S}{\frac{1}{R_1} + \frac{1}{R_2}} = \frac{\frac{10}{2} + 2}{\frac{1}{2} + \frac{1}{2}} V = 7V$$

需要注意的是，对于电阻和电流源串联的支路可以等效为一个电流源支路，因此与电流源串联的电阻 R_3 不能出现在方程中。

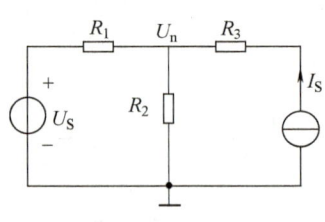

图 3.3.4 例 3.3.3 的图

3.3.4 含有理想运算放大器电路的分析

在第 1 章的 1.4 节中已经介绍了理想运算放大器的分析原则，即"虚短路""虚断路"。合理运用这两条规则，并与节点电压法相结合，将使这类电路的分析大为简化。下面举例加以说明。

【例 3.3.4】 已知加法器电路如图 3.3.5 所示，求该电路的输入-输出关系。

解 由于"虚断路"，理想运放的输入电流为零，即 $I^- = 0$，所以有 $I = I_1 + I_2 + I_3$。

由于 $U^+ = 0$，由"虚短路"，则 $U^- = 0$，即节点①的电位为零。对节点①列写节点方程，得

$$\frac{0 - U_o}{R_f} = \frac{U_{i1} - 0}{R_1} + \frac{U_{i2} - 0}{R_2} + \frac{U_{i3} - 0}{R_3}$$

所以

$$U_o = -R_f \left(\frac{U_{i1}}{R_1} + \frac{U_{i2}}{R_2} + \frac{U_{i3}}{R_3} \right)$$

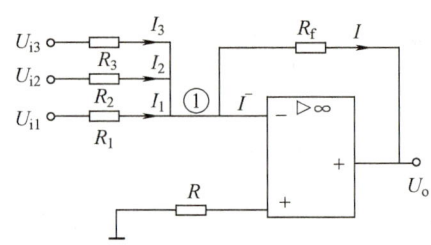

图 3.3.5 例 3.3.4 的图

由此可见，当 $R_1 = R_2 = R_3 = R_f$ 时，$U_o = -(U_{i1} + U_{i2} + U_{i3})$。其实，该电路正是一个由运放构成的反相加法器。

【例 3.3.5】 求图 3.3.6 所示电路的电压增益 U_o/U_i。

解 对节点①和③列出节点电压方程，可得

$$\left(\frac{1}{20k} + \frac{1}{40k} + \frac{1}{25k} \right) U_{n1} - \frac{1}{25k} U_{n2} - \frac{1}{20k} U_{n3} = 0$$

$$\left(\frac{1}{10k} + \frac{1}{20k} \right) U_{n3} - \frac{1}{20k} U_{n1} = \frac{U_i}{10k}$$

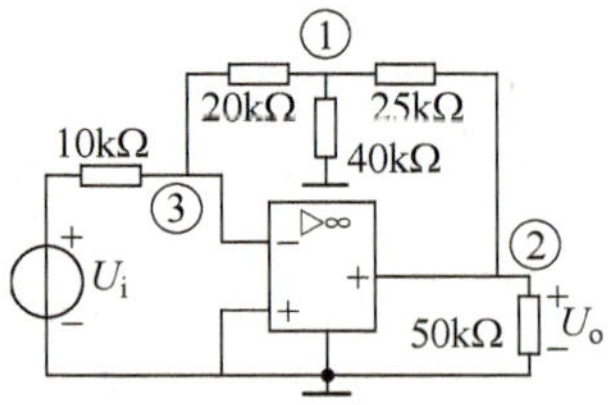

图 3.3.6 例 3.3.5 的图

注意到理想运放的"虚断路""虚短路"，$U_{n3} = 0$，$U_{n2} = U_o$，所以有

$$\frac{U_o}{U_i} = -\frac{23}{4}$$

在应用以上方法时，由于运放输出端的电流事先无法确定，因此不宜对该节点（如上例中的节点②）列方程，可以认为这是把运放理想化处理所具有的特点。

3.4 电路方程法分析含受控电源的电路

3.4.1 基本思路

3.4.1 电路方程法分析含受控电源的电路

应用电路方程法分析含受控电源的电路需要根据受控电源的特性，进行分析时需要注意以下几点：

（1）受控电源的类型要先明确，即判断是受控电压源还是受控电流源。

（2）在建立电路方程时，可先把受控电源看作独立电源列出方程，然后再补充控制量用待求变量来表示的方程。

（3）受控电源可以进行两种电源模型的等效变换，但在变换过程中控制量不能消失，必要时控制量可以转换。

3.4.2 应用指导及要点

使用支路电流法建立电路方程时，可先把受控电源看作独立电源列出方程，然后再补充控制量用支路电流变量来表示的方程。

【例 3.4.1】 在如图 3.4.1 所示的直流电路中，用支路电流法计算各支路电流。

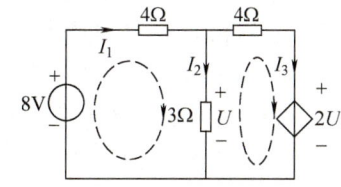

图 3.4.1 例 3.4.1 的图

解 KCL $\quad -I_1 + I_2 + I_3 = 0$

KVL $\quad 4I_1 + 3I_2 - 8 = 0$

$\quad\quad\quad 2U + 4I_3 - 3I_2 = 0$

由于受控源的控制量 U 是未知量，需补充一个方程，即

$$U = 3I_2$$

联立求解得

$$I_1 = 0.5\text{A} \quad I_2 = 2\text{A} \quad I_3 = -1.5\text{A}$$

使用网孔（回路）电流法建立电路方程时，可先把受控电源看作独立电源列出方程，然后再补充控制量用网孔（回路）电流变量来表示的方程。

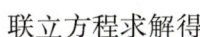

3.4.2 例题 1

【例 3.4.2】 求图 3.4.2 所示直流电路中的 I_X（图中 $r = 8\Omega$）。

解 方法一：网孔电流方程为

$$(10+2)I_{M1} - 2I_{M2} = 6 - 8I_X$$
$$-2I_{M1} + (2+4)I_{M2} = -4 + 8I_X$$

补充方程

$$I_X = I_{M2}$$

联立方程求解得

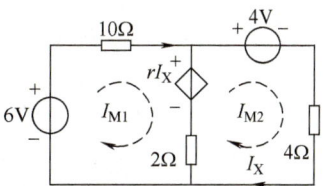

图 3.4.2 例 3.4.2 的图（1）

即
$$I_{M1} = 3A \quad I_{M2} = 3A$$
$$I_X = I_{M2} = 3A$$

方法二：按图 3.4.3 选取两个独立回路，其回路电流方程为

$$(10+2)I_{M1} + 10I_{M2} = 6 - 8I_X$$
$$10I_{M1} + (10+4)I_{M2} = 6 - 4$$

补充方程
$$I_X = I_{M2}$$

联立方程求解得
$$I_{M1} = -4A \quad I_{M2} = 3A$$

即
$$I_X = I_{M2} = 3A$$

图 3.4.3 例 3.4.2 的图（2）

使用节点电压法建立电路方程时，可先把受控电源看作独立电源列出方程，然后再补充控制量用节点电压变量来表示的方程。

【例 3.4.3】 图 3.4.4 所示的直流电路中含有 VCCS，其电流 $I_C = gU_2$，其中 U_2 为电阻 R_2 上的电压。试列写节点电压方程。

解 节点编号如图 3.4.4 所示。由于节点电压方程是列写 KCL 方程，理想电流源 I_{S1} 与电阻 R_4 串联支路，其支路电流为 I_{S1}，与电阻 R_4 无关，因此在列写方程时，该电阻 R_4 不应出现在方程中。则

$$\begin{cases} \left(\dfrac{1}{R_1} + \dfrac{1}{R_2}\right)U_{n1} - \dfrac{1}{R_2}U_{n2} = I_{S1} \\ -\dfrac{1}{R_2}U_{n1} + \left(\dfrac{1}{R_2} + \dfrac{1}{R_3}\right)U_{n2} = I_C \end{cases}$$

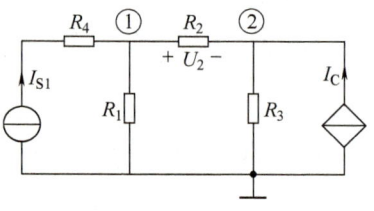

图 3.4.4 例 3.4.3 的图

补充方程
$$U_2 = U_{n1} - U_{n2}$$

即
$$I_C = g(U_{n1} - U_{n2})$$

习 题

3.1 用支路电流法求题 3.1 图所示各电路的电流 I_1 及电源发出的功率。

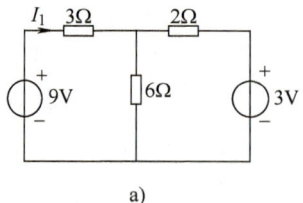

a)

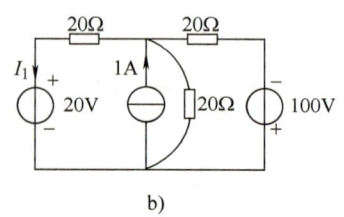

b)

题 3.1 图

3.2 用支路电流法求题 3.2 图所示电路中的电流 I 和电压 U。

3.3 在题 3.3 图所示电路中，已知 $R_2=10\Omega$，$R_3=4\Omega$，$R_4=R_5=8\Omega$，$R_6=2\Omega$，$I_{S1}=1A$，$U_{S3}=20V$，$U_{S6}=40V$。试列出支路电流方程，并整理。

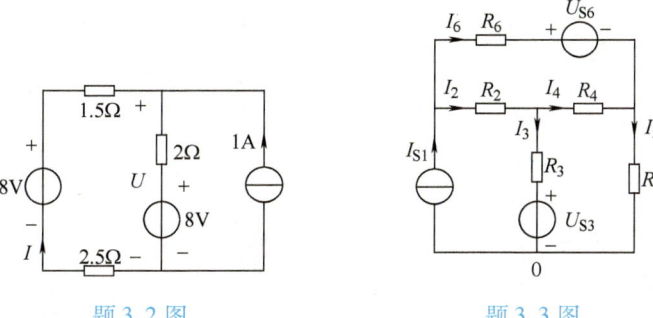

题 3.2 图　　　　　题 3.3 图

3.4 在题 3.4 图所示电路中，分别按题 3.4 图 a、b 规定的回路列出回路电流方程。

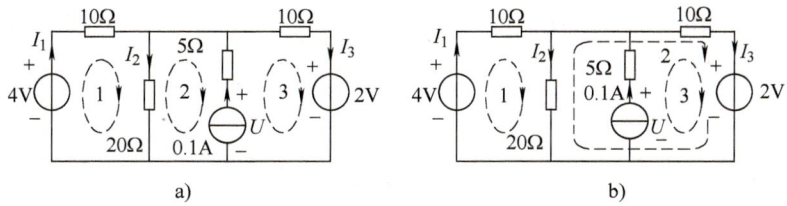

题 3.4 图

3.5 用回路电流法求题 3.5 图所示电路的电流 I。

3.6 电路如题 3.6 图所示。用回路电流法求电流源的端电压 U。

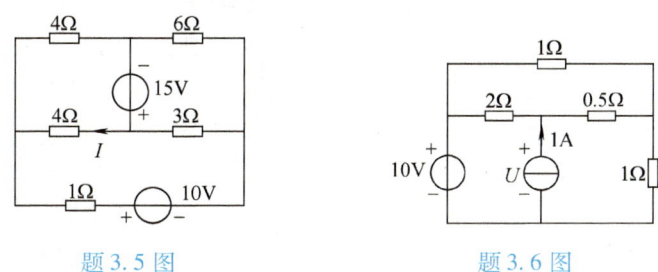

题 3.5 图　　　　　题 3.6 图

3.7 列出题 3.7 图所示电路的节点方程，并求出电压 U 和电流 I。

3.8 在题 3.8 图所示电路中，已知 $R_1=10\Omega$，$R_2=R_3=5\Omega$，$R_5=8\Omega$，$I_{S1}=1A$，$I_{S2}=2A$，$I_{S3}=3A$，$I_{S4}=4A$，$I_{S5}=5A$，$U_{S3}=5V$。以节点 0 为参考点，求节点电压 U_{n1}、U_{n2} 和 U_{n3}。

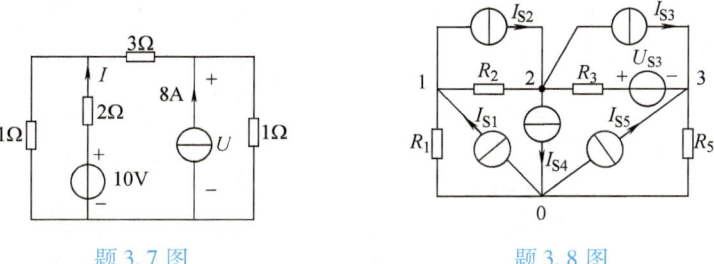

题 3.7 图　　　　　题 3.8 图

3.9 用节点电压法求题 3.9 图所示电路中 5A 电流源的功率。

3.10 在题 3.10 图所示电路中，用节点电压法求 1A 电流源发出的功率。

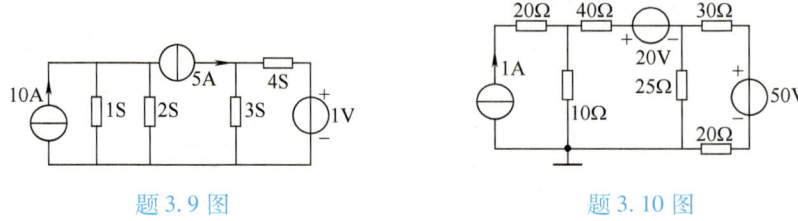

题 3.9 图　　　　　　题 3.10 图

3.11 试用节点电压法求题 3.11 图所示电路中的节点电压 U_{n1}、U_{n2} 和电流 I。

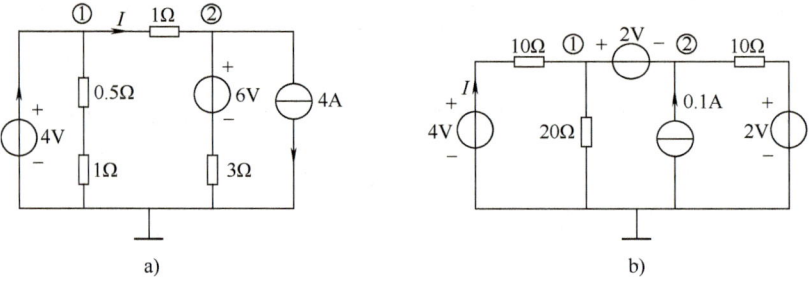

a)　　　　　　b)

题 3.11 图

3.12 求题 3.12 图所示电路的输出电压 U_o。

3.13 求题 3.13 图所示电路运算放大器的输出电流 I_o。

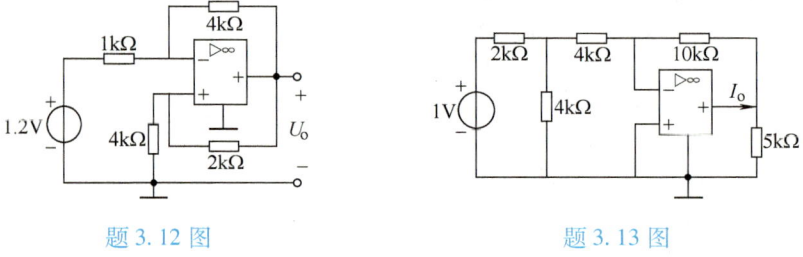

题 3.12 图　　　　　　题 3.13 图

3.14 用支路电流法求题 3.14 图所示电路的电流 I_1。

3.15 用支路电流法求题 3.15 图所示电路中的电压 U 和电流 I_X。

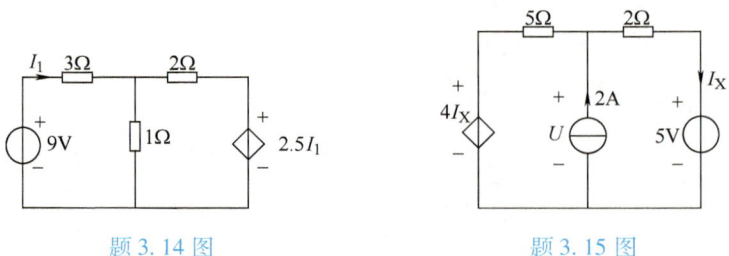

题 3.14 图　　　　　　题 3.15 图

3.16 用支路电流法求题 3.16 图所示电路中电流 I 和电压 U。

3.17 在题 3.17 图所示电路中，已知 $R_1 = 10\Omega$，$R_2 = 15\Omega$，$R_3 = 20\Omega$，$R_4 = 4\Omega$，$R_5 = 6\Omega$，$R_6 = 8\Omega$，$U_{S2} = 10\text{V}$，$U_{S3} = 20\text{V}$。试列出支路电流方程，并整理。

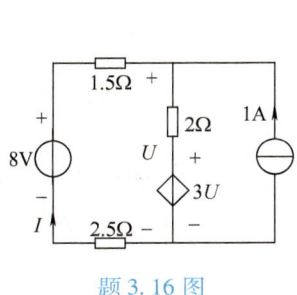

题 3.16 图

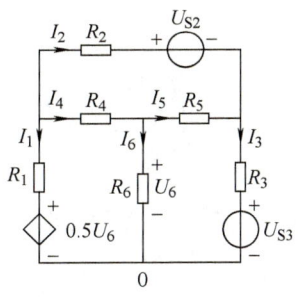

题 3.17 图

3.18 用回路电流法求题 3.18 图所示电路的电流 I。

3.19 用网孔电流法求题 3.19 图所示电路中的 I_X。

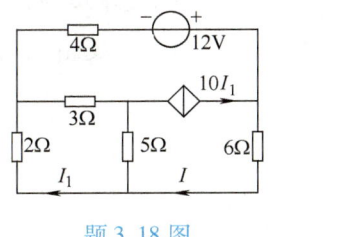

题 3.18 图

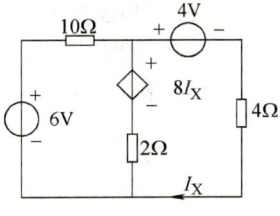

题 3.19 图

3.20 在题 3.20 图所示电路中，分别按图中规定的回路列出回路电流方程。

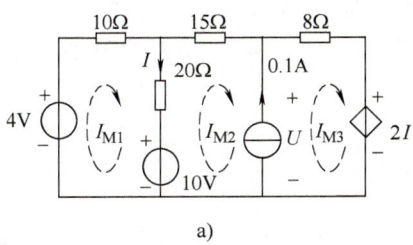
a)

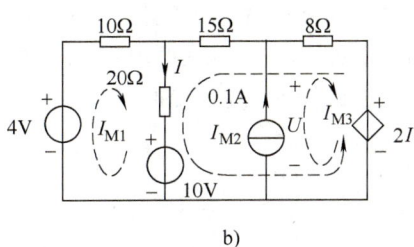
b)

题 3.20 图

3.21 用弥尔曼定理求题 3.21 图所示电路中的电压 U 和电流 I。

3.22 试用节点电压法求题 3.22 图所示电路中的节点电压 U_{n1}、U_{n2} 和电流 I。

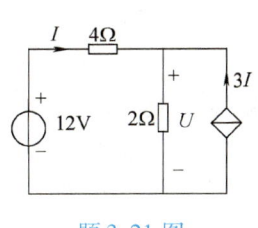

题 3.21 图

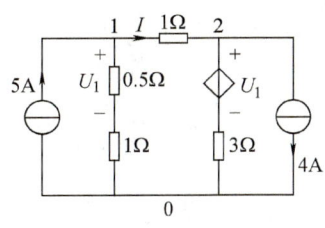

题 3.22 图

第 4 章　电路的分析计算法之三——电路定理法

课程目标：本章介绍一些重要的电路定理。通过学习，应掌握叠加定理、戴维南定理、诺顿定理、最大功率传输定理、互易定理等的分析方法，了解齐性定理、对偶原理和替代定理的概念。

思政目标：通过本章学习，同学们开展具体工作要从实际出发，不一定追求完美，尤其注意效率就是效益，培养问题意识和面对问题肯钻研、不断寻找解决办法的能力。

等效变换法、电路方程法和电路定理法是电路分析计算常用的三种方法。通过电路方程法可以分析计算电路中每一条支路或元件上的响应，而分析某一支路或元件上的响应时用等效变换法或电路定理法可能更简便些。

4.1 叠加定理

4.1.1 叠加定理

作为线性电路网络最基本的性质——线性性质，它包含可加性与齐次性两方面。叠加定理就是可加性的体现，它是线性电路的一个重要定理。以图 4.1.1a 所示电路为例，分析支路电流和电压，以说明叠加定理。

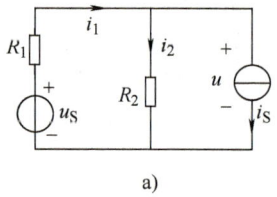
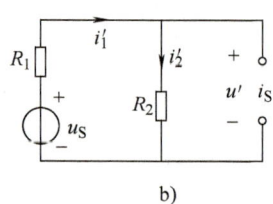
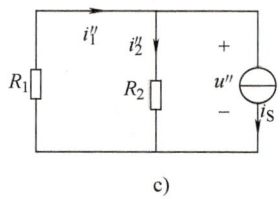

a)　　　　　　　b)　　　　　　　c)

图 4.1.1　叠加定理

在图 4.1.1a 所示的电路中，利用 KCL 和 KVL，可得电压、电流分别为

$$i_1 = \frac{1}{R_1+R_2}u_S + \frac{R_2}{R_1+R_2}i_S = i_1' + i_1''$$

$$i_2 = \frac{1}{R_1+R_2}u_S - \frac{R_1}{R_1+R_2}i_S = i_2' + i_2''$$

$$u = \frac{R_2}{R_1+R_2}u_S - \frac{R_1 R_2}{R_1+R_2}i_S = u' + u''$$

由此可见，在具有两个独立电源的电路中，支路电压和支路电流均由两部分组成：一部分与电压源有关；另一部分与电流源有关。可以证明，该结果等于每个独立电源单独作用于电路时所产生的响应的叠加。将图 4.1.1a 分解为两个分电路图 4.1.1b 和图 4.1.1c。

（1）当电压源单独作用时，电流源"置零"，用开路替代。由图 4.1.1b 所示电路求得

电压、电流为

$$i'_1 = \frac{1}{R_1 + R_2} u_S \qquad i'_2 = \frac{1}{R_1 + R_2} u_S \qquad u' = \frac{R_2}{R_1 + R_2} u_S$$

（2）当电流源单独作用时，电压源"置零"，用短路替代。由图 4.1.1c 所示电路求得电压、电流为

$$i''_1 = \frac{R_2}{R_1 + R_2} i_S \qquad i''_2 = -\frac{R_1}{R_1 + R_2} i_S \qquad u'' = -\frac{R_1 R_2}{R_1 + R_2} i_S$$

由此可见

$$i_1 = i'_1 + i''_1 \qquad i_2 = i'_2 + i''_2 \qquad u = u' + u''$$

这个特例具有普遍的意义。叠加定理的内容为：在线性电阻电路中，某处的电压或电流都是电路中各个独立电源单独作用时在该处分别产生的电压或电流的叠加。

4.1.2 应用指导及要点

叠加定理是线性电路分析的基础，应用它不仅可以简化电路计算，而且可以证明电路的一些定理。

使用叠加定理时要注意以下几个问题：

（1）叠加定理适用于线性电路，而不适用于非线性电路。

（2）在分析各个分电路时，对于不作用的独立电源采用"置零"处理。即电压源不作用时，将电压源所在处用短路线替代，电流源不作用时，将电流源所在处用开路替代。电路结构和电阻参数不能更动。

4.1.2 例题1

（3）叠加时注意各分量的方向，总电压（或电流）是各分量的代数和。

（4）功率不能叠加，即电路的功率不等于由各分电路计算的功率之和。因为功率等于电压和电流的乘积或电压（电流）的二次函数。

4.1.3 例题2

【例 4.1.1】 试用叠加定理计算图 4.1.2a 所示电路中的电压 U 和电流 I。

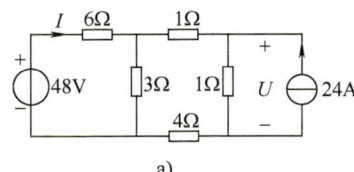
a)
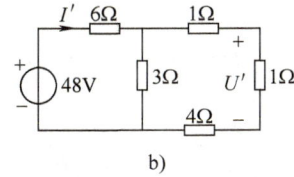
b)
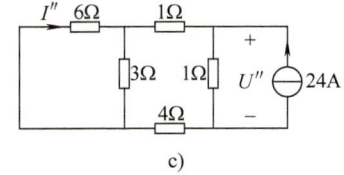
c)

图 4.1.2 例 4.1.1 的图

解 当48V直流电压源单独作用时，24A直流电流源"置零"、开路处理，得图4.1.2b所示的电路。则支路的电流、电压分别为

$$I' = \frac{48}{\frac{(1+1+4) \times 3}{1+1+4} + 6} A = \frac{48}{8} A = 6A$$

$$U' = \frac{3 \times 1}{3+1+1+4} I' = \frac{3}{9} \times 6V = 2V$$

当 24A 直流电流源单独作用时，48V 直流电压源"置零"、短路处理，得图 4.1.2c 所示的电路。利用电阻串、并联化简，可得

$$U'' = 24 \times \frac{\left(\frac{6 \times 3}{6+3} + 1 + 4\right) \times 1}{\frac{6 \times 3}{6+3} + 1 + 4 + 1} V = 24 \times \frac{7}{8} V = 21V$$

$$I'' = -\frac{3}{6+3} \times \frac{21}{\frac{6 \times 3}{6+3} + 1 + 4} A = -\frac{1}{3} \times \frac{21}{7} A = -1A$$

原电路的电压 U 和电流 I 为

$$U = U' + U'' = (2 + 21)V = 23V \qquad I = I' + I'' = (6-1)A = 5A$$

在线性电路中，任何一个电流变量或电压变量，作为电路的响应 $y(t)$，与电路中各个激励 $x_m(t)$ 的关系可表示为

$$y(t) = \sum_M H_m x_m(t) \tag{4.1.1}$$

式中，$x_m(t)$ 表示电路中的电压源电压或电流源电流；独立电源的总数为 M 个；H_m 为相应的系数或网络函数。

【例 4.1.2】 在图 4.1.3 所示的电路中，网络 N 的内部只含线性电阻。在激励 U_S 和 I_S 作用下，其测试数据如下：当 $U_S = 1V$，$I_S = 1A$ 时，$U = 0$；当 $U_S = 10V$，$I_S = 0$ 时，$U = 1V$。问当 $U_S = 0$，$I_S = 10A$ 时，U 为多少？

解 根据线性叠加定理，由式（4.1.1），对于任一 U_S 和 I_S 有

$$U = H_1 U_S + H_2 I_S$$

故由两次测试结果可得

$$\begin{cases} H_1 + H_2 = 0 \\ 10 H_1 = 1 \end{cases}$$

联立解得

$$H_1 = \frac{1}{10} \qquad H_2 = -\frac{1}{10}$$

所以

$$U = \frac{1}{10} U_S - \frac{1}{10} I_S$$

当 $U_S = 0$，$I_S = 10A$ 时，则有

$$U = \left(\frac{1}{10} \times 0 - \frac{1}{10} \times 10\right)V = -1V$$

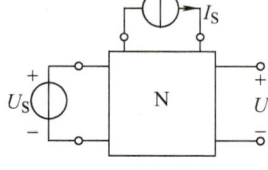

图 4.1.3 例 4.1.2 的图

由例 4.1.2 可知：叠加定理简化了电路激励与响应的关系。例中的网络 N 可能是一个含有众多电阻元件、结构复杂的电路，但只需用两个参数 H_1 和 H_2 即能描述指定的响应与激励间的关系，且每一激励对响应的作用也一目了然。当网络 N 的结构与参数明朗时，H_1 和 H_2 既可由实验方法确定，也可通过计算求得。

4.1.3 齐性定理

线性电路的另一个定理是齐性定理，它是线性电路齐次性的体现。齐性定理的内容是：在线性电路中，当所有激励（电压源和电流源）都同时增大或缩小 K（K 为实常数）倍时，

响应（电压和电流）也将同样增大或缩小 K 倍。

【**例 4.1.3**】 将例 4.1.1 中的两个独立电源同时缩小 2 倍，即直流电压源为 24V、直流电流源为 12A 时，再计算响应 U、I。

解 应用齐性定理，所有激励电源都缩小 2 倍，响应也相应缩小 2 倍。因此响应电压 U、响应电流 I 分别为

$$U = 23/2\text{V} = 11.5\text{V} \qquad I = 5/2\text{A} = 2.5\text{A}$$

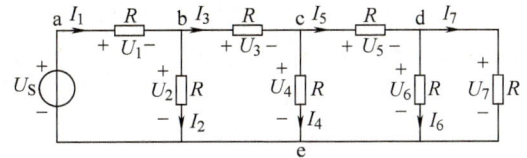

4.1.4 齐性定理

应用齐性定理时应注意，这里的激励是指独立电源，并且必须是全部激励源同时增大或缩小 K 倍，否则将导致错误的结果。当电路中仅有一个激励电源时，响应和激励成正比。利用齐性定理，可以有效地分析计算梯形电路的响应。

【**例 4.1.4**】 如图 4.1.4 所示梯形电路，各个电阻均为 1Ω，直流电压源的电压为 10.5V，求各支路的电流。

解 假设 $I_7 = 1\text{A}$，然后逐步用欧姆定律和基尔霍夫定律，向前推求各支路的电压和电流，可得到

图 4.1.4 例 4.1.4 的图

$I_7 = 1\text{A}$	$U_7 = 1\text{V}$	$U_6 = 1\text{V}$	$I_6 = 1\text{A}$
$I_5 = I_6 + I_7 = 2\text{A}$	$U_5 = 2\text{V}$	$U_4 = U_5 + U_6 = 3\text{V}$	$I_4 = 3\text{A}$
$I_3 = I_4 + I_5 = 5\text{A}$	$U_3 = 5\text{V}$	$U_2 = U_3 + U_4 = 8\text{V}$	$I_2 = 8\text{A}$
$I_1 = I_2 + I_3 = 13\text{A}$	$U_1 = 13\text{V}$	$U_S = U_1 + U_2 = 21\text{V}$	

最后一式表明，当 $U_S = 21\text{V}$ 时可得到以上的各支路电压和电流值。但题目给出的 $U_S = 10.5\text{V}$，因此根据齐性定理，各支路电流应将上面的数值乘以 $\dfrac{10.5}{21} = 0.5$，可得各支路实际电流、电源电压值，见表 4.1.1。

表 4.1.1 利用齐性定理得到图 4.1.4 中的各支路电流、电源电压值

电流、电源电压值	I_7/A	I_6/A	I_5/A	I_4/A	I_3/A	I_2/A	I_1/A	U_S/V
假设值	1	1	2	3	5	8	13	21
实际值	0.5	0.5	1	1.5	2.5	4	6.5	10.5

本例题的计算是从梯形电路远离电源一端倒退至电源处。这种计算方法称为"倒退法"。它比正面计算方便。

4.2 戴维南定理和诺顿定理

由第 2 章的等效可知，仅由线性电阻组成的无源一端口网络可以等效为一个电阻，而由线性电阻、受控电源所组成的无源一端口网络也可以等效为一个电阻。对于一个既含电阻和受控电源又含独立电源的一端口网络，它的等效电路是什么？如何求出其等效电路？特别地，在某些情况下，对于一个复杂电路，有时只需要计算其中某一支路的电流或电压，如何分析更简便些？本节介绍的戴维南定理及诺顿定理

4.2.1 戴维南定理和诺顿定理

将解决这些问题。

4.2.1 戴维南定理

由电阻电路等效变换概念可知,对于一个无源一端口网络,可以用一个等效电阻来置换。对于一个含源(指含独立电源)的一端口网络,也可以通过等效变换,简化为一个电源与电阻的组合支路。例如,图4.2.1a所示的含源一端口网络,可以简化为图4.2.1b所示的等效电路。虽然这种等效变换法在应用上简单易行,但是受到电路结构的限制,它仅适合于上述类型的简单电路。对于任意一个既含有独立电源又含有电阻和受控电源的含源一端口网络,其等效电路是怎样的?是否也可以用一个独立电源与电阻的组合支路来等效置换呢?等效电源定理,也就是戴维南定理和诺顿定理解决了这个问题,提供了含源一端口网络求解其等效电路的普遍方法,并给出了该等效电路普遍的适用形式。

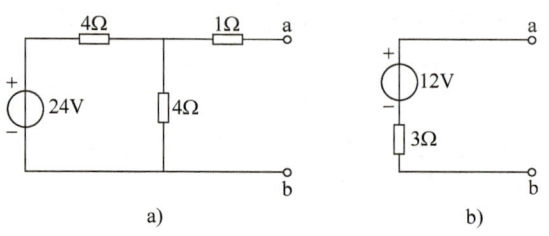

图4.2.1 戴维南定理引例

戴维南定理指出:一个含有独立电源、线性电阻和受控电源的一端口网络N,对外电路来说,可以用一个电压源与电阻的串联组合电路来等效置换,此电压源的电压等于这个一端口网络的开路电压u_{oc},电阻等于该一端口网络内全部独立电源置零后的等效电阻R_{eq},如图4.2.2所示。

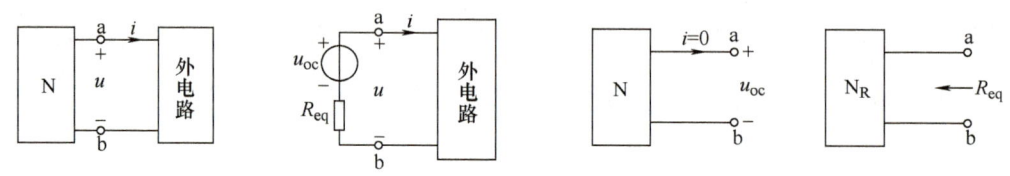

图4.2.2 戴维南定理

图4.2.2中电压源u_{oc}与电阻R_{eq}串联的组合电路称为戴维南等效电路;u_{oc}称为戴维南等效电压源,R_{eq}称为戴维南等效电阻,且$R_{eq} = R_{in}$;N_R表示网络N中所有独立电源置零后的无源一端口网络,也就是把电压源用短路替代、电流源用开路替代后的无源一端口网络。

4.2.2 诺顿定理

诺顿定理指出:一个含有独立电源、线性电阻和受控电源的一端口网络N,对外电路来说,可以用一个电流源与电阻的并联组合电路来等效置换,此电流源的电流等于这个一端口网络的短路电流i_{sc},电阻等于该一端口网络内全部独立电源置零后的等效电阻R_{eq}(或输入电阻R_{in})。此电流源与电阻并联的组合电路称为诺顿等效电路,如图4.2.3所示。

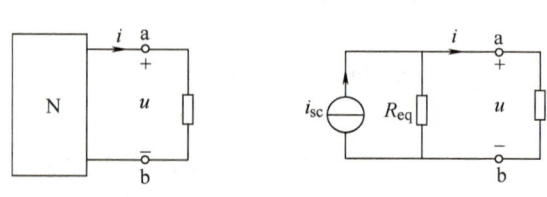

图4.2.3 诺顿定理

4.2.3 应用指导及要点

应用戴维南定理和诺顿定理时,需要求出含源一端口网络的开路电压 u_{oc}(或短路电流 i_{sc})和等效电阻 R_{eq}(可视给定电路的具体情况,选择容易求得的参数先求解)。开路电压 u_{oc}、短路电流 i_{sc} 的求解,可运用前面介绍的各种电路分析方法来计算得到。等效电阻 R_{eq} 的求解,对于不含受控电源的简单电路,可以先将独立电源置零后,直接应用电阻的串、并联,电桥平衡及 Y-△ 变换关系来计算等效电阻。

【例 4.2.1】 图 4.2.4a 所示为一桥式电路,已知 $R_1 = 300\Omega$,$R_2 = 200\Omega$,$R_3 = 800\Omega$,$R_4 = 200\Omega$,$U_S = 1.5V$,检流计的内阻 $R = 120\Omega$。求通过检流计的电流 I。

解 利用戴维南定理求解,先将检流计支路移去,得到一个含源一端口电路,如图 4.2.4b 所示。则端口的开路电压 U_{oc} 为

$$U_{oc} = R_2 I_1 - R_4 I_2 = \frac{U_S R_2}{R_1 + R_2} - \frac{U_S R_4}{R_3 + R_4} = \left(\frac{1.5 \times 200}{300 + 200} - \frac{1.5 \times 200}{800 + 200}\right)V = 0.3V$$

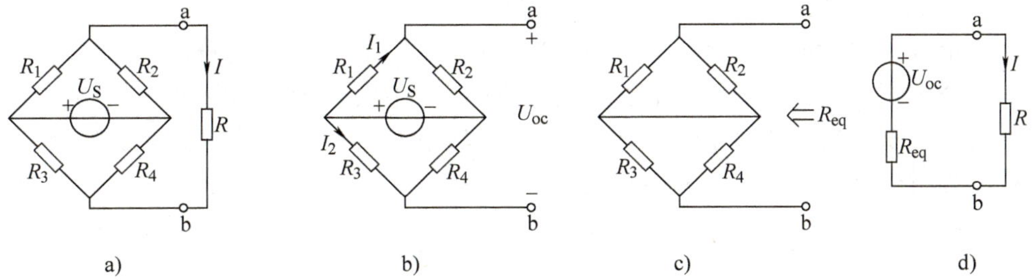

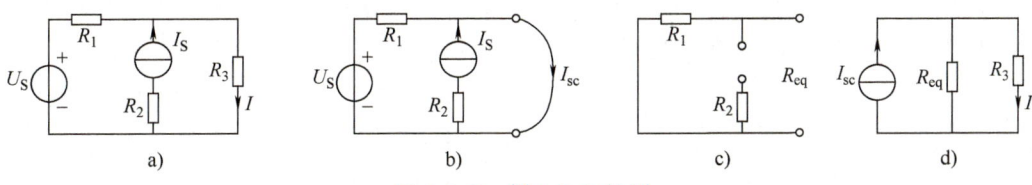

图 4.2.4 例 4.2.1 的图

再将独立电压源置零,即用一条短路线代替电压源,如图 4.2.4c 所示,则无源一端口电路的等效电阻为

$$R_{eq} = \frac{R_1 R_2}{R_1 + R_2} + \frac{R_3 R_4}{R_3 + R_4} = \left(\frac{300 \times 200}{300 + 200} + \frac{800 \times 200}{800 + 200}\right)\Omega = (120 + 160)\Omega = 280\Omega$$

根据戴维南定理,可得图 4.2.4d 所示的等效电路,求得检流计的电流

$$I = \frac{U_{oc}}{R_{eq} + R} = \frac{0.3}{280 + 120}A = 0.75mA$$

在例 4.2.1 中,等效电阻是利用电阻串、并联方法简化电路后计算得到的。

【例 4.2.2】 图 4.2.5a 所示电路,已知 $R_1 = 30\Omega$,$R_2 = 20\Omega$,$U_S = 30V$,$I_S = 1A$。应用诺顿定理求 R_3 分别为 10Ω、15Ω、20Ω 时的电流 I。

图 4.2.5 例 4.2.2 的图

解 利用诺顿定理求解,先将 R_3 支路移去,并将端口接上短路线,如图 4.2.5b 所示。则端口的短路电流 I_{sc} 为

$$I_{sc} = \frac{U_S}{R_1} + I_S = \frac{30}{30}A + 1A = 2A$$

再将独立电源置零,即电压源用一条短路线替代,电流源开路,如图 4.2.5c 所示,则无源一端口电路的等效电阻为

$$R_{eq} = R_1 = 30\Omega$$

根据诺顿定理,可得图 4.2.5d 所示的等效电路,求得 R_3 为 10Ω 时

$$I = \frac{R_{eq}}{R_3 + R_{eq}}I_{sc} = \frac{30}{10+30} \times 2A = 1.5A$$

同理,可求得 R_3 为 15Ω、20Ω 时的电流 I 分别为 $1.33A$、$1.2A$。

在诺顿等效电路的基础上应用电源等效变换,可以得到戴维南等效电路,逆推也是成立的。在对含源一端口电路求其戴维南等效电路和诺顿等效电路时,通常情况下两种等效电路可以同时存在。但是当含源一端口网络内有受控电源时,在网络内部的独立电源置零后,输入电阻或等效电阻有可能为零或无穷大,这时两种等效电路就不可能同时存在。

4.2.2 例题

戴维南定理和诺顿定理在电路分析中的应用很广泛。由上述例题分析可以看出,在求解线性有源电路中某一个支路电压或电流及电功率时,这两个定理尤为适用。例如,分析电路中某一可变电阻获得最大功率条件时,用到戴维南定理(见 4.3 节)。实际上,测量仪表在测量过程中分析引起的误差时也要用到这两个定理。

4.3 最大功率传输定理

在通信和电子工程中,常常要求负载从给定信号源获得的最大功率,这就是最大功率传输问题。

4.3.1 最大功率传输定理

4.3.1 最大功率的传输条件

给定一线性含源一端口网络 N,先将其用戴维南或诺顿等效电路来替代,如图 4.3.1 所示。当在端口 a、b 两端接的负载电阻不同时,从网络 N 传递给负载的功率也不同。在什么情况下负载获得的功率最大?

设负载电阻为 R_L,则 R_L 很大时,电流很小,因而 R_L 所得到的功率 $I^2 R_L$ 很小;如果 R_L 很小,功率同样很小。当 R_L 在 $0 \sim \infty$ 区间内变化时,总会有一个 R_L 值使其获得的功率最大。要确定 R_L 值,先计算 R_L 的功率,其吸收的功率为

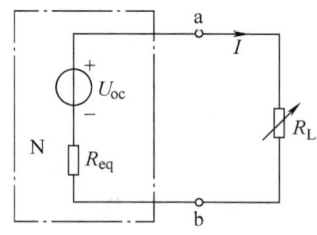

图 4.3.1 最大功率传输定理

$$P = I^2 R_L = \left(\frac{U_{oc}}{R_{eq} + R_L}\right)^2 R_L \qquad (4.3.1)$$

要使吸收的功率 P 最大,对式(4.3.1)求导,应使 $\frac{dP}{dR_L} = 0$,则可求得使 P 为最大值时的 R_L 值。通过分析可得

$$R_L = R_{eq} \qquad (4.3.2)$$

式（4.3.2）即为 P 获得最大值的条件。因此，可变负载电阻 R_L 从线性一端口网络获得最大功率的条件是负载电阻 R_L 与戴维南（或诺顿）等效电路的等效电阻 R_{eq} 相等，此即最大功率传输定理。满足 $R_L = R_{eq}$ 时，称为 R_L 与一端口网络输入电阻 R_{eq} 匹配。此时，负载电阻获得的最大功率为

$$P_{Lmax} = \frac{U_{oc}^2}{4R_{eq}} \quad 或 \quad P_{Lmax} = \frac{I_{sc}^2 R_{eq}}{4} \tag{4.3.3}$$

最大功率传输定理是在负载可变而 R_{eq} 不变的情况下得到的。如果 R_{eq} 可变，而 R_L 不变，则只有在 $R_{eq} = 0$ 时，R_L 才能获得最大功率。

4.3.2 匹配条件下的传输效率

电源传输给负载的功率百分比称为传输效率。含源一端口网络和它的等效电路，就其内部功率而言是不等效的，由等效电阻 R_{eq} 计算得到的功率一般不等于网络内部消耗的功率，因此，实际上当负载得到最大功率时，其功率传输效率未必是 50%。

【例 4.3.1】 在图 4.3.2 所示的电路中，求：（1）R_L 获得最大功率时的 R_L 值；（2）R_L 获得的最大功率 P_{Lmax}；（3）当 R_L 获得最大功率时，电压源产生的功率传输给 R_L 的百分比。

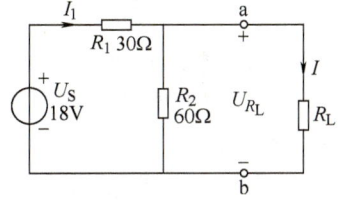

图 4.3.2 例 4.3.1 的图

解 （1）求 a、b 左侧的戴维南等效电路。由电路得开路电压

$$U_{oc} = \frac{U_S R_2}{R_1 + R_2} = \frac{18 \times 60}{30 + 60}V = 12V$$

等效电阻

$$R_{eq} = \frac{R_1 R_2}{R_1 + R_2} = \frac{30 \times 60}{30 + 60}\Omega = 20\Omega$$

因此，当 $R_L = R_{eq} = 20\Omega$ 时，其获得的功率最大。

（2）R_L 获得的最大功率为

$$P_{Lmax} = \frac{U_{oc}^2}{4R_{eq}} = \frac{12^2}{4 \times 20}W = 1.8W$$

（3）当 $R_L = 20\Omega$ 时，其两端的电压为

$$U_{R_L} = \frac{U_{oc}}{R_{eq} + R_L} \times R_L = \frac{12}{2 \times 20} \times 20V = 6V$$

流过电压源的电流为

$$I_1 = \frac{U_S - U_{R_L}}{R_1} = \frac{18 - 6}{30}A = 0.4A$$

电压源发出的功率为

$$P_{U_S} = U_S I_1 = 18 \times 0.4W = 7.2W$$

负载获得最大功率时的百分比为

$$\eta = \frac{P_{Lmax}}{P_{U_S}} = \frac{1.8}{7.2} \times 100\% = 25\%$$

4.3.2 例题

即此时电源的传输效率为25%。

只有在 R_{eq} 实实在在地作为电压源内阻的情况下，负载获得最大功率时，电源传递给负载的效率才为50%，这时电源内阻和负载电阻消耗的功率相等。许多情况下，电路在电源（或信号源）与负载之间起着能量（或功率）传输的作用。电力系统将发电厂的电能（或电功率）传输到电力用户，由一次能源（如煤、石油、水能等）转换而来的二次能源（电能）在传输过程中，由于传输的功率较大，因此传输效率是至关重要的，要尽可能减少电力系统的损耗，提高传输效率。而在弱电系统，如信号传输系统在信号源与负载间起信号传输作用，传输系统要能使负载获得的信号最强，即要使负载获得的功率最大，由于此时传输的功率不大，系统的传输效率则是次要的。

4.4 电路定理法分析含受控电源的电路

4.4.1 基本思路

应用电路定理法分析含受控电源的电路时，需要注意受控电源的处理方式，有时将受控电源按独立电源处理，有时又将受控电源视为负载对待。

4.4.1 电路定理法分析含有受控电源的电路

应用叠加定理时，虽然受控电源具有电源性质，但是当电路中没有独立电源时，此时受控电源在电路中不起激励的作用，所以在应用叠加定理进行各分电路计算时，可将受控源视为负载，保留在电路中。

应用戴维南定理和诺顿定理时，当电路中含有受控电源，等效电阻 R_{eq} 的求解有以下两种常用的方法：

（1）外加电源法。将一端口网络内的全部独立电源置零后，在无源一端口网络的端口处施加一电压源（或电流源），求出此端口处的电流（或电压）。当二者为关联参考方向时，电压与电流的比值为输入电阻，即为等效电阻 R_{eq}。

（2）开路电压短路电流法。分别求出含源一端口网络的开路电压 u_{oc} 和短路电流 i_{sc}，等效电阻 $R_{eq} = \dfrac{u_{oc}}{i_{sc}}$。注意，这种方法不要将一端口网络内的全部独立电源置零，并且 u_{oc} 与 i_{sc} 对一端口网络而言，为非关联参考方向。

需要注意的是，这两种求等效电阻 R_{eq} 的方法，同样适用于电路中不含有受控电源的情况。另外，戴维南或诺顿等效电路还可以采用求端口伏安特性的方法来得到。

4.4.2 应用指导及要点

应用叠加定理进行各分电路计算时，受控源应保留在各分电路中。

【例4.4.1】 图4.4.1a所示的电路，试用叠加定理求直流电流源两端的电压 U_1。

解 4V 直流电压源单独作用时的分电路如图4.4.1b所示，此时受控源保留在电路中。根据KVL得

$$U' = \frac{5U' + 4}{1 + 3} \times 1$$

解得
$$U' = -4\text{V}$$
则
$$U'_1 = U' - 4 = (-4-4)\text{V} = -8\text{V}$$

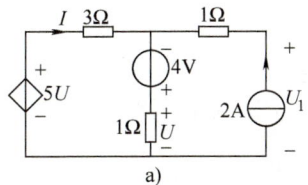 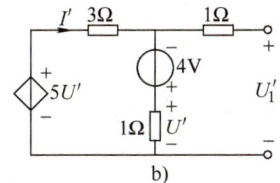 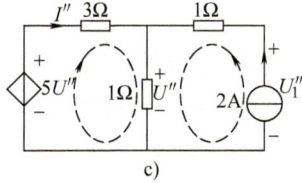

图 4.4.1　例 4.4.1 的图

2A 直流电流源单独作用时的分电路如图 4.4.1c 所示，此时受控源仍保留在电路中。现选择 I'' 和 2A 直流电流源的电流为网孔电流，如图 4.4.1c 所示，列写回路方程得
$$(3+1)I'' + 2 \times 1 = 5U''$$
$$U'' = (I'' + 2) \times 1$$

解得
$$U'' = -6\text{V}$$

4.4.2　例题 1

则有
$$U''_1 = 1 \times 2 + U''$$

所以
$$U''_1 = [1 \times 2 + (-6)]\text{V} = -4\text{V}$$
$$U_1 = U'_1 + U''_1$$
$$U_1 = [-8 + (-4)]\text{V} = -12\text{V}$$

应用齐性定理分析含受控电源的电路时，受控电源的参数不能随着其他独立电源增大或缩小 K 倍，否则将导致错误的结果。

【例 4.4.2】　将例 4.4.1 中的两个独立电源同时增大到原来的 3 倍，即直流电压源为 12V、直流电流源为 6A 时，再计算响应 U_1。

解　应用齐性定理，所有激励电源都增大到原来的 3 倍，响应也相应增大到原来的 3 倍。因此响应电压 U_1 为
$$U_1 = 3 \times (-12)\text{V} = -36\text{V}$$

利用戴维南定理和诺顿定理分析含受控电源的电路时，可采用外加电源法或开路电压短路电流法求解等效电阻 R_{eq}。

【例 4.4.3】　求图 4.4.2a 所示电路的戴维南等效电路。

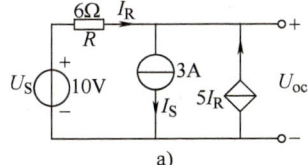 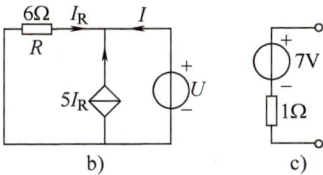 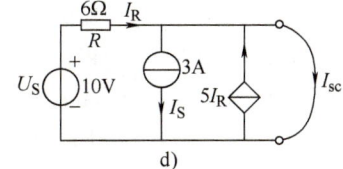

图 4.4.2　例 4.4.3 的图

解 先计算电路的开路电压 U_{oc}。由 KCL、KVL 得

$$-I_R + I_S - 5I_R = 0 \qquad I_R = \frac{U_S - U_{oc}}{R}$$

解得

$$U_{oc} = U_S - \frac{R}{6}I_S = \left(10 - \frac{6}{6} \times 3\right)V = 7V$$

再计算等效电阻 R_{eq}。

方法一：采用外加电源法。将独立电源置零后，外加电压为 U 的电压源，如图 4.4.2b 所示，根据欧姆定律和 KCL，有

$$I_R = -\frac{U}{R} \qquad I = -I_R - 5I_R = -6I_R$$

解得

$$I = 6\frac{U}{R}$$

则有

$$R_{eq} = \frac{U}{I} = \frac{6}{6}\Omega = 1\Omega$$

4.4.3 例题 2

因此，图 4.4.2a 所示电路的戴维南等效电路如图 4.4.2c 所示。

方法二：采用开路电压短路电流法。将图 4.4.2a 所示电路的端口短路，先计算短路电流 I_{sc}，如图 4.4.2d 所示，则有

$$I_{sc} = -I_S + I_R + 5I_R \qquad I_R = \frac{U_S}{R}$$

解得

$$I_{sc} = -I_S + \frac{6}{R}U_S = (-3 + 10)A = 7A$$

则有

$$R_{eq} = \frac{U_{oc}}{I_{sc}} = \frac{7}{7}\Omega = 1\Omega$$

【例 4.4.4】 求图 4.4.3 所示含源一端口网络的戴维南等效电路和诺顿等效电路。一端口网络内部电流控制电流源，$I_c = 0.6I_1$。

解 先求开路电压 U_{oc}。在图 4.4.3a 中，当端口 ab 开路时，有

$$I_2 = I_1 + I_c = 1.6I_1$$

对网孔 1 列 KVL 方程，得

$$4 \times 10^3 I_1 + 10 \times 10^3 I_2 = 40$$

综合上面二式，可以求得 $I_1 = 2mA$，$I_2 = 3.2mA$。则开路电压

$$U_{oc} = 10 \times 10^3 I_2 = 10 \times 10^3 \times 3.2 \times 10^{-3} V = 32V$$

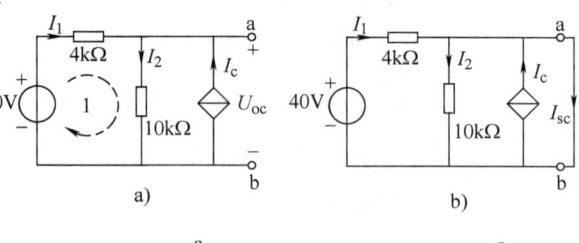

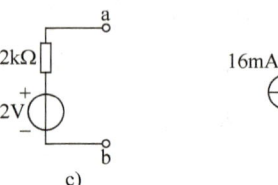
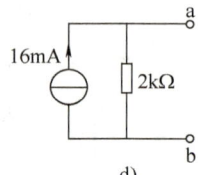

图 4.4.3 例 4.4.4 的图

当 ab 短路时，$I_2 = 0$，可求得短路电流 I_{sc}，如图 4.4.3b 所示。此时

$$I_1 = \frac{40}{4 \times 10^3} A = 10 mA$$

$$I_{sc} = I_1 + I_c = 1.6 I_1 = 1.6 \times 10 mA = 16 mA$$

则等效电阻

$$R_{eq} = \frac{U_{oc}}{I_{sc}} = \frac{32}{16 \times 10^{-3}} \Omega = 2 k\Omega$$

对应的戴维南等效电路和诺顿等效电路分别如图 4.4.3c 和图 4.4.3d 所示。

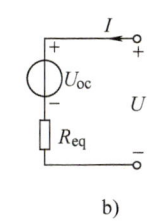

4.4.4 例题 3

【例 4.4.5】 求图 4.4.4a 所示电路的戴维南等效电路。

解 设图 4.4.4a 所示电路的端口电压 U、电流 I 的参考方向如图中所示。应用 KCL 和 KVL，求得端口的伏安特性为

$$U = 2 + 2I + (I + 2I) \times 2 - 3 = -1 + 8I$$

对于图 4.4.4b 所示的戴维南等效电路，其端口的伏安特性为

$$U = U_{oc} + R_{eq} I$$

比较两式，可知戴维南等效电路中

$$U_{oc} = -1 V \qquad R_{eq} = 8 \Omega$$

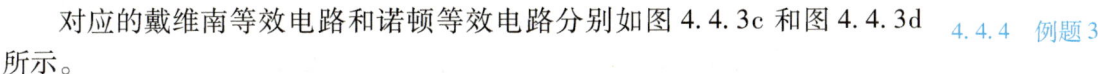

图 4.4.4 例 4.4.5 的图

此例中，若采用诺顿等效电路的端口伏安特性方程，则可求 I_{sc} 和 R_{eq}。这种含有受控电源的电路，利用端口伏安特性的方法求解戴维南（或诺顿）等效电路有时较为简单。

4.5 互易定理

互易性是线性电路的一个重要性质。对一个既不含独立电源又不含受控电源的线性无源电阻电路，互易定理的内容可概述为：在单一激励（独立电源）的情况下，当激励与其在另一支路的响应（电压或电流）互换位置时，同一数值激励所产生的响应在数值上将不会改变。上述互换后拓扑结构不变有三种可能，这就构成了互易定理的三种形式。

4.5.1 互易定理

互易定理的第一种形式。如图 4.5.1a 所示，网络 N 内仅含线性电阻，不含任何独立电源和受控电源，1-1'端接电压源 u_{S1}，2-2'端短路，其短路电流为 i_2，若将激励和响应互换位置，如图 4.5.1b 所示，2-2'端接电压源 u_{S2}，1-1'端短路，其短路电流为 i_1，则有

$$\frac{i_2}{u_{S1}} = \frac{i_1}{u_{S2}} \tag{4.5.1}$$

互易定理的第二种形式。如图 4.5.2a 所示，网络 N 内仅含线性电阻，不含任何独立电源和受控电源，1-1'端接电流源 i_{S1}，其 2-2'端开路电压为 u_2，若将激励和响应互换位置，如图 4.5.2b 所示，2-2'端接电流源 i_{S2}，1-1'端开路，其电压为 u_1，则有

$$\frac{u_2}{i_{S1}} = \frac{u_1}{i_{S2}} \tag{4.5.2}$$

互易定理的第三种形式。如图 4.5.3a 所示，网络 N 内仅含线性电阻，不含任何独立电

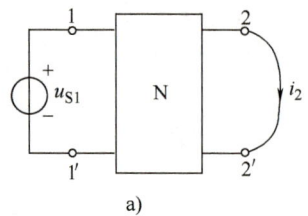 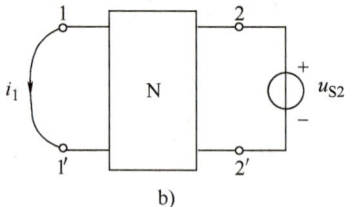

图 4.5.1　互易定理的第一种形式

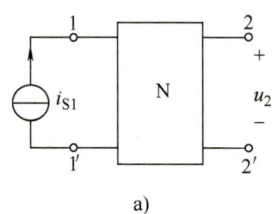 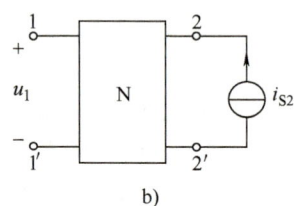

图 4.5.2　互易定理的第二种形式

源和受控电源，1-1'端接电流源 i_S，2-2'端短路，其短路电流为 i_2，若将激励和响应互换位置，如图 4.5.3b 所示，2-2'端接电压源 u_S，1-1'端开路，其电压为 u_1，则有

$$\frac{i_2}{i_S} = \frac{u_1}{u_S} \tag{4.5.3}$$

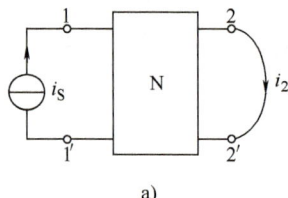 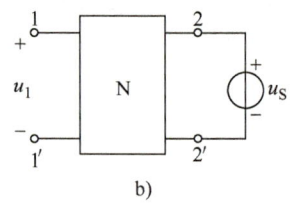

图 4.5.3　互易定理的第三种形式

应用互易定理时要注意电压、电流的参考方向。同一个端口，电压源与电流为关联参考方向，而电流源与电压为非关联参考方向。

【例 4.5.1】　图 4.5.4a 所示的电路，应用互易定理求电流 I。

解　利用互易定理的第一种形式求解。将激励和响应互换位置，得图 4.5.4b 所示的电路。从图 4.5.4b 中得

$$I_2 = \frac{15}{\frac{3 \times 6}{3+6} + \frac{4}{2} + 1}\text{A} = \frac{15}{5}\text{A} = 3\text{A}$$

4.5.2　例题

由 KCL 得

$$I_1 = -\frac{3}{3+6}I_2 + \frac{1}{2}I_2 = \frac{1}{6} \times 3\text{A} = 0.5\text{A}$$

根据互易定理的第一种形式，则有

$$I = I_1 = 0.5\text{A}$$

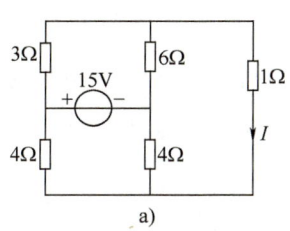 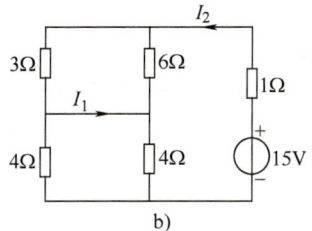

图 4.5.4 例 4.5.1 的图

【例 4.5.2】 二端口电阻网络 N_R 如图 4.5.5a 所示，若在 $1-1'$ 端接一个 $I_S = 2A$ 直流电流源时，有 $U_1 = 10V$，$2-2'$ 端的开路电压为 $U_2 = 5V$。求将 2A 直流电流源接在 $2-2'$ 端口，在 $1-1'$ 接 3Ω 电阻，电路如图 4.5.5b 所示时的电流 I_1。

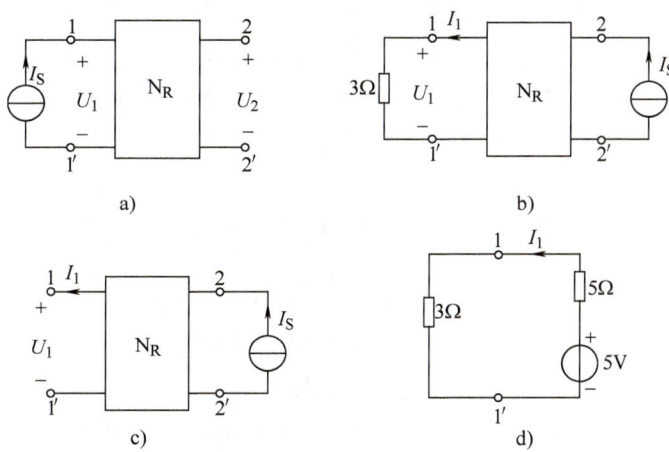

图 4.5.5 例 4.5.2 的图

解 将图 4.5.5b 所示电路中 $1-1'$ 端口开路，如图 4.5.5c 所示，求 $1-1'$ 端口的戴维南等效电路。对图 4.5.5a、c，根据互易定理的第二种形式，可得图 4.5.5c 的 $1-1'$ 端口开路电压

$$U_{oc} = U_1 = U_2 = 5V$$

再求 $1-1'$ 端的等效电阻 R_{eq}，采用外加电源法分析。将图 4.5.5c 的电流源置零，此时与图 4.5.5a 在电流源置零后的电路相同，当 $1-1'$ 加 $I_S = 2A$ 电流源时，其端电压 $U_1 = 10V$，则 $1-1'$ 端的等效电阻为

$$R_{eq} = \frac{U_1}{I_S} = \frac{10}{2}\Omega = 5\Omega$$

因此，经戴维南等效变换，图 4.5.5b 可用图 4.5.5d 等效电路来代替。由图 4.5.5d 求得电流 I_1 为

$$I_1 = \frac{5}{3+5}A = 0.625A$$

4.6 对偶原理

为了更为简单地说明对偶原理，这里从如下几组关系式入手。当电压与电流取关联参考方向时，对于电阻、电感和电容元件，其关系式为

$$u = Ri \tag{4.6.1}$$

$$i = uG \tag{4.6.2}$$

$$u = L\frac{di}{dt} \tag{4.6.3}$$

$$i = C\frac{du}{dt} \tag{4.6.4}$$

4.6 对偶原理

如将式 (4.6.1) 中的电压 u 换成电流 i，电流 i 换成电压 u，电阻 R 换成电导 G，即可得到式 (4.6.2)；同理，若将式 (4.6.3)、式 (4.6.4) 中的 u 与 i 互换，L 与 C 互换，则两式彼此转换。为此，将电阻 R 与电导 G、电感 L 与电容 C 称为对偶元件。另外电压源与电流源是一对对偶元件，电压与电流是一对对偶变量，串联与并联是对偶连接等。

电路中一些变量、名词之间具有相同"地位"而性质"相反"的特性，人们将这些变量、名称称为对偶元素。表 4.6.1 列出了电路的一些对偶元素。

表 4.6.1 对偶元素

对偶量										
	i	R	L	电压源 u_S	串联	短路	网孔	KVL	戴维南定理
	u	G	C	电流源 i_S	并联	断路	节点	KCL	诺顿定理

将电路中某一关系式中的元素全部改换成对偶元素而得到的关系式称为原关系式的对偶关系。例如网孔电流方程的对偶关系就是节点电压方程。

对偶原理指出，在对偶电路中，某些元素之间的关系（或方程）可以通过对偶元素的互换而相互转换。对偶就是两个不同的元件特性或两个不同的电路，却具有相同形式的数学表达式。其意义就在于对某电路得出的关系式和结论，其对偶电路也必然满足，起到了事半功倍的作用。但是必须注意"对偶"并非"等效"，它们是两个完全不同的概念。

4.7 替代定理

替代定理又称置换定理，是应用范围颇广的定理，它不仅适用于线性电路，也适用于非线性电路。

4.7 替代定理

替代定理叙述如下：在任何一个电路中，若某一条支路，例如第 K 条支路的电流为 i_K、电压为 u_K 均为已知，那么这条支路就可以用一个电压等于 u_K 的电压源或电流等于 i_K 的电流源替代，如果替代后的电路有唯一解，则替代后电路中全部电压和电流均保持原值。

如图 4.7.1a 所示电路，N 表示第 K 条支路以外的电路。第 K 条支路用小方框表示，它可以是电阻、电压源与电阻的串联组合和电流源与电阻的并联组合。这里图 4.7.1b 所示的是用电压等于 u_K 的电压源替代了第 K 条支路后的新电路，从图 4.7.1a 和 b 两个图中可以看

出，两个电路的 KCL 和 KVL 方程相同，在新电路中第 K 条支路的电压 u_K 没有变动，而且电流又不受本支路约束，因此，原电路的全部电压和电流仍能满足替换后的新电路的全部约束方程，也就是说原电路的解也是新电路的解。替换定理指出置换以后的新电路的解是唯一的，所以原电路的这组解就是新电路的唯一解。

如果第 K 条支路用 $i_S = i_K$ 的独立电流源替代，如图 4.7.1c 所示，也可做类似证明。

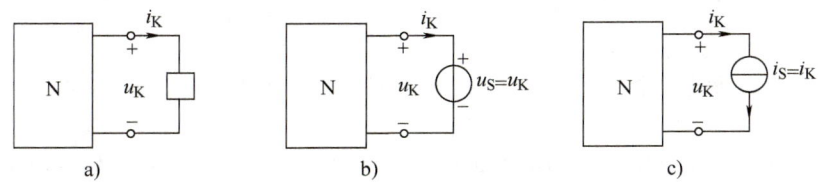

图 4.7.1 替代定理

【例 4.7.1】 图 4.7.2a 所示的电路 N 内含有电源，当改变电阻 R_1 值时，电路中各处的电压和电流将随之变化。已知 $I = 1A$ 时，$U = 10V$；$I = 2A$ 时，$U = 30V$。求当 $I = 3A$ 时，$U = ?$

解 依题意，R_1 中的电流值为已知，根据替代定理，可将电阻 R_1 支路用电流为 I 的直流电流源替代，如图 4.7.2b 所示。

再根据叠加定理，电阻 R_2 支路两端的电压 U 是由直流电流源 I 和 N 中电源共同作用产生的，响应 U 为二者的线性组合，可用方程表示为

$$U = kI + U'$$

式中，U' 表示 N 内电源单独作用时，在电阻 R_2 两端产生的电压；kI 表示直流电流源 I 单独作用时在电阻 R_2 两端产生的电压。由已知条件，可列写方程

$$10 = k \times 1 + U'$$
$$30 = k \times 2 + U'$$

解得

$$k = 20 \quad U' = -10$$

于是有

$$U = 20I - 10$$

当 $I = 3A$ 时，则有

$$U = (20 \times 3 - 10)V = 50V$$

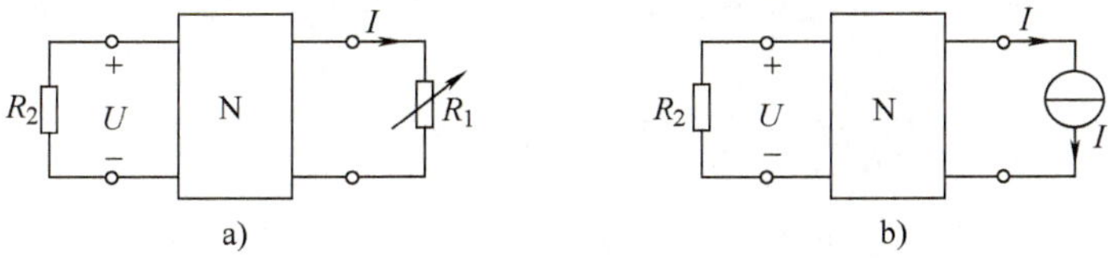

图 4.7.2 例 4.7.1 的图

习 题

4.1 应用叠加定理求题 4.1 图所示电路中的电流 I 和电压 U。

4.2 应用叠加定理求题 4.2 图所示电路中的电压 U 及 6Ω 电阻的功率。

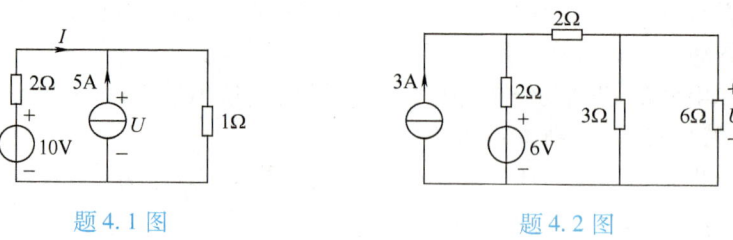

题 4.1 图　　　　　　　　题 4.2 图

4.3　在题 4.3 图所示电路中，已知 $R_1 = 3\Omega$，$R_2 = 6\Omega$，$R_3 = 10\Omega$，$I_S = 3A$，$U_S = 18V$。应用叠加定理求电流 I 和电压 U。

4.4　已知题 4.4 图所示电路中的网络 N 是由线性电阻组成的。当 $I_S = 1A$，$U_S = 2V$ 时，$I = 5A$；当 $I_S = -2A$，$U_S = 4V$ 时，$U = 24V$。试求当 $I_S = 2A$，$U_S = 6V$ 时的电压 U。

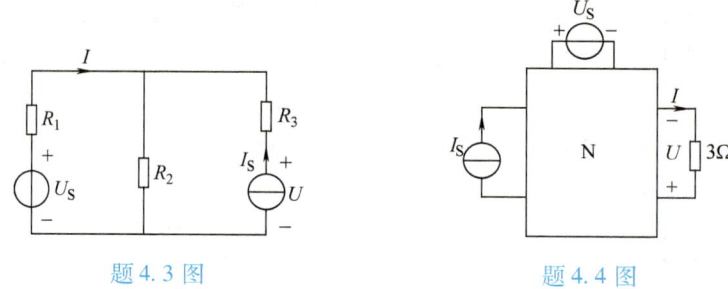

题 4.3 图　　　　　　　　题 4.4 图

4.5　在题 4.5 图所示电路中，N 为无独立源二端口网络。(1) 当 $I_{S1} = 2A$，$I_{S2} = 0$ 时，I_{S1} 输出功率为 28W，且 $U_2 = 8V$；(2) 当 $I_{S1} = 0$，$I_{S2} = 3A$ 时，I_{S2} 的输出功率为 54W，且 $U_1 = 12V$。求当 $I_{S1} = 2A$，$I_{S2} = 3A$ 共同作用时每个电流源的输出功率。

4.6　在题 4.6 图所示电路中，当 $I_S = 2A$ 时，$I = -1A$；当 $I_S = 4A$ 时，$I = 0$。若要使 $I = 1A$，I_S 应为多少？

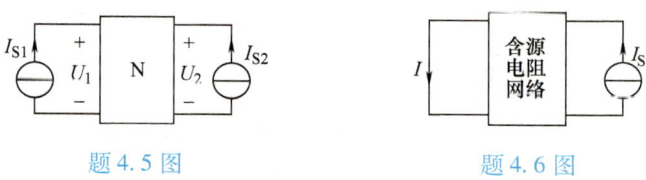

题 4.5 图　　　　　　　　题 4.6 图

4.7　试求题 4.7 图所示梯形电路中的各支路电流、节点电压和 $\dfrac{U_o}{U_S}$。已知 $U_S = 189V$。

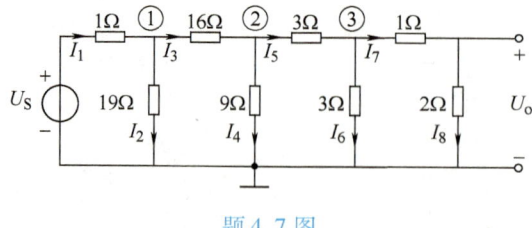

题 4.7 图

4.8　求题 4.8 图所示电路的戴维南等效电路和诺顿等效电路。

4.9　求题 4.9 图所示电路的戴维南等效电路和诺顿等效电路。

4.10 求题 4.10 图所示电路的戴维南等效电路和诺顿等效电路。

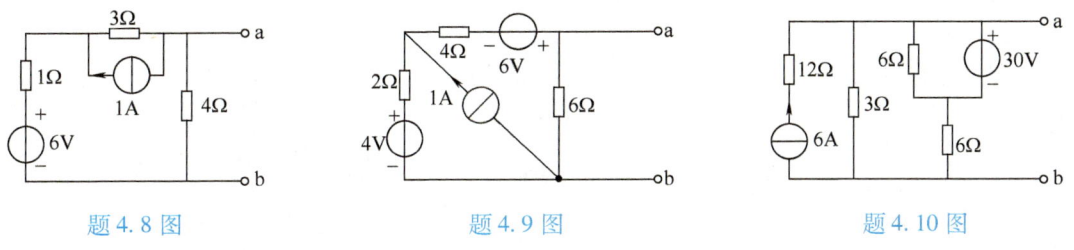

题 4.8 图　　　　　题 4.9 图　　　　　题 4.10 图

4.11 在题 4.11 图所示电路中，已知 $R_1 = 3\Omega$，$R_2 = 2\Omega$，$R_3 = 6\Omega$，$I_S = 3A$，$U_S = 9V$。求当 R 为多大时 R 可获得最大功率，并求出最大功率 P_{max}。

4.12 在题 4.12 图所示电路中，U_S、I_S 未知，已知 $R_1 = 3\Omega$，$R_2 = 6\Omega$，$R_3 = 4\Omega$，当 $R = 3\Omega$ 时电流 $I = 2A$。求当 R 为多大时 R 可获得最大功率，并求出最大功率 P_{max}。

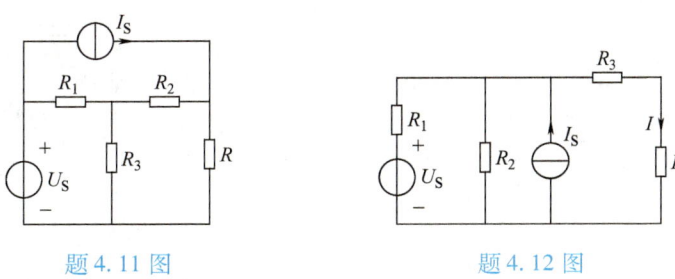

题 4.11 图　　　　　题 4.12 图

4.13 在题 4.13 图所示电路中，求当 R 为多大时 R 可获得最大功率，并求出最大功率 P_{max}。

4.14 应用叠加定理求题 4.14 图所示电路中的电压 U 及受控源的功率。

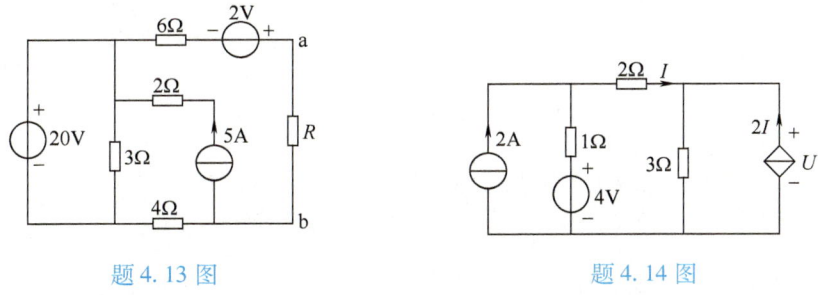

题 4.13 图　　　　　题 4.14 图

4.15 求题 4.15 图 a、b 所示两电路的戴维南等效电路和诺顿等效电路。

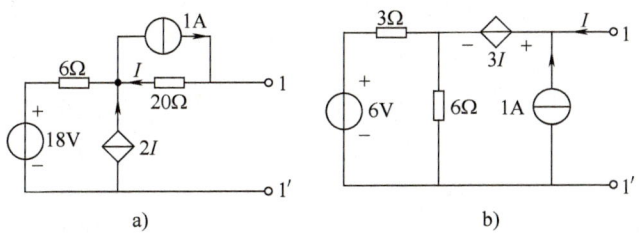

a)　　　　　b)

题 4.15 图

4.16 求题 4.16 图 a、b 所示两个含源一端口的戴维南或诺顿等效电路。

4.17 在题 4.17 图所示电路中，求当 R 为多大时 R 可获得最大功率，并求出最大功率 P_{max}。

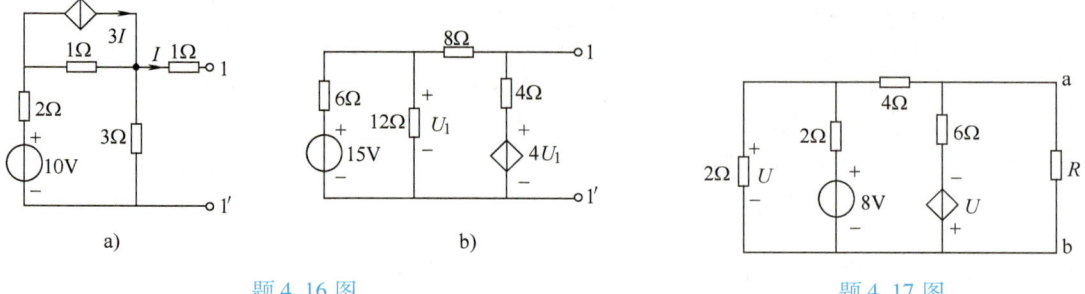

题 4.16 图　　　　　　　　　题 4.17 图

4.18 用互易定理求题 4.18 图所示电路电压 U。

4.19 试用互易定理求题 4.19 图所示电路中的 I。

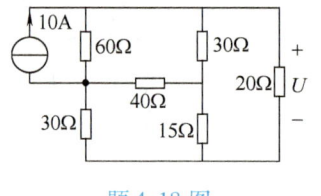 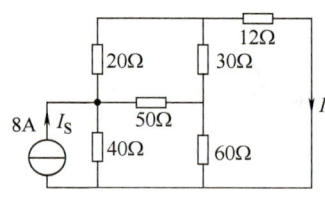

题 4.18 图　　　　　　　　　题 4.19 图

4.20 在题 4.20 图所示电路中 N 为互易性网络。试根据图中已知条件计算电阻 R。

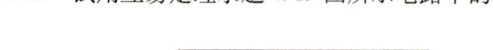

题 4.20 图

4.21 在题 4.21 图所示电路中，已知 R_X 支路的电流为 0.5A。试求 R_X。

4.22 在题 4.22 图所示电路中，已知 $I=1.4A$。求电压控制电流源的功率。

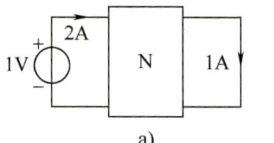 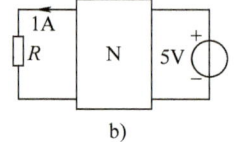

题 4.21 图　　　　　　　　　题 4.22 图

第 5 章　正弦稳态电路的分析

课程目标：本章主要分析正弦稳态电路的电压、电流和功率。通过学习，应了解正弦稳态电路的基本概念，掌握 RLC 三个基本元件的伏安关系，掌握相量法及正弦稳态电路的分析计算，需要注意正弦稳态电路相量法分析与直流电路分析的区别。

思政目标：通过学习，同学们应能感受到人生的路就像正弦波形，有波峰也有波谷，在波峰时不能骄傲自满，在低谷时不能灰心丧气，努力创造自己的价值，去发挥最大的"有效值"；同时，同学们要注意安全用电、节约用电的重要性，安全生产的工作方针就是安全第一、预防为主，要增强安全意识，提高职业素养，提升绿色低碳、节能减排的环保意识。

目前，全球电力系统主要是以正弦电压和电流的形式来发电和输电的，且科学研究和工程技术中所有实际产生的各种激励（如语音信号、通信信号、计算机信号、控制信号、地震波、心电图等）都可以分解为正弦信号的线性组合，因此研究正弦电压（电流）信号及其稳态响应具有重要的意义。

在线性电路中，如果激励是正弦量，则电路中各支路电压和电流的稳态响应将是同频率的正弦量。如果电路中有多个激励且都是同频率的正弦量，则根据线性电路的叠加性质，电路中的全部稳态响应将是同频率的正弦量，处于这种稳定状态的电路称为正弦稳态电路，又可称为正弦电流电路。对这种电路的分析称为正弦稳态分析。

5.1　正弦量的基本概念

如果电路中所含的电源都是交流电源，则称该电路为交流电路（AC Circuits）。交流电压源的电压以及交流电流源的电流都随时间做周期性的变化，如果这一变化方式是按正弦规律变化的，则称为正弦交流电源。

5.1.1　正弦量

在电路分析中把正弦电流、正弦电压统称为正弦量。对正弦量的数学描述可以采用正弦函数，也可以采用余弦函数。注意，不要将二者同时混用。本书采用余弦函数。

5.1.1　正弦量

图 5.1.1 所示为一段电路中的正弦电流 i 及其波形。在图示的参考方向下，其瞬时值可表示为

$$i(t) = I_m \cos(\omega t + \theta_i) \tag{5.1.1}$$

式中，三个常数 I_m、ω、θ_i 称为正弦量的三要素。其中，I_m 称为振幅或幅值（Amplitude）。正弦量是一个等幅振荡的、正负交替变化的周期函数，振幅是正弦量在整个振荡过程中可达到的最大值，即 $\cos(\omega t + \theta_i) = 1$ 时，有 $i_{max} = I_m$。当 $\cos(\omega t + \theta_i) = -1$ 时，i 将为最小值，$i_{min} = -I_m$。$i_{max} - i_{min} = 2I_m$ 称为正弦量的峰 - 峰值。

式 (5.1.1) 中，$(\omega t + \theta_i)$ 为正弦量随时间变化的角度，称为正弦量的相位或相位角。ω 称为正弦量的角频率，它是正弦量的相位随时间变化的角速度，即

$$\omega = \frac{d(\omega t + \theta_i)}{dt} \quad (5.1.2)$$

角频率 ω 的单位为弧度/秒（rad/s）。ω 与正弦量的周期 T 和频率 f 之间的关系为

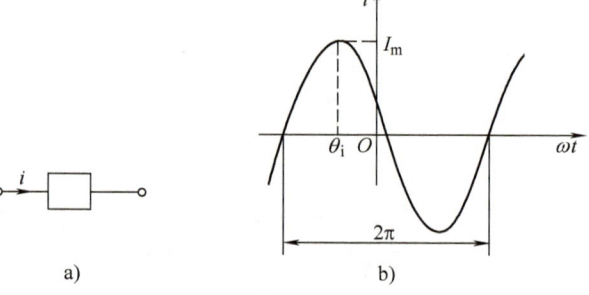

图 5.1.1　正弦电流的波形

$$\omega T = 2\pi \qquad \omega = 2\pi f \qquad f = \frac{1}{T} \quad (5.1.3)$$

若 T 的单位为秒（s），则频率 f 的单位为 $\frac{1}{s}$，称为赫兹（Hz），简称赫。θ_i 是正弦量在 $t = 0$ 时刻的相位，称为正弦量的初相位（角），简称初相，即

$$(\omega t + \theta_i)\big|_{t=0} = \theta_i \quad (5.1.4)$$

初相的单位用弧度（rad）或度（°）表示，通常在主值范围内取值，即 $|\theta_i| \leqslant 180°$。初相与正弦量计时起点的选择有关。如图 5.1.2 所示，图 5.1.2a 中 $\theta_i = 0$，图 5.1.2b 中 $\theta_i < 0$。对任一正弦量，初相是允许任意指定的，但对于一个电路中的许多相关正弦量，它们只能相对于一个共同的计时零点确定各自的相位。工程中，在画波形图时，常把横坐标定为 ωt 而不是时间 t，两者的差别仅在于比例常数 ω。

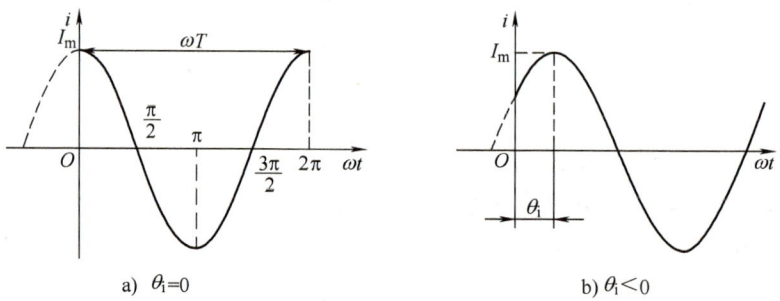

图 5.1.2　正弦波示例

正弦量的三要素是正弦量之间进行比较和区分的依据。在正弦交流电路中经常遇到同频率的正弦量，它们仅在最大值及初相上可能有所差别。电路中常引用"相位差"的概念来描述两个同频率的正弦量之间的相位关系。例如，设有两个同频率的正弦量

$$u_1 = U_{1m}\cos(\omega t + \theta_1)$$
$$u_2 = U_{2m}\cos(\omega t + \theta_2)$$

这两个同频率的正弦量的相位差等于它们的相位之差，如设 φ_{12} 表示电压 u_1 与电压 u_2 之间的相位差，则

$$\varphi_{12} = (\omega t + \theta_1) - (\omega t + \theta_2) = \theta_1 - \theta_2$$

相位差也是在主值范围内取值的。上述结果表明：同频率正弦量的相位差等于它们的初相位

之差，是一个与时间无关的常数。电路中常采用"超前"和"滞后"来说明两个同频率正弦量相位比较的结果。当 $\varphi_{12} > 0$ 时，称电压 u_1 超前电压 u_2；当 $\varphi_{12} < 0$ 时，称电压 u_1 滞后电压 u_2；当 $\varphi_{12} = 0$ 时，称电压 u_1 与 u_2 同相；当 $|\varphi_{12}| = \dfrac{\pi}{2}$ 时，称电压 u_1 与 u_2 正交；当 $|\varphi_{12}| = \pi$ 时，称电压 u_1 与电压 u_2 彼此反相。图 5.1.3 所示为两个不同相的正弦波。

也可以通过观察波形来确定相位差，如图 5.1.4 所示。在同一周期内两个波形的极大（小）值之间的角度值（$|\varphi_{12}| \leq 180°$），即为两个正弦量的相位差，先到达极值点的正弦量为超前波。图 5.1.4 所示为电流 i_1 滞后于电压 u_2。相位差与计时起点的选取和变动无关。在进行相关正弦量的分析时，常选取某一正弦量作为参考正弦量，参考正弦量的初相位定义为零。

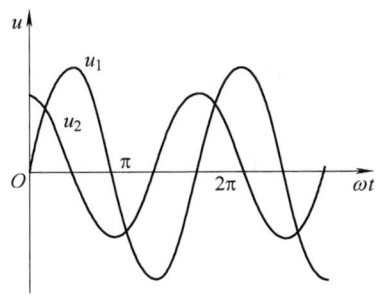

图 5.1.3　不同相的正弦波（电压 u_1 滞后电压 u_2）

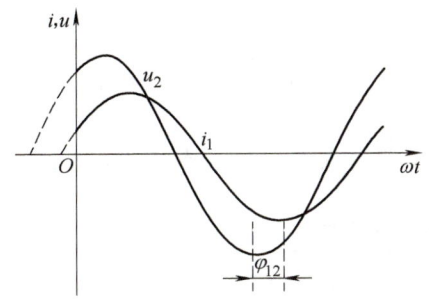

图 5.1.4　同频率正弦量的相位差

5.1.2　正弦量的有效值

周期电流、电压的瞬时值是随时间变化的，在电工技术中，有时并不需要知道它们每一瞬间的大小，而是将周期电流、电压在一个周期内产生的平均效应换算为在效应上与之相等的直流量。在这种情况下，就需要为它们规定一个表征大小的特征量，以衡量和比较周期电流或电压的效应，这一直流量称为周期量的有效值（Effective Value）。

5.1.2　正弦量的有效值

周期电流（电压）和直流电流（电压）通过电阻时，电阻都要消耗电能。当交流有效值与直流相等时，二者做功的平均效果也相同。设有两个相同的电阻 R，分别通以周期电流 i 和直流电流 I，当周期电流 i 流过电阻 R 时，电阻在一个周期 T 内所消耗的电能为

$$\int_0^T p(t)\,\mathrm{d}t = \int_0^T i^2 R\,\mathrm{d}t = R\int_0^T i^2\,\mathrm{d}t$$

当直流电流 I 流过电阻 R 时，在相同的时间 T 内所消耗的电能为 $PT = RI^2 T$。

如果在周期电流的一个周期（或其任意整数倍）的时间内，这两个电阻 R 所消耗的电能相等，就平均效应而言，这两个电流是等效的，则该直流电流 I 的数值可以表征周期电流 i 的大小，称为周期电流 i 的有效值。令以上两式相等，就可以得到周期电流 i 的有效值的定义式，即

$$RI^2 T = R\int_0^T i^2\,\mathrm{d}t$$

$$I = \sqrt{\frac{1}{T}\int_0^T i^2 \mathrm{d}t} \tag{5.1.5}$$

式 (5.1.5) 表明，周期量的有效值等于其瞬时值的平方在一个周期内积分的平均值再取平方根，因此有效值又称为方均根值（Root – Mean – Square Value）。定义式 (5.1.5) 是周期量有效值普遍适用的公式。当电流 i 是正弦量时，可以得到正弦量的有效值与正弦量的最大值（振幅）之间的特殊关系，即

$$I = \sqrt{\frac{1}{T}\int_0^T I_m^2 \cos^2(\omega t + \theta_i) \mathrm{d}t} = \sqrt{\frac{1}{T}\int_0^T \frac{I_m^2}{2}[\cos(2\omega t + 2\theta_i) + 1]\mathrm{d}t}$$

则正弦量的有效值

$$I = \frac{1}{\sqrt{2}}I_m = 0.707 I_m \tag{5.1.6}$$

同样，正弦电压的有效值和最大值也存在 $U = \frac{1}{\sqrt{2}}U_m = 0.707 U_m$ 的关系。由此可见，正弦量的有效值为其振幅的 $\frac{1}{\sqrt{2}}$ 倍，与正弦量的频率和初相无关。根据这一关系，常将正弦量 i 改写成如下形式：

$$i = \sqrt{2}I\cos(\omega t + \theta_i)$$

式中，I、ω、θ_i 也可用来表示正弦量的三要素。

工程中使用的交流电气设备铭牌上标出的额定电流、额定电压的数值，交流电压表、交流电流表上标出的数字都是有效值。我国低压配电系统中采用的"380V""220V"指的都是有效值。

5.1.3 正弦量的相量表示——相量法

相量表示法要用到复数，下面先简要地复习一下复数的概念及其运算。

5.1.3 正弦量的相量表示——相量法

1. 复数

（1）代数形式。一个复数有多种表示形式。复数 F 的代数形式为

$$F = a + \mathrm{j}b \tag{5.1.7}$$

式中，$\mathrm{j} = \sqrt{-1}$ 为虚数单位；a 为复数的实部，可以表示为 $a = \mathrm{Re}[F]$；b 为复数的虚部，可以表示为 $b = \mathrm{Im}[F]$。

复数 F 在复平面上是一个坐标点，常用原点至该点的向量表示，如图 5.1.5 所示。

（2）三角形式。根据图 5.1.5 可知，复数 F 的三角形式为

$$F = |F|(\cos\theta + \mathrm{j}\sin\theta) \tag{5.1.8}$$

图 5.1.5 复数的表示

式中，$|F|$ 为复数的模；θ 为复数的辐角，θ 的单位可以用度（°）或弧度（rad）表示。

$|F|$、θ 与 a、b 之间的关系为

$$|F| = \sqrt{a^2 + b^2} \qquad \theta = \arctan\frac{b}{a} \tag{5.1.9}$$

$$a = |F|\cos\theta \qquad b = |F|\sin\theta \tag{5.1.10}$$

(3) 指数形式。根据欧拉公式 $e^{j\theta} = \cos\theta + j\sin\theta$，复数 F 可以表示为
$$F = |F|e^{j\theta} \tag{5.1.11}$$

(4) 极坐标形式。电工技术中常将复数的指数形式写成简洁的极坐标形式
$$F = |F|\angle\theta \tag{5.1.12}$$

复数的上述四种表达形式之间是可以相互转换的。

复数 $e^{j\theta} = 1\angle\theta$ 是一个模为 1，辐角为 θ 的复数。任意复数 F 乘以 $e^{j\theta}$ 等于把复数 F 逆时针旋转一个角度 θ，而它的模不变，因此，$e^{j\theta}$ 称为旋转因子。$e^{j\frac{\pi}{2}} = j$，$e^{-j\frac{\pi}{2}} = -j$，$e^{j\pi} = -1$ 等都可以看成是旋转因子。

此外，若要求两个复数相等，必须同时满足实部与实部相等、虚部与虚部相等的条件，或者要求两个复数的模相等且辐角相等。

2. 复数的四则运算

(1) 复数的加法和减法。复数的相加和相减必须用代数形式进行。例如，设两个复数 $F_1 = a_1 + jb_1$，$F_2 = a_2 + jb_2$，则
$$F_1 \pm F_2 = (a_1 + jb_1) \pm (a_2 + jb_2) = (a_1 \pm a_2) + j(b_1 \pm b_2) \tag{5.1.13}$$

复数的相加和相减运算也可以按平行四边形法在复平面上用向量的相加和相减求得，如图 5.1.6 所示。

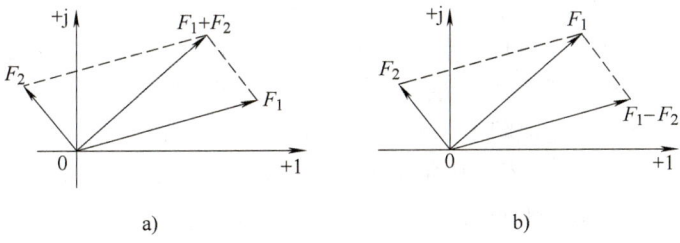

a)   b)

图 5.1.6 复数代数和的图解法

(2) 复数的乘法和除法。两个复数相乘，可以用复数的代数形式进行运算。
$$F_1 F_2 = (a_1 + jb_1)(a_2 + jb_2) = (a_1 a_2 - b_1 b_2) + j(a_1 b_2 + a_2 b_1)$$

如果用指数形式或极坐标形式进行计算，则较为简单，即
$$F_1 F_2 = |F_1|e^{j\theta_1}|F_2|e^{j\theta_2} = |F_1||F_2|e^{j(\theta_1+\theta_2)} = |F_1||F_2|\angle(\theta_1 + \theta_2) \tag{5.1.14}$$

两个复数相除时若用代数形式运算则比较复杂，例如
$$\frac{F_1}{F_2} = \frac{a_1 + jb_1}{a_2 + jb_2} = \frac{(a_1 + jb_1)(a_2 - jb_2)}{(a_2 + jb_2)(a_2 - jb_2)} = \frac{a_1 a_2 + b_1 b_2}{a_2^2 + b_2^2} + j\frac{a_2 b_1 - a_1 b_2}{a_2^2 + b_2^2}$$

式中，$(a_2 - jb_2)$ 为 F_2 的共轭复数。

用指数形式或极坐标形式进行复数相除，则有
$$\frac{F_1}{F_2} = \frac{|F_1|\angle\theta_1}{|F_2|\angle\theta_2} = \frac{|F_1|}{|F_2|}\angle(\theta_1 - \theta_2) \tag{5.1.15}$$

【例 5.1.1】 试写出复数 $F = -3 + j4$ 的极坐标形式。

解 复数 F 的模为

$$|F| = \sqrt{(-3)^2 + 4^2} = 5$$

辐角为

$$\theta = \arctan\left(\frac{4}{-3}\right) = 126.9°$$

即复数 F 的极坐标形式为

$$F = 5\angle 126.9°$$

需要注意的是，在将直角坐标形式变换成极坐标形式时，其辐角 $|\theta| \leqslant 180°$，故要考虑角度所处的象限。对于例 5.1.1 中的复数 F 来说，其辐角处于第 2 象限，故计算结果应是 126.9°。

【例 5.1.2】 设 $F_1 = 3 - j4$，$F_2 = 10\angle 135°$，求 $F_1 + F_2$ 和 $\dfrac{F_1}{F_2}$。

解 $F_1 + F_2 = 3 - j4 + 10\angle 135° = 3 - j4 + (-5\sqrt{2} + j5\sqrt{2}) = -4.07 + j3.07 = 5.1\angle 143°$

$$\frac{F_1}{F_2} = \frac{3 - j4}{10\angle 135°} = \frac{5\angle -53.1°}{10\angle 135°} = 0.5\angle -188.1° = 0.5\angle 171.9°$$

3. 相量法

一个正弦量由它的振幅、初相和角频率来确定，其一般表达式为

$$f(t) = F_m \cos(\omega t + \theta) \tag{5.1.16}$$

在正弦稳态电路分析中，各正弦量的角频率都相同，等于交流电源的角频率。下面将证明正弦量可以用相应的复数来表示，即所谓的相量。正弦量的运算可以用相量运算来代替，使交流电路获得一种类似直流电阻电路的简便计算方法，即相量法。

若有一复指数函数 $F_m e^{j(\omega t + \theta)}$，则根据欧拉公式 $e^{j\theta} = \cos\theta + j\sin\theta$，可表示为

$$F_m e^{j(\omega t + \theta)} = F_m \cos(\omega t + \theta) + jF_m \sin(\omega t + \theta) \tag{5.1.17}$$

式（5.1.17）表明，复指数函数取实部即为正弦量，所以正弦量可以用复指数函数来描述，使正弦量与其实部一一对应起来。

$$\mathrm{Re}[F_m e^{j(\omega t + \theta)}] = F_m \cos(\omega t + \theta) \tag{5.1.18}$$

则式（5.1.16）可写成

$$f(t) = F_m \cos(\omega t + \theta) = \mathrm{Re}[F_m e^{j(\omega t + \theta)}] = \mathrm{Re}[F_m e^{j\theta} e^{j\omega t}] = \mathrm{Re}[\dot{F}_m e^{j\omega t}] \tag{5.1.19}$$

式中

$$\dot{F}_m = F_m e^{j\theta} = F_m \angle \theta \tag{5.1.20}$$

式（5.1.20）表明，复指数函数中的复数 $\dot{F}_m$ 是以正弦量的最大值（振幅）为模，以初相位角为辐角的。它是一个与时间无关的复值常数，定义为正弦量的振幅相量。字母 F_m 上的小圆点用来表示相量，并与最大值区分，也可以与一般复数区分。由于正弦量有效值与振幅之间的关系 $F_m = \sqrt{2}F$，因此把 $\dot{F} = Fe^{j\theta} = F\angle\theta$ 称为正弦量的有效值相量。今后若不加声明，所出现的相量均指有效值相量。

若正弦量 $i = \sqrt{2}I\cos(\omega t + \theta_i)$，则 $i = \mathrm{Re}[\sqrt{2}Ie^{j\theta_i}e^{j\omega t}]$，其对应的相量为 $\dot{I} = Ie^{j\theta_i} = I\angle\theta_i$。同样有 $\dot{U} = Ue^{j\theta_u} = U\angle\theta_u$。

将在复平面上画出正弦量的大小和相位关系的图形称为相量图，如图 5.1.7 所示。

正弦量乘以常数及同频率正弦量的代数和，其计算结果仍是一个同频率的正弦量。用相

量表示正弦量实质上是一种数学变换，变换的目的是简化运算。

设有 n 个同频率的正弦量，其和

$$i = i_1 + i_2 + \cdots + i_k + \cdots + i_n$$

由于

$$i_k = \sqrt{2}I_k\cos(\omega t + \theta_k) = \text{Re}[\sqrt{2}I_k e^{j\theta_k}e^{j\omega t}] = \text{Re}[\sqrt{2}\dot{I}_k e^{j\omega t}]$$

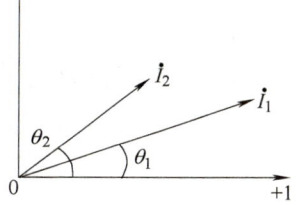

图 5.1.7　正弦量的相量图

若每一个正弦量均用与之对应的复指数函数表示，则

$$\begin{aligned}i &= \text{Re}[\sqrt{2}\dot{I}_1 e^{j\omega t}] + \text{Re}[\sqrt{2}\dot{I}_2 e^{j\omega t}] + \cdots + \text{Re}[\sqrt{2}\dot{I}_k e^{j\omega t}] + \cdots + \text{Re}[\sqrt{2}\dot{I}_n e^{j\omega t}] \\ &= \text{Re}[\sqrt{2}(\dot{I}_1 + \dot{I}_2 + \cdots + \dot{I}_k + \cdots + \dot{I}_n)e^{j\omega t}] = \text{Re}[\sqrt{2}\dot{I}e^{j\omega t}]\end{aligned} \quad (5.1.21)$$

式 (5.1.21) 对任何时刻都成立，所以

$$\dot{I} = \dot{I}_1 + \dot{I}_2 + \cdots + \dot{I}_k + \cdots + \dot{I}_n = \sum_{k=1}^{n}\dot{I}_k \quad (5.1.22)$$

因此，同频率正弦量的代数和的相量等于与之对应的各正弦量的相量的代数和。

【例 5.1.3】 分别写出代表 $i_1 = 3\cos(\omega t)\text{A}$，$i_2 = 2\sqrt{2}\cos(\omega t + 30°)\text{A}$，$i_3 = 3\sqrt{2}\cos(\omega t - 60°)\text{A}$，$i_4 = 5\sin(\omega t + 40°)\text{A}$，$i_5 = -6\sqrt{2}\cos(\omega t + 60°)\text{A}$ 的相量。

解　由正弦量与相量的对应关系，有

$$\dot{I}_1 = \frac{3}{\sqrt{2}}\angle 0°\text{A} \qquad \dot{I}_2 = 2\angle 30°\text{A} \qquad \dot{I}_3 = 3\angle -60°\text{A}$$

由

$$i_4 = 5\sin(\omega t + 40°)\text{A} = 5\cos(\omega t + 40° - 90°)\text{A} = 5\cos(\omega t - 50°)\text{A}$$

则

$$\dot{I}_4 = \frac{5}{\sqrt{2}}\angle -50°\text{A}$$

由

$$i_5 = -6\sqrt{2}\cos(\omega t + 60°)\text{A} = 6\sqrt{2}\cos(\omega t + 60° - 180°)\text{A} = 6\sqrt{2}\cos(\omega t - 120°)\text{A}$$

则

$$\dot{I}_5 = 6\angle -120°\text{A}$$

5.2　正弦稳态电路的相量模型

5.2.1　基尔霍夫定律的相量形式

正弦电流电路中的各支路电流和支路电压都是同频率的正弦量，所以可将 KCL 和 KVL 转换为相量形式。

5.2.1　正弦稳态电路的相量模型

对电路中的任一节点，在所有时刻，KCL 可以表示为 $\sum_{k=1}^{n}i_k = 0$，根据正弦量的运算，故其相量形式为

$$\sum_{k=1}^{n} \dot{I}_k = 0 \tag{5.2.1}$$

同理，沿电路中的任一回路，KVL 的相量形式为

$$\sum_{k=1}^{n} \dot{U}_k = 0 \tag{5.2.2}$$

因此，在正弦稳态电路中，基尔霍夫定律可直接用电流相量和电压相量写出。

5.2.2 RLC 元件 VCR 的相量形式

1. 电阻元件的 VCR

如图 5.2.1a 所示，设电阻元件通有正弦电流 i_R，电阻两端的电压为 u_R，若

$$i_R = \sqrt{2} I_R \cos(\omega t + \theta_i)$$

根据欧姆定律得

$$u_R = R i_R$$

则有

$$u_R = \sqrt{2} U_R \cos(\omega t + \theta_u) = R\sqrt{2} I_R \cos(\omega t + \theta_i) \tag{5.2.3}$$

式（5.2.3）表明，电阻元件两端的正弦电压和流过的正弦电流频率相同、初相位相同，$\theta_u = \theta_i$，其波形如图 5.2.1b 所示。比较等式两边的有效值关系有 $U_R = R I_R$，即电阻元件的电压有效值和电流有效值符合欧姆定律。

令 $\dot{U}_R = U_R \angle \theta_u$，$\dot{I}_R = I_R \angle \theta_i$，则有 $\theta_u = \theta_i$，而 $U_R = R I_R$，所以

$$\dot{U}_R = R \dot{I}_R \qquad \dot{I}_R = \frac{\dot{U}_R}{R} \tag{5.2.4}$$

即电阻元件的 VCR 也可用式（5.2.4）所示的相量形式表示，其相量模型及相量图如图 5.2.2a、b 所示。

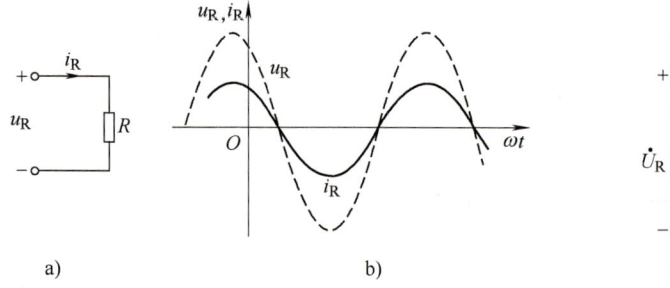

图 5.2.1 线性非时变电阻的正弦稳态特性

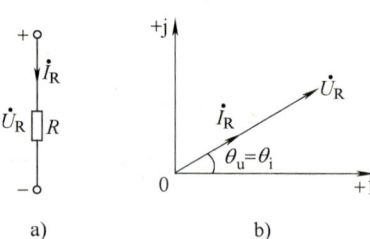

图 5.2.2 电阻元件的电压、电流相量

2. 电感元件的 VCR

如图 5.2.3a 所示，设电感元件两端的电压和流过电流为关联参考方向，若 $i_L = \sqrt{2} I_L \cos(\omega t + \theta_i)$，根据 $u_L = L \dfrac{\mathrm{d} i_L}{\mathrm{d} t}$ 可得

$$u_L = -\sqrt{2} I_L \omega L \sin(\omega t + \theta_i)$$

则
$$u_L = \sqrt{2}U_L\cos(\omega t + \theta_u) = \sqrt{2}\omega L I_L \cos(\omega t + \theta_i + 90°) \quad (5.2.5)$$

式（5.2.5）表明，$\theta_u = \theta_i + 90°$，即电感电压的相位超前电感电流的相位 $\pi/2$。电感电流与电压有效值的关系为

$$U_L = \omega L I_L = X_L I_L \qquad I_L = \frac{U_L}{\omega L} = \frac{U_L}{X_L} \quad (5.2.6)$$

式中，$X_L = \omega L = 2\pi f L$，称为感抗，单位为欧姆（Ω）。感抗值正比于频率，当 $\omega = 0$ 时，$X_L = 0$，此时电感相当于短路，电感具有"通低频、阻高频"的性质。图5.2.3b所示为电感电压、电流的波形图。

若令 $\dot{U}_L = U_L\angle\theta_u$，$\dot{I}_L = I_L\angle\theta_i$，则有

$$\dot{U}_L = j\omega L \dot{I}_L = jX_L \dot{I}_L \qquad \dot{I}_L = \frac{\dot{U}_L}{j\omega L} = \frac{\dot{U}_L}{jX_L} \quad (5.2.7)$$

所以，电感元件的 VCR 也可用式（5.2.7）所示的相量形式表示，其相量模型及相量图如图5.2.4a、b所示。

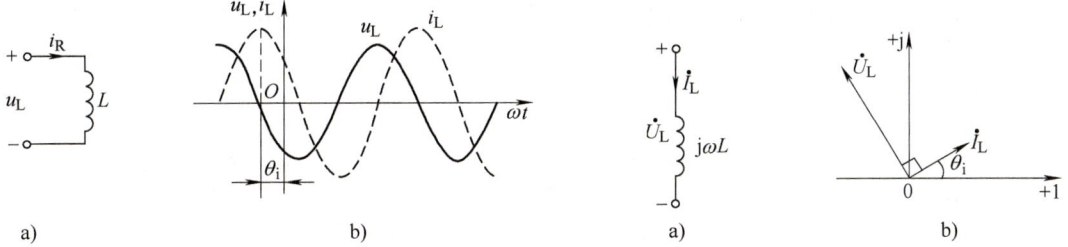

图 5.2.3 线性非时变电感的正弦稳态特性   图 5.2.4 电感元件的电压、电流相量

3. 电容元件的 VCR

如图5.2.5a所示，设电容元件两端的电压和流过电流为关联参考方向，若 $u_C = \sqrt{2}U_C\cos(\omega t + \theta_u)$，由 $i_C = C\dfrac{du_C}{dt}$，可得

$$i_C = -\sqrt{2}U_C\omega C\sin(\omega t + \theta_u)$$

则

$$i_C = \sqrt{2}I_C\cos(\omega t + \theta_i) = \sqrt{2}\omega C U_C\cos(\omega t + \theta_u + 90°) \quad (5.2.8)$$

电容电压、电流的波形如图5.2.5b所示。式（5.2.8）表明，电容电压与电流有效值之间的关系为

$$I_C = \omega C U_C = \frac{U_C}{X_C} \qquad U_C = \frac{I_C}{\omega C} = X_C I_C \quad (5.2.9)$$

而电压与电流的相位关系则为 $\theta_i = \theta_u + 90°$，即电容电流的相位超前电容电压的相位 $\pi/2$。式中的 $X_C = \dfrac{1}{\omega C} = \dfrac{1}{2\pi f C}$，称为容抗，单位为欧姆（Ω）。容抗值反比于频率，当 $\omega = 0$ 时，$X_C \to \infty$，此时电容相当于开路，电容具有"通高频、阻低频"的性质。

若令 $\dot{I}_C = I_C\angle\theta_i$，$\dot{U}_C = U_C\angle\theta_u$，则有

$$\dot{I}_C = j\omega C \dot{U}_C = \frac{\dot{U}_C}{-jX_C} \qquad \dot{U}_C = \frac{\dot{I}_C}{j\omega C} = -jX_C \dot{I}_C \qquad (5.2.10)$$

所以，电容元件的 VCR 也可用式（5.2.10）所示的相量形式表示，其相量模型及相量图如图 5.2.6a、b 所示。

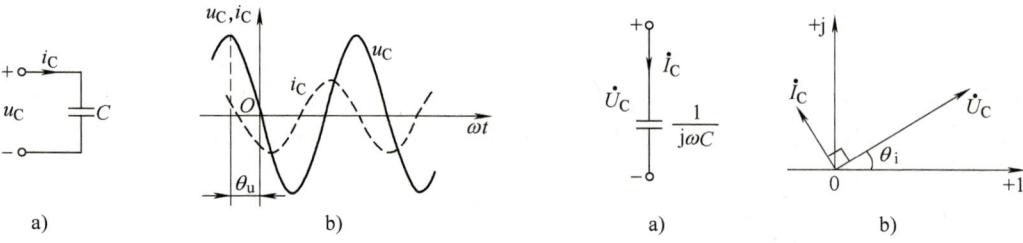

图 5.2.5　线性非时变电容的正弦稳态特性　　图 5.2.6　电容元件的电压、电流相量

从上面的正弦量分析可以看出，RLC 三种基本元件相量形式的 VCR 与时域形式的 VCR 相比，相量形式更为简单明确。类似地，其他电路元件的 VCR 同样可以用相量形式给出。

【例 5.2.1】　如图 5.2.7a 所示电路，$R = 2\Omega$，$L = 2\text{mH}$，$u_S = 20\sqrt{2}\cos(1000t)\,\text{V}$，求 i，U_R 和 U_L。

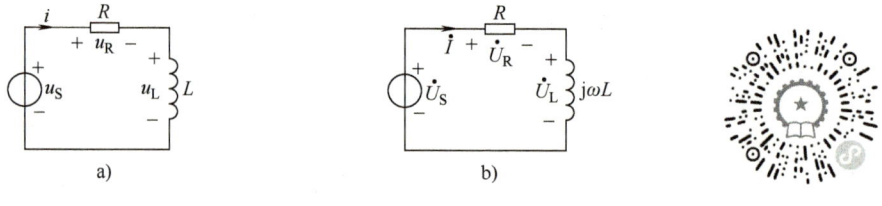

图 5.2.7　例 5.2.1 的图　　　　　　5.2.2　例题

解　先画出对应的相量模型电路如图 5.2.7b 所示。

$\dot{U}_S = 20\angle 0°\,\text{V}$　　　　$X_L = \omega L = 1000 \times 2 \times 10^{-3}\,\Omega = 2\Omega$

由 KVL 得

$$\dot{U}_S = \dot{U}_R + \dot{U}_L = R\dot{I} + jX_L\dot{I}$$

则

$$\dot{I} = \frac{\dot{U}_S}{R + jX_L} = \frac{20\angle 0°\,\text{V}}{(2+j2)\Omega} = \frac{20\angle 0°}{2\sqrt{2}\angle 45°}\text{A} = 5\sqrt{2}\angle -45°\,\text{A}$$

即

$$i = 10\cos(1000t - 45°)\,\text{A}$$

电阻电压

$$\dot{U}_R = R\dot{I} = 2 \times 5\sqrt{2}\angle -45°\,\text{V} = 10\sqrt{2}\angle -45°\,\text{V}$$

电感电压

$$\dot{U}_L = jX_L\dot{I} = j2 \times 5\sqrt{2}\angle -45°\,\text{V} = 10\sqrt{2}\angle(90°-45°)\,\text{V} = 10\sqrt{2}\angle 45°\,\text{V}$$

即

$$U_R = 10\sqrt{2}\text{V} \qquad U_L = 10\sqrt{2}\text{V}$$

由例 5.2.1 可知，在正弦稳态电路分析中，只要将电路中每个元件用相量模型代替，就得到一个相量模型电路，再根据 KCL 或 KVL 的相量形式，就可以计算分析出结果。同时需要注意，例 5.2.1 中有效值 $U_S = 20\text{V} \neq U_R + U_L$，即一般情况下 $\Sigma U \neq 0$，电压有效值不满足 KVL；同样 $\Sigma I \neq 0$，电流有效值不满足 KCL，这与直流电路不同。

【例 5.2.2】 如图 5.2.8 所示电路，$C = 1\text{F}$，$L = 1\text{H}$，$u_S = 10\cos(2t)\text{V}$，求 i，i_1 和 i_2。

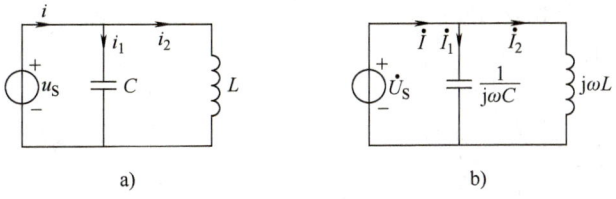

图 5.2.8 例 5.2.2 的图

解 先画出对应的相量模型电路如图 5.2.8b 所示。$\dot{U}_S = 5\sqrt{2}\angle 0°\text{V}$，感抗和容抗分别为

$$X_L = \omega L = 2 \times 1 \Omega = 2\Omega \qquad X_C = \frac{1}{\omega C} = \frac{1}{2 \times 1}\Omega = 0.5\Omega$$

则

$$\dot{I}_1 = \frac{\dot{U}_S}{-jX_C} = \frac{5\sqrt{2}\angle 0°\text{V}}{-j0.5\Omega} = \frac{5\sqrt{2}\angle 0°}{0.5\angle -90°}\text{A} = 10\sqrt{2}\angle 90°\text{A}$$

$$\dot{I}_2 = \frac{\dot{U}_S}{jX_L} = \frac{5\sqrt{2}\angle 0°\text{V}}{j2\Omega} = \frac{5\sqrt{2}\angle 0°}{2\angle 90°}\text{A} = 2.5\sqrt{2}\angle -90°\text{A}$$

根据 KCL 得

$$\dot{I} = \dot{I}_1 + \dot{I}_2 = 10\sqrt{2}\angle 90°\text{A} + 2.5\sqrt{2}\angle -90°\text{A} = j10\sqrt{2}\text{A} - j2.5\sqrt{2}\text{A} = j7.5\sqrt{2}\text{A} = 7.5\sqrt{2}\angle 90°\text{A}$$

因此

$$i = 15\cos(2t + 90°)\text{A}$$
$$i_1 = 20\cos(2t + 90°)\text{A}$$
$$i_2 = 5\cos(2t - 90°)\text{A}$$

表 5.2.1 给出了 R、L、C 元件的阻抗特性和伏安关系。

表 5.2.1 **R、L、C 元件的阻抗特性和伏安关系**

特性名称		电阻 R	电感 L	电容 C
阻抗特性	直流特性	呈现一定的阻碍作用	通直流（相当于短路）	隔直流（相当于开路）
	交流特性	呈现一定的阻碍作用	通低频，阻高频	通高频，阻低频
伏安关系	大小关系	$U_R = RI_R$	$U_L = \omega L I_L$	$U_C = \dfrac{I_C}{\omega C}$
	相位关系（电压与电流相位差）	$\varphi_{ui} = 0°$ 同相	$\varphi_{ui} = 90°$ 电压超前电流 90°	$\varphi_{ui} = -90°$ 电压滞后电流 90°

5.3 正弦稳态电路的分析

5.3.1 阻抗和导纳

在正弦稳态电路的分析中,各支路的电压、电流均为与激励同频率的正弦量,并可变换成相应的相量。电路中基本元件的 VCR 以及基本定律均可用相量形式表示,为了分析电路的方便,引入复阻抗、复导纳的概念。

1. 阻抗

5.3.1 阻抗和导纳(1)

对于仅含线性电阻、电感、电容等元件,但不含独立源的一端口网络 N_0,如图 5.3.1 所示。在正弦电源激励下,稳态时可以定义该一端口的复阻抗为

$$Z = \frac{\dot{U}}{\dot{I}} = |Z| \angle \varphi_Z \tag{5.3.1}$$

式(5.3.1)称为欧姆定律的相量形式。式中,$\dot{U}$、$\dot{I}$ 分别为端口的电压、电流相量,$\dot{U} = U\angle\theta_u$,$\dot{I} = I\angle\theta_i$。复阻抗的图形符号如图 5.3.1b 所示,$Z$ 的模值 $|Z|$ 称为阻抗的模,它的辐角 φ_Z 称为阻抗角。

$$|Z| = \frac{U}{I} \qquad \varphi_Z = \theta_u - \theta_i \tag{5.3.2}$$

图 5.3.1 一端口的复阻抗、复导纳

阻抗 Z 的复数形式为 $Z = R + jX$,其实部 $\text{Re}[Z] = |Z|\cos\varphi_Z = R$,称为等效电阻;虚部 $\text{Im}[Z] = |Z|\sin\varphi_Z = X$,称为等效电抗,复阻抗、阻抗的模、电抗的单位均为欧姆(Ω)。R、X 和 $|Z|$ 之间的关系可以用图 5.3.2 所示的阻抗三角形来表示。

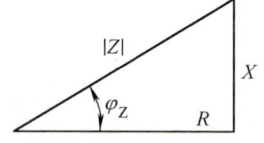

图 5.3.2 阻抗三角形

$$|Z| = \sqrt{R^2 + X^2} \qquad \varphi_Z = \arctan\frac{X}{R} \tag{5.3.3}$$

对于单个元件,电阻、电感、电容的阻抗分别为

$$Z_R = R \qquad Z_L = j\omega L \qquad Z_C = \frac{1}{j\omega C} = -j\frac{1}{\omega C}$$

对于 RLC 串联电路,则有

$$Z = R + j(X_L - X_C) = R + j\left(\omega L - \frac{1}{\omega C}\right) \tag{5.3.4}$$

当频率不同时,阻抗 Z 可能出现三种情况:

(1) $X>0$，$\varphi_Z>0$，即 $X_L>X_C$，称阻抗 Z 为感性阻抗，阻抗角大于零表明其电压超前电流 φ_Z 角。

(2) $X<0$，$\varphi_Z<0$，即 $X_L<X_C$，称阻抗 Z 为容性阻抗，阻抗角小于零表明其电压滞后电流 φ_Z 角。

(3) $X=0$，$\varphi_Z=0$，即 $X_L=X_C$，称阻抗 Z 为电阻性阻抗，阻抗角等于零表明其电压与电流同相。

5.3.2 阻抗和导纳（2）

如果一端口网络 N_0 仅由 R、L、C 元件组成，一定有 $|\varphi_Z|\leqslant 90°$，当 N_0 中有受控源时，可能会有 $|\varphi_Z|>90°$ 的情况发生。

【例 5.3.1】 电路如图 5.3.3a 所示，已知电流源的电流 $i_S=10\sqrt{2}\cos(1000t)\,\text{A}$，图中 $R=5\Omega$，$L=15\text{mH}$，$C=100\mu\text{F}$，求电路中各元件两端的电压。

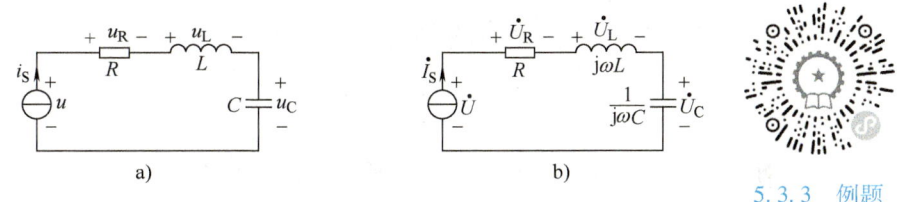

图 5.3.3 例 5.3.1 的图

解 首先将图 5.3.3a 所示的电路用图 5.3.3b 所示的相量形式的电路来表示，即

$$\dot{I}_S=10\angle 0°\text{A},\ Z_R=R=5\Omega,\ Z_L=\text{j}\omega L=\text{j}15\Omega,\ Z_C=\frac{1}{\text{j}\omega C}=-\text{j}10\Omega$$

根据 KVL 的相量形式有

$$\dot{U}=\dot{U}_R+\dot{U}_L+\dot{U}_C=Z_R\dot{I}_S+Z_L\dot{I}_S+Z_C\dot{I}_S=(5+\text{j}5)\times 10\angle 0°\text{V}=70.7\angle 45°\text{V}$$

各元件两端的电压相量分别为

$$\dot{U}_R=R\dot{I}_S=50\angle 0°\text{V}$$

$$\dot{U}_L=\text{j}\omega L\dot{I}_S=\text{j}150\text{V}=150\angle 90°\text{V}$$

$$\dot{U}_C=\frac{\dot{I}_S}{\text{j}\omega C}=-\text{j}100\text{V}=100\angle -90°\text{V}$$

各电压、电流的相量如图 5.3.4a、b 所示。从图中可以一目了然地看出各电压、电流间的相位关系。图 5.3.4a、b 实质上是一样的，但图 5.3.4b 更清楚地表示了 $\dot{U}=\dot{U}_R+\dot{U}_L+\dot{U}_C$ 这一关系，它是由这 4 个相量形成的闭合多边形来反映的。注意，$\dot{U}_R$、$\dot{U}_L$、$\dot{U}_C$ 是依次首尾相接地画出的，而连接 $\dot{U}_R$ 的箭尾（原点）与 $\dot{U}_C$ 的箭头的有向线段恰为相量 $\dot{U}$。

若将 $\dot{U}$ 反向画出，则恰好反映的是 $\dot{U}_R+\dot{U}_L+\dot{U}_C-\dot{U}=0$。因此，由任何回路写出来的 KVL 方程，用相量图表示出来都将是一个封闭的多边形，且各相量依次首尾相接，这也是验证电路计算正确与否的一种方法。同理，电路中任一节点的 KCL 方程在相量图中也将构成一个封闭的多边形。

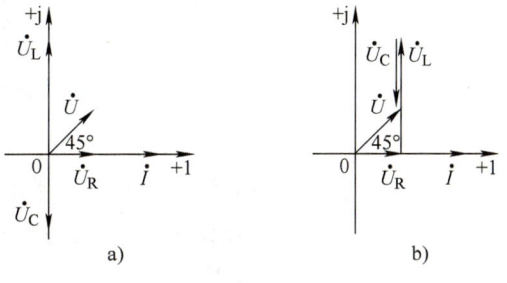

图 5.3.4 例 5.3.1 的相量图

2. 导纳

定义一端口网络的复导纳，记为 Y，简称导纳，是复阻抗的倒数，即

$$Y = \frac{1}{Z} = \frac{\dot{I}}{\dot{U}} = \frac{I}{U} \angle \theta_i - \theta_u = |Y| \angle \varphi_Y \qquad (5.3.5)$$

5.3.4 阻抗和导纳（3）

Y 的模值 $|Y|$ 称为导纳的模，它的辐角 φ_Y 称为导纳角。$|Y| = \frac{I}{U}$，$\varphi_Y = \theta_i - \theta_u$。式（5.3.5）为欧姆定律的另一相量形式。$Y$ 也可表示为复数形式

$$Y = G + jB$$

Y 的实部 $\text{Re}[Y] = |Y|\cos\varphi_Y = G$，称为等效电导，虚部 $\text{Im}[Y] = |Y|\sin\varphi_Y = B$，称为等效电纳。

对于 R、L、C 元件，它们的导纳分别为

$$Y_R = G = \frac{1}{R} \qquad Y_L = \frac{1}{j\omega L} = -j\frac{1}{\omega L} = -jB_L \qquad Y_C = j\omega C = jB_C$$

电阻 R 的导纳实部即为电导 $G = \frac{1}{R}$，虚部为零；电感的导纳实部为零，虚部为 $B_L = \frac{1}{\omega L}$，称为电感的电纳，简称感纳；电容的导纳实部为零，虚部为 $B_C = \omega C$，称为电容的电纳，简称容纳。显然导纳、电纳具有电导的量纲。

注意：虽然阻抗和导纳是复数，但它们不是相量，所以不代表任何正弦量。

3. 阻抗（导纳）的串联与并联

一个时域形式的正弦稳态电路，在用相量模型表示后，与直流电阻电路的形式完全相同，只不过这里出现的是阻抗或导纳与用相量表示的电源、电压、电流。图 5.3.5a 所示为 n 个阻抗的串联电路，等效电路如图 5.3.5b 所示。

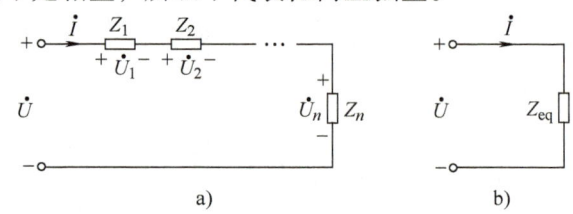

图 5.3.5 阻抗的串联

由图 5.3.5a，列写 KVL 有

$$\dot{U} = Z_1\dot{I} + Z_2\dot{I} + \cdots + Z_n\dot{I} = (Z_1 + Z_2 + \cdots + Z_n)\dot{I}$$

所以

$$Z_{eq} = Z_1 + Z_2 + \cdots + Z_n = \sum_{k=1}^{n} Z_k \qquad (5.3.6)$$

式（5.3.6）表明，n 个阻抗串联，其等效阻抗为这 n 个阻抗之和。各阻抗的电压分配关系为

$$\dot{U}_k = \frac{Z_k}{\sum_{k=1}^{n} Z_k}\dot{U} \qquad (5.3.7)$$

式中，$\dot{U}$ 为总电压，$\dot{U}_k$ 为第 k 个阻抗两端的电压。

同理，对于由 n 个导纳并联而成的电路，如图 5.3.6a 所示，等效电路如图 5.3.6b 所示，有

$$Y_{eq} = Y_1 + Y_2 + \cdots + Y_n = \sum_{k=1}^{n} Y_k \quad (5.3.8)$$

各导纳的电流分配公式为

$$\dot{I}_k = \frac{Y_k}{\sum_{k=1}^{n} Y_k} \dot{I} \quad (5.3.9)$$

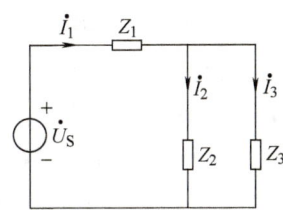

图 5.3.6 导纳的并联

式中，$\dot{I}$ 为总电流，$\dot{I}_k$ 为第 k 个导纳的电流。特别是当两个阻抗并联时

$$Z_{eq} = \frac{Z_1 Z_2}{Z_1 + Z_2}$$

【例 5.3.2】 电路如图 5.3.7 所示，已知 $Z_1 = 10\Omega$，$Z_2 = 5\angle 45°\Omega$，$Z_3 = 6 + j8\Omega$，$\dot{U}_S = 100\angle 0°\text{V}$，求 $\dot{I}_1$、$\dot{I}_2$、$\dot{I}_3$。

解 因为 Z_2、Z_3 为并联连接，所以

$$Z_{23} = \frac{Z_2 Z_3}{Z_2 + Z_3} = \frac{5\angle 45° \times (6 + j8)}{5\angle 45° + 6 + j8}\Omega = \frac{5\angle 45° \times 10\angle 53.13°}{3.54 + j3.54 + 6 + j8}\Omega$$
$$= \frac{50\angle 98.13°}{14.97\angle 50.42°}\Omega = 3.34\angle 47.71°\Omega = (2.25 + j2.47)\Omega$$

图 5.3.7 例 5.3.2 的图

Z_1 与 Z_{23} 为串联连接，所以

$$Z_{123} = Z_1 + Z_{23} = (10 + 2.25 + j2.47)\Omega = (12.25 + j2.47)\Omega = 12.50\angle 11.40°\Omega$$

则

$$\dot{I}_1 = \frac{\dot{U}_S}{Z_{123}} = \frac{100\angle 0°}{12.50\angle 11.40°}\text{A} = 8\angle -11.40°\text{A}$$

由分流公式得

$$\dot{I}_3 = \frac{Z_2}{Z_2 + Z_3}\dot{I}_1 = \frac{5\angle 45°}{5\angle 45° + 6 + j8} \times 8\angle -11.40°\text{A} = \frac{40\angle 33.60°}{14.97\angle 50.42°}\text{A} = 2.67\angle -16.82°\text{A}$$

根据 KCL，有

$$\dot{I}_2 = \dot{I}_1 - \dot{I}_3 = (8\angle -11.40° - 2.67\angle -16.82°)\text{A} = 5.35\angle -8.69°\text{A}$$

或

$$\dot{I}_2 = \frac{Z_3}{Z_2 + Z_3}\dot{I}_1 = \frac{6 + j8}{5\angle 45° + 6 + j8} \times 8\angle -11.40°\text{A}$$
$$= \frac{10\angle 53.13°}{14.97\angle 50.42°} \times 8\angle -11.40°\text{A} = 5.35\angle -8.69°\text{A}$$

5.3.2 电路的相量图

电路的相量图是由各支路中的电流相量和电压相量在复平面上组成的。利用电路的相量图可以对电路进行分析和计算，这一点在例 5.3.1 中已经看到。画相量图时要注意把各节点上的支路电流相量画在一起，这些相量应满足 KCL，并利用相量求和平移法，把它们画成首尾相连的封闭多边形。把各回路中的支路电压画在一起，使之满足 KVL，同样画成首尾相连的封闭多边形。一般假设某一电压或电流为参考相量，即其初相为 0°。电路并联时，以并联电

5.3.5 电路的相量图 (1)

路共同的电压为参考相量；电路串联时，以串联电路共同的电流为参考相量。

【例5.3.3】 已知 RLC 串联电路，感抗大于容抗，试定性地画出其相量图。

解 对于 RLC 串联电路（参见图5.3.3），取电流相量 $\dot{I}$ 为参考相量，令其初相为零，并画成水平方向。

根据 RLC 的电压与电流的相量形式，R 两端的电压与电流同相；L 两端的电压超前电流 $90°$，C 两端的电压滞后电流 $90°$，故可画出图5.3.8a所示的相量图。由于感抗大于容抗，因此 U_L 大于 U_C，呈感性，即 $\varphi = \theta_u - \theta_i > 0$。

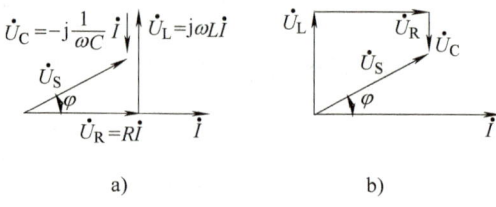

图5.3.8 例5.3.3的相量图

由于 KVL 中求电压代数和与电压的次序无关，因此可得图5.3.8b所示的相量图。其电压相量 $\dot{U}$ 与电流相量 $\dot{I}$ 的相位保持不变。由图5.3.8可知，尽管相量图不是唯一的，但其电压相量 $\dot{U}$ 与电流相量 $\dot{I}$ 的相位关系是唯一的。

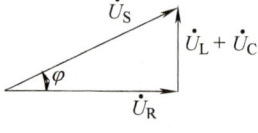

图5.3.9 电压三角形

由图5.3.8a可得到图5.3.9所示的相量图（U_L 大于 U_C）。该相量图由电压相量构成直角三角形关系，称其为电压三角形。电压三角形和阻抗三角形是一组相似三角形。

【例5.3.4】 已知图5.3.10a所示正弦交流电路中交流电流表的读数：A_1 为 5A，A_2 为 20A，A_3 为 25A，求：（1）图中电流表 A 的读数；（2）如果维持电流表 A_1 的读数不变，而把电源的频率提高一倍，再求电流表 A 的读数。

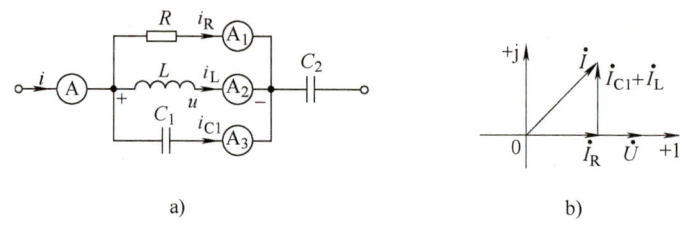

图5.3.10 例5.3.4的电路图与相量图

解 利用相量图求解。

设 $\dot{U} = U\angle 0°$ 为参考相量，根据元件电压、电流的相位关系知，$\dot{I}_R$ 和 $\dot{U}$ 同相位，$\dot{I}_{C1}$ 超前于 $\dot{U}$ $90°$，$\dot{I}_L$ 滞后于 $\dot{U}$ $90°$，因此可以画出其相量图，如图5.3.10b所示。总电流相量与三个元件的电流相量组成了一个直角三角形。因此电流表 A 的读数为

$$I = \sqrt{I_R^2 + (I_{C1} - I_L)^2}$$

（1）频率为 ω 时

$$I = \sqrt{5^2 + (25-20)^2}\,\text{A} = 7.07\,\text{A}$$

（2）由于电流表 A_1 的读数不变，则 $U = RI_R$ 也不变。频率为 2ω 时，感抗增大一倍，容抗减少一半，因此 I_L 减少一半，I_C 增大一倍，所以有

$$I = \sqrt{5^2 + (50-10)^2}\,\text{A} = 40.31\,\text{A}$$

上述分析可知，总电流表 A 的读数不能通过将三个电流表 A_1、A_2、A_3 的读数直接相加

得到。电流表的读数为有效值，在计算交流电流时应该采用相量相加。同时，感抗和容抗是频率的函数，频率变化，相应的电压或电流也可能会发生变化。

在求解正弦稳态电路中的某些参数时，有时利用相量图可能会比较方便。即首先根据已知条件画出电路的相量图，然后再根据几何关系，求出相应的参数。

【例 5.3.5】 在图 5.3.11a 所示电路中，已知 $\dot{U}$ 与 $\dot{I}$ 同相，$\omega = 10^3 \, \text{rad/s}$，有效值 $U_R = 6\text{V}$，$U_L = 8\text{V}$，$I = 3\text{A}$，求 R、L、C。

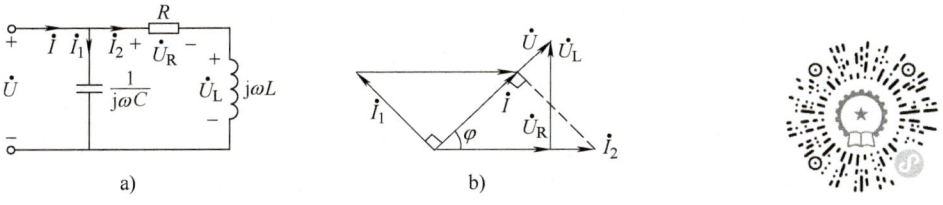

图 5.3.11 例 5.3.5 的电路图与相量图

解 设 $\dot{I}_2$ 的初相为零，以 $\dot{I}_2$ 为参考相量画出相量图，如图 5.3.11b 所示。其中 $\dot{U}_R$ 与 $\dot{I}_2$ 同相，$\dot{U}_L$ 超前 $\dot{I}_2$ 90°。$\dot{U} = \dot{U}_R + \dot{U}_L$，而 $\dot{I}_1$ 超前 $\dot{U}$ 90°，$\dot{I} = \dot{I}_1 + \dot{I}_2$ 且与 $\dot{U}$ 同相。

由相量图的几何关系，得

$$U = \sqrt{U_R^2 + U_L^2} = \sqrt{6^2 + 8^2}\,\text{V} = 10\text{V} \qquad \varphi = \arctan\frac{U_L}{U_R} = \arctan\frac{8}{6} = 53.13°$$

$$I_2 = \frac{I}{\cos\varphi} = \frac{3}{\cos 53.13°}\text{A} = 5\text{A} \qquad I_1 = I\tan\varphi = 3 \times \frac{8}{6}\text{A} = 4\text{A}$$

$$R = \frac{U_R}{I_2} = \frac{6}{5}\Omega = 1.2\Omega \qquad L = \frac{U_L}{\omega I_2} = \frac{8}{10^3 \times 5}\text{H} = 1.6\text{mH}$$

$$C = \frac{I_1}{\omega U} = \frac{4}{10^3 \times 10}\text{F} = 400\mu\text{F}$$

5.3.3 正弦稳态电路的分析计算

由于正弦稳态电路基本定律的相量形式与直流线性电阻电路基本定律的时域形式是完全对应的，因此直流线性电阻电路的各种基本计算方法和电路定律完全适用于正弦稳态电路的分析。需要注意的是，用相量法对正弦稳态电路进行分析和计算时，其各支路的电压、电流必须用相量 $\dot{U}$、$\dot{I}$ 表示，元件参数 R、L、C 及它们的组合必须用阻抗或导纳表示，而计算则用复数运算。在直流电路中已经学习过的电路定律以及电路的基本分析方法（等效变换法、电路方程法、电路定理法）等都可以用于正弦稳态电路的分析计算。

用相量法分析正弦稳态电路时所采取的一般步骤如下：

（1）画出与时域电路相对应的相量形式的电路模型。
（2）选择适当的分析方法求解待求相量。
（3）将求得的相量变换为时域响应。

【例 5.3.6】 电路如图 5.3.12 所示，试列出其节点电压方程。

解 电路中共有三个节点，取节点③为参考节点，其余两节点的节点电压相量分别为 $\dot{U}_{n1}$、$\dot{U}_{n2}$。根据节点电压法可列出节点电压方程为

$$\begin{cases} Y_{11}\dot{U}_{n1} + Y_{12}\dot{U}_{n2} = \dot{I}_{S11} \\ Y_{21}\dot{U}_{n1} + Y_{22}\dot{U}_{n2} = \dot{I}_{S22} \end{cases}$$

式中，$Y_{11} = \dfrac{1}{R_1} + j\omega C_1 + j\omega C_2$，$Y_{12} = -j\omega C_2$，$Y_{21} =$ $-j\omega C_2$，$Y_{22} = j\omega C_2 + j\omega C_3$，$\dot{I}_{S11} = \dfrac{\dot{U}_S}{R_1}$，$\dot{I}_{S22} = \dot{I}_S$。所以，图 5.3.12 所示电路的节点电压方程的相量形式为

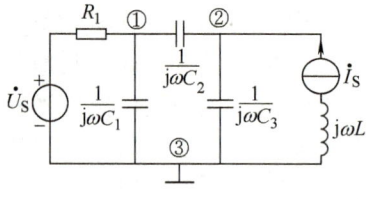

图 5.3.12　例 5.3.6 的图

$$\begin{cases} \left(\dfrac{1}{R_1} + j\omega C_1 + j\omega C_2\right)\dot{U}_{n1} - j\omega C_2 \dot{U}_{n2} = \dfrac{\dot{U}_S}{R_1} \\ -j\omega C_2 \dot{U}_{n1} + (j\omega C_2 + j\omega C_3)\dot{U}_{n2} = \dot{I}_S \end{cases}$$

【**例 5.3.7**】　求图 5.3.13a 所示电路中的电流 i_L。图中电压源 $u_S = 10.39\sqrt{2}\sin(2t + 60°)$ V，电流源 $i_S = 3\sqrt{2}\cos(2t - 30°)$ A。

5.3.7　例题 1

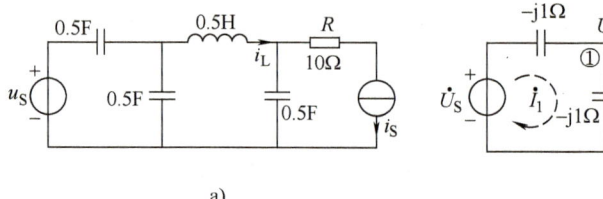

图 5.3.13　例 5.3.7 的图（1）

解　电路中的电源为同一频率，则有

$$\dot{U}_S = 10.39\angle 60°\text{V} \qquad \dot{I}_S = 3\angle -30°\text{A} \qquad \dfrac{1}{\omega C} = 1\Omega \qquad \omega L = 1\Omega$$

得到图 5.3.13b 所示的相量模型电路图。下面采用不同的方法进行求解。

（1）用节点电压法求解。由图 5.3.13b 列方程为

$$\left(\dfrac{1}{-j1} + \dfrac{1}{-j1} + \dfrac{1}{j1}\right)\dot{U}_1 - \dfrac{1}{j1}\dot{U}_2 = \dfrac{\dot{U}_S}{-j1}$$

$$-\dfrac{1}{j1}\dot{U}_1 + \left(\dfrac{1}{-j1} + \dfrac{1}{j1}\right)\dot{U}_2 = -\dot{I}_S$$

$$\dot{I}_L = \dfrac{\dot{U}_1 - \dot{U}_2}{j}$$

5.3.8　例题 2

解得

$$\dot{U}_1 = j\dot{I}_S \qquad \dot{U}_2 = \dot{U}_S - j\dot{I}_S \qquad \dot{I}_L = -j(\dot{U}_1 - \dot{U}_2) = j\dot{U}_S + 2\dot{I}_S$$

（2）用网孔电流法求解。由图 5.3.13b 列方程为

$$-j2\dot{I}_1 - (-j)\dot{I}_2 = \dot{U}_S$$

$$-(-j)\dot{I}_1 + (j - j2)\dot{I}_2 - (-j)\dot{I}_S = 0$$

$$\dot{I}_L = \dot{I}_2$$

解得

$$\dot{I}_L = j\dot{U}_S + 2\dot{I}_S$$

5.3.9　例题 3

(3) 用叠加定理求解,如图 5.3.14 所示。

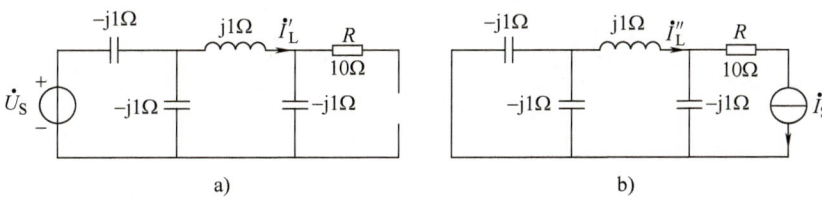

图 5.3.14 例 5.3.7 的图 (2)

$\dot{U}_S$ 单独作用时,由图 5.3.14a 可求得

$$\dot{I}'_L = j\dot{U}_S$$

$\dot{I}_S$ 单独作用时,由图 5.3.14b 可求得

$$\dot{I}''_L = \dot{I}_S \frac{-j}{-j0.5} = 2\dot{I}_S$$

则

$$\dot{I}_L = \dot{I}'_L + \dot{I}''_L = j\dot{U}_S + 2\dot{I}_S$$

(4) 用戴维南定理求解,如图 5.3.15 所示。

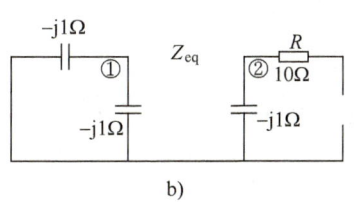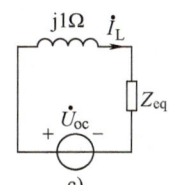

图 5.3.15 例 5.3.7 的图 (3)

由图 5.3.15a,得端口①②的开路电压 $\dot{U}_{oc}$ 为

$$\dot{U}_{oc} = \frac{1}{2}\dot{U}_S - j\dot{I}_S$$

由图 5.3.15b,得端口①②的戴维南等效阻抗 Z_{eq} 为

$$Z_{eq} = (-j0.5 - j)\Omega = -j1.5\Omega$$

由图 5.3.15c 解得

$$\dot{I}_L = \frac{\dot{U}_{oc}}{j + Z_{eq}} = \frac{\dot{U}_{oc}}{j - j1.5} = j\dot{U}_S + 2\dot{I}_S = (10.39\angle 60° + 6\angle -30°)\text{A} = 12\angle 30°\text{A}$$

所以

$$i_L = 12\sqrt{2}\cos(2t + 30°)\text{ A}$$

对于含受控电源的正弦稳态电路分析,因控制系数为常数,所以只要将控制量转化为相量形式即可得出受控电源的相量形式,其分析计算方法仍然采用相量法。

【例 5.3.8】 电路如图 5.3.16a 所示,求 i_1 和 i_2。

解 作图 5.3.16a 所示的相量模型电路如图 5.3.16b 所示。
用网孔电流法分析。对图 5.3.16b 选择网孔电流,相量形式的网孔电流方程为

$$(3 + j4)\dot{I}_1 - j4\dot{I}_2 = 10\angle 0°$$

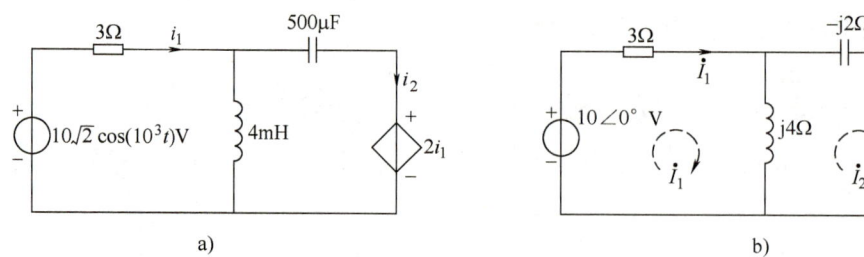

图 5.3.16 例 5.3.8 的图

$$-j4\dot{I}_1 + (j4 - j2)\dot{I}_2 = -2\dot{I}_1$$

联立方程，解得

$$\dot{I}_1 = 1.24\angle 29.7°\text{A} \qquad \dot{I}_2 = 2.77\angle 56.3°\text{A}$$

因此

$$i_1 = 1.24\sqrt{2}\cos(10^3 t + 29.7°)\text{A}$$
$$i_2 = 2.77\sqrt{2}\cos(10^3 t + 56.3°)\text{A}$$

5.4 正弦稳态电路的功率

5.4.1 瞬时功率、有功功率、无功功率和视在功率

1. 瞬时功率

图 5.4.1a 所示的无源一端口网络 N_0 是由电阻、电感、电容等元件组成的，在正弦稳态情况下，设端口的电压、电流分别为

$$u = \sqrt{2}U\cos(\omega t + \varphi) \qquad i = \sqrt{2}I\cos(\omega t)$$

N_0 所吸收的瞬时功率为

$$p = ui = 2UI\cos(\omega t + \varphi)\cos(\omega t) \tag{5.4.1}$$

5.4.1 正弦稳态电路的功率（1）

根据三角公式

$$2\cos\alpha\cos\beta = \cos(\alpha + \beta) + \cos(\alpha - \beta)$$

则

$$p = UI\cos\varphi + UI\cos(2\omega t + \varphi) \tag{5.4.2}$$

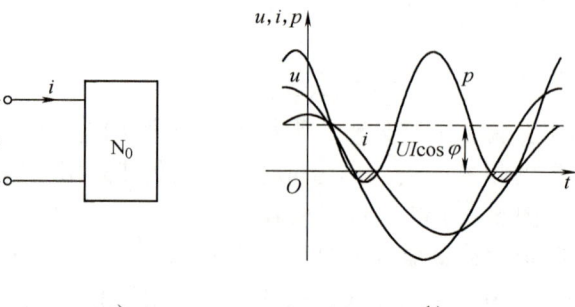

图 5.4.1 一端口网络的功率

式（5.4.2）表明瞬时功率有两个分量：第一个为恒定分量；第二个为正弦量，其频率为电压或电流频率的 2 倍。图 5.4.1b 所示的为电压 u、电流 i 和瞬时功率 p 的波形。从图 5.4.1b 中可以看出，当 u、i 同号时，瞬时功率 $p>0$，电路在这期间吸收能量，能量从电源送入电路；当 u、i 异号时，瞬时功率 $p<0$，电路在这期间释放能量，电源和电路间形成能量往返交换的现象。从图 5.4.1b 中还可以看出，电压和电流的相位差越大，每个周期内瞬时功率为负的时间越长，因此电路吸收的功率也就越少；反之，若相位差越小，瞬时功率为负的时间越短，电路吸收的功率就越多。

2. 有功功率、功率因数

瞬时功率不便于测量，且有时为正，有时为负，在工程中实际意义不大。通常引入平均功率的概念来衡量功率的大小。

平均功率又称为有功功率（Active Power），是瞬时功率在一个周期（T）内的平均值，用大写字母 P 表示，则有

$$P = \frac{1}{T}\int_0^T p\mathrm{d}t = \frac{1}{T}\int_0^T [UI\cos\varphi + UI\cos(2\omega t + \varphi)]\mathrm{d}t = UI\cos\varphi \tag{5.4.3}$$

有功功率表示一端口网络 N_0 实际消耗的功率，为式（5.4.2）的恒定分量，单位为瓦（W）。它不仅与电压、电流有效值的乘积有关，还与它们之间的相位差有关。定义 $\cos\varphi$ 为功率因数（Power Factor），并用 λ 表示，即

$$\lambda = \cos\varphi \tag{5.4.4}$$

式中，φ 称为功率因数角。对于不含独立电源的网络，$\varphi = \varphi_Z$。

由此可见，有功功率并不等于电压、电流有效值的乘积，而是要乘以一个小于等于 1 的系数。

3. 无功功率

在工程中，对于一般的正弦交流电路，还引用无功功率（Reactive Power）的概念来反映该电路中电感、电容等储能元件与外电路或电源之间能量交换的情况。无功功率用 Q 表示，即

$$Q = UI\sin\varphi \tag{5.4.5}$$

当电压 u 超前电流 i 时，复阻抗为感性，$\varphi>0$，$Q>0$，代表感性无功功率。反之，复阻抗为容性时，电压 u 滞后电流 i，$\varphi<0$，$Q<0$，代表容性无功功率。无功功率并非一端口网络实际所消耗的功率，而仅仅是为了衡量一端口网络与电源之间能量交换的快慢速度，所以单位上也应与有功功率有所区别，无功功率的单位用乏（var）。

4. 视在功率

许多电力设备的容量是由它们的额定电压和额定电流的乘积决定的，因此引入了视在功率的概念，电气设备的容量即为它们的视在功率。一端口网络的电压有效值 U 和电流有效值 I 的乘积定义为该一端口网络的视在功率（Apparent Power），用大写字母 S 表示，即

$$S = UI \tag{5.4.6}$$

为了与有功功率相区别，视在功率的单位直接使用伏安（V·A）。

将式（5.4.6）代入式（5.4.3）和式（5.4.5）可得

$$P = S\cos\varphi \qquad Q = S\sin\varphi \tag{5.4.7}$$

因此 P、Q、S 三者之间的关系为

$$S^2 = P^2 + Q^2 \qquad \varphi = \arctan\frac{Q}{P} \tag{5.4.8}$$

即 P、Q、S 三者也构成了直角三角形关系，如图 5.4.2 所示，称为功率三角形。

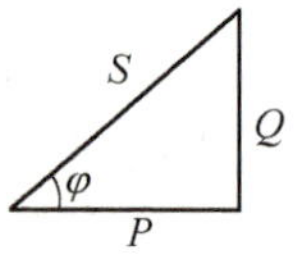

功率三角形和阻抗三角形、电压三角形是一组相似三角形。

5. R、L、C 单个元件的功率

（1）电阻元件 R 的功率。因为电压、电流之间的相位差 $\varphi = 0$，所以电阻的瞬时功率为 $p = UI[1 + \cos(2\omega t)]$。$p$ 始终大于等于零，这说明电阻一直在吸收能量。有功功率为

图 5.4.2 功率三角形

$$P_R = UI = RI^2 = GU^2 \tag{5.4.9}$$

P_R 表示电阻所消耗的功率。电阻的无功功率 $Q_R = 0$。

（2）电感元件 L 的功率。因为 $\varphi = \pi/2$，所以电感的有功功率 $P_L = 0$，不消耗能量，但是有能量的往返交换。电感的无功功率为

$$Q_L = UI\sin\varphi = UI = \omega L I^2 \tag{5.4.10}$$

（3）电容元件 C 的功率。因为 $\varphi = -\pi/2$，所以电容的有功功率 $P_C = 0$，也不消耗能量，但是有能量的往返交换。电容的无功功率为

$$Q_C = UI\sin\varphi = -UI = -\frac{1}{\omega C}I^2 = -\omega C U^2 \tag{5.4.11}$$

6. RLC 串联电路的功率

如果一端口网络为 R、L、C 串联电路，由于电路中的阻抗模 $|Z|$、电阻 R 和电抗 X 之间呈直角三角形关系，即 $R = |Z|\cos\varphi$，$X = |Z|\sin\varphi$。将此关系代入式（5.4.3）和式（5.4.5），得该电路的有功功率和无功功率分别为

$$P = UI\cos\varphi = |Z|I^2\cos\varphi = RI^2 \tag{5.4.12}$$

$$Q = UI\sin\varphi = |Z|I^2\sin\varphi = XI^2 = (X_L - X_C)I^2 = Q_L + Q_C \tag{5.4.13}$$

5.4.2 正弦稳态电路的功率（2）

可见，电路中所吸收的有功功率即为电阻所消耗的功率，电路中的无功功率则为电感与电容所吸收的无功功率的代数和。这说明电路内有一部分能量在电感与电容之间自行交换，而其差值则与外电路或电源间交换。由于式（5.4.13）中 $Q_C < 0$，因此习惯上把电感看作是"吸收"无功功率，而把电容看作是"发出"无功功率。

【例 5.4.1】 图 5.4.3 所示电路中，已知 $\dot{U}_S = 100\angle 0°\text{V}$，$\dot{I} = 2\angle 60°\text{A}$。求电源发出的有功功率 P、无功功率 Q、视在功率 S 和电路的功率因数 λ。

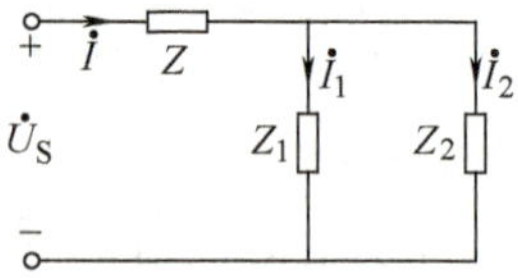

解 图中电源发出的功率可根据 $\dot{U}_S$ 和 $\dot{I}$ 求得，其结果如下：

视在功率 S 为

$$S = U_S I = 100 \times 2 \text{V} \cdot \text{A} = 200 \text{V} \cdot \text{A}$$

$\dot{U}_S$ 与 $\dot{I}$ 的相位差 φ 和功率因数 λ 分别为

$$\varphi = 0° - 60° = -60°(\text{容性})$$

$$\lambda = \cos\varphi = 0.5$$

图 5.4.3 例 5.4.1 的图

有功功率 P 为

$$P = S\cos\varphi = 200 \times 0.5\text{W} = 100\text{W}$$

无功功率 Q 为

$$Q = S\sin\varphi = -173.2\text{var}$$

【例 5.4.2】 图 5.4.4 所示是一个工频下三表法测量电感线圈参数 R 和 L 的实验电路，电压表、电流表、功率表测得的读数分别为 $U = 50\text{V}$，$I = 1\text{A}$，$P = 30\text{W}$，求 R 和 L 的值。

解 根据功率表和电流表读数，可求得电阻 R 为

$$R = \frac{P}{I^2} = \frac{30}{1^2}\Omega = 30\Omega$$

利用电压表和电流表的读数，可求得电感线圈阻抗的模

$$|Z| = \frac{U}{I} = \frac{50}{1}\Omega = 50\Omega$$

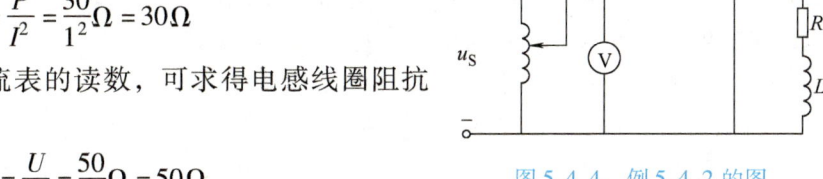

图 5.4.4　例 5.4.2 的图

由阻抗三角形得 $|Z| = \sqrt{R^2 + X_L^2}$，则

$$X_L = \sqrt{|Z|^2 - R^2} = \sqrt{50^2 - 30^2}\,\Omega = 40\Omega$$

由于电源频率为 50Hz，故

$$L = \frac{X_L}{2\pi f} = \frac{40}{2\pi \times 50}\text{H} = 0.127\text{H}$$

【例 5.4.3】 图 5.4.5 所示电路中，已知 $R_1 = 6\Omega$，$R_2 = 4\Omega$，$X_C = 8\Omega$，$X_L = 3\Omega$，电源电压 $U = 220\text{V}$，求各支路及总电路的有功功率、无功功率及总电路的功率因数，并讨论功率守恒情况。

解 设电压相量 $\dot{U} = 220\angle 0°\text{V}$。

对于支路 1，有

$$\dot{I}_1 = \frac{\dot{U}}{Z_1} = \frac{\dot{U}}{R_1 - jX_C} = \frac{220\angle 0°}{6 - j8}\text{A} = 22\angle 53.1°\text{A}$$

$$P_1 = R_1 I_1^2 = 6 \times 22^2\text{W} = 2904\text{W}$$

$$Q_1 = -X_C I_1^2 = -8 \times 22^2\text{var} = -3872\text{var}$$

$$S_1 = UI_1 = 220 \times 22\text{V}\cdot\text{A} = 4840\text{V}\cdot\text{A}$$

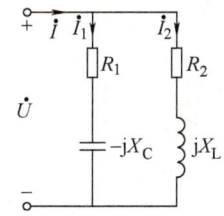

图 5.4.5　例 5.4.3 的图

对于支路 2，有

$$\dot{I}_2 = \frac{\dot{U}}{Z_2} = \frac{\dot{U}}{R_2 + jX_L} = \frac{220\angle 0°}{4 + j3}\text{A} = 44\angle -36.87°\text{A}$$

$$P_2 = R_2 I_2^2 = 4 \times 44^2\text{W} = 7744\text{W}$$

$$Q_2 = X_L I_2^2 = 3 \times 44^2\text{var} = 5808\text{var}$$

$$S_2 = UI_2 = 220 \times 44\text{V}\cdot\text{A} = 9680\text{V}\cdot\text{A}$$

对于总电路，有

$$\dot{I} = \dot{I}_1 + \dot{I}_2 = (22\angle 53.13° + 44\angle -36.87°)\text{A} = 49.2\angle -10.3°\text{A}$$

$$\cos\varphi = \cos 10.3° = 0.98$$

$$P = UI\cos\varphi = 220 \times 49.2\cos 10.3°\text{W} = 10649\text{W}$$

$$Q = UI\sin\varphi = 220 \times 49.2\sin 10.3°\text{var} = 1935\text{var}$$

$$S = UI = 220 \times 49.2\text{V}\cdot\text{A} = 10824\text{V}\cdot\text{A}$$

从上面的结果可以得出，$P = P_1 + P_2$，$Q = Q_1 + Q_2$，即有功功率和无功功率分别守恒；而 $S \neq S_1 + S_2$，即视在功率不守恒。

5.4.2 复功率

虽然一端口网络的瞬时功率在一般情况下是一个非正弦量，其变化的频率也与电压或电流的频率不同，因而不能用相量法计算。但是其有功功率和无功功率却可以根据电压相量、电流相量来计算。设一端口网络的电压相量为 $\dot{U}$，电流相量为 $\dot{I}$，即 $\dot{U} = U \angle \theta_u$，$\dot{I} = I \angle \theta_i$，且 $\dot{I}^* = I \angle -\theta_i$，$\dot{I}^*$ 为 $\dot{I}$ 的共轭相量，则在关联参考方向下有

$$\dot{U}\dot{I}^* = UI \angle (\theta_u - \theta_i) = UI[\cos\varphi + \mathrm{j}\sin\varphi] = P + \mathrm{j}Q$$

5.4.3 正弦稳态电路的功率（3）

复数 $\dot{U}\dot{I}^*$ 称为复功率，用 $\overline{S}$ 表示，即

$$\overline{S} = \dot{U}\dot{I}^* = P + \mathrm{j}Q \tag{5.4.14}$$

则有

$$\overline{S} = P + \mathrm{j}Q = S \angle \varphi \tag{5.4.15}$$

式（5.4.15）表明，复功率将正弦稳态电路的三个功率和功率因数统一为一个公式表示出来，它只是一个辅助计算功率的复数量，不代表正弦量，没有任何物理意义。复功率的概念既适用于一端口，也适用于单个元件。

复功率的单位为伏安（V·A）。三种基本电路元件的复功率分别为

$$\overline{S}_R = P \qquad \overline{S}_L = \mathrm{j}Q_L = \mathrm{j}UI \qquad \overline{S}_C = \mathrm{j}Q_C = -\mathrm{j}UI$$

当计算某一复阻抗 $Z = R + \mathrm{j}X$ 所吸收的复功率时，可把 $\dot{U} = Z\dot{I}$ 代入到式（5.4.14）中，可得

$$\overline{S} = P + \mathrm{j}Q = \dot{U}\dot{I}^* = Z\dot{I}\dot{I}^* = ZI^2 = RI^2 + \mathrm{j}XI^2$$

复阻抗为感性（$X > 0$）时，$\overline{S}$ 的虚部为正，表示感性无功功率（吸收）；若为容性（$X < 0$）时，$\overline{S}$ 的虚部为负，表示容性无功功率（发出）。在任意复杂的网络中，有功功率是守恒的，无功功率也是守恒的，因此复功率具有守恒性，即网络中的某些支路发出的复功率之和等于其他支路吸收的复功率之和。

正弦稳态一端口网络的功率关系如表 5.4.1 所示，其中有些公式在书中未作推导，请读者自行完成这一工作。

表 5.4.1 正弦稳态一端口网络的功率关系

符 号	名 称	公 式	备 注
p	瞬时功率	$p = ui$	
P	平均功率（有功功率）	$P = UI\cos\varphi = I^2 \mathrm{Re}[Z] = U^2 \mathrm{Re}[Y]$	$\varphi = \theta_u - \theta_i$
Q	无功功率	$Q = UI\sin\varphi = I^2 \mathrm{Im}[Z] = -U^2 \mathrm{Im}[Y]$ $= 2\omega(W_L - W_C)$	储能元件瞬时功率的最大值，其中 $W_L = \frac{1}{2}LI^2$，$W_C = \frac{1}{2}CU^2$
S	视在功率	$S = UI = I^2|Z| = U^2|Y| = |\dot{U}\dot{I}^*|$	瞬时功率交变分量的最大值
$\overline{S}$	复功率	$\overline{S} = \dot{U}\dot{I}^* = P + \mathrm{j}Q = S\angle\varphi$	
λ	功率因数	$\lambda = \cos\varphi = \dfrac{P}{S} = \dfrac{R}{|Z|} = \dfrac{G}{|Y|}$	φ 为正时，电压超前电流

5.4.3 功率因数的提高

有功功率的计算公式为 $P = UI\cos\varphi = UI\lambda$，可见在同样的额定电压、电流的情况下，功率因数 λ 越高，即 φ 越小，一端口网络所得到的有功功率越大。工业中常用的感应电动机是电感性负载，功率因数较低；带动这样的负载，电源设备的利用率也较低。为了减少电源与负载间徒劳往返的能量交换，减少线路损耗，可在负载两端并联大小适当的电容器，提高电路的功率因数。由于电容并联在负载两端，所以不会影响负载支路的复功率，而且电容本身不消耗有功功率，所以电源提供的有功功率不改变。但是，并联电容后，电容的无功功率"补偿"了负载中电感需要的无功功率，减少了电源提供的无功功率，从而提高了电路的功率因数。

5.4.4 功率因数的提高

【例 5.4.4】 图 5.4.6a 所示的电路外加 50Hz、380V 的正弦电压，感性负载吸收的功率 $P = 30\text{kW}$，功率因数 $\lambda_1 = 0.6$。若要使电路的功率因数提高到 $\lambda = 0.9$，求在负载两端并联的电容，此时电源提供的电流是多少？

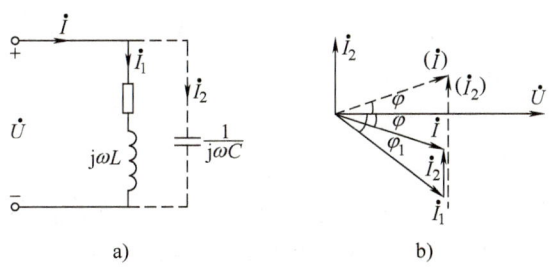

图 5.4.6 例 5.4.4 的图

解 并联电容前：$\lambda_1 = \cos\varphi_1$，$\varphi_1 = 53.1°$。并联电容后，要求：$\lambda = 0.9$，即 $\cos\varphi = 0.9$，$\varphi = \pm 25.8°$，但有功功率不变。从经济的角度出发，取较小的电容比较好，所以根据图 5.4.6b 所示的相量图（实线部分），电容的电流为

$$I_2 = I_1\sin\varphi_1 - I\sin\varphi = \frac{P}{U\cos\varphi_1}\sin\varphi_1 - \frac{P}{U\cos\varphi}\sin\varphi = \frac{P}{U}(\tan\varphi_1 - \tan\varphi)$$

而电容上电流 $I_2 = \omega CU$，则

$$\omega CU = \frac{P}{U}(\tan\varphi_1 - \tan\varphi)$$

有

$$C = \frac{P}{\omega U^2}(\tan\varphi_1 - \tan\varphi)$$

代入数据得需要并联的电容为

$$C = 561.74\mu\text{F}$$

从图 5.4.6b 的相量图中可以看出，经补偿后电源电流由原来的 I_1 值减小到图中的 I 值。即并联电容前

$$I_1 = \frac{P}{U\cos\varphi_1} = \frac{30 \times 10^3}{380 \times 0.6}\text{A} = 131.58\text{A}$$

并联电容后

$$I = \frac{P}{U\cos\varphi} = \frac{30 \times 10^3}{380 \times 0.9} \text{A} = 87.72 \text{A}$$

可见电源提供的电流大大降低。并联电容后减少了电源的无功输出，提高了电源设备的利用率，也减少了传输线上的损耗。

5.5 最大功率传输定理

5.5 最大功率传输定理

正弦稳态电路中，负载在什么条件下能够获得最大功率？正弦稳态电路的最大功率传输问题，可以简化为一个含源一端口网络 N_S 向无源一端口网络输送功率的问题进行研究，如图 5.5.1a 所示。根据戴维南定理，含源一端口网络 N_S 可以用电压源模型来等效，如图 5.5.1b 所示。

设 $Z_{eq} = R_{eq} + jX_{eq}$，$Z = R + jX$，则负载吸收的有功功率为

$$P = I^2 R = \frac{U_{oc}^2 R}{(R + R_{eq})^2 + (X + X_{eq})^2} \tag{5.5.1}$$

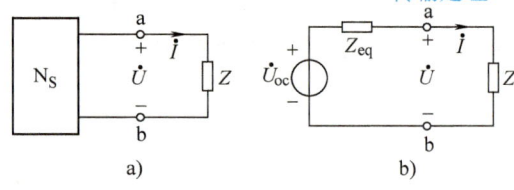

图 5.5.1 最大功率传输定理

从式（5.5.1）可以看出，负载获得的功率与一端口网络 N_S 的等效参数和负载的参数有关，在一端口网络 N_S 的等效参数不变的情况下，负载 Z 必须根据 Z_{eq} 进行匹配才可能获得最大功率。匹配条件不同，所获得的最大功率也不同。如果 R 和 X 可为任意值，而其他参数不变时，那么负载 Z 获得最大功率的条件为

$$X + X_{eq} = 0 \qquad \frac{d}{dR}\left[\frac{R}{(R + R_{eq})^2}\right] = 0$$

即得匹配条件

$$X = -X_{eq} \qquad R = R_{eq} \tag{5.5.2}$$

进一步地，有

$$Z = R_{eq} - jX_{eq} = Z_{eq}^* \tag{5.5.3}$$

式（5.5.3）表明，当负载阻抗等于电源内阻抗的共轭复数时，负载能够获得最大功率。这种情况下负载与电源的匹配称为共轭匹配，又称最佳匹配。此时最大功率为

$$P_{max} = \frac{U_{oc}^2}{4R_{eq}} \tag{5.5.4}$$

【例 5.5.1】 电路如图 5.5.2a 所示，负载 Z_L 的实部、虚部均为可变，若使 Z_L 获得最大功率，Z_L 应取何值？最大功率是多少？

解 首先求出 a、b 两点以左的戴维南等效电路，如图 5.5.2b 所示。其中

$$\dot{U}_{oc} = \frac{-j5}{10 - j5} \times 10\angle 0°\text{V} = \frac{50\angle -90°}{11.18\angle -26.6°}\text{V} = 4.47\angle -63.4°\text{V}$$

$$Z_{eq} = \frac{-10 \times j5}{10 - j5}\Omega = 4.47\angle 116.6°\Omega = (2 - j4)\Omega$$

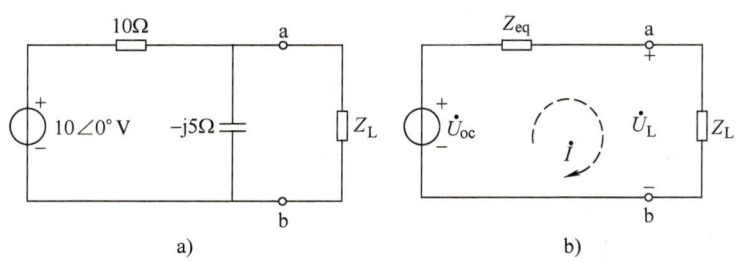

图 5.5.2 例 5.5.1 的图

当 $Z_L = Z_{eq}^* = (2+j4)\Omega$ 时，可获得最大功率，最大功率为

$$P_{max} = \frac{U_{oc}^2}{4R_{eq}} = \frac{4.47^2}{4 \times 2}W = 2.50W$$

在有些情况下，负载常常是电阻性设备，即负载为一电阻。此时负载电阻满足什么条件能获得最大功率呢？

设 $Z = R$，则负载吸收的有功功率为

$$P = I^2 R = \frac{U_{oc}^2 R}{(R+R_{eq})^2 + X_{eq}^2}$$

当改变 R 时，对功率 P 求导，可得获得最大值的条件为

$$R = \sqrt{R_{eq}^2 + X_{eq}^2} = |Z_{eq}| \tag{5.5.5}$$

式（5.5.5）表明，当负载阻抗为纯电阻时，负载获得最大功率的条件是负载电阻与电源内阻抗的模相等。这种情况下负载与电源的匹配称为模匹配，此时的最大功率要比共轭匹配时的小。

【例 5.5.2】 电路如图 5.5.3 所示，其中 R 和 L 为电源内部的电阻和电感。已知 $R = 5\Omega$，$L = 50\mu H$，$u_S = 10\sqrt{2}\cos 10^5 t V$。(1) 当 $R_L = 5\Omega$ 时，试求其消耗的功率；(2) 当 R_L 等于多少时，能获得最大功率？最大功率是多少？(3) 若在 R_L 两端并联一电容 C，问 R_L 和 C 等于多少时，能与内阻共轭匹配？并求负载吸收的最大功率。

解 电源内阻抗为 $Z_{eq} = R_{eq} + jX_{eq} = (5+j5)\Omega$。

(1) 当 $R_L = 5\Omega$ 时，电路中的电流为

$$\dot{I} = \frac{\dot{U}_S}{Z_{eq}+R_L} = \frac{10\angle 0°}{5+j5+5}A = 0.89\angle -26.6°A$$

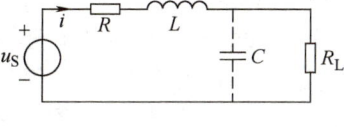

图 5.5.3 例 5.5.2 的图

负载 R_L 消耗的功率为

$$P = I^2 R_L = 0.89^2 \times 5W = 4W$$

(2) 当 $R_L = |Z_{eq}| = \sqrt{R_{eq}^2 + X_{eq}^2}$ 时能获得最大功率，即

$$R_L = \sqrt{5^2+5^2}\Omega = 7.07\Omega$$

此时电路中的电流为

$$\dot{I} = \frac{\dot{U}_S}{Z_{eq}+R_L} = \frac{10\angle 0°}{5+j5+7.07}A = 0.766\angle -22.5°A$$

R_L 消耗的功率为

$$P = I^2 R_L = 0.766^2 \times 7.07W = 4.15W$$

（3）当负载与内阻抗共轭匹配时，能获得最大功率。在负载端并联一电容后，负载阻抗变为

$$Z_L = \frac{R_L \dfrac{1}{j\omega C}}{R_L + \dfrac{1}{j\omega C}} = \frac{R_L}{1 + j\omega C R_L} = \frac{R_L}{1 + (\omega C R_L)^2} - j\frac{\omega C R_L^2}{1 + (\omega C R_L)^2}$$

当 $Z_L = Z_{eq}^* = (5 - j5)\,\Omega$ 时，负载获得最大功率，即

$$\begin{cases} \dfrac{R_L}{1 + (\omega C R_L)^2} = 5 \\ \dfrac{\omega C R_L^2}{1 + (\omega C R_L)^2} = 5 \end{cases}$$

求解上式得

$$R_L = 10\,\Omega \qquad C = 1\,\mu F$$

此时电路中的电流为

$$\dot{I} = \frac{\dot{U}_S}{Z_{eq} + Z_L} = \frac{10\angle 0°}{5 + 5}\,A = 1\angle 0°\,A$$

此电流相量为流过电容 C 和负载电阻并联电路的电流。负载获得的最大功率为

$$P = \frac{U_S^2}{4R_{eq}} = \frac{10^2}{4 \times 5}\,W = 5\,W$$

习　题

5.1　已知正弦电压 $u = 5\sqrt{2}\cos(314t + 60°)\,V$，电流 $i = 5\cos(314t - 30°)\,A$。试分别画出波形图，并求出它们的有效值、频率及相位差。

5.2　在题 5.2 图所示相量图中，已知 $I_1 = 20A$，$I_2 = 10A$，$U = 220V$，$f = 50Hz$。试分别写出它们的相量表达式和瞬时值表达式。

5.3　已知工频电流相量 $\dot{I}_1 = 6 + j8A$，$\dot{I}_2 = -6 + j8A$，$\dot{I}_3 = -6 - j8A$，$\dot{I}_4 = 6 - j8A$。试写出其极坐标形式和对应的瞬时值表达式。

5.4　如题 5.4 图所示为荧光灯电路示意图，已知灯管的等效电阻 $R = 100\Omega$，镇流器电感 $X_L = 400\Omega$、电阻 $R_L = 300\Omega$，电源电压为工频 220V。求电路的电流 I、镇流器两端的电压 U_{RL} 和灯管两端的电压 U_R。

5.5　在题 5.5 图所示电路中，已知输入 u_1 为正弦电压，频率为 1kHz，电容 $C = 1\mu F$。要求输出电压 u_2 的相位滞后 $u_1\,60°$，问电阻 R 的值应为多少？

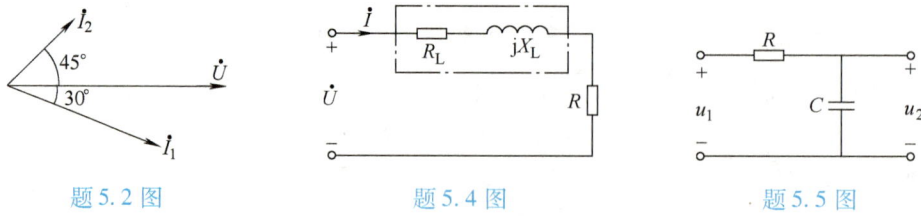

题 5.2 图　　　　　　　　题 5.4 图　　　　　　　　题 5.5 图

5.6　对 RC 并联电路作如下两次测量：（1）端口加 100V 直流电压时，输入电流为 0.5A；（2）端口加工频正弦电压 100V 时，输入电流有效值为 1A。求 R 和 C 的值。

5.7　实际电感线圈可以等效为 RL 串联电路。现将线圈接在 40V 直流电源上时，电流为 0.5A；将它改

接在工频 220V 的交流电源上时，电流有效值为 0.5A。试求线圈的电阻和电感。

5.8 已知题 5.8 图 a、b 中电压表 V_1 的读数为 30V，V_2 的读数为 40V；题 5.8 图 c 中电压表 V_1、V_2 和 V_3 的读数分别为 15V、80V 和 100V。

（1）求三个电路端电压的有效值 U 各为多少（各表读数表示有效值）；

（2）若外施电压为直流电压，且等于 50V，再求各表读数。

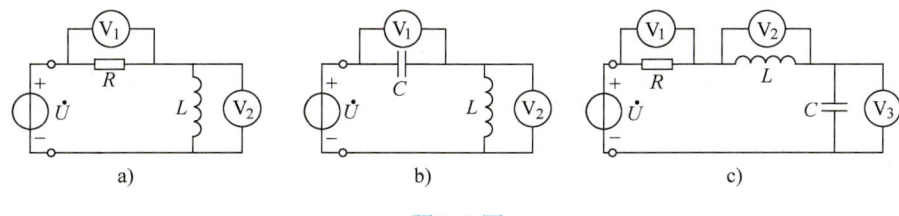

题 5.8 图

5.9 试求题 5.9 图所示各电路的输入阻抗 Z 和导纳 Y。

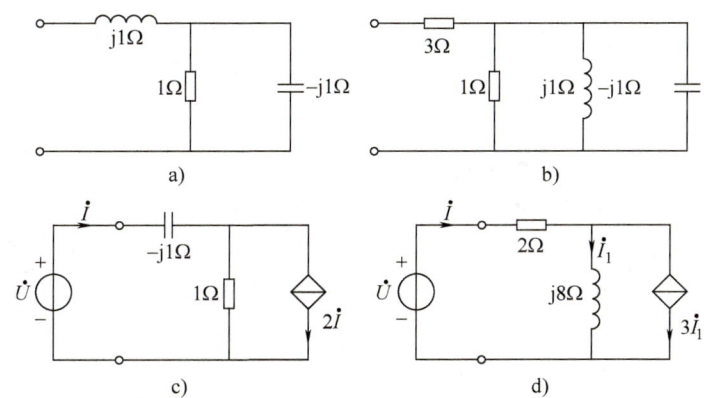

题 5.9 图

5.10 在题 5.10 图所示电路中，$u = 100\cos(\omega t + 60°)$V，$Z_1 = (4 + j3)\Omega$，$Z_2 = (3 + j3)\Omega$，$Z_3 = (3 + j4)\Omega$。求 i、u_1、u_2 和 u_3 的瞬时值表达式。

5.11 在题 5.11 图所示电路中，已知 $i = 10\sqrt{2}\cos(\omega t - 30°)$A，$Z_1 = (10 + j10)\Omega$，$Z_2 = (10 - j10)\Omega$。求 u、i_1 和 i_2 的瞬时值表达式。

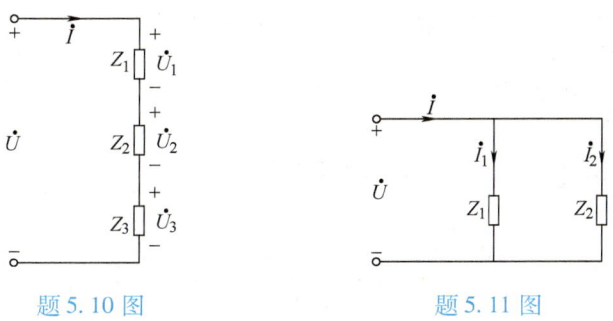

题 5.10 图　　　　　　　　　　题 5.11 图

5.12 在题 5.12 图所示电路中，已知 $U = 100$V，$I_1 = I_2 = 10$A，$\dot{U}$ 与 $\dot{I}$ 同相。求 I、X_C、X_L 及 R_2。

5.13 在题 5.13 图所示电路中，已知 $u = 10\cos(\omega t)$V，$R = \omega L = \dfrac{1}{\omega C}$。求电压表的读数。

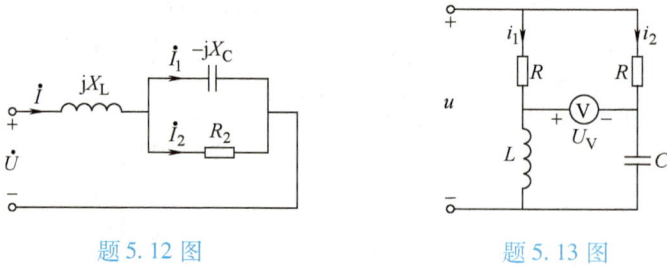

题 5.12 图   题 5.13 图

5.14 试列写题 5.14 图所示电路的回路电流方程和节点电压方程。已知 $u_S = 5\sqrt{2}\cos(2t)$ V，$i_S = 2\sqrt{2}\cos(2t+30°)$ A。

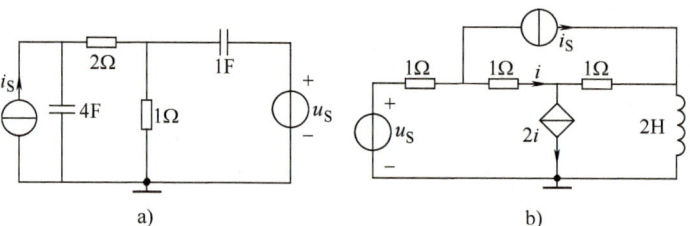

题 5.14 图

5.15 求题 5.15 图所示电路中的电流 $\dot{I}$。

5.16 在题 5.16 图所示电路中，求 A、B 端的戴维南等效电路。

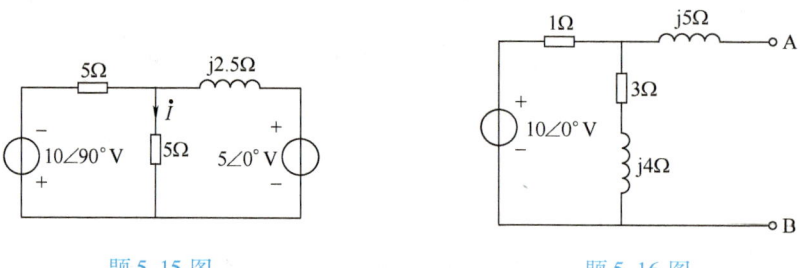

题 5.15 图   题 5.16 图

5.17 一个线圈接到 $U=20$V，$f=50$Hz 的电源上时，流过的电流为 2A，消耗的功率为 24W；另一个线圈接到同一个电源上时，流过的电流为 2A，消耗的功率为 32W。现将两个线圈串联接到 $U=100$V，$f=50$Hz 的电源上。试求：(1) 电流 I；(2) 总的有功功率 P；(3) 电路的功率因数。

5.18 若将上题中的两个线圈并联接在 $U=100$V，$f=50$Hz 的电源上。试求：(1) 总电流 I；(2) 总的有功功率 P；(3) 电路的功率因数。

5.19 在题 5.19 图所示电路中，已知 $\omega = 10$rad/s，$U=48$V，$I=10$A，电路功率为 $P=384$W。求 R 和 C。

5.20 在题 5.20 图所示电路中，已知 $u_{S1}=10\sqrt{2}\cos t$ V，$u_{S2}=10\sqrt{2}\cos(t+90°)$ V。求电流 i 和电路消耗的功率 P。

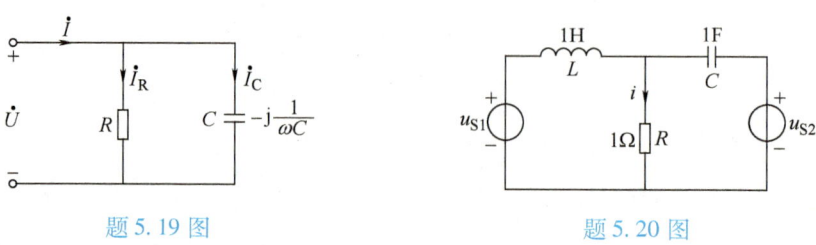

题 5.19 图   题 5.20 图

5.21 在题 5.21 图所示电路中，已知 $u = 220\sqrt{2}\cos(314t)$ V，$i_1 = 22\cos(314t - 45°)$ A，$i_2 = 11\sqrt{2}\cos(314t + 90°)$ A。试求各仪表的读数及电路参数 R、L 和 C。

5.22 三个负载 Z_A、Z_B、Z_C 并联接在 $U = 100$V 的交流电源上。已知感性负载 Z_A 的电流为 10A，功率因数为 0.8；容性负载 Z_B 的电流为 2A，功率因数为 0.6；负载 Z_C 的电流为 4A，功率因数为 1。试求整个电路的有功功率、无功功率、视在功率及电路的总电流。

5.23 一个电感性负载由正弦稳态电压源供电，已知视在功率为 $6V\cdot A$ 时，负载的功率因数为 0.8。现在并联一个电阻负载，$P_R = 4W$。求并联电阻后，电路的总视在功率和功率因数。

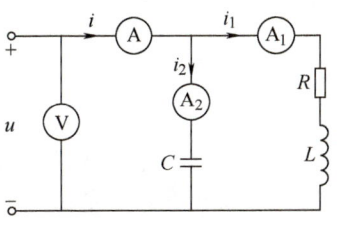

题 5.21 图

5.24 一个 $P_1 = 220$W 的电阻负载和一个 $P_2 = 220$W 的感性负载并联在电压 220V 的工频交流电源上，设感性负载的功率因数为 0.5。（1）求总电流以及总功率因数；（2）如通过并联电容将功率因数提高到 0.9，问应并联多大的电容？求这时电路的总电流。

5.25 一台功率 $P = 1.1$kW 的单相电动机接到 220V 的工频电源上，其电流为 10A，求电动机的功率因数。若在电动机两端并联 $C = 80\mu F$ 的电容器，功率因数又为多少？

5.26 在题 5.26 图所示电路中 $u_S = 2\cos\omega t$V，$\omega = 10^6$rad/s。试问负载阻抗 Z 为多少时可获得最大功率，并求出此最大功率。

5.27 在题 5.27 图所示电路中，设负载是两个元件的串联组合。求负载获得最大有功功率时其元件的参数值，并求出此最大功率。

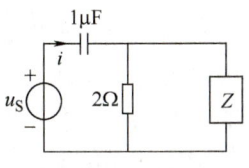

题 5.26 图

5.28 为使题 5.28 图所示电路中的 Z_L 获得最大功率，求 Z_L 及此时的 $P_{L\max}$。

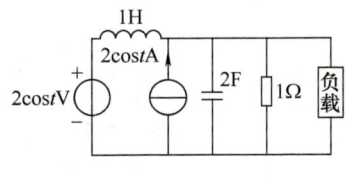

题 5.27 图

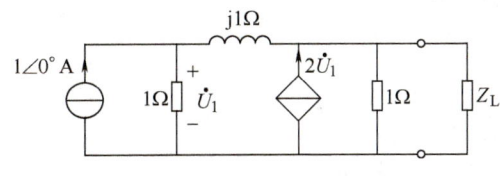

题 5.28 图

第6章 耦合电感电路的分析

课程目标：本章主要介绍耦合电感中的磁耦合现象、互感、同名端和互感电压的概念及确定，以及含有耦合电感电路的方程和分析计算，还简单介绍含有空心变压器和理想变压器的电路分析。对本章的学习，应重点掌握含有耦合电感电路的分析和计算。

思政目标：通过耦合电感元件、电磁感应现象，同学们将认识到世界上的事物都是相互联系、非独立存在的。同学们在成长的过程中，成就别人的同时，也成就了自己，从而使大家共同成长、共同进步，大家要共同努力发挥自身的最大价值，为全面建成社会主义现代化强国而努力奋斗。

在前面分析的电路中涉及电阻、电感、电容三种基本二端无源元件。本章将介绍两种多端无源元件，即耦合电感和变压器。耦合电感和变压器都是依靠线圈间的电磁感应现象而工作的，它们在工程中有着广泛的应用。例如，收音机、电视机中的中周线圈、振荡线圈，整流电源里使用的变压器等都是耦合电感元件。

6.1 互感

6.1.1 互感现象

两个或多个彼此靠近的载流线圈通过磁场相互联系的物理现象称为磁耦合（Magnetic Coupling）现象。产生磁耦合现象的线圈称为耦合线圈。耦合线圈的理想化模型即为耦合电感。把一个线圈中的电流发生变化时在其他耦合线圈中产生感应电压的现象称为互感现象。

6.1.1 互感现象、互感系数和耦合因数

图6.1.1所示为两个具有磁耦合的线圈1和线圈2，它们的匝数分别为 N_1 和 N_2。

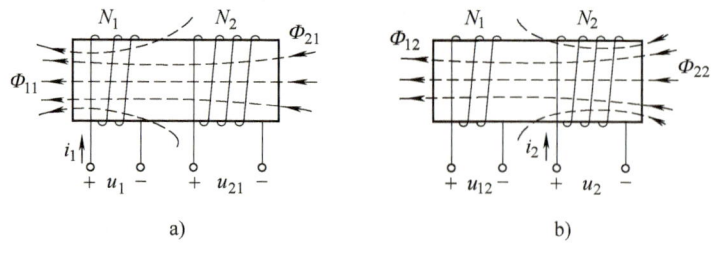

图6.1.1 两个具有磁耦合的线圈

在图6.1.1a中，当线圈1中通入电流 i_1 时，在线圈1中产生磁通 Φ_{11}，同时，有部分磁通 Φ_{21} 穿过临近的线圈2，在线圈2中产生感应电压 u_{21}（称为互感电压）。图中的电压 u_1、电流 i_1 为关联参考方向，电流 i_1 和由它产生的磁通 Φ_{11} 的参考方向符合右手螺旋法则。同

理，如图 6.1.1b 所示，当线圈 2 中通入电流 i_2 时，在线圈 2 中产生磁通 Φ_{22}，同时，有部分磁通 Φ_{12} 穿过线圈 1，在线圈 1 中产生感应电压 u_{12}（互感电压）。Φ_{11} 和 Φ_{22} 称为自感磁通，Φ_{12} 和 Φ_{21} 称为互感磁通，对应的磁链为

自感磁链 $\qquad \Psi_{11} = N_1 \Phi_{11} \qquad \Psi_{22} = N_2 \Phi_{22}$

互感磁链 $\qquad \Psi_{12} = N_1 \Phi_{12} \qquad \Psi_{21} = N_2 \Phi_{21}$

当两个线圈都有电流时，每一线圈的总磁链为自感磁链与互感磁链的代数和，因此每一线圈的总磁链为

$$\Psi_1 = \Psi_{11} \pm \Psi_{12} \qquad \Psi_2 = \Psi_{22} \pm \Psi_{21} \tag{6.1.1}$$

式中，"±"说明磁耦合中互感作用的两种可能性。当自感磁链与互感磁链的参考方向一致时，磁场得到加强，互感起增助作用，取"+"；当方向相反时，互感起削弱作用，取"−"。

6.1.2 互感系数和耦合因数

1. 互感系数

当线圈周围空间为各向同性的线性磁介质时，每一种磁链都与产生它的电流成正比。在两个具有磁耦合的线圈中，互感磁链与产生此磁链的电流的比值，称为这两个线圈的互感系数，简称互感（Mutual Inductance），用符号 M 表示，即

$$M_{21} = \frac{\Psi_{21}}{i_1} = \frac{N_2 \Phi_{21}}{i_1} \qquad M_{12} = \frac{\Psi_{12}}{i_2} = \frac{N_1 \Phi_{12}}{i_2} \tag{6.1.2}$$

式中，M_{12} 和 M_{21} 称为互感系数，单位为亨（H）。

可以证明，$M_{21} = M_{12}$，表明互感的互易性质。当只有两个线圈有磁耦合时，可以省去 M 的下标，即可令 $M = M_{21} = M_{12}$。因此每一线圈的总磁链可表示为

$$\Psi_1 = L_1 i_1 \pm M i_2 \qquad \Psi_2 = L_2 i_2 \pm M i_1 \tag{6.1.3}$$

互感系数 M 的数值取决于两个耦合线圈的几何尺寸、匝数、相对位置和媒介质。当媒介质是非铁磁性物质时，M 为常数。

2. 耦合因数

一般情况下，两个耦合线圈中电流所产生的磁通，只有部分磁通相互交链，而彼此不交链的那部分磁通称为漏磁通。工程上为了定量地描述两个耦合线圈的耦合紧密程度，将两个耦合线圈的互感磁链与自感磁链比值的几何平均值定义为耦合因数 k，即

$$k = \sqrt{\frac{|\psi_{12}|}{\psi_{11}} \frac{|\psi_{21}|}{\psi_{22}}} \tag{6.1.4}$$

由于 $\Psi_{11} = L_1 i_1$，$|\Psi_{21}| = M i_1$，$\Psi_{22} = L_2 i_2$，$|\Psi_{12}| = M i_2$，因此

$$k = \frac{M}{\sqrt{L_1 L_2}} \tag{6.1.5}$$

耦合因数 k 的数值范围为 $0 \le k \le 1$。当 $k = 0$ 时，说明线圈产生的磁通互不交链，因此不存在互感；当 $k = 1$ 时，说明两个线圈耦合得最紧，一个线圈产生的磁通全部与另一个线圈相交链，其中没有漏磁通，因此产生的互感最大，这种情况又称为全耦合。

通过分析可得，互感系数 M 小于等于自感系数 L_1、L_2 的算术平均和几何平均，即

$$M \leqslant \frac{L_1 + L_2}{2} \qquad M \leqslant \sqrt{L_1 L_2} \qquad (6.1.6)$$

耦合因数 k 的大小与两个耦合线圈的结构、相互位置以及周围磁介质有关。图 6.1.2a 所示的两个线圈绕在一起，其 k 值可能接近 1；而图 6.1.2b 所示的两个线圈相互垂直，其 k 值可能接近 0。由此可见，改变或调整两个线圈的相互位置，可以改变耦合因数 k 的大小。

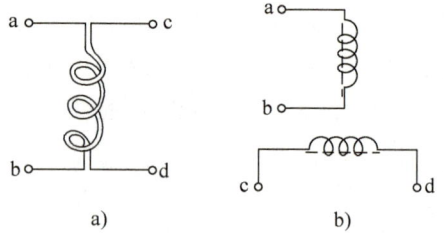

图 6.1.2 两种耦合线圈状态

6.1.3 耦合线圈的同名端和互感电压

在实际应用中，常利用耦合线圈来传递电压信号，有时需要知道耦合线圈产生的互感电压的极性，才能正确设计电路。另外，实际使用时还经常在一个铁心柱上绕制多个线圈，并将这些线圈串联或并联，以满足电路的输出电压和输出电流的要求，此时，如何将耦合线圈的端子正确连接起来，也需要知道耦合线圈产生的互感电压的极性。

6.1.2 同名端和互感电压

由于互感电压的极性与耦合线圈的绕向及线圈间的相对位置有关，而实际的磁耦合器件绕制并封装好后，一般难以确定耦合线圈的绕向，这给电路分析带来不便。为了解决这一问题，引入了同名端的概念。

1. 同名端

两个具有磁耦合的线圈，当电流分别从两个线圈的对应端钮同时流入或流出时，若产生的磁通相互增强，则这两个对应端钮称为两互感线圈的同名端（Corresponding Terminals），用小圆点"·"或星号"＊"等符号作标记。

如图 6.1.3a 所示，当电流从线圈 L_1 和线圈 L_2 的 1、3 两个端钮同时流入或流出时，两个线圈产生的磁通相互增强，起相助作用，则 1、3 两个端钮为同名端，用小圆点标示。当然，2、4 两个端钮也为同名端，而 1、4 和 2、3 端钮称作异名端。

由图 6.1.3a 可见，无论何时，在同一个变化磁通的作用下，耦合线圈同名端产生的感应电压的极性总是相同的，即同名端有同极性，因此同名端也称为同极性端。

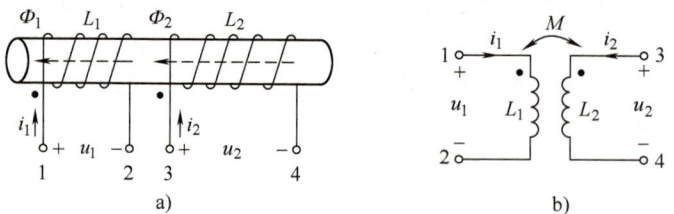

图 6.1.3 耦合线圈的同名端

在耦合线圈的端钮标出同名端后，以后表示两个线圈相互作用，就不再考虑实际绕向，可采用带有互感 M 和同名端标记的电感 L_1 和 L_2 表示耦合线圈，如图 6.1.3b 所示。

工程上当需要确定耦合线圈的同名端时，在线圈绕向已知的情况下，可根据同名端定义直接判定，否则可采用实验的方法进行判定。

（1）直流法实验测定同名端。图 6.1.4 所示为耦合线圈直流法实验测定同名端电路，线圈 I 接直流电源，线圈 II 接直流电压表。当开关 S 闭合瞬间，端钮 1 为正极性，此时电压表显示的为正值，说明端钮 3 也是正极性，根据同名端有同极性，可判定端钮 1 与 3 为同名端；反之，若电压表显示的为负值，则可判定端钮 1 与 3 为异名端。

（2）交流法实验测定同名端。如图 6.1.5 所示，将两个线圈的任意两个端钮（如 2、4 端钮）连在一起，在其中一个线圈两端（如 1、2 端钮）加低压交流电源，控制线圈中的电流不超过额定电流，用交流电压表分别测量电压 U_{12}、U_{34} 和 U_{13}。利用同名端有同极性可分析得，若测量值满足 $U_{13} = U_{12} - U_{34}$，则 1、3 端钮为同名端；若测量值满足 $U_{13} = U_{12} + U_{34}$，则 1、2 端钮为异名端。

另外，将两个线圈串联，通过等效电抗法也能实验测定同名端，读者可自行分析。

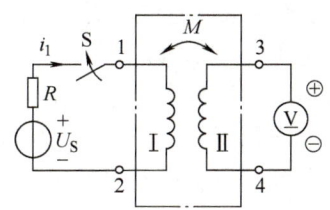
图 6.1.4　直流法实验测定同名端电路

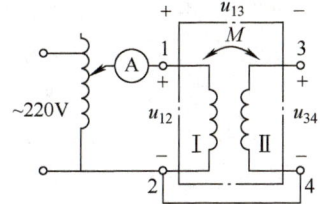
图 6.1.5　交流法实验测定同名端电路

2. 互感电压

由图 6.1.3 可见，当通入线圈的电流为时变电流时，由其产生的磁通也将随时间变化，从而在线圈两端产生感应电压。对于已标定同名端的耦合电感，如果每个线圈的电压、电流为关联参考方向，且每个线圈的电流与该电流产生的磁通符合右手螺旋法则，则根据电磁感应定律和楞次定律，由式（6.1.3）得每个线圈两端的电压为

$$\begin{cases} u_1 = \dfrac{d\psi_1}{dt} = L_1 \dfrac{di_1}{dt} \pm M \dfrac{di_2}{dt} = u_{11} \pm u_{12} \\ u_2 = \dfrac{d\psi_2}{dt} = L_2 \dfrac{di_2}{dt} \pm M \dfrac{di_1}{dt} = u_{22} \pm u_{21} \end{cases} \quad (6.1.7)$$

式中，u_{11}、u_{22} 为自感电压，u_{12}、u_{21} 为互感电压。线圈两端的电压均包含自感电压和互感电压。

根据耦合线圈的同名端有同极性，可以方便地判断互感电压的极性。耦合线圈的互感电压如图 6.1.6 所示。当两个线圈电流均从同名端流入（或流出）时，互感电压与该线圈中的自感电压同极性，互感电压取正号；否则，当两线圈电流从异名端流入（或流出）时，互感电压与自感电压异极性，互感电压取负号。

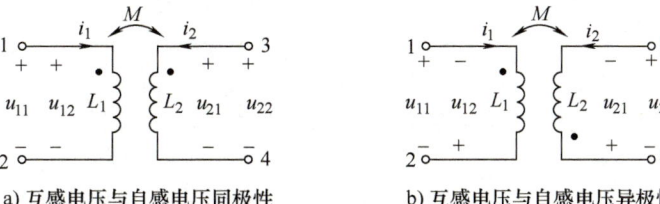

a) 互感电压与自感电压同极性　　b) 互感电压与自感电压异极性

图 6.1.6　耦合线圈的互感电压

当通入线圈的电流为正弦量时,稳态情况下,式(6.1.7)的电压方程可用相量形式来表示,即

$$\begin{cases} \dot{U}_1 = j\omega L_1 \dot{I}_1 \pm j\omega M \dot{I}_2 \\ \dot{U}_2 = j\omega L_2 \dot{I}_2 \pm j\omega M \dot{I}_1 \end{cases} \quad (6.1.8)$$

Z_M 称为互感电抗(Mutual Reactance),$Z_M = j\omega M$。

6.2 含有耦合电感电路的计算

在正弦稳态情况下,含有耦合电感(简称互感)电路的计算,仍可采用前面介绍的相量法进行分析计算,但应注意耦合电感上的电压除了自感电压外,还应包含互感电压。在列写 KVL 方程时计入互感电压,要正确使用同名端有同极性这一重要结论。由于互感电压与支路电流直接发生联系,因此运用支路电流法分析互感电路较其他方法显得既方便又直观。另外,也可以采用回路电流法等其他方法,但是一般不直接运用节点电压法,否则列方程会遇到困难。当然,去耦等效后再运用节点电压法就没有问题了。

本节主要介绍耦合电感的电路模型和去耦等效法在含有耦合电感电路分析中的应用,讨论如何将耦合电感用无耦合的电路来等效替代。

6.2.1 应用耦合电感电路模型的分析计算

从前面的分析中,已经知道了耦合电感的电压、电流关系,见式(6.1.7)。从互感电压的计算式

$$u_{12} = M\frac{di_2}{dt} \qquad u_{21} = M\frac{di_1}{dt}$$

6.2.1 含耦合电感电路的分析计算

可知,互感电压可以用电流控制电压源 CCVS 来模拟,因此可将耦合电感用电感元件和电流控制电压源来模拟。图 6.2.1a、b 所示为两个电流均从同名端流入时的耦合电感的电路模型,注意受控电压源的极性。显然,在图 6.2.1b 中,电感 L_1 和 L_2 之间已经没有了耦合关系,称为去耦,则可利用前面介绍的各种电路分析法进行计算。

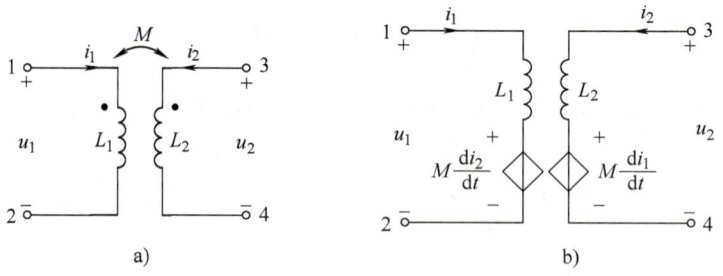

图 6.2.1 耦合电感的电路模型

由耦合电感的电压、电流相量关系式,见式(6.1.8),可得耦合电感的去耦的相量模型,如图 6.2.2a、b 所示。

当两个电流是从耦合电感的异名端流入时,只需将耦合电感电路模型中的电流控制电压源的正、负极性对调即可,读者可自行分析。

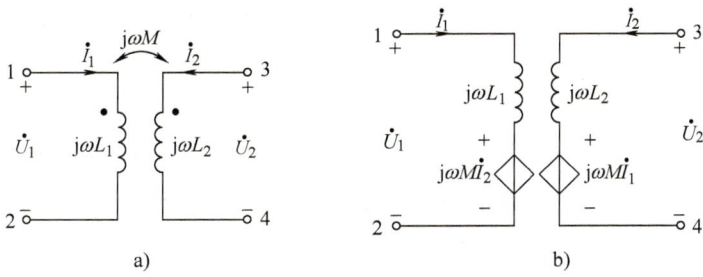

图 6.2.2 耦合电感的相量模型

【例 6.2.1】 电路如图 6.2.3 所示,已知 $i_S = 10\sqrt{2}\cos(2000t)\text{A}$,$R_1 = 3\Omega$,$R_2 = 8\Omega$,$L_1 = 2\text{mH}$,$L_2 = 3\text{mH}$,$M = 2\text{mH}$。试求开关 S 打开和闭合时的 u_1、u_2 和 i_2。

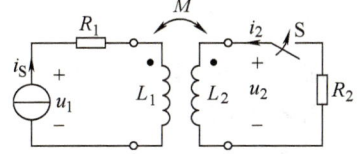

图 6.2.3 例 6.2.1 的图

解 利用耦合电感的相量模型进行计算。

(1) 开关 S 打开时,$i_2 = 0$,L_1 两端无互感电压,L_2 只有互感电压。

$$\omega L_1 = \omega M = 2000 \times 2 \times 10^{-3}\Omega = 4\Omega$$
$$\omega L_2 = 2000 \times 3 \times 10^{-3}\Omega = 6\Omega$$
$$\dot{U}_1 = (R_1 + j\omega L_1)\dot{I}_S = (3 + j4) \times 10\angle 0°\text{V} = 50\angle 53.1°\text{V}$$
$$\dot{U}_2 = j\omega M\dot{I}_S = j4 \times 10\angle 0°\text{V} = 40\angle 90°\text{V}$$

则

$$u_1 = 50\sqrt{2}\cos(2000t + 53.1°)\text{V}$$
$$u_2 = 40\sqrt{2}\cos(2000t + 90°)\text{V}$$

(2) 开关 S 闭合时,L_1 和 L_2 两端均有自感电压和互感电压。列写 KVL 方程得

$$(R_2 + j\omega L_2)\dot{I}_2 + j\omega M\dot{I}_S = 0$$

则有

$$\dot{I}_2 = -\frac{j\omega M\dot{I}_S}{(R_2 + j\omega L_2)} = -\frac{j4 \times 10\angle 0°}{(8 + j6)}\text{A} = 4\angle -126.9°\text{A}$$

而

$$\dot{U}_2 = -R_2\dot{I}_2 = -8 \times 4\angle -126.9°\text{V} = 32\angle 53.1°\text{V}$$
$$\dot{U}_1 = (R_1 + j\omega L_1)\dot{I}_S + j\omega M\dot{I}_2 = [(3 + j4) \times 10\angle 0° + j4 \times 4\angle -126.9°]\text{V}$$
$$= (42.81 + j30.37)\text{V} = 52.49\angle 35.35°\text{V}$$

因此

$$u_1 = 52.49\sqrt{2}\cos(2000t + 35.35°)\text{V}$$
$$u_2 = 32\sqrt{2}\cos(2000t + 53.1°)\text{V}$$
$$i_2 = 4\sqrt{2}\cos(2000t - 126.9°)\text{V}$$

【例 6.2.2】 图 6.2.4a 所示电路中,各元件参数均为已知,试列写支路电流方程。

解 由图 6.2.4a 所示电路可知,电感 L_1 和 L_2 组成的耦合电感,其电流均从同名端流入;而由电感 L_2 和 L_3 组成的耦合电感,其电流是从异名端流入的,因此可画出去掉耦合后

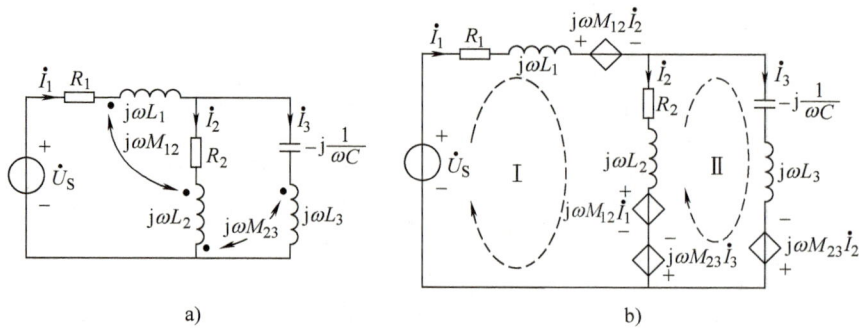

图 6.2.4 例 6.2.2 的图

的电路，如图 6.2.4b 所示。画电路时，应注意受控电压源的极性。

由 KCL 有
$$\dot{I}_1 = \dot{I}_2 + \dot{I}_3$$

对回路 I 和回路 II 列写 KVL 方程，有

$$(R_1 + j\omega L_1)\dot{I}_1 + j\omega M_{12}\dot{I}_2 + (R_2 + j\omega L_2)\dot{I}_2 + j\omega M_{12}\dot{I}_1 - j\omega M_{23}\dot{I}_3 = \dot{U}_S$$

$$-(R_2 + j\omega L_2)\dot{I}_2 + \left(j\omega L_3 - j\frac{1}{\omega C}\right)\dot{I}_3 - j\omega M_{12}\dot{I}_1 - j\omega M_{23}\dot{I}_2 + j\omega M_{23}\dot{I}_3 = 0$$

整理得

$$[R_1 + j\omega(L_1 + M_{12})]\dot{I}_1 + [R_2 + j\omega(L_2 + M_{12})]\dot{I}_2 - j\omega M_{23}\dot{I}_3 = \dot{U}_S$$

$$j\omega M_{12}\dot{I}_1 + [R_2 + j\omega(L_2 + M_{23})]\dot{I}_2 - j\left[\omega(L_3 + M_{23}) - \frac{1}{\omega C}\right]\dot{I}_3 = 0$$

联立上面的 KCL 和 KVL 方程，便可求得各支路电流。

此例若以回路 I 和回路 II 的回路电流为变量列写方程，要复杂、麻烦得多，读者不妨一试。

6.2.2 耦合电感的去耦等效

在含有耦合电感电路分析中，由于互感电压的存在，使分析计算变得复杂。如果将耦合电感电路用无耦合的电感电路来等效替代，则可运用前面介绍的各种方法来分析电路，使分析变得更灵活了。这种方法称为去耦等效法。

1. 耦合电感串联的去耦等效

两个耦合电感线圈串联起来有两种不同的接法。图 6.2.5a 所示电路中，将两个耦合电感线圈的异名端连在一起，由于电流都由同名端流入，互感起"增助"作用，称为顺向串联；图 6.2.5c 所示电路中，将两个耦合电感线圈的同名端连在一起，由于电流是由异名端流入，互感起"削弱"作用，称为反向串联。

在图 6.2.5 所示电压、电流的参考方向下，由 KVL 得

$$u = u_1 + u_2 = \left(L_1\frac{di}{dt} \pm M\frac{di}{dt}\right) + \left(L_2\frac{di}{dt} \pm M\frac{di}{dt}\right)$$
$$= (L_1 \pm M)\frac{di}{dt} + (L_2 \pm M)\frac{di}{dt} = (L_1 + L_2 \pm 2M)\frac{di}{dt} = L_{eq}\frac{di}{dt}$$

(6.2.1)

式中，"+"对应顺向串联，"-"对应反向串联。

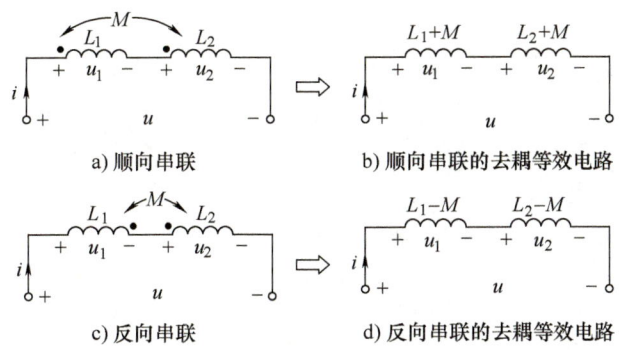

a) 顺向串联　　　　b) 顺向串联的去耦等效电路

c) 反向串联　　　　d) 反向串联的去耦等效电路

图 6.2.5　耦合电感串联的去耦等效电路

式（6.2.1）表明，耦合电感串联时在电路中可等效为一个电感元件，如图 6.2.5b、d 所示，其等效电感（Equivalent Inductance）为

$$L_{eq} = L_1 + L_2 \pm 2M \tag{6.2.2}$$

2. 耦合电感并联的去耦等效

两个耦合电感线圈的并联也有两种不同的接法。图 6.2.6a 所示电路中，将两个耦合电感线圈的同名端连在同一个节点上，同名端在同一侧时称为同侧并联；图 6.2.6d 所示电路中，将两个耦合电感线圈的异名端连在同一个节点上，同名端不在同一侧时称为异侧并联。

由图 6.2.6a 同侧并联，正弦稳态情况下，在图示电压、电流的参考方向下，由 KCL 有

$$\dot{I} = \dot{I}_1 + \dot{I}_2$$

由 KVL 方程，并将 KCL 方程代入整理得

$$\begin{cases} \dot{U} = j\omega L_1 \dot{I}_1 + j\omega M \dot{I}_2 = j\omega L_1 \dot{I}_1 + j\omega M(\dot{I} - \dot{I}_1) = j\omega(L_1 - M)\dot{I}_1 + j\omega M \dot{I} \\ \dot{U} = j\omega L_2 \dot{I}_2 + j\omega M \dot{I}_1 = j\omega L_2 \dot{I}_2 + j\omega M(\dot{I} - \dot{I}_2) = j\omega(L_2 - M)\dot{I}_2 + j\omega M \dot{I} \end{cases} \tag{6.2.3}$$

根据式（6.2.3），可以得出图 6.2.6b 所示的同侧并联时无耦合的去耦等效电路，其等效电感为

$$L_{eq} = \frac{L_1 L_2 - M^2}{L_1 + L_2 - 2M} \tag{6.2.4}$$

同理，图 6.2.6d 所示的异侧并联的去耦等效电路和等效电感，如图 6.2.6e、f 所示，读者可自行分析。注意，运用去耦等效电路分析时要保持端钮不变。

3. 耦合电感三端连接（T型）的去耦等效

如果将耦合电感的两个线圈的各一端连接在一起，就构成了三端连接（T型）电路。耦合电感线圈的三端连接也有两种不同的接法，图 6.2.7a 所示为两个耦合电感线圈的同名端相连的电路；图 6.2.7c 所示为两个耦合电感线圈的异名端相连的电路。

图 6.2.7a 所示的同名端相连，正弦稳态情况，在图示电压、电流的参考方向下，由 KCL 有

$$\dot{I} = \dot{I}_1 + \dot{I}_2$$

由 KVL 方程，并将 KCL 方程代入整理得

$$\begin{cases} \dot{U}_1 = j\omega L_1 \dot{I}_1 + j\omega M \dot{I}_2 = j\omega(L_1 - M)\dot{I}_1 + j\omega M \dot{I} \\ \dot{U}_2 = j\omega L_2 \dot{I}_2 + j\omega M \dot{I}_1 = j\omega(L_2 - M)\dot{I}_2 + j\omega M \dot{I} \end{cases} \tag{6.2.5}$$

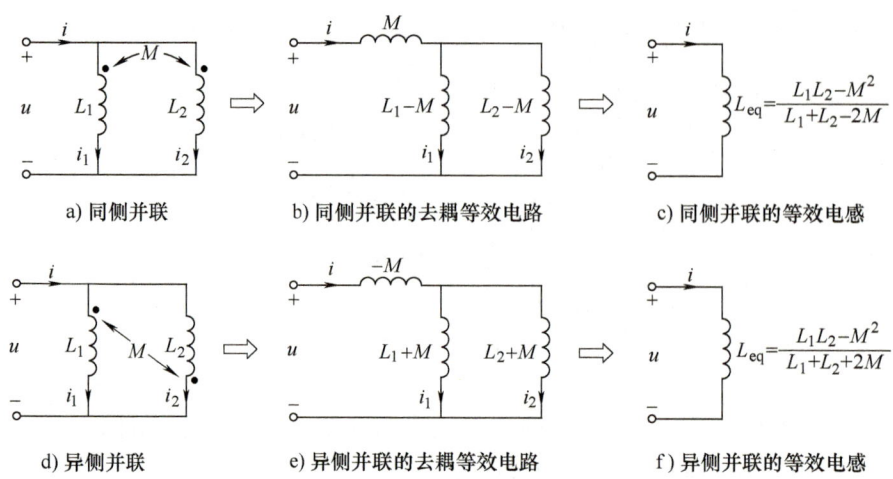

图 6.2.6 耦合电感并联的去耦等效电路

根据式（6.2.5），可以得出图 6.2.7b 所示的同名端相连时无耦合的去耦等效电路。同理，可分析得图 6.2.6d 所示的异名端相连的去耦等效电路。注意，运用去耦等效电路分析时要保持端钮不变。

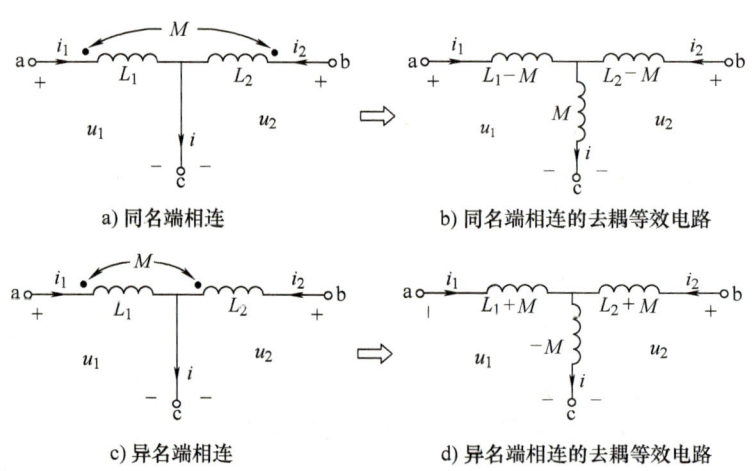

图 6.2.7 耦合电感三端连接（T 型）的去耦等效电路

【例 6.2.3】 测试耦合电感的互感系数。将耦合电感的两个线圈串联后接到 60V、50Hz 的正弦电源上，测得电流为 2A，消耗功率为 96W。将一个线圈的两端对调后串联，再接到 60V、50Hz 的正弦电源上，测得电流为 2.4A。试求耦合电感的互感系数 M。

解 这是耦合电感串联的问题。由式（6.2.2）知，耦合电感顺向串联时等效电感增大，而反向串联时等效电感减小，因此可判断第一次测试为顺向串联，而第二次测试为反向串联。耦合电感的串联可用等效电阻 $R = R_1 + R_2$ 和等效电感串联的电路模型来表示。根据已知条件，得耦合电感的电阻为

$$R = \frac{P}{I_S^2} = \frac{96}{2^2}\Omega = 24\Omega$$

顺向串联时的等效电感为

$$L_{eq} = \frac{1}{2\pi f}\sqrt{\left(\frac{U}{I_S}\right)^2 - R^2} = \frac{1}{2\pi \times 50}\sqrt{\left(\frac{60}{2}\right)^2 - 24^2}\text{H} = 0.057\text{H}$$

6.2.2 例题

反向串联时的等效电感为

$$L'_{eq} = \frac{1}{2\pi f}\sqrt{\left(\frac{U}{I_f}\right)^2 - R^2} = \frac{1}{2\pi \times 50}\sqrt{\left(\frac{60}{2.4}\right)^2 - 24^2}\text{H} = 0.022\text{H}$$

则互感为

$$M = \frac{L_{eq} - L'_{eq}}{4} = \frac{0.057 - 0.022}{4}\text{H} = 8.75\text{mH}$$

【例 6.2.4】 如图 6.2.8a 所示电路，已知 $\dot{U}_S = 10\angle 0°\text{V}$，$R_1 = 3\Omega$，$R_2 = 2\Omega$，$j\omega L_1 = j4\Omega$，$j\omega L_2 = j2\Omega$，$j\omega M = j2\Omega$，问 Z 为何值时可获得最大功率。

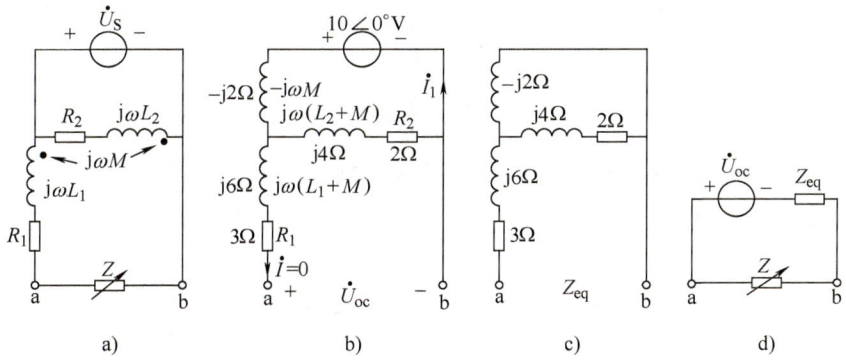

图 6.2.8 例 6.2.4 的图

解 先求开路电压。利用异名端相连的 T 型去耦等效电路，得图 6.2.8b。则有

$$\dot{I}_1 = \frac{\dot{U}_S}{R_2 + j\omega(L_2 + M) - j\omega M} = \frac{10\angle 0°}{2 + j4 - j2}\text{A} = \frac{5}{1 + j}\text{A}$$

因此

$$\dot{U}_{oc} = [R_2 + j\omega(L_2 + M)]\dot{I}_1 = (2 + j4) \times \frac{5}{1 + j}\text{V} = 5\sqrt{10}\angle 18.43°\text{V}$$

再求等效阻抗 Z_{eq}。将独立电源置零，得图 6.2.8c，有

$$Z_{eq} = \left[3 + j6 + \frac{(2 + j4)(-j2)}{(2 + j4) - j2}\right]\Omega = (4 + j3)\Omega = 5\angle 36.9°\Omega$$

所以原电路等效为图 6.2.8d。因此当 $Z = Z_{eq}^* = (4 - j3)\Omega = 5\angle -36.9°\Omega$ 时可获得最大功率，其最大功率为

$$P_{max} = \frac{U_{oc}^2}{4R_{eq}} = \frac{(5\sqrt{10})^2}{4 \times 4}\text{W} = 15.625\text{W}$$

【例 6.2.5】 如图 6.2.9a 所示电路，求电流 $\dot{I}_1$ 和电压 $\dot{U}_2$。

解 将耦合电感的三端连接（T 型）电路的同名端相连部分及反向串联部分进行去耦等

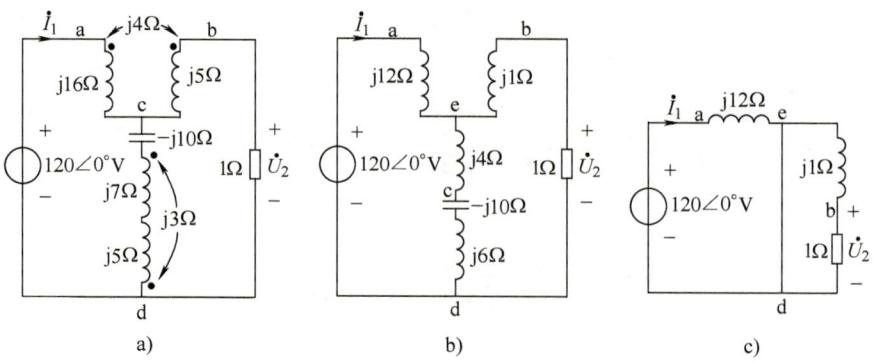

图 6.2.9 例 6.2.5 的图

效，得图 6.2.9b 所示的电路，注意等效变换的端点。由于

$$Z_{de} = (j4 - j10 + j6)\Omega = 0$$

因此 d、e 两点间的支路相当于短路，得图 6.2.9c。所以

$$\dot{U}_2 = 0$$

$$\dot{I}_1 = \frac{120\angle 0°}{j12}\text{A} = 10\angle -90°\text{A}$$

【例 6.2.6】 图 6.2.10a 所示电路中，各元件参数均为已知，假设角频率为 ω。试用去耦等效法列写支路电流方程。

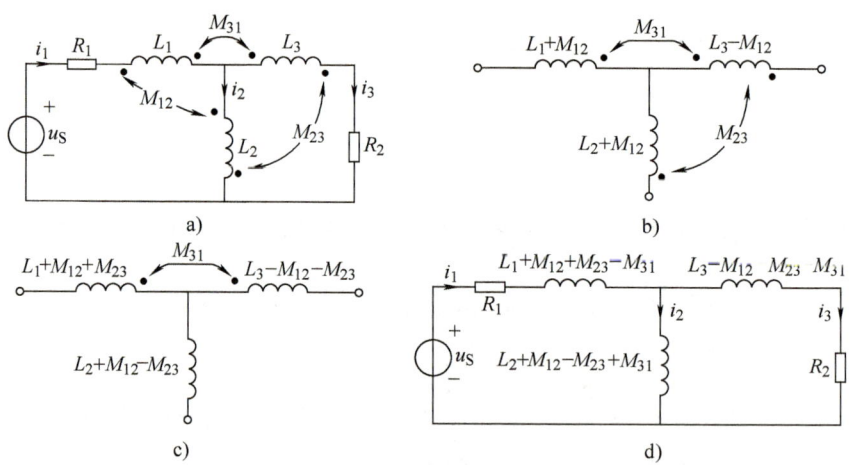

图 6.2.10 例 6.2.6 的图

解 利用三端连接（T 型）电路的消去耦合过程，将三对耦合电感一对一对地作出去耦等效电路。将耦合电感 L_1、L_2 进行去耦等效，由异名端相连，则得图 6.2.10b 所示的局部电路；将耦合电感 L_2、L_3 进行去耦等效，由同名端相连，则得图 6.2.10c 所示的局部电路；将耦合电感 L_3、L_1 进行去耦等效，由同名端相连，则得图 6.2.10d 所示的最终的去耦等效电路。

用相量法进行分析，由 KCL 及对网孔列写 KVL 方程，有

第6章 耦合电感电路的分析

$$\begin{cases} \dot{I}_1 = \dot{I}_2 + \dot{I}_3 \\ [R_1 + j\omega(L_1 + M_{12} + M_{23} - M_{31})]\dot{I}_1 + j\omega(L_2 + M_{12} - M_{23} + M_{31})\dot{I}_2 = \dot{U}_S \\ -j\omega(L_2 + M_{12} - M_{23} + M_{31})\dot{I}_2 + [R_2 + j\omega(L_3 - M_{12} - M_{23} - M_{31})]\dot{I}_3 = 0 \end{cases}$$

联立求解上面的 KCL 和 KVL 方程，便可求得各支路电流。另外，含有耦合电感电路的分析，也可采用含受控源的电路模型进行分析，读者不妨一试。

6.3 变压器

变压器（Transformer）是一种静止的电能转换装置，它利用电磁感应原理，根据需要可以将一种交流电压和电流等级转变成同频率的另一种电压和电流等级，它对电能的经济传输、灵活分配和安全使用具有重要的意义，它也是传输电信号的重要器件。

通常变压器由绕组和心子组成，绕组绕在心子上，分为一次绕组（俗称原绕组或初级绕组）和二次绕组（俗称副绕组或次级绕组），一次绕组接电源，二次绕组接负载。通过磁场的耦合，实现从电源向负载的能量传递。

6.3.1 空心变压器

空心变压器是由绕在非铁磁材料制成的心子上并且具有磁耦合的绕组组成的，其耦合因数较小，属于松耦合，无铁心损耗，常用于高频电路。

6.3.1 空心变压器

1. 空心变压器的等效电路

由于空心变压器是利用电磁感应原理制成的，因此可以用耦合电感来构成它的模型。图 6.3.1a 所示为空心变压器的电路模型，图 6.3.1b 为空心变压器用受控源去耦的电路模型，其中 R_1、L_1 为一次绕组的电阻和电感，R_2、L_2 为二次绕组的电阻和电感，M 为两个绕组之间的互感，$Z_L = R_L + jX_L$ 为负载阻抗。

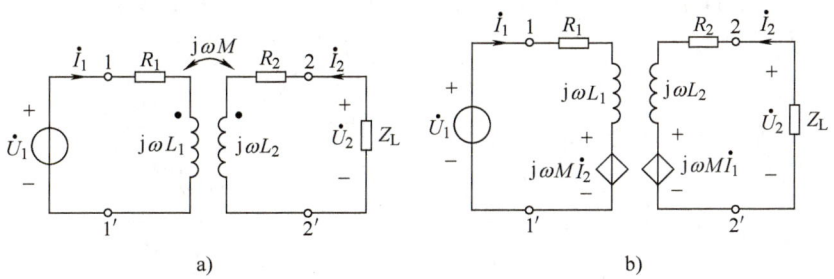

图 6.3.1 空心变压器的电路模型

由图 6.3.1 可知，在正弦稳态情况下，有

$$\begin{cases} (R_1 + j\omega L_1)\dot{I}_1 + j\omega M\dot{I}_2 = \dot{U}_1 \\ j\omega M\dot{I}_1 + (R_2 + j\omega L_2 + Z_L)\dot{I}_2 = 0 \end{cases} \quad (6.3.1)$$

式（6.3.1）又可写成

$$\begin{cases} Z_{11}\dot{I}_1 + jX_M\dot{I}_2 = \dot{U}_1 \\ jX_M\dot{I}_1 + Z_{22}\dot{I}_2 = 0 \end{cases} \qquad (6.3.2)$$

式中，Z_{11} 称为一次回路阻抗，$Z_{11} = R_1 + j\omega L_1$；$Z_{22}$ 称为二次回路阻抗，$Z_{22} = R_2 + j\omega L_2 + Z_L$；$X_M$ 称为互感电抗，$X_M = \omega M$。

由式（6.3.2）可解得

$$\dot{I}_1 = \frac{\dot{U}_1}{Z_{11} + \frac{X_M^2}{Z_{22}}} = \frac{\dot{U}_1}{Z_{11} + \frac{(\omega M)^2}{Z_{22}}} = \frac{\dot{U}_1}{Z_{11} + Z_{2f}} \qquad (6.3.3)$$

式中

$$Z_{2f} = \frac{(\omega M)^2}{Z_{22}} = R_{2f} + jX_{2f} \qquad (6.3.4)$$

根据式（6.3.3）可以得出空心变压器一次回路的等效电路，如图 6.3.2 所示。Z_{2f} 为二次回路阻抗通过互感反映到一次回路的等效阻抗，称为反映阻抗（或引入阻抗），它体现了二次回路的存在对一次回路电流的影响。从物理意义讲，虽然一次、二次回路没有电的联系，但由于互感作用使闭合的二次回路产生电流，反过来这个电流又影响一次回路的电流和电压。可以证明，反映阻抗吸收的有功功率等于二次回路的有功功率。

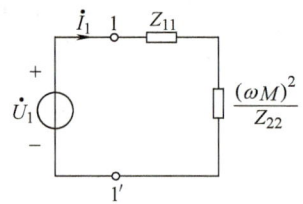

图 6.3.2 空心变压器一次回路的等效电路

求得一次回路的电流 $\dot{I}_1$ 后，由图 6.3.1b 可得二次回路的电流为

$$\dot{I}_2 = -\frac{j\omega M \dot{I}_1}{Z_{22}} \qquad (6.3.5)$$

2. 去耦等效法分析空心变压器

对于空心变压器电路的分析也可采用去耦等效法进行。在图 6.3.3a 所示的空心变压器电路中，如果将端点 1′和 2′相连，由于连线上无电流流过，因此对原电路无影响，此时空心变压器就变成了三端连接（T 型）电路的耦合电感，则有去耦等效电路如图 6.3.3b 所示，对该电路分析即可求解。

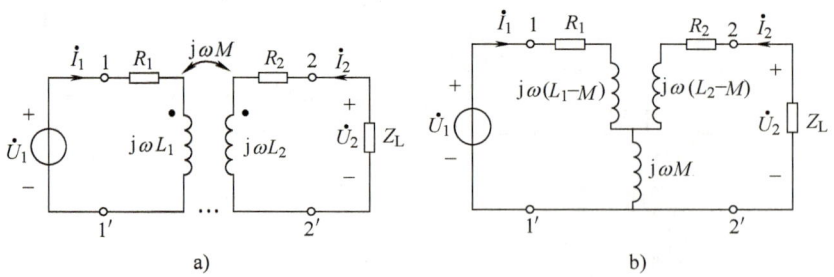

图 6.3.3 空心变压器的去耦等效电路

【例 6.3.1】 图 6.3.1a 所示的空心变压器，已知 $\dot{U}_1 = 30\angle 0°$ V，$R_1 = 5\Omega$，$R_2 = 0$，$j\omega L_1 = j10\Omega$，$j\omega L_2 = j5\Omega$，$j\omega M = j4\Omega$，若二次侧对一次侧的反映阻抗 $Z_{2f} = (10-j10)\Omega$，试求（1）Z_L 为多少？（2）负载消耗的功率 P_L 为多少？

解 （1）由题意

$$Z_{2f} = \frac{(\omega M)^2}{Z_{22}} = \frac{4^2}{Z_L + j5} = (10 - j10)\Omega$$

解得

$$Z_L = (0.8 - j4.2)\Omega$$

（2）反映阻抗消耗的有功功率即为二次回路消耗的有功功率，由于 $R_2 = 0$，所以即为负载消耗的有功功率。由

$$Z_{11} + Z_{2f} = (5 + j10 + 10 - j10)\Omega = 15\Omega$$

则

$$P_L = I_1^2 R_{2f} = \left(\frac{U_1}{|Z_{11} + Z_{2f}|}\right)^2 R_{2f} = \left(\frac{30}{15}\right)^2 \times 10\text{W} = 40\text{W}$$

【**例 6.3.2**】 图 6.3.4a 所示的空心变压器，已知电压源电压 $\dot{U}_S = 100\angle 0°\text{V}$，$R_1 = R_2 = 10\Omega$，$\omega L_1 = 60\Omega$，$\omega L_2 = 40\Omega$，$\omega M = 20\Omega$。（1）当 $Z_L = 30\Omega$ 时，求一次、二次电流 $\dot{I}_1$ 和 $\dot{I}_2$；（2）用戴维南定理求负载获得最大功率时的 Z_L 值，并求最大功率。

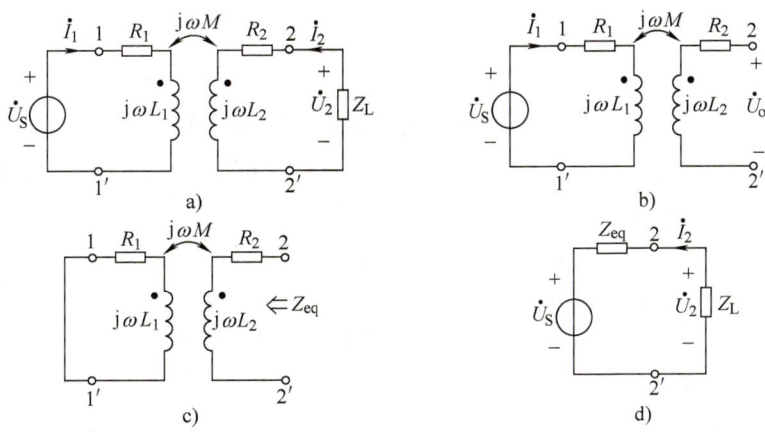

图 6.3.4 例 6.3.2 的图

解 （1）由题意，二次回路阻抗

$$Z_{22} = R_2 + j\omega L_2 + Z_L = (10 + j40 + 30)\Omega = (40 + j40)\Omega$$

二次回路阻抗折算到一次回路的等效阻抗，即反映阻抗为

$$Z_{2f} = \frac{(\omega M)^2}{Z_{22}} = \frac{20^2}{40 + j40}\Omega = (5 - j5)\Omega$$

则由一次回路的等效电路得

$$\dot{I}_1 = \frac{\dot{U}_S}{Z_{11} + Z_{2f}} = \frac{100\angle 0°}{10 + j60 + 5 - j5}\text{A} = 1.75\angle -74.7°\text{A}$$

二次回路电流为

$$\dot{I}_2 = -\frac{j\omega M \dot{I}_1}{Z_{22}} = -\frac{j20 \times 1.75\angle -74.7°}{40 + j40}\text{A} = 0.62\angle -29.7°\text{A}$$

（2）用戴维南定理求解，先求 Z_L 开路时的电压。如图 6.3.4b 所示。因 $\dot{I}_2 = 0$，故

$$\dot{U}_{oc} = j\omega M \dot{I}_1 = j\omega M \frac{\dot{U}_S}{Z_{11}} = \frac{j20 \times 100\angle 0°}{10 + j60}\text{A} = 32.88\angle 9.46°\text{A}$$

再求二次侧的入端等效阻抗，如图 6.3.4c 所示的电路。利用反映阻抗的概念，将原来的二次侧当作一次侧，原来的一次侧当作二次侧，参照式（6.3.3）可得一次回路阻抗折算到二次回路的等效阻抗（即反映阻抗），因此二次侧的入端等效阻抗为

$$Z_{eq} = R_2 + j\omega L_2 + \frac{(\omega M)^2}{Z_{11}} = \left(10 + j40 + \frac{20^2}{10 + j60}\right)\Omega = (11.05 + j33.51)\Omega$$

等效电路如图 6.3.4d 所示，当 $Z_L = Z_{eq}^*$ = $(11.05 - j33.51)\Omega$ 时可获得最大功率，其最大功率为

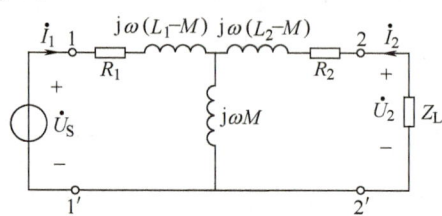

$$P_{\max} = \frac{U_{oc}^2}{4R_{eq}} = \frac{33.28^2}{4 \times 11.05}\text{W} = 25.06\text{W}$$

另外，该例也可以用图 6.3.5 所示的去耦等效电路进行分析，读者将数据代入后即可求解有关待求量。

图 6.3.5 例 6.3.2 的去耦等效电路

6.3.2 理想变压器

铁心变压器主要是由铁心和绕组组成的。铁心是由高导磁材料（如硅钢片）叠成，它是变压器的主磁路，又作为绕组的支撑骨架；铁心的基本结构形式有心式和壳式两种，如图 6.3.6 所示。绕组是变压器的电路部分，常用绝缘铜线或铝线绕制而成；铁心变压器的一次绕组和二次绕组之间的耦合很紧密，近似为全耦合。

6.3.3 理想变压器

在工程实际中，在误差允许的范围内，将铁心变压器当作理想变压器对待，可使计算过程简化。

理想变压器是铁心变压器的理想化模型，是极限情况下的耦合电感，它的唯一参数只是一个称之为电压比的常数 n，而不是 L_1、L_2、M 等参数。理想变压器满足以下三个理想条件：

（1）耦合因数 $k = 1$，即为全耦合。
（2）自感系数 L_1、L_2 为无穷大，但 L_1/L_2 为常数。
（3）无任何损耗，绕制线圈的金属导线无任何电阻，做铁心的铁磁材料的磁导率 μ 无穷大。

对于理想变压器，一般采用图 6.3.7 所示的电路模型来表示。

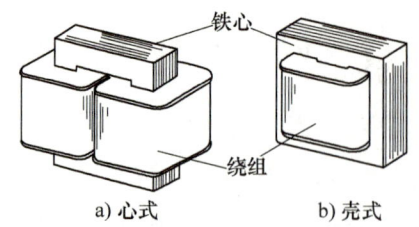

图 6.3.6 心式和壳式变压器

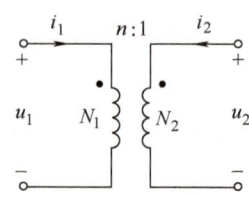

图 6.3.7 理想变压器的电路模型

1. 理想变压器的电压变换

如图 6.3.8 所示，假设一次、二次绕组匝数分别为 N_1 和 N_2，电流 i_1、i_2 分别从同名端流入，电压 u_1、u_2 与电流 i_1、i_2 为关联参考方向，由电流 i 产生的主磁通 Φ 其二者的正方向符合右手螺旋法则。

当在一次绕组两端加上合适的交流电源时，在电源电压 u_1 的作用下，一次绕组中就有交流电流 i_1 流过，由于铁心的磁导率很高，可认为磁通全部集

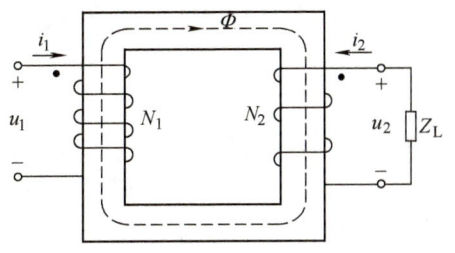

图 6.3.8 理想变压器的工作原理图

中在铁心中，并与全部绕组交链。铁心中的主磁通 Φ 同时交链一次、二次绕组，根据电磁感应定律，则一次、二次绕组的电压为

$$u_1 = \frac{\mathrm{d}\psi_1}{\mathrm{d}t} = N_1\frac{\mathrm{d}\Phi}{\mathrm{d}t} \qquad u_2 = \frac{\mathrm{d}\psi_2}{\mathrm{d}t} = N_2\frac{\mathrm{d}\Phi}{\mathrm{d}t} \tag{6.3.6}$$

因此有

$$\frac{u_1}{u_2} = \frac{N_1}{N_2} = n \tag{6.3.7}$$

式中，n 称为匝数比或电压比。

式（6.3.7）表明，理想变压器的一次、二次电压比与一次、二次侧绕组匝数比成正比。只要改变匝数比 n，即可达到改变输出电压 U_2 的目的，即将一种电压等级的交流电源转换成同频率的另一种电压等级的交流电源。如果 $N_1 > N_2$，$n > 1$，则 $U_1 > U_2$，变压器起降压作用，为降压变压器；反之，$N_1 < N_2$，$n < 1$，则 $U_1 < U_2$，为升压变压器。

2. 理想变压器的电流变换

变压器负载运行时，二次绕组接上负载阻抗 Z_L，二次绕组流过负载电流 i_2，一次绕组电流由空载电流 i_0 变为负载电流 i_1。因此负载时的主磁通 Φ 由一次、二次绕组的磁动势共同建立。由安培环路定律，沿着主磁通 Φ 的闭合路径，有

$$i_1 N_1 + i_2 N_2 = Hl = \frac{B}{\mu}l = \frac{\Phi}{\mu S}l \tag{6.3.8}$$

由于理想变压器的磁导率 μ 为无穷大，主磁通 Φ 为有限值，因此

$$i_1 N_1 + i_2 N_2 = 0$$

即

$$\frac{i_1}{i_2} = -\frac{N_2}{N_1} = -\frac{1}{n} \tag{6.3.9}$$

式（6.3.9）表明，理想变压器负载运行时，其一次、二次电流比与一次、二次侧绕组匝数比成反比。

综合式（6.3.7）和式（6.3.9）可以看出，理想变压器的绕组电压高的，其工作电流小；绕组电压低的，其工作电流大。

应该注意，对于式（6.3.7）的变压关系式，当 u_1、u_2 参考方向在同名端的极性相同时，则该式冠以"＋"号；反之，该式冠以"－"号。对于式（6.3.9）的变流关系式，当电流 i_1、i_2 分别从同名端同时流入（或同时流出）时，该式冠以"－"号；反之，该式冠以"＋"号。

理想变压器从端口吸收的瞬时功率

$$p = u_1 i_1 + u_2 i_2 = nu_2\left(-\frac{i_2}{n}\right) + u_2 i_2 = 0$$

上式说明，理想变压器不消耗能量也不储存能量，从一次侧输入的功率全部从二次侧输出到负载，是一个非动态无损耗的磁耦合元件，仅起到一个变换参数的作用。

根据式（6.3.7）和式（6.3.9），可以得出理想变压器用受控源表示的电路模型，如图 6.3.9 所示。

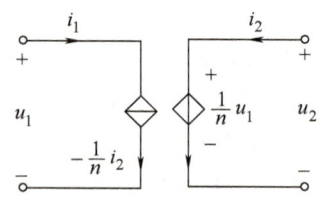

图 6.3.9　理想变压器用受控源表示的电路模型

3. 理想变压器的阻抗变换

如图 6.3.10a 所示，负载阻抗 Z_L 接在理想变压器的二次侧，是理想变压器的负载，而理想变压器和 Z_L 一起是电源的负载。根据等效变换原则，在保证端口特性不变的情况下，点画线框中的电路可用等效阻抗 Z'_L 来代替，如图 6.3.10b 所示。则有

$$Z'_L = \frac{\dot{U}_1}{\dot{I}_1} = \frac{n\dot{U}_2}{-\frac{1}{n}\dot{I}_2} = n^2 \frac{\dot{U}_2}{-\dot{I}_2} = n^2 Z_L$$

(6.3.10)

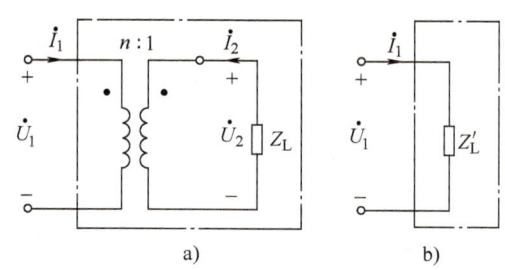

图 6.3.10　理想变压器的阻抗变换

式（6.3.10）表明，当二次侧接负载阻抗 Z_L，对一次侧来说，相当于在一次侧接一个 $n^2 Z_L$ 的阻抗，即理想变压器有变换阻抗的作用。习惯上把 Z'_L 称为二次侧对一次侧的折算阻抗。实际应用中，通过改变理想变压器的电压比来改变输入阻抗，实现与电源匹配，使负载获得最大功率。

注意：理想变压器的阻抗变换性质只改变阻抗的大小，不改变阻抗的性质。

【例 6.3.3】 有一台变压器，已知额定容量 $S_N = 500\text{V}\cdot\text{A}$，一次绕组匝数 $N_1 = 800$ 匝，二次绕组有两个，额定电压为 $U_{1N} = 220\text{V}$，$U_{2N} = 110\text{V}$，$U_{3N} = 36\text{V}$，如图 6.3.11 所示。(1) 求二次绕组匝数 N_2 和 N_3 各为多少匝？(2) 如果两个二次绕组分别接阻性负载，绕组电流 $I_2 = 2\text{A}$，$I_3 = 3\text{A}$，求一次绕组电流及输入功率。

解　(1) 有两个二次绕组，仍按式（6.3.7）分别计算如下：

$$N_2 = \frac{U_2}{U_1}N_1 = \frac{110}{220} \times 800 \text{ 匝} = 400 \text{ 匝}$$

$$N_3 = \frac{U_3}{U_1}N_1 = \frac{36}{220} \times 800 \text{ 匝} = 131 \text{ 匝}$$

(2) 按式（6.3.8）有

$$N_1 I_1 = N_2 I_2 + N_3 I_3$$

则

$$I_1 = \frac{N_2 I_2 + N_3 I_3}{N_1} = \frac{400 \times 2 + 131 \times 3}{800}\text{A} = 1.491\text{A}$$

由阻性负载，则一次绕组的输入功率为

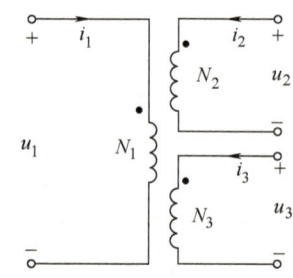

图 6.3.11　例 6.3.3 的图

$$P_1 = U_1 I_1 = 220 \times 1.491 \text{W} = 328 \text{W}$$

或二次绕组的输出功率为

$$P_2 = U_2 I_2 = 110 \times 2 \text{W} = 220 \text{W}$$
$$P_3 = U_3 I_3 = 36 \times 3 \text{W} = 108 \text{W}$$

有一次绕组的输入功率为

$$P_1 = P_2 + P_3 = (220 + 108) \text{W} = 328 \text{W}$$

【例 6.3.4】 已知信号源电压 $U_S = 12\text{V}$，内阻 $R_0 = 600\Omega$，负载电阻 $R_L = 8\Omega$。（1）若将负载直接接在信号源上，如图 6.3.12a 所示，求负载获得的功率；（2）在信号源与负载之间接入变压器，如图 6.3.12b 所示，为使负载获得最大功率，求变压器的匝数比和负载获得的功率。

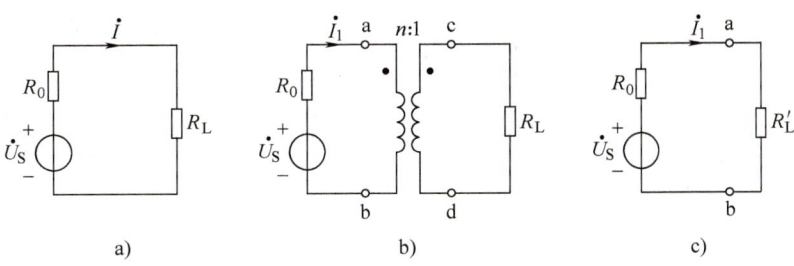

图 6.3.12 例 6.3.4 的图

解 （1）当负载直接接在信号源上时，负载获得的功率

$$P = \left(\frac{U_S}{R_0 + R_L}\right)^2 R_L = \left(\frac{12}{600 + 8}\right)^2 \times 8 \text{W} = 3.12 \text{mW}$$

（2）为使负载电阻获得最大功率，其等效电阻 R_L' 应等于信号源内阻 R_0，如图 6.3.12c 所示，即

$$R_L' = n^2 R_L = R_0$$

则变压器的匝数比 $\quad n = \sqrt{\dfrac{R_0}{R_L}} = \sqrt{\dfrac{600}{8}} = 8.66$

等效电阻获得的功率即为负载电阻获得的功率，有

$$P = \left(\frac{U_S}{R_0 + R_L'}\right)^2 R_L' = \left(\frac{12}{600 + 600}\right)^2 \times 600 \text{W} = 60 \text{mW}$$

6.3.4 例题

从此例可见，经过变压器的阻抗变换，可使负载电阻获得较大的功率。

习 题

6.1 电路如题 6.1 图所示，不考虑互感影响时，线圈 11' 的阻抗 $Z_1 = (5+j9)\Omega$，线圈 22' 的阻抗 $Z_2 = (3+j4)\Omega$。若耦合因数 $k = 0.5$，求考虑互感影响时的 Z_{ab}。

6.2 电路如题 6.2 图所示，两耦合线圈串联，接于 $U = 220\text{V}$，$\omega = 100\text{rad/s}$ 的正弦电源上，已知 $R_1 = 150\Omega$，$R_2 = 250\Omega$，$L_1 = 2\text{H}$，$L_2 = 8\text{H}$。当电路的 $\cos\varphi = 0.8$ 时，试求：（1）耦合因数 k 的值；（2）两线圈消耗的有功功率各为多少？

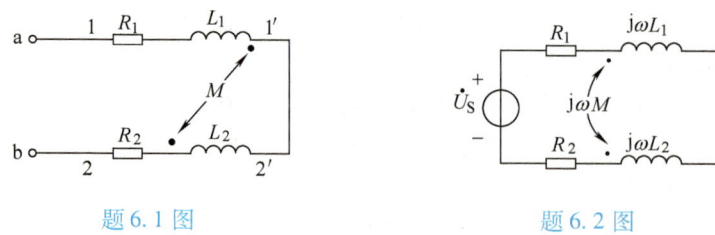

题 6.1 图　　　　　　　　　题 6.2 图

6.3　题 6.3 图所示两互感线圈串联后接到 220V、50Hz 的正弦交流电源上。当端钮 b、c 相连，端钮 a、d 接电源时，测得电流 $I = 2.5A$，功率 $P = 62.5W$。当端钮 b、d 相连，端钮 a、c 接电源时，测得功率 $P = 250W$。（1）试在图上标出同名端；（2）求两线圈之间的互感系数 M。

6.4　确定题 6.4 图所示的各线圈的同名端。

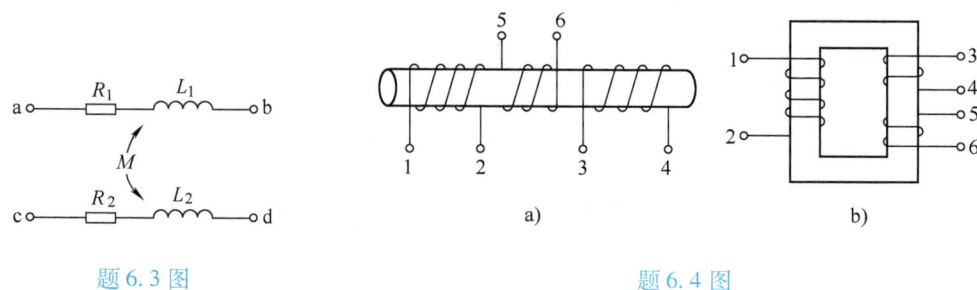

题 6.3 图　　　　　　　　　题 6.4 图

6.5　题 6.5 图所示耦合电感电路中将端钮 B、b 相连，外加正弦电源，现测得端钮间的数据：$U_{AB} = 60V$，$U_{ab} = 36V$，$U_{Aa} = 96V$。试确定耦合电感的同名端。

6.6　电路如题 6.6 图所示，已知 $u_S = 220\sqrt{2}\cos(314t + 36°)$ V，$R_1 = R_2 = 100\Omega$，$L_1 = 0.4H$，$L_2 = 0.625H$，耦合因数 $k = 0.48$。求端口的输入阻抗 Z_{in} 和电流 i。若将两个线圈改为顺接，再求上面两个问题。

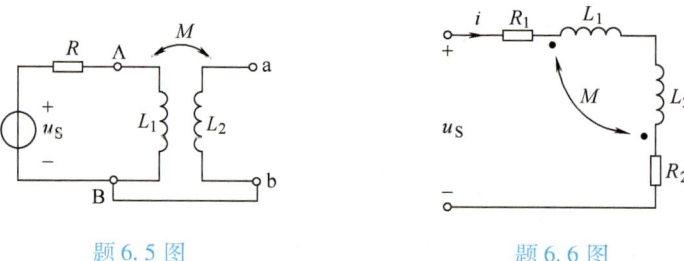

题 6.5 图　　　　　　　　　题 6.6 图

6.7　电路如题 6.7 图所示，已知 $R_1 = 3\Omega$，$R_2 = 6\Omega$，$\omega L_1 = 6\Omega$，$\omega L_2 = 3\Omega$，$\omega M = 3\Omega$。试求端口的输入阻抗 Z_{in}。

6.8　在题 6.8 图所示电路中，已知 $R = 100\Omega$，$L_1 = 1H$，$L_2 = 2H$，$M = 1H$，$C = 100\mu F$，电源角频率 $\omega = 100rad/s$。试求端口的输入阻抗 Z_{in}。

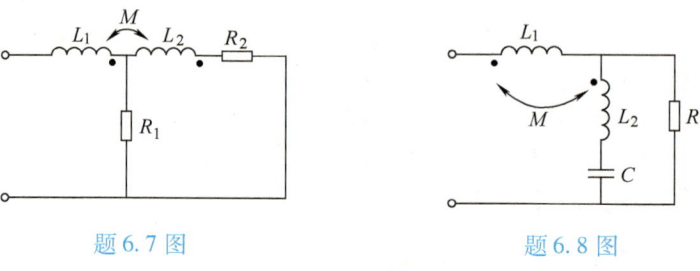

题 6.7 图　　　　　　　　　题 6.8 图

6.9 在题6.9图所示电路中，已知 $\dot{U}_S = 120\angle 0°\text{V}$, $R_1 = 12\Omega$, $\omega L_1 = 12\Omega$, $R_2 = 6\Omega$, $\omega L_2 = 10\Omega$, $\omega M = 6\Omega$, $R_3 = 8\Omega$, $\omega L_3 = 6\Omega$。求各支路电流。

6.10 电路如题6.10图所示，已知 $\omega L_1 = \omega L_2 = 4\Omega$, $\omega M = 2\Omega$, $\dot{U}_S = 8\angle 0°\text{V}$。试求 $\dot{U}_{ab}$。

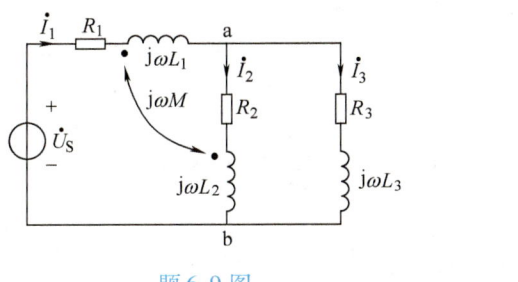

题6.9图　　　　　　　　题6.10图

6.11 题6.11图所示电路中，已知 $R_1 = R_2 = 6\Omega$, $\omega L_1 = \omega L_2 = 10\Omega$, $\omega M = 5\Omega$, $\omega = 1000\text{rad/s}$，如果 $\dot{U}_S$ 与 $\dot{I}$ 同相，C 应为何值？此时电路的输入阻抗 Z_{ab} 为何值？

6.12 题6.12图所示电路中，已知 $\dot{U} = 50\angle 0°\text{V}$, $R_1 = 3\Omega$, $R_2 = 5\Omega$, $\omega L_1 = 6.5\Omega$, $\omega L_2 = 12.5\Omega$, $\omega M = 6\Omega$。试求开关S断开和闭合时的电流 $\dot{I}$。

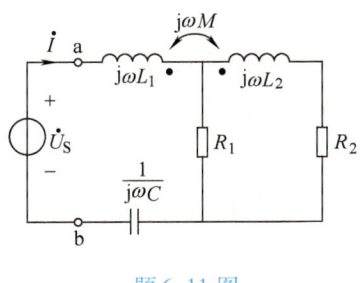 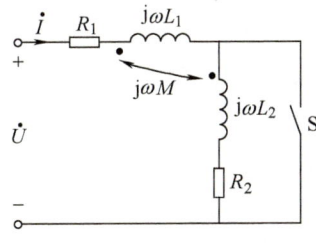

题6.11图　　　　　　　　题6.12图

6.13 题6.13图所示电路中，已知 $U_S = 10\text{V}$, $\omega = 10^4\text{rad/s}$, $L_1 = L_2 = 10\text{mH}$, $M = 2\text{mH}$, $C_1 = C_2 = 1\mu\text{F}$, $R_1 = R_2 = 10\Omega$。求ab端的戴维南等效电路。

6.14 题6.14图所示电路中，已知 $\dot{U}_S = 20\angle 0°\text{V}$, $\omega = 5000\text{rad/s}$, $L_1 = L_2 = 1\text{mH}$, $M = 0.4\text{mH}$, $R_1 = 5\Omega$。求负载获得最大功率时的 Z_L 及最大功率值。

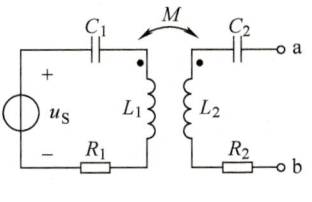 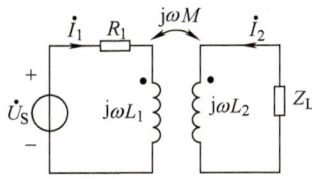

题6.13图　　　　　　　　题6.14图

6.15 含理想变压器的电路如题6.15图所示，$\dot{U}_S = 100\angle 0°\text{V}$, $R_1 = 10\Omega$, $R_2 = 60\Omega$, $\omega L_1 = 20\Omega$, $1/(\omega C) = 50\Omega$。试求电路的电流 $\dot{I}_1$、$\dot{I}_2$ 以及电压 $\dot{U}_2$。

6.16 含理想变压器的电路如题6.16图所示，已知 $\dot{I}_S = 3\angle 0°\text{A}$, $R_1 = 10\Omega$, $R_2 = 50\Omega$, $R_3 = R_4 = 20\Omega$。试求电压 $\dot{U}_2$。

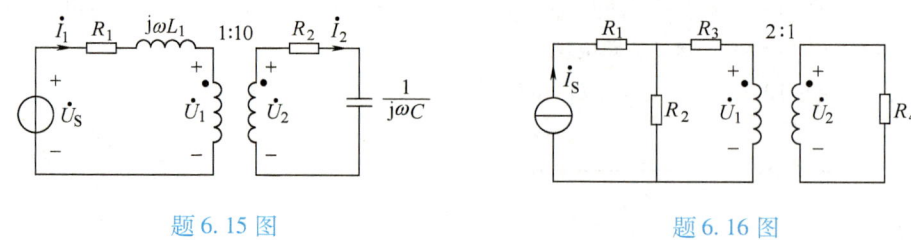

题 6.15 图   题 6.16 图

6.17 题 6.17 图所示电路中，已知 $\dot{U}_S = 90\angle 36°\text{V}$，$R_1 = 12\text{k}\Omega$，$R_2 = 6\text{k}\Omega$，$R_L = 10\Omega$。电压比 n 为多少时，R_L 可获得最大功率？并求出此最大功率值。

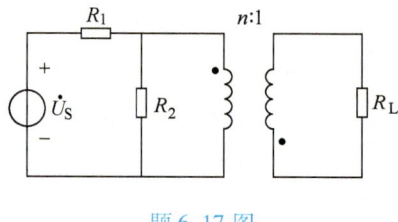

题 6.17 图

第 7 章　电路的频率响应

课程目标： 本章首先介绍网络函数的概念，然后讨论 RLC 串联、并联电路的频率特性，以及它们的选频和滤波作用。通过本章的学习，应重点掌握谐振电路的特点和分析计算。

思政目标： 通过本章学习，同学们应能感受到人生的奋斗目标就像电流频率特性曲线，偏离了目标（谐振点），功效就会迅速下降，因此在人生的前进道路上，一定要找到正确目标，在追寻目标的过程中，要坚持和加强党的全面领导，坚持中国特色社会主义道路。

在正弦稳态电路的分析中，着重讨论了线性电路在单一正弦信号作用下的稳态响应。由于响应不仅和电路的参数有关，而且还和激励信号的频率有关，因此有必要分析电路在不同频率信号作用下的变化规律和特点，即研究电路的频率特性（或频率响应）。

7.1　网络函数

由于线性正弦稳态电路中的感抗 $X_L = \omega L$、容抗 $X_C = \dfrac{1}{\omega C}$ 与激励信号的频率有关，跟随激励信号频率的变化而变化，从而导致电路的工作状态也跟随频率变化。当频率的变化超出一定范围时，电路将偏离正常的工作范围，并可能导致电路失效或遭到损坏。另外，电路也可能受到外部的各种频率的电磁干扰，如雷电或太阳风暴等。因此对电路系统的频率特性的分析研究具有一定的实际意义。

电路响应跟随激励信号频率的变化而变化的特性称为电路的频率特性，或称为电路的频率响应。在电路分析中，正弦稳态电路的频率特性通常用正弦稳态电路的网络函数（Network Function）来描述。

7.1.1　网络函数与电路的频率特性

在线性正弦稳态电路中，在单一独立激励源作用下，电路中某一支路电压或电流的响应相量与电路输入的激励相量之比，定义为该响应的网络函数 $H(j\omega)$，即

7.1　网络函数

$$H(j\omega) = \frac{响应相量}{激励相量} \tag{7.1.1}$$

式（7.1.1）中的响应相量可为第 k 条支路的电压相量 $\dot{U}_k(j\omega)$ 或电流相量 $\dot{I}_k(j\omega)$；激励相量可为第 j 条支路的输入激励相量 $\dot{U}_{Sj}(j\omega)$ 或 $\dot{I}_{Sj}(j\omega)$。式（7.1.1）说明 $H(j\omega)$ 是频率 ω 的函数，因此网络函数又被称为网络的频率响应函数（Frequency Response Function）或网络的频率特性（Frequency Characteristic）。

一般情况下，网络函数 $H(j\omega)$ 是 ω 的复函数，它可表示为极坐标形式

$$H(j\omega) = |H(j\omega)| \angle \varphi(\omega) \tag{7.1.2}$$

式 (7.1.2) 中的幅值 $|H(j\omega)|$ 是 ω 的实函数，反映了电路响应与激励的比值随 ω 变化的关系，称为电路的幅频特性（Amplitude Frequency Characteristic）；其辐角 $\varphi(\omega)$ 也是 ω 的实函数，反映了电路响应与激励的相位差随 ω 变化的关系，称为电路的相频特性（Phase Frequency Characteristic），它们常用 $|H(j\omega)|-\omega$ 幅频特性曲线和 $\varphi(\omega)-\omega$ 相频特性曲线来表示。幅频特性和相频特性总称为电路的频率特性。

7.1.2 网络函数类型

由于电路输入的激励可能是电压源或电流源，而电路响应可能是支路电压或支路电流。图 7.1.1 所示为两种独立电源激励下的网络函数，图中 N 为无独立电源的线性正弦稳态网络。对于图 7.1.1a 所示的网络，激励相量为 $\dot{U}_{Sj}$，响应相量为 $\dot{I}_j$、$\dot{U}_k$ 和 $\dot{I}_k$；对于图 7.1.1b 所示的网络，激励相量为 $\dot{I}_{Sj}$，响应相量为 $\dot{U}_j$、$\dot{U}_k$ 和 $\dot{I}_k$。

当响应和激励在电路的同一端口时，网络函数称为策动点函数（Driving Point Function）；当响应和激励在电路的不同端口时，网络函数称为转移函数（Transfer Function）或传输函数。根据响应与激励对应关系的不同，网络函数一般有六种类型。例如，对于图 7.1.1a 所示的网络，有：

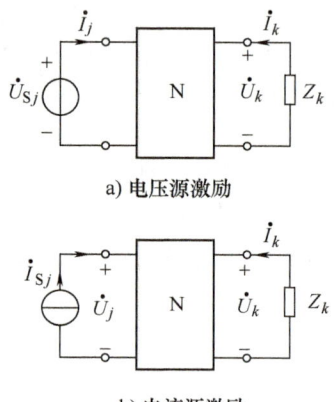

图 7.1.1 两种独立电源激励下的网络函数

策动点导纳 $\qquad Y(j\omega) = \dfrac{\dot{I}_j}{\dot{U}_{Sj}}$

转移导纳 $\qquad Y_T(j\omega) = \dfrac{\dot{I}_k}{\dot{U}_{Sj}}$

转移电压比 $\qquad A_U(j\omega) = \dfrac{\dot{U}_k}{\dot{U}_{Sj}}$

对于图 7.1.1b 所示的网络，有：

策动点阻抗 $\qquad Z(j\omega) = \dfrac{\dot{U}_j}{\dot{I}_{Sj}}$

转移阻抗 $\qquad Z_T(j\omega) = \dfrac{\dot{U}_k}{\dot{I}_{Sj}}$

转移电流比 $\qquad A_I(j\omega) = \dfrac{\dot{I}_k}{\dot{I}_{Sj}}$

$H(j\omega)$ 反映了电路自身的特性，与电路的结构、参数值有关，还与输入、输出变量的类型以及端口的相互位置有关，但与输入、输出变量的幅值无关。若已知网络函数和激励相量，则可方便地求得电路的响应相量。

【例 7.1.1】 分析图 7.1.2a 所示电路的频率特性。

解 在图 7.1.2a 电路中，激励相量为 $\dot{U}_S$，响应相量为 $\dot{U}_O$，则电路的网络函数，即转移电压比

$$A_U(j\omega) = \frac{\dot{U}_O}{\dot{U}_S} = \frac{R}{R + j\omega L} = \frac{1}{1 + j\dfrac{\omega L}{R}} = |A_U(j\omega)| \angle \varphi(\omega)$$

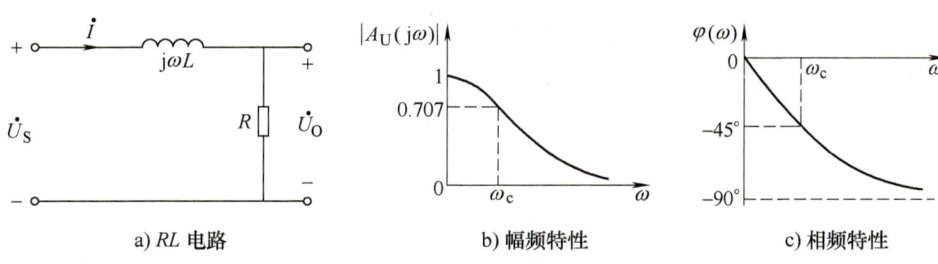

a) RL 电路　　　　b) 幅频特性　　　　c) 相频特性

图 7.1.2　例 7.1.1 的图及其频率特性

其幅频特性为

$$|A_U(j\omega)| = \frac{1}{\sqrt{1+\left(\dfrac{\omega L}{R}\right)^2}}$$

相频特性为

$$\varphi(\omega) = -\arctan\frac{\omega L}{R}$$

对应的幅频特性曲线和相频特性曲线如图 7.1.2b、c 所示。由图可以看出，当 $\omega = 0$（直流）时，$|A_U(j\omega)| = 1$、$\varphi(\omega) = 0°$，说明此时输出电压与输入电压大小相等、相位相同；当 $\omega = \omega_c = \dfrac{R}{L}$ 时，$|A_U(j\omega)| = \dfrac{1}{\sqrt{2}} = 0.707$、$\varphi(\omega) = -45°$；当 $\omega \to \infty$ 时，$|A_U(j\omega)| = 0$、$\varphi(\omega) = -90°$，说明此时输出电压趋于 0，而相位滞后输入电压 90°。由此可见，该电路具有通过低频信号的特性。

7.2　RLC 串联电路的谐振

谐振（Resonance）是正弦稳态电路在特定条件下所产生的一种特殊物理现象。谐振，一方面，在电子和无线电工程等很多电路中，经常要从很多电信号中选取出所需的电信号，同时将不需要的电信号加以抑制或滤除，为此需要一个选择电路，即谐振电路；另一方面，由于电路中出现谐振可能产生某些危害，例如过电压或过电流，需要避免这种危害。因此，对谐振电路的研究有着重要的实际意义。

7.2.1　RLC 串联电路的谐振条件

1. 电路的谐振现象

在含有储能元件（L 和 C）的线性无源二端网络（或支路）中，外施正弦激励，其端口的电压与电流的相位一般是不同的。如果在某一特定条件下使电路呈电阻性，即端口的电压与电流同相位，则将电路的这种现象称为谐振现象，简称谐振。

7.2.1　RLC 串联电路的谐振条件

无论含有储能元件（L 和 C）的线性无源二端网络（或支路）有多复杂，电路是否发生谐振，均可通过端口的电压与电流是否同相位来加以判断。

2. RLC 串联电路的谐振条件

如图 7.2.1 所示的 RLC 串联电路,设激励 $\dot{U}_S$ 为幅值和初相位不变而频率可变的正弦信号。电路的输入阻抗为

$$Z = R + jX = R + j(X_L - X_C) = R + j\left(\omega L - \frac{1}{\omega C}\right) \quad (7.2.1)$$

由式(7.2.1)可知,当 $X_L = X_C$,即 $X = X_L - X_C = 0$ 时,电路的阻抗为纯电阻,$Z = R$,此时 $\dot{U}_S$ 与 $\dot{I}$ 同相,也就是电路发生了谐振,由于是串联电路,故称为串联谐振(Series Resonance)。所以 RLC 串联电路发生谐振的条件为

$$X_0 = X_{L0} - X_{C0} = \omega_0 L - \frac{1}{\omega_0 C} = 0 \quad (7.2.2)$$

图 7.2.1 RLC 串联电路

由式(7.2.2)可得 RLC 串联电路发生谐振时的谐振角频率和谐振频率(Resonance Frequency)为

$$\omega_0 = \frac{1}{\sqrt{LC}} \qquad f_0 = \frac{1}{2\pi\sqrt{LC}} \quad (7.2.3)$$

式(7.2.3)说明,RLC 串联电路发生谐振时,其谐振角频率和谐振频率与电阻 R 无关,仅由电路的 L、C 参数决定,因此又称为电路的固有频率。它反映了 RLC 串联谐振电路的一种固有性质,只有当激励信号源的频率与电路本身的固有频率相等时,电路才能发生谐振。

由此可得让 RLC 串联电路发生谐振的方法:
(1)当电路的 L、C 一定时,调整激励信号源的频率 f,使它等于电路的固有频率 f_0。
(2)当激励信号源的频率 f 不变时,调整 L 或 C 的数值,使电路的固有频率 f_0 等于激励信号源的频率 f。实际应用时一般采用改变电容 C 数值的方法,这样更方便些。

7.2.2 RLC 串联谐振电路的特点

7.2.2 RLC 串联电路的谐振特点

1. RLC 串联谐振的特点

(1)RLC 串联谐振时电路的阻抗最小,呈纯阻性。谐振时电路阻抗为

$$Z(j\omega_0) = R + j(X_{L0} - X_{C0}) = R + j\left(\omega_0 L - \frac{1}{\omega_0 C}\right) = R$$

(2)在外加激励信号的电压 U_S 不变的情况下,谐振时电路的电流 I_0 和电阻端电压 U_{R0} 为最大。工程中在做试验时,常以此来判定 RLC 串联电路是否发生谐振。即

$$I_0 = \frac{U_S}{|Z(j\omega_0)|} = \frac{U_S}{R} \qquad U_{R0} = RI_0 = U_S$$

(3)谐振时,L、C 段的等效阻抗 $Z_{LC} = j(X_{L0} - X_{C0}) = 0$,L、C 串联部分相当于短路。
(4)谐振时,电路的电感电压与电容电压大小相等且反相抵消,因此串联谐振又称电压谐振(Voltage Resonance)。谐振时的相量图如图 7.2.2 所示,谐振时的电感电压为

$$\dot{U}_{L0} = jX_{L0}\dot{I}_0 = j\frac{X_{L0}}{R}\dot{U}_S = jQ\dot{U}_S \quad (7.2.4)$$

电容电压为

$$\dot{U}_{C0} = -jX_{C0}\dot{I}_0 = -j\frac{X_{C0}}{R}\dot{U}_S = -jQ\dot{U}_S \quad (7.2.5)$$

所以

$$\dot{U}_{L0} + \dot{U}_{C0} = 0$$

式（7.2.4）、式（7.2.5）中的 Q 为品质因数。

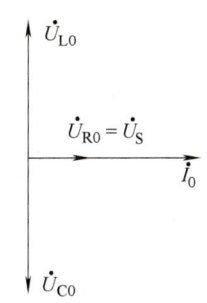

图 7.2.2 *RLC* 串联电路谐振时的相量图

2. 品质因数

由式（7.2.4）和式（7.2.5）可见，RLC 串联电路谐振时，当 $X_{L0} = X_{C0} \gg R$ 时，有 $U_{L0} = U_{C0} \gg U_S$，即电感电压和电容电压可能比激励信号源电压大很多。工程上，将电感电压或电容电压与激励信号源电压之比定义为 RLC 串联谐振电路的品质因数（Quality Factor）Q，即有

$$Q = \frac{U_{L0}}{U_S} = \frac{U_{C0}}{U_S} = \frac{\omega_0 L}{R} = \frac{1}{\omega_0 CR} = \frac{1}{R}\sqrt{\frac{L}{C}} \quad (7.2.6)$$

品质因数 Q 是谐振电路的重要参数（注意：这里的 Q 不是代表无功功率）。由式（7.2.6）可见，品质因数 Q 取决于串联电路的 R、L、C 元件的参数值。一般电路的 Q 值为几十到几百，因此品质因数 Q 反映了电感电压或电容电压相对于电源电压的放大倍数。

串联谐振时，$U_{L0} = U_{C0}$，如果品质因数 $Q > 1$，即 $R < \sqrt{\frac{L}{C}}$，则有 $U_{L0} = U_{C0} > U_S$。特别是当 $Q \gg 1$ 时，表明在谐振或接近谐振时，$U_{L0} = U_{C0} \gg U_S$，会在电感和电容两端出现大大高于电源电压 U_S 的高电压，称为过电压现象。

在通信和电子技术中，传输的电压信号一般很微弱，利用串联谐振的这一特性，可从电感或电容两端得到比微弱的信号电压大得多的电压信号。但在电力系统中，由于电压较高，则要避免因串联谐振而引起的过电压损坏电气设备。

3. 串联谐振时电路的功率和能量

（1）功率关系。谐振时电路电流 $\dot{I}_0$ 与电源电压 $\dot{U}_S$ 同相，$\varphi = 0$，$\lambda = \cos\varphi = 1$，则

有功功率

$$P_0 = U_S I_0 \cos\varphi = U_S I_0 = I_0^2 R$$

无功功率

$$Q_0 = U_S I_0 \sin\varphi = Q_{L0} + Q_{C0} = 0$$

瞬时功率

$$p_0 = p_{R0} + p_{L0} + p_{C0} = u_{R0}i_0 + u_{L0}i_0 + u_{C0}i_0 = p_{R0} \quad (7.2.7)$$

谐振时，$u_{L0} + u_{C0} = 0$，$p_{L0} + p_{C0} = 0$，所以 $p_0 = p_{R0}$。说明电源发出的功率全部消耗在电阻 R 上，电源不向电路提供无功功率。

品质因数 Q 也可以用谐振时电路的无功功率（Q_{L0}、Q_{C0}）与有功功率的比值来表示，即

$$Q = \frac{\omega_0 L I_0^2}{R I_0^2} = \frac{Q_{L0}}{P_0} = \frac{|Q_{C0}|}{P_0} \quad (7.2.8)$$

（2）能量关系。设谐振时电源电压为 $u_S = U_S\sqrt{2}\cos(\omega_0 t)$，则谐振时电路电流为

$$i_0 = \frac{U_S}{R}\sqrt{2}\cos(\omega_0 t) = I_0\sqrt{2}\cos(\omega_0 t)$$

电感储存的磁场能量

$$w_{L0} = \frac{1}{2}Li_0^2 = LI_0^2\cos^2(\omega_0 t)$$

电容两端的电压

$$u_{C0} = \frac{1}{\omega_0 C}I_0\sqrt{2}\cos\left(\omega_0 t - \frac{\pi}{2}\right) = \frac{I_0\sqrt{2}}{\omega_0 C}\sin(\omega_0 t) = U_{C0}\sqrt{2}\sin(\omega_0 t)$$

电容储存的电场能量

$$w_{C0} = \frac{1}{2}Cu_{C0}^2 = \frac{1}{\omega_0^2 C}I_0^2\sin^2(\omega_0 t) = LI_0^2\sin^2(\omega_0 t)$$

任一瞬间电路的总储能为磁场、电场储能的总和，即

$$w_0 = w_{L0} + w_{C0} = LI_0^2\cos^2(\omega_0 t) + LI_0^2\sin^2(\omega_0 t) = LI_0^2 = CU_{C0}^2 \tag{7.2.9}$$

由式（7.2.9）可以看出，谐振时电路的总储能恒为常数。综合谐振时电路的功率关系和能量关系可知，电路谐振时储能元件与电源之间无能量交换，而电感与电容二者之间的电磁储能进行相互转换。

7.2.3　RLC 串联电路的频率特性

1. 阻抗的频率特性

由式（7.2.1）可得电路输入阻抗的频率特性为

$$\begin{cases} |Z(j\omega)| = \sqrt{R^2 + (X_L - X_C)^2} = \sqrt{R^2 + \left(\omega L - \dfrac{1}{\omega C}\right)^2} \\ \varphi(\omega) = \arctan\dfrac{X_L - X_C}{R} = \arctan\dfrac{\omega L - \dfrac{1}{\omega C}}{R} \end{cases} \tag{7.2.10}$$

7.2.3　RLC 串联电路的频率特性

由于感抗 X_L 与 ω 成正比，而容抗 X_C 与 ω 成反比，因此可得图 7.2.3 所示的阻抗的频率特性曲线。频率特性曲线以 ω_0 为中心，描述如下：

$\omega < \omega_0$	$\omega = \omega_0$	$\omega > \omega_0$
$X_C > X_L$，容性区，$\varphi(\omega) < 0$	$X_L = X_C$，电阻性，$\varphi(\omega) = 0$	$X_L > X_C$，感性区，$\varphi(\omega) > 0$
$\omega \to 0$ 时，$|Z(j\omega)| \to \infty$	$|Z(j\omega)| = R$，谐振状态	$\omega \to \infty$ 时，$|Z(j\omega)| \to \infty$
$\varphi(\omega) \to -90°$		$\varphi(\omega) \to 90°$

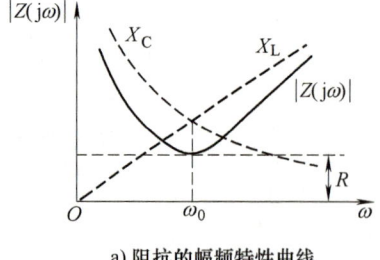

a) 阻抗的幅频特性曲线

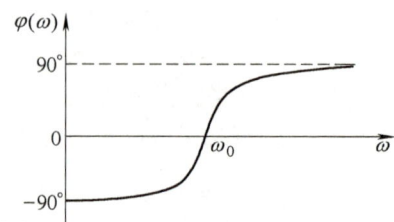

b) 阻抗的相频特性曲线

图 7.2.3　阻抗的频率特性曲线

2. 电流的频率特性

对于 RLC 串联电路，电路中电流的频率特性为

$$I(\omega) = \frac{U_S}{|Z|} = \frac{U_S}{\sqrt{R^2 + \left(\omega L - \dfrac{1}{\omega C}\right)^2}} \tag{7.2.11}$$

由式（7.2.11）作出相应的电流频率特性曲线，如图 7.2.4 所示。由于 $U_R = IR$，因此电阻电压的频率特性曲线与电流的频率特性曲线相同。由图 7.2.4 可以看出，在谐振点 ω_0 处，曲线出现峰值，谐振时电路电流达到最大值 U_S/R，当 ω 偏离谐振点 ω_0 时，电流从最大值逐渐下降至零。即 RLC 串联电路对不同频率的信号具有选择的能力，只有在谐振点附近的信号，响应电流才有较大的输出幅度，对远离谐振频率的信号会加以抑制（电流小）。

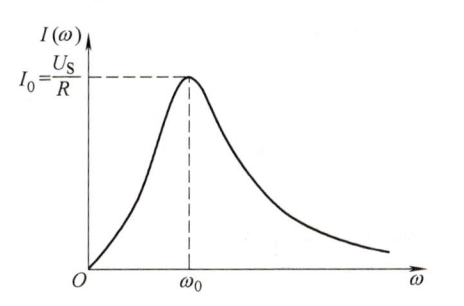

图 7.2.4　RLC 串联电路的电流频率特性曲线

3. 选择性与通频带

串联谐振时电路电流最大，偏离谐振频率，电流就减小，RLC 串联电路这种选择频率的特性，称为选择性（Selectivity）。谐振电路的选择性就是选择有用信号的能力。

为了方便不同谐振电路之间进行比较，把电流频率特性曲线的横、纵坐标分别除以谐振点的角频率 ω_0 和电流 $I(\omega_0) = I_0$，则由式（7.2.11）并整理得

$$\frac{I}{I_0} = \frac{U_S/|Z|}{U_S/R} = \frac{R}{\sqrt{R^2 + \left(\omega L - \dfrac{1}{\omega C}\right)^2}} = \frac{1}{\sqrt{1 + Q^2 \left(\dfrac{\omega}{\omega_0} - \dfrac{\omega_0}{\omega}\right)^2}} \tag{7.2.12}$$

由式（7.2.12），针对不同的品质因数 Q 值，作出的 RLC 串联电路的相对电流频率特性曲线如图 7.2.5 所示。从图中可以看出，Q 值对电流频率特性曲线形状的影响，Q 值越大曲线的陡度越大，当稍微偏离谐振点时，曲线就急剧下降，电路对非谐振频率下的输入信号具有较强的抑制能力，所以选择性好。

由于实际电路传输的信号占有一定的频率范围，同时为了定量地衡量选择性，工程上通常将电流频率特性曲线由最大值衰减到最大值的 $\dfrac{1}{\sqrt{2}} = 0.707$ 倍时所对应的频率范围定义为电

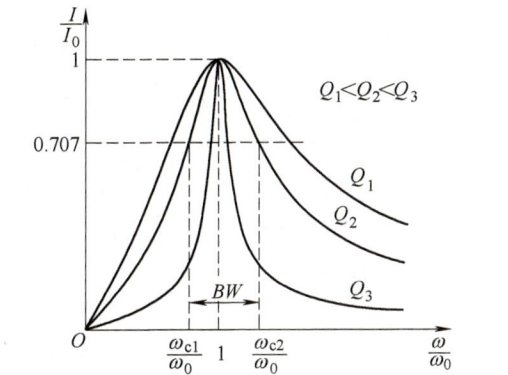

图 7.2.5　不同 Q 值下的相对电流频率特性曲线

路的通频带（又称为 3dB 带宽）。通频带规定了电路允许通过信号的频率范围。

在图 7.2.5 的 $\dfrac{I}{I_0} = \dfrac{1}{\sqrt{2}} = 0.707$ 处作一水平线，与每一电流频率特性曲线交于两点，得通

频带的上、下边界，即为上截止角频率 ω_{c2}（或 f_{c2}）和下截止角频率 ω_{c1}（或 f_{c1}）。

根据通频带的定义，有

$$\frac{I}{I_0} = \frac{1}{\sqrt{1 + Q^2 \left(\frac{\omega}{\omega_0} - \frac{\omega_0}{\omega}\right)^2}} = \frac{1}{\sqrt{2}}$$

可解得上、下截止角频率为

$$\begin{cases} \omega_{c2} = \omega_0 \left(\frac{1}{2Q} + \sqrt{\frac{1}{4Q^2} + 1}\right) \\ \omega_{c1} = \omega_0 \left(-\frac{1}{2Q} + \sqrt{\frac{1}{4Q^2} + 1}\right) \end{cases} \tag{7.2.13}$$

则有通频带（或带宽）为

$$BW = \Delta\omega = \omega_{c2} - \omega_{c1} = \frac{\omega_0}{Q} = \frac{R}{L} \tag{7.2.14}$$

式中，BW 单位为 rad/s。或

$$BW = \Delta f = f_{c2} - f_{c1} = \frac{f_0}{Q} = \frac{R}{2\pi L} \tag{7.2.15}$$

式中，BW 单位为 Hz。

由图 7.2.5 和式（7.2.14）、式（7.2.15）可见，通频带与电路的品质因数 Q 成反比，Q 值越大，电流频率特性曲线越尖锐，通频带宽度越窄，电路的选择性能越好；Q 值越小，通频带宽度越大，曲线越平坦，选择性能越差。但通频带过窄易造成传输信号不能完全通过，从而造成信号失真。因此，实际选择 Q 值时需要兼顾这两方面的要求。当强调电路的选择性时，就希望通频带窄一些；当强调电路的信号通过能力时，则希望通频带宽一些。

谐振时，电路中消耗的功率为 $P_0 = I_0^2 R$，而在上、下截止频率点时，电路中消耗的功率为

$$P_{c1} = P_{c2} = I^2 R = \left(\frac{I_0}{\sqrt{2}}\right)^2 R = \frac{1}{2} I_0^2 R = \frac{1}{2} P_0 \tag{7.2.16}$$

式（7.2.16）表明，在上、下截止频率点处，电路中消耗的功率为谐振时电路中消耗的功率的一半，故又称上、下截止频率为上半功率点频率和下半功率点频率。

【例 7.2.1】 在一 RLC 串联电路中，已知端口电源电压 $U_S = 25\text{mV}$，$R = 40\Omega$，$L = 4\text{mH}$，$C = 160\text{pF}$，求电路发生谐振时的 f_0、I_0、Q 和 U_{C0}。

解 谐振频率

$$f_0 = \frac{1}{2\pi \sqrt{LC}} = \frac{1}{2\pi \sqrt{4 \times 10^{-3} \times 160 \times 10^{-12}}} \text{Hz} = 198.9\text{kHz}$$

谐振时电路中电流

$$I_0 = \frac{U_S}{R} = \frac{25}{40}\text{mA} = 0.625\text{mA}$$

品质因数

$$Q = \frac{1}{R}\sqrt{\frac{L}{C}} = \frac{1}{40}\sqrt{\frac{4 \times 10^{-3}}{160 \times 10^{-12}}} = 125$$

电容两端的电压

$$U_{C0} = QU_S = 125 \times 25\text{mV} = 3.125\text{V}$$

【例 7.2.2】 有一 RLC 串联电路,已知端口电源电压 $U_S = 10\text{V}$,$\omega = 5000\text{rad/s}$,调节电容 C 使电路中的电流最大,$I_{max} = 250\text{mA}$,测得此时电容两端的电压为 500V,求电路参数 R、L、C、品质因数 Q 及通频带 BW。

解 电路中电流达到最大时发生串联谐振,因此有

电阻

$$R = \frac{U_S}{I_0} = \frac{10}{0.25}\Omega = 40\Omega$$

品质因数

$$Q = \frac{U_{C0}}{U_S} = \frac{500}{10} = 50$$

由式(7.2.14)得

$$L = \frac{RQ}{\omega_0} = \frac{40 \times 50}{5000}\text{H} = 0.4\text{H}$$

电容

$$C = \frac{1}{\omega_0^2 L} = \frac{1}{5000^2 \times 0.4}\text{F} = 0.1\mu\text{F}$$

通频带

$$BW = \frac{\omega_0}{Q} = \frac{5000}{50}\text{rad/s} = 100\text{rad/s}$$

7.2.4 例题1

【例 7.2.3】 某收音机的输入回路(调谐回路)等效为 RLC 串联电路,如图 7.2.6 所示。通过调节不同的 C 值选出所需电台,三个感应电动势等效于三个不同电台发射的空中电磁波。今接收中波频率范围为 525~1605kHz,已知 $L = 0.3\text{mH}$,$R = 16\Omega$,试求:(1)可调电容 C 的变化范围;(2)若要收听 $e_1(f_1 = 640\text{kHz})$ 电台,已知 $E_1 = 2\mu\text{V}$,该信号在电路中产生多大的谐振电流?产生的电容电压是多少?此时的品质因数 Q 及通频带 BW 为多少?

解 通过调节电容 C 改变电路的固有频率,当电路的固有频率与某个电台发射的电磁波频率相等时,电路发生串联谐振达到选频的目的,输出电容电压。

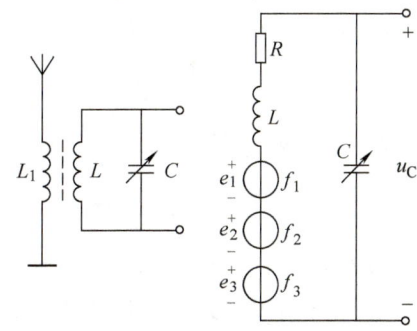

图 7.2.6 例 7.2.3 的图

(1)由 $\omega_0 = \frac{1}{\sqrt{LC}}$ 有

$$C = \frac{1}{\omega_0^2 L} = \frac{1}{(2\pi f_0)^2 L} = \frac{1}{4\pi^2 f_0^2 \times 0.3 \times 10^{-3}}$$

代入中波频率范围 $f = 525 \sim 1605\text{kHz}$,则得

$$f = 525\text{kHz 时}, C = 306.3\text{pF}$$
$$f = 1605\text{kHz 时}, C' = 32.8\text{pF}$$

所以应选配的可调电容范围为
$$C = 32.8 \sim 306.3 \text{pF}$$

（2）电路在 $f_1 = 640\text{kHz}$ 时产生串联谐振，此时有谐振电流
$$I_0(\omega_1) = \frac{E_1}{R} = \frac{2}{16}\mu\text{A} = 0.125\mu\text{A}$$

7.2.5 例题 2

容抗
$$X_{C0}(\omega_1) = X_{L0}(\omega_1) = 2\pi f_1 L = 2\pi \times 640 \times 10^3 \times 0.3 \times 10^{-3} \Omega = 1206.4\Omega$$

电容电压
$$U_{C0}(\omega_1) = I_0(\omega_1) X_{C0}(\omega_1) = 0.125 \times 10^{-6} \times 1206.4\text{V} = 151\mu\text{V}$$

品质因数
$$Q = \frac{U_{C0}(\omega_1)}{E_1} = \frac{151}{2} = 75.5$$

通频带
$$BW = \frac{f_1}{Q} = \frac{640}{75.5}\text{kHz} = 8.477\text{kHz}$$

7.3 RLC 并联电路的谐振

串联谐振电路适用于信号源内阻较小的情况。若信号源内阻较大，将使串联谐振电路的品质因数 Q 降低，使电路的频率特性变差，因此这时一般宜采用并联谐振（Parallel Resonance）电路。

7.3.1 RLC 并联电路的谐振

1. RLC 并联电路的谐振条件

设 RLC 并联电路如图 7.3.1 所示，激励信号源为正弦电流 $\dot{I}_S$。并联电路的入端导纳为
$$Y(j\omega) = G + jB = G + j(B_C - B_L) = G + j\left(\omega C - \frac{1}{\omega L}\right) \tag{7.3.1}$$

当端口上的电压 $\dot{U}$ 与端口电流 $\dot{I}_S$ 同相时，电路发生谐振。由于谐振发生在并联电路，所以称为并联谐振。由式（7.3.1）可知，RLC 并联电路发生并联谐振的条件为
$$B_0 = \omega_0 C - \frac{1}{\omega_0 L} = 0 \tag{7.3.2}$$

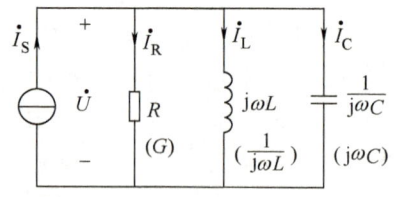

图 7.3.1 RLC 并联电路

由式（7.3.2）得 RLC 并联电路发生谐振时的谐振角频率和谐振频率为
$$\omega_0 = \frac{1}{\sqrt{LC}} \qquad f_0 = \frac{1}{2\pi\sqrt{LC}} \tag{7.3.3}$$

2. RLC 并联谐振的特点

（1）RLC 并联谐振时，电路的输入导纳最小，输入阻抗最大，电路呈阻性。即

$$Y(j\omega_0) = G + j\left(\omega_0 C - \frac{1}{\omega_0 L}\right) = G \qquad Z(j\omega_0) = R$$

（2）如果外加激励电流 I_S 保持不变，则电路发生并联谐振时端电压将达到最大值。工程中在做试验时，常以此来判定 RLC 并联电路是否发生谐振。即

$$U_0 = |Z(j\omega_0)|I_S = RI_S$$

（3）RLC 并联谐振时，电感支路电流和电容支路电流大小相等且反相。L、C 并联的总电流 $\dot{I}_{L0} + \dot{I}_{C0} = 0$，所以并联谐振也称电流谐振（Current Resonance）。此时，L、C 并联部分相当于开路，电源电流全部通过电阻，即：$\dot{I}_{R0} = \dot{I}_S$。

并联谐振时的相量图如图 7.3.2 所示。谐振时电感电流和电容电流分别为

$$\dot{I}_{L0} = -j\frac{1}{\omega_0 L}\dot{U}_0 = -j\frac{1}{\omega_0 LG}\dot{I}_S = -jQ\dot{I}_S \qquad (7.3.4)$$

$$\dot{I}_{C0} = j\omega_0 C\dot{U}_0 = j\frac{\omega_0 C}{G}\dot{I}_S = jQ\dot{I}_S \qquad (7.3.5)$$

式中，Q 为并联谐振电路的品质因数。

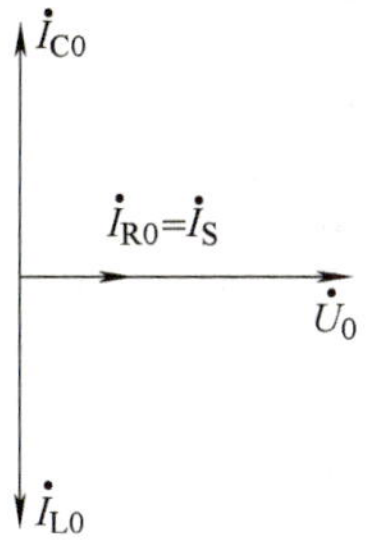

图 7.3.2 RLC 并联电路谐振时的相量图

（4）与 RLC 串联谐振相同，RLC 并联电路发生谐振时，电源发出的功率全部消耗在电阻上，电源不向电路提供无功功率。谐振时电路的总储能恒为常数，储能元件与电源之间无能量交换，而电感与电容二者之间的电磁储能进行相互转换。

3. 品质因数 Q

工程上，将电感电流或电容电流与激励信号源电流之比定义为 RLC 并联谐振电路的品质因数 Q，即

$$Q = \frac{I_C(\omega_0)}{I_S} = \frac{I_L(\omega_0)}{I_S} = \frac{1}{\omega_0 LG} = \frac{\omega_0 C}{G} = \frac{1}{G}\sqrt{\frac{C}{L}} \qquad (7.3.6)$$

由式（7.3.6）可见，RLC 并联谐振时，当 $\omega_0 L = \frac{1}{\omega_0 C} \ll R$（或 $\omega_0 C = \frac{1}{\omega_0 L} \gg G$）时，品质因数 $Q \gg 1$，表明在谐振或接近谐振时，有 $I_{L0} = I_{C0} \gg I_S$，即在电感和电容中出现大大高于电源电流的大电流，称为过电流现象。因此品质因数 Q 反映了并联谐振时的电感或电容电流相对总电流的放大倍数。

由于 RLC 并联电路与 RLC 串联电路互为对偶电路，根据对偶原理，利用 $Z-Y$、$R-G$、$L-C$、$U-I$ 等对偶元素相互替代后，则串联谐振电路中的公式完全适用于并联谐振电路，读者可自行分析。

7.3.1 RLC 并联电路的谐振

7.3.2 电感线圈与电容并联电路的谐振

在工程实际中，常遇到用电感线圈与电容器并联的电路。由于电感线圈有损耗，所以电感线圈相当于电阻与电感相串联；而电容器的漏电流和介质损耗很小，可作理想电容处理。因此有电感线圈与电容并联电路的模型（RL-C）如图 7.3.3a 所示。

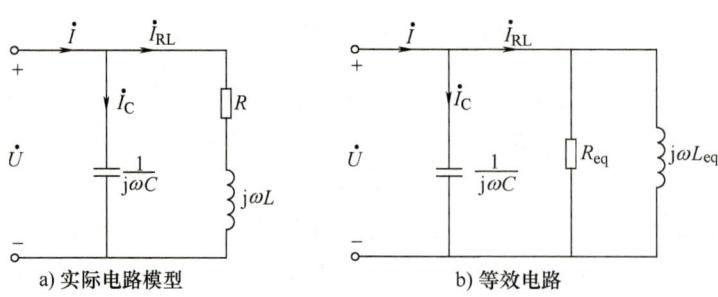

图 7.3.3　电感线圈与电容并联电路

1. 谐振频率

由图 7.3.3a 知，其入端复导纳为

$$Y(j\omega) = \frac{1}{R + j\omega L} + j\omega C$$
$$= \frac{R}{R^2 + (\omega L)^2} + j\left(\omega C - \frac{\omega L}{R^2 + (\omega L)^2}\right) \quad (7.3.7)$$
$$= G_{eq} + j(B_C - B_{Leq})$$

式中，G_{eq} 为并联电路的等效电导，$G_{eq} = \dfrac{R}{R^2 + (\omega L)^2}$；$B_{Leq}$ 为并联电路的等效感纳，$B_{Leq} = \dfrac{\omega L}{R^2 + (\omega L)^2}$。

由式（7.3.7）可知，可以用 RLC 并联电路来等效电感线圈与电容并联的电路，如图 7.3.3b 所示。图中的等效电阻和等效电感分别为

$$R_{eq} = \frac{R^2 + (\omega L)^2}{R} \qquad L_{eq} = \frac{R^2 + (\omega L)^2}{\omega^2 L} \quad (7.3.8)$$

当电路发生谐振时，电路的端口电压 $\dot{U}$ 与总电流 $\dot{I}$ 同相位，这时电路复导纳的虚部应等于零，即 $\text{Im}[Y(j\omega_0)] = B_0 = 0$，所以这个并联电路发生谐振的条件为

$$\omega_0 C - \frac{\omega_0 L}{R^2 + (\omega_0 L)^2} = 0 \quad (7.3.9)$$

由此可得该电路的谐振角频率和谐振频率为

$$\omega_0 = \frac{1}{\sqrt{LC}}\sqrt{1 - \frac{CR^2}{L}} \qquad f_0 = \frac{1}{2\pi\sqrt{LC}}\sqrt{1 - \frac{CR^2}{L}} \quad (7.3.10)$$

由式（7.3.10）可见，在电路参数一定的条件下，改变外加激励源的频率来达到谐振，则要求 $1 - \dfrac{CR^2}{L} > 0$，即 $R < \sqrt{\dfrac{L}{C}}$，此时 $\omega_0(f_0)$ 才是实数，即电路才有一个谐振频率，也即该电路才会发生谐振。

由式（7.3.9）可得谐振时的电容 $C = \dfrac{L}{R^2 + (\omega_0 L)^2}$，此式表明，不论 R、L、ω_0 为何值，若调节电容 C，该电路总可以达到谐振。

一般电感线圈的电阻较小，谐振时有 $\omega_0 L \gg R$，$Q \gg 1$，因此有

$$\omega_0 \approx \frac{1}{\sqrt{LC}} \qquad f_0 \approx \frac{1}{2\pi\sqrt{LC}} \tag{7.3.11}$$

由式（7.3.6）和图 7.3.3 可得电感线圈与电容并联谐振电路的品质因数为

$$Q = \frac{I_{C0}}{I_0} = \frac{1}{\omega_0 L_{eq} G_{eq}} = \frac{1}{\dfrac{R^2 + (\omega_0 L)^2}{\omega_0 L} \times \dfrac{R}{R^2 + (\omega_0 L)^2}} = \frac{\omega_0 L}{R} \approx \frac{1}{R}\sqrt{\frac{L}{C}} \tag{7.3.12}$$

式（7.3.12）为 RLC 串联谐振电路的品质因数，也是图 7.3.3a 谐振电路的品质因数。

2. 电感线圈与电容并联电路的谐振特点

（1）谐振时，电路的输入导纳很小，输入阻抗很大，电路呈阻性。即

$$Y(j\omega_0) = \frac{R}{R^2 + (\omega_0 L)^2} \approx \frac{RC}{L} \tag{7.3.13}$$

7.3.2 RLC 并联电路的谐振

$$Z(j\omega_0) = \frac{1}{Y(j\omega_0)} = \frac{R^2 + (\omega_0 L)^2}{R} \approx \frac{L}{RC} = Q^2 R \tag{7.3.14}$$

（2）如果保持端口总电流 $\dot{I}$ 不变，则谐振时电路两端将呈现高电压。即

$$U_0 = |Z(j\omega_0)| I_0 = Q^2 R I_0$$

需要注意的是，对于电感线圈与电容并联电路，发生谐振时，输入阻抗很大，但不是最大值，端电压也不是最大值。

（3）由于 $\omega_0 L \gg R$，则线圈的阻抗角 φ_1 很大，图 7.3.4 所示为 RL-C 并联电路谐振时的相量图。由图可见，谐振时在电感支路和电容中出现较大电流，支路电流是总电流的 Q 倍。通过分析有

$$\dot{I}_{C0} = jQ\dot{I}_0 \qquad \dot{I}_{RL0} = (1-jQ)\dot{I}_0 \approx -jQ\dot{I}_0$$

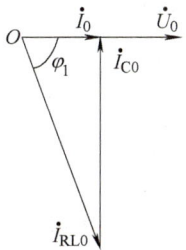

图 7.3.4 RLC 并联电路谐振时的相量图

对于电感线圈与电容并联电路，当 $R \ll \sqrt{\dfrac{L}{C}}$（$Q \gg 1$）时，发生谐振时的特点才与 RLC 并联谐振电路的特点相近。

【例 7.3.1】 将一个 $R = 15\Omega$、$L = 0.25\text{mH}$ 的电感线圈与 100pF 的电容器并联后接于 30V 的正弦交流电源上，电路如图 7.3.3a 所示。当电路发生谐振时，求：（1）该电路的谐振频率；（2）谐振时的输入阻抗；（3）谐振时电路的品质因数；（4）谐振时的总电流以及电感支路、电容支路电流的有效值。

解 由于

$$R = 15\Omega \ll \sqrt{\frac{L}{C}} = \sqrt{\frac{0.25 \times 10^{-3}}{100 \times 10^{-12}}}\Omega = 1581\Omega$$

所以可以用近似公式计算。

（1）谐振频率为

$$f_0 \approx \frac{1}{2\pi\sqrt{LC}} = \frac{1}{2\pi\sqrt{0.25 \times 10^{-3} \times 100 \times 10^{-12}}}\text{Hz} = 1006.6\text{kHz}$$

（2）谐振时的输入阻抗为

$$Z(j\omega_0) \approx \frac{L}{RC} = \frac{0.25 \times 10^{-3}}{15 \times 100 \times 10^{-12}}\Omega = 166.7\text{k}\Omega$$

(3) 谐振时的品质因数为

$$Q \approx \frac{1}{R}\sqrt{\frac{L}{C}} = \frac{1}{15}\sqrt{\frac{0.25 \times 10^{-3}}{100 \times 10^{-12}}} = 105.4$$

(4) 谐振时的总电流

$$I_0 = \frac{U}{Z(j\omega_0)} \approx \frac{30}{166.7}\text{mA} = 0.18\text{mA}$$

电感支路、电容支路电流的有效值为

$$I_{RL0} \approx I_{C0} = QI_0 = 105.4 \times 0.18\text{mA} = 19\text{mA}$$

若用式（7.3.9）计算该并联电路的谐振频率为

$$f_0 = \frac{1}{2\pi\sqrt{LC}}\sqrt{1-\frac{CR^2}{L}} = \frac{1}{2\pi\sqrt{0.25 \times 10^{-3} \times 100 \times 10^{-12}}}\sqrt{1-\frac{100 \times 10^{-12} \times 15^2}{0.25 \times 10^{-3}}}\text{Hz} = 1006.5\text{kHz}$$

由计算结果可知，谐振频率近似计算与精确计算的结果相差不大。谐振时的输入阻抗比线圈电阻大很多，$Z(j\omega_0)$ 比 R 大 11113 倍。

7.4 滤波器简介

由于电感和电容的电抗值随频率而变化，频率越高，感抗越大，容抗越小。利用电感 L 通低频阻高频信号，电容 C 通高频阻低频信号这一特性，工程上根据输出端口对信号频率范围的要求，将含有电感和电容专门设计的电路接在输入和输出端口之间，使信号中需要的频率分量能够顺利通过，而抑制或削弱不需要的频率分量。这种具有选频功能的中间电路，工程上称为滤波电路或滤波器。

通常将希望保留的频率范围称为通带，将希望抑制的频率范围称为阻带。根据通带和阻带在频率范围中的位置，滤波器分为低通、高通、带通和带阻四种类型。由于较大的电感 L 会导致滤波器的体积和重量都比较大，且容易引起电磁感应，因此在一般的电子设备中最常见的是 RC 电路构成的滤波器。

7.4 滤波器简介

1. 低通滤波器

低通滤波器（Low-pass Filter）为能使低频分量顺利通过而高频分量受到抑制的电路。

图 7.4.1 所示为 RC 低通滤波器，对应的幅频特性曲线和相频特性曲线如图 7.4.2a、b 所示。由图可以看出，当 ω 由 0 增加到 ∞ 时，网络函数的幅频特性 $|H_U(j\omega)|$ 由 1 逐渐减小到 0，输出电压与输入电压之间的相位差从 0° 逐渐变到 $-90°$。

当 $\omega = \omega_c = \frac{1}{RC}$ 时，$|H_U(j\omega)| = \frac{1}{\sqrt{2}} = 0.707$、$\varphi(\omega) = -45°$。

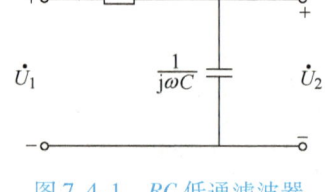

图 7.4.1 RC 低通滤波器

由此可见，当 $\omega < \omega_c$（截止频率）时，电路的输出信号幅度大于最大输出信号幅度的 0.707，因此 $0 \sim \omega_c$ 的频率范围为该电路的通频带，而 $\omega > \omega_c$ 的频率范围为该电路的阻带。所以该电路具有通过低频信号的特性。

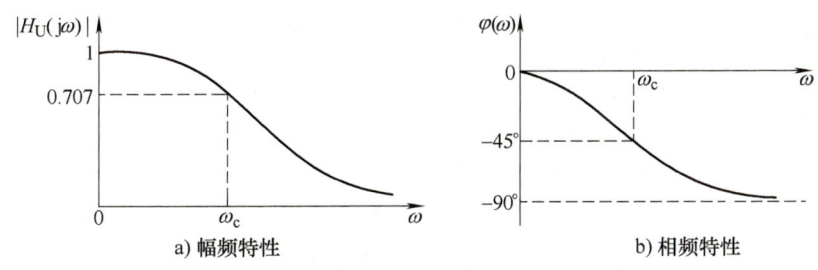

图 7.4.2　RC 低通滤波器的频率特性

图 7.4.3 所示的几种电路也属于低通滤波器，读者可自行分析。

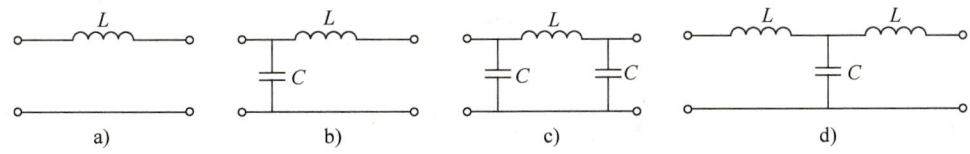

图 7.4.3　几种低通滤波器

2. 高通滤波器

高通滤波器（High-pass Filter）为能使高频分量顺利通过而低频分量受到抑制的电路。

图 7.4.4 所示为 RC 高通滤波器，对应的幅频特性曲线和相频特性曲线如图 7.4.5a、b 所示。由图可以看出，当 ω 由 0 增加到 ∞ 时，网络函数的幅频特性 $|H_U(j\omega)|$ 由 0 逐渐增加到 1，输出电压与输入电压之间的相位差从 90°逐渐变到 0°。当 $\omega = \omega_c = \dfrac{1}{RC}$ 时，$|H_U(j\omega)| = \dfrac{1}{\sqrt{2}} = 0.707$、$\varphi(\omega) = 45°$。

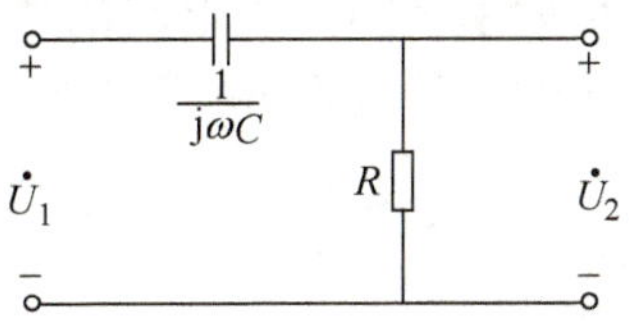

图 7.4.4　RC 高通滤波器

由此可见，当 $\omega > \omega_c$（截止频率）时，电路的输出信号幅度大于最大输出信号幅度的 0.707，因此 $\omega > \omega_c$ 的频率范围为该电路的通频带，而 $0 \sim \omega_c$ 的频率范围为该电路的阻带。所以该电路有通过高频信号的特性。

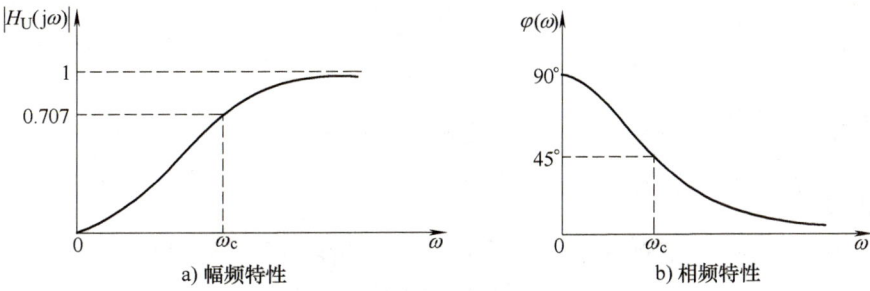

图 7.4.5　RC 高通滤波器的频率特性

图 7.4.6 所示的几种电路也属于高通滤波器，读者可自行分析。

3. 带通滤波器

带通滤波器（Band-pass Filter）为能使某一频率范围内的信号分量顺利通过而其他频

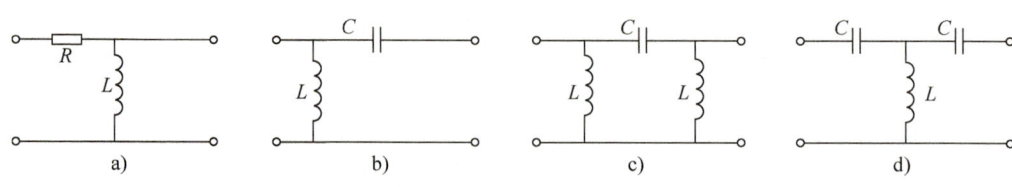

图 7.4.6 几种高通滤波器

率的信号分量受到抑制的电路。

图 7.4.7 所示为 RC 带通滤波器,对应的幅频特性曲线和相频特性曲线如图 7.4.8a、b 所示。由图可以看出,当 $\omega = \omega_H = \dfrac{1}{RC}$ 时,$|H_U(j\omega)|$ 最大为 $\dfrac{1}{3}$、$\varphi(\omega) = 0°$。

在频率 ω_H 附近的信号,电路有较大的输出。当电路的输出信号幅度由最大输出信号幅度 $\dfrac{1}{3}$ 下降到的

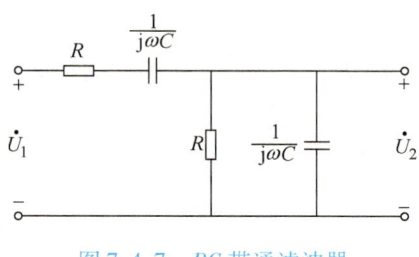

图 7.4.7 RC 带通滤波器

$\dfrac{1}{3\sqrt{2}}$ 时,可得上截止角频率 $\omega_{c2} = 3.3\dfrac{1}{RC}$ 和下截止角频率 $\omega_{c1} = 0.3\dfrac{1}{RC}$,因此 $\omega_{c1} \sim \omega_{c2}$ 之间的角频率范围为该电路的通频带,所以该电路具有带通信号的特性。图 7.4.7 所示的 RC 带通滤波器常用作 RC 低频振荡器中的选频电路(文氏电桥),以产生不同频率的正弦信号。

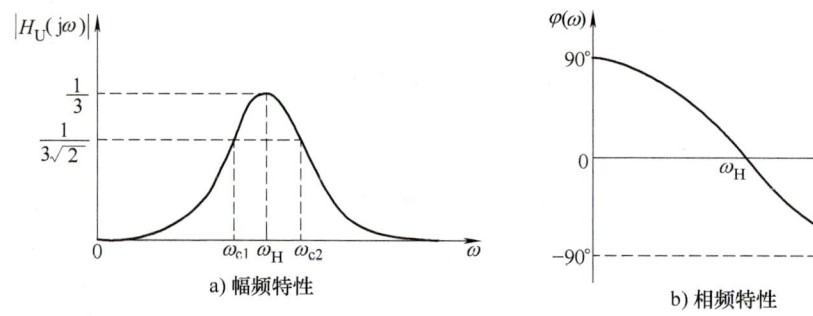

图 7.4.8 RC 带通滤波器的频率特性

4. 带阻滤波器

带阻滤波器(Band-stop Filter)为能使某一频率范围内的信号分量受到抑制而其他频率的信号分量顺利通过的电路。

图 7.4.9 所示为 RC 带阻滤波器,对应的幅频特性曲线和相频特性曲线如图 7.4.10a、b 所示。由图可以看出,在角频率 $\omega = \omega_L = \dfrac{1}{RC}$ 附近的信号,电路有较大的衰减。当电路的输出信号幅度由最大输出信号幅度 1 下降到 0.707 时,可得上截止角频率和下截止角频率,因此 $\omega_{c1} \sim \omega_{c2}$ 之间的角频率范围为该电路的阻带,所以该电路具有带阻信号的特性。

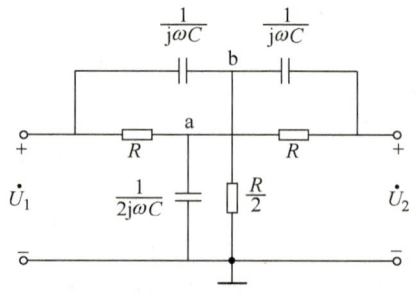

图 7.4.9 RC 带阻滤波器

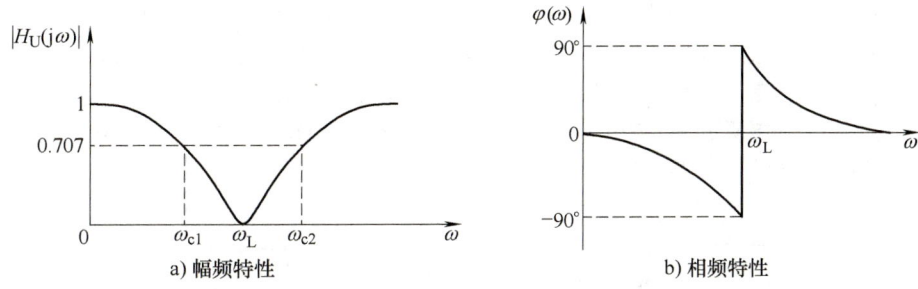

图 7.4.10　RC 带阻滤波器的频率特性

5. 谐振滤波器

利用 RLC 串联谐振电路和并联谐振电路的频率特性，进行选频、滤波，则构成谐振滤波器。在谐振频率附近 LC 串联部分呈现低阻，LC 并联部分呈现高阻，因此可设计出带通或带阻滤波器。

图 7.4.11 所示为利用谐振电路构成的谐振滤波器。图 7.4.11a、b 为带通滤波器，图 7.4.11c、d 为带阻滤波器，读者可自行分析。

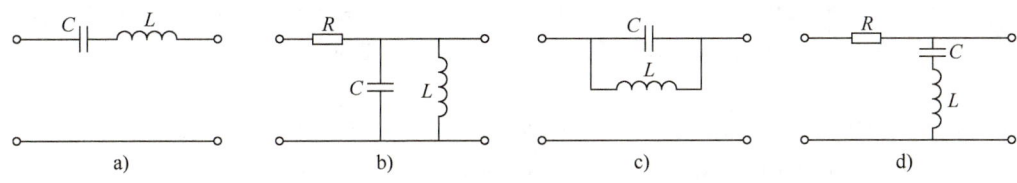

图 7.4.11　谐振滤波器

习　题

7.1　已知 RLC 串联电路，外加电源电压 $U_S=100\text{mV}$，谐振时 $\omega_0=1000\text{rad/s}$，电容电压 $U_{C0}=1\text{V}$，电流 $I_0=10\text{mA}$。试确定 R、L、C 的值。

7.2　一 RLC 串联电路，谐振时测得 $U_R=20\text{V}$，$U_C=200\text{V}$。求电源电压 U_S 及电路的品质因数 Q。

7.3　RLC 串联电路，已知端电压 $u=15\sqrt{2}\cos(2500t)\text{V}$，当电容 $C=10\mu\text{F}$ 时，电路吸收的功率 P 达到最大值 $P_{\max}=150\text{W}$。求电路的电感 L、电阻 R 以及品质因数 Q 的值。

7.4　RLC 串联电路，已知电源电压 $U_S=2\text{mV}$，$f=1\text{MHz}$。调整电容 C 使电路达到谐振，此时测得电路电流 $I_0=0.2\text{mA}$，电感电压 $U_{L0}=100\text{mV}$。试求电路参数 R、L、C 及电路的品质因数 Q。

7.5　电路如题 7.5 图所示，一个内阻 $R_S=10\Omega$ 的信号电压源加在 RLC 串联电路上，已知电阻 $R=15\Omega$，要求谐振频率 $f_0=10^4\text{Hz}$，通频带宽 $\Delta f=100\text{Hz}$。试求电路参数 L 和 C。

7.6　RLC 串联电路，已知信号电压 $\dot{U}=10\angle 0°\text{V}$，$R=5\Omega$，$L=1\text{H}$，$C=1\mu\text{F}$。试求：(1) ω 为多大时，电路电流 I 最大？I 值是多少？(2) 当频率 f 由 200Hz 增大到 1000Hz 时，I 是增大还是减小？为什么？(3) 电路的品质因数 Q 为多少？

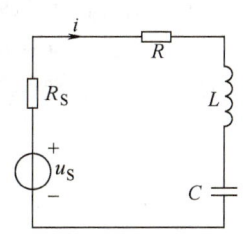

题 7.5 图

7.7　一个 $R=50\Omega$，$L=4\text{mH}$ 的线圈与电容串联，如果要在频率 $f_0=200\text{kHz}$ 时发生串联谐振，问需串联多大容量的电容器？此时电路的品质因数 Q 为多少？试问采用何种方法，可使 Q 值减小为原 Q 值的 1/2。

7.8 电路如题 7.8 图所示，将一个线圈（$L=200\text{mH}$，$R=25\Omega$）与 $C=5\mu\text{F}$ 的电容器串联，接在 $U_S=250\text{mV}$ 的正弦电源上。试求：(1) 电路发生谐振时的电源频率 f_0、电流 I_0、电容器端电压 U_{C0} 及线圈的端电压 U_{RL0}；(2) 电源频率增大为 $1.1f_0$ 时的电流 I、电容器端电压 U_C 及线圈的端电压 U_{RL}。

7.9 电路如题 7.9 图所示，已知电压 $u=60\cos(\omega t)\text{V}$，$R_1=30\Omega$，$R_2=60\Omega$，$L=10\text{mH}$，$C=10\mu\text{F}$。试求：(1) 电路的谐振角频率；(2) 谐振时电流 i_0、i_{10}、i_{20}。

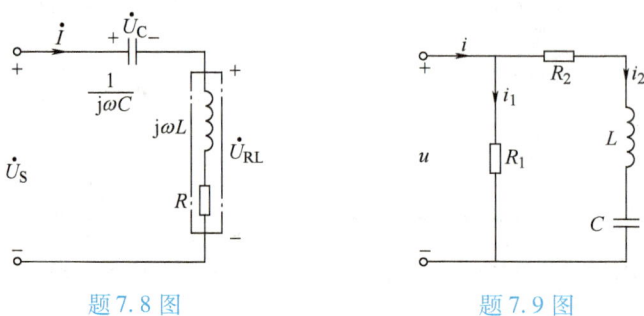

题 7.8 图　　　　　　　　题 7.9 图

7.10 RLC 串联电路，已知电阻 $R=16\Omega$，调节电容 C 的值，要求能使谐振频率的范围为 $535\sim1605\text{kHz}$，且要求电路的品质因数 Q 值不小于 63。试求电容 C 的取值范围及电感 L 的值。

7.11 RLC 串联电路，已知 $R=50\Omega$，$L=0.5\text{H}$，$C=0.45\mu\text{F}$，正弦电源电压 $U=10\text{V}$。试求：(1) 谐振角频率 ω_0 及电路的品质因数 Q；(2) 谐振时的电流 I_0 及各元件的电压 U_{R0}、U_{L0}、U_{C0}；(3) LC 中的电磁总储能量。

7.12 题 7.12 图所示 RLC 并联电路中，已知 $i_S=\sqrt{2}\cos(2500t+60°)\text{A}$，$R=150\Omega$，$L=10\text{mH}$。问电容 C 取何值时，电流表的读数为零？求此时的 U、I_R、I_L 及 I_C。

7.13 题 7.13 图所示电路中，已知电源 $i_S(t)=I_m\cos(\omega t)$，电阻 R 和电容 C_2 可调。问在什么条件下端口输出电压 $u(t)$ 不受 R 和 C_2 变化的影响。

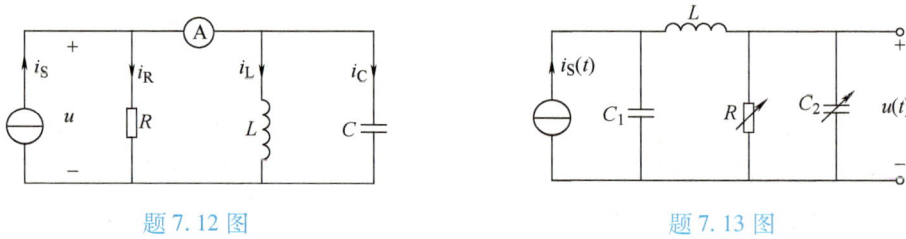

题 7.12 图　　　　　　　　题 7.13 图

7.14 题 7.14 图所示电路中，$R=10\Omega$，$L=25\text{mH}$，$C=0.01\mu\text{F}$。求谐振频率 f_0、品质因数 Q、谐振时的输入阻抗 $Z(\text{j}\omega_0)$。

7.15 电路如题 7.15 图所示，线圈（R、L）与电容并联后接入电源。已知 $U_S=100\text{V}$，$R_S=50\text{k}\Omega$，谐振时 $\omega_0=10^6\text{rad/s}$，$Q=100$，此时线圈获得最大功率。试求：(1) 电路参数 R、L、C；(2) 谐振时电流 I_0、电压 U_0 和线圈获得最大功率 $P_{\max}$。

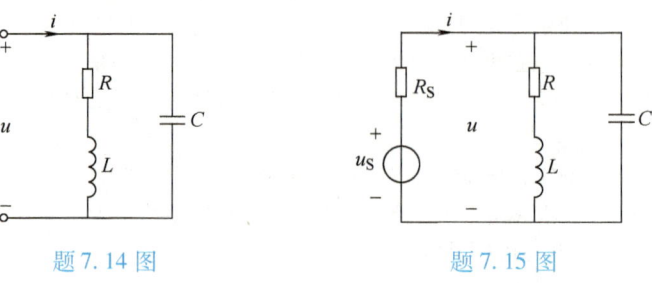

题 7.14 图　　　　　　　　题 7.15 图

第8章 三相电路

课程目标：本章主要分析三相电路的电压、电流和功率。通过学习，应了解三相电路的概念，掌握三相电源和三相负载的联结方式，掌握对称三相电路的计算，理解不对称三相电路的概念。

思政目标：通过学习，同学们可以了解智能电网的基础知识，从生活中了解电，初窥电力工程，培养追求真理、崇尚创新、实事求是的科学精神。

前面第5章所述的正弦稳态交流电路涉及的电源仅能提供一个交流电压或电流，称为单相交流电源，由单相交流电源供电的电路称为单相电路，而三相电路是指由三相交流电源供电的电路。本章先介绍三相电路的概念，电源和负载的联结方式，然后介绍对称三相电路的计算和不对称三相电路的概念，最后介绍三相电路的功率。

8.1 三相电路的电源和负载

目前，世界上绝大多数的电力系统都采用三相制，而日常生活中所用的单相交流电源，也多数是取自三相交流电源中的一相。三相电路是由三相电源、三相输电线和三相负载三个部分组成的。三相电路实际上是复杂正弦交流电路的一种特殊类型，相量法完全适用于三相电路。

8.1.1 三相电路的电源和负载

8.1.1 对称三相电源

对称三相电源通常是由三相发电机或用户变压器提供的。图8.1.1a为三相发电机的示意图，图中AX、BY和CZ是三个完全相同但彼此在空间上相隔120°的定子绕组。当转子（磁铁）以角速度ω顺时针旋转时，分别在A、B、C三相定子绕组中感应出电压u_A、u_B、u_C，它们是三个频率相同、幅值相等、相位相差120°的正弦电压，称为对称三相电压源，如图8.1.1b所示。每一个电压源称为三相电压源的一相，A、B、C称为首端，X、Y、Z称为末端。三个电压源依次称为A相、B相和C相。一般以A相电压u_A作为参考正弦量，则三个相电压表示为

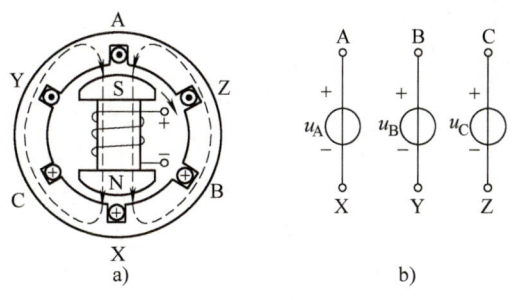

图8.1.1 对称三相电源的产生

$$\begin{cases} u_A = \sqrt{2}U_p\cos(\omega t) \\ u_B = \sqrt{2}U_p\cos(\omega t - 120°) \\ u_C = \sqrt{2}U_p\cos(\omega t + 120°) \end{cases} \quad (8.1.1)$$

式中，U_p 为每相电源电压的有效值。对应的三相电压源相量形式为

$$\dot{U}_A = U_p \angle 0° \qquad \dot{U}_B = U_p \angle -120° = a^2 \dot{U}_A \qquad \dot{U}_C = U_p \angle 120° = a \dot{U}_A$$

式中，a 称为相量因子，$a = 1 \angle 120°$。对称三相电压源的时域波形和相量图如图 8.1.2a、b 所示。

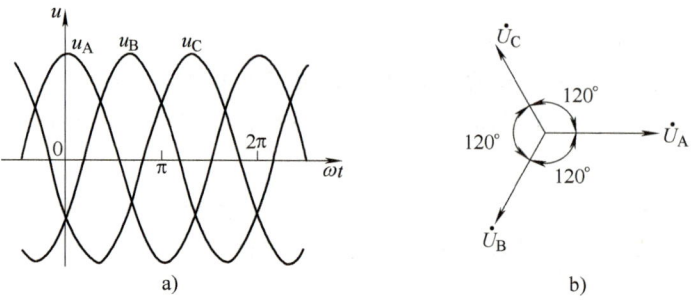

图 8.1.2 对称三相电压源的时域波形及相量图

对称三相电压源满足

$$u_A + u_B + u_C = 0 \qquad \dot{U}_A + \dot{U}_B + \dot{U}_C = 0 \qquad (8.1.2)$$

这是对称三相电源的重要特点。单下标形式的三相电压（如 u_A、$\dot{U}_A$ 等）表达的是各个电压源两端的电压。

三相电压源相位依次落后 120° 的相序（次序），A、B、C 称为正序或顺序。与此相反，若相位依次超前 120°，即 B 超前 A、C 超前 B，这种相序称为负序或逆序。式 (8.1.1) 和图 8.1.2 的波形图、相量图都代表正序，一般没有特殊说明都取正序。

8.1.2 对称三相电源及负载的连接方式

在三相电路中，对称三相电源一般接成星形（Y）联结或三角形（△）联结，分别如图 8.1.3a、b 所示。

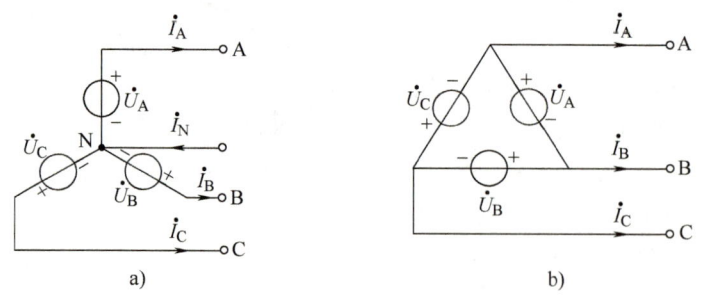

图 8.1.3 三相电源的两种连接方式

在图 8.1.3a 中将三相电源的负极接在一起，形成一个中性点 N，从三个正极端子引出三条导线，这种星形联结的三相电源简称星形或 Y 电源。从中性点引出的导线称为中性线或零线，从端点 A、B、C 引出的三根导线称为端线或相线（俗称火线）。在图 8.1.3b 中将三相电源依次按正负极连接成一个回路，再从端子 A、B、C 引出导线，称其为三角形或 △ 电源。由于一般电源内阻抗极小，因此三角形联结时，如果有一相电源接反，则三角形回路内

会产生很大的回路电流，甚至有烧毁电源的危险。

三相电路的负载也是由三个阻抗连接成星形（Y）联结或三角形（△）联结。有了三相负载的概念以后，以前用二端网络表示的交流负载称为单相负载。在三相制中，通常把若干单相负载分成三组，组合成三相负载，再与三相电源相接。当这三个阻抗相等时，称为对称三相负载。将对称三相电源与对称三相负载进行适当的连接就形成了对称三相电路。根据三相电源与负载的不同联结，可以组成Y-Y、Y-△、△-Y、△-△联结的三相电路。图8.1.4a、b所示为Y-Y联结方式和Y-△联结方式。在图8.1.4a所示Y-Y联结的对称三相电路中，电源中性点N和负载中性点N'用一条阻抗为Z_N的中性线连接起来，这种连接方式称为三相四线制，其他连接方式均属于三相三线制。

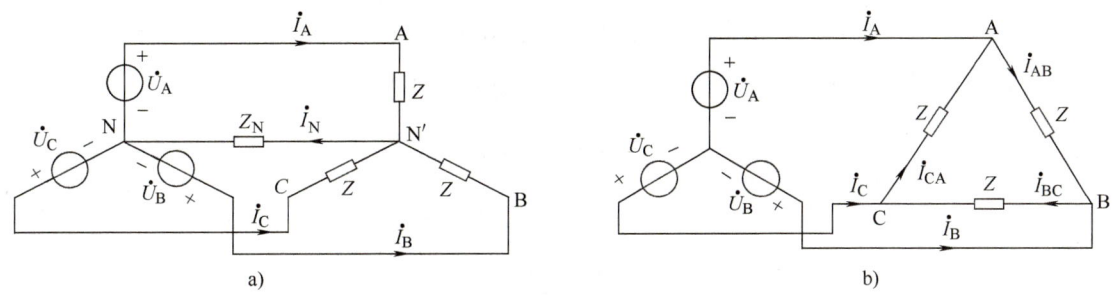

图 8.1.4 对称三相电路的连接方式

不同连接方式的电路中，电流或电压值有相应的不同。三条端线两两之间的电压称为线电压，其有效值用 U_L 表示；而各个元件（电压源或负载）两端的电压称为相电压，其有效值用 U_P 表示；流经各端线中的电流称为线电流，其有效值 I_L 表示；流经各个元件（电压源或负载）中的电流称为相电流，其有效值用 I_P 表示。

图8.1.5a所示为对称三相负载的星形联结，AB、BC、CA间电压为线电压，分别用 $\dot U_{AB}$、$\dot U_{BC}$、$\dot U_{CA}$ 表示；AN'、BN'、CN'间电压为负载的相电压，分别为 $\dot U_{AN'}$、$\dot U_{BN'}$、$\dot U_{CN'}$；$\dot I_A$、$\dot I_B$、$\dot I_C$ 为线电流，$\dot I_a$、$\dot I_b$、$\dot I_c$ 为相电流。此时线电流等于相电流，线电压与相电压的关系为

$$\begin{cases} \dot U_{AB} = \dot U_{AN'} - \dot U_{BN'} = (1-a^2)\dot U_{AN'} = \sqrt{3}\dot U_{AN'} \angle 30° \\ \dot U_{BC} = \dot U_{BN'} - \dot U_{CN'} = (1-a^2)\dot U_{BN'} = \sqrt{3}\dot U_{BN'} \angle 30° \\ \dot U_{CA} = \dot U_{CN'} - \dot U_{AN'} = (1-a^2)\dot U_{CN'} = \sqrt{3}\dot U_{CN'} \angle 30° \end{cases} \quad (8.1.3)$$

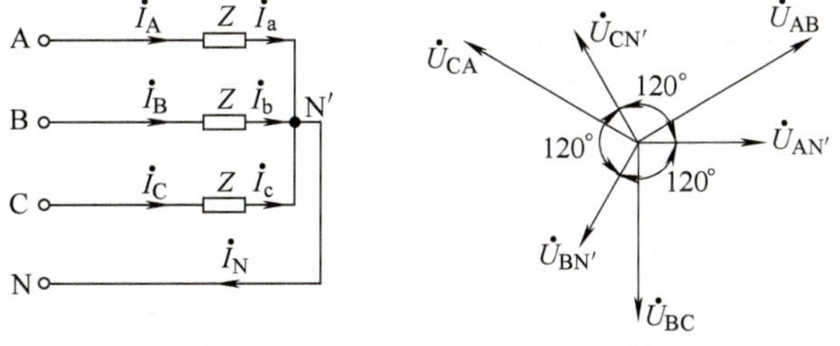

图 8.1.5 对称星形联结负载及相、线电压相量图

8.1.2 三相电路的电压和电流

星形联结的线电压与相电压的相量关系,可以用图 8.1.5b 所示的相量图表示。若设 $\dot{U}_A = U_P \angle 0°$,则由相量图及式(8.1.3)可得

$$\dot{U}_{AB} = \sqrt{3}U_P \angle 30° \qquad \dot{U}_{BC} = \sqrt{3}U_P \angle -90° \qquad \dot{U}_{CA} = \sqrt{3}U_P \angle 150° \qquad (8.1.4)$$

由此可见,当相电压对称时,线电压也一定对称,星形联结的线电压的有效值是相电压有效值的 $\sqrt{3}$ 倍,相位依次超前 $\dot{U}_{AN'}$、$\dot{U}_{BN'}$、$\dot{U}_{CN'}$ 的相位 30°,计算时只要算出 $\dot{U}_{AB}$ 就可依次写出 $\dot{U}_{BC}$、$\dot{U}_{CA}$。通常低压配电系统采用三相四线制,其电压为 220V/380V,其中 220V 为相电压,是照明、家用电器的额定电压,而 380V 为线电压,$\sqrt{3} \times 220 \approx 380V$。

对于图 8.1.6a 所示的对称三相负载的三角形联结,AB、BC、CA 间电压为线电压,分别用 $\dot{U}_{AB}$、$\dot{U}_{BC}$、$\dot{U}_{CA}$ 表示;同时每个负载 Z 两端的电压是相电压,因此线电压等于相电压。$\dot{I}_A$、$\dot{I}_B$、$\dot{I}_C$ 为线电流;$\dot{I}_{AB}$、$\dot{I}_{BC}$、$\dot{I}_{CA}$ 为相电流。则由 KCL 得

$$\begin{cases} \dot{I}_A = \dot{I}_{AB} - \dot{I}_{CA} = (1-a)\dot{I}_{AB} = \sqrt{3}\dot{I}_{AB} \angle -30° \\ \dot{I}_B = \dot{I}_{BC} - \dot{I}_{AB} = (1-a)\dot{I}_{BC} = \sqrt{3}\dot{I}_{BC} \angle -30° \\ \dot{I}_C = \dot{I}_{CA} - \dot{I}_{BC} = (1-a)\dot{I}_{CA} = \sqrt{3}\dot{I}_{CA} \angle -30° \end{cases} \qquad (8.1.5)$$

三角形联结的线、相电流相量图如图 8.1.6b 所示。由于相电流是对称的,所以线电流也是对称的。只要求出一个线电流,其他两个就可以依次写出。线电流有效值是相电流有效值的 $\sqrt{3}$ 倍,相位依次滞后 $\dot{I}_{AB}$、$\dot{I}_{BC}$、$\dot{I}_{CA}$ 的相位 30°。

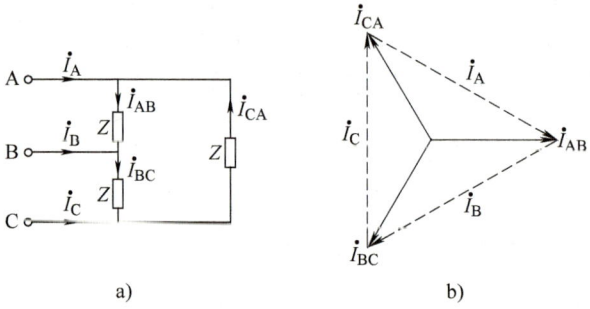

图 8.1.6 对称三角形联结负载及相、线电流相量图

表 8.1.1 给出了对称三相负载的电压和电流关系。

表 8.1.1 对称三相负载的电压和电流关系

连接方式	电压关系	电流关系
星形联结	线电压 $\dot{U}_{AB} = \sqrt{3}\dot{U}_{AN'} \angle 30°$ 相电压 $\dot{U}_{AN'} = \dfrac{\dot{U}_{AB}}{\sqrt{3}} \angle -30°$	线电流等于相电流
三角形联结	线电压等于相电压	线电流 $\dot{I}_A = \sqrt{3}\dot{I}_{AB} \angle -30°$ 相电流 $\dot{I}_{AB} = \dfrac{\dot{I}_A}{\sqrt{3}} \angle 30°$

8.2 对称三相电路的分析计算

当三相电路的电源对称、三相输电线阻抗相等、负载对称时,称为对称三相电路。而上述三个环节中若有一个环节不对称,则称为不对称三相电路。对称三相电路的计算属于正弦稳态电路的计算,在前面章节中所用的相量法也可用于对称三相电路的分析。

8.2.1 Y-Y联结对称三相电路的计算

图 8.2.1a 所示为Y-Y联结的对称三相电路。图中,Z_1 为端线阻抗,Z_N 为中性线阻抗。

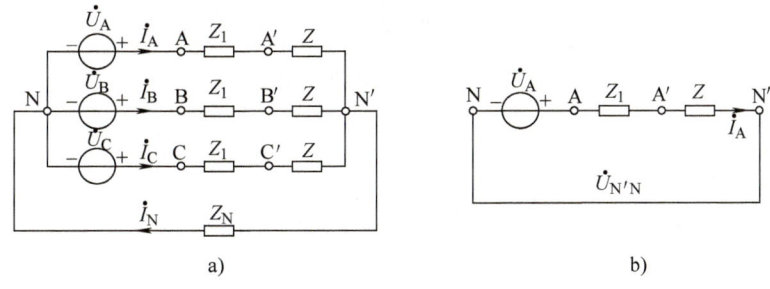

图 8.2.1 对称三相电路及一相计算电路

因为电路结构具有节点少的特点,应用节点电压法,设 N 为参考节点,可以写出节点电压方程为

$$\left(\frac{3}{Z_1+Z}+\frac{1}{Z_N}\right)\dot{U}_{N'N} = \frac{\dot{U}_A}{Z_1+Z}+\frac{\dot{U}_B}{Z_1+Z}+\frac{\dot{U}_C}{Z_1+Z}$$

对于对称三相电路,$\dot{U}_A+\dot{U}_B+\dot{U}_C=0$,所以可解得 $\dot{U}_{N'N}=0$,中性线电流 $\dot{I}_N=0$。

由此可见,Y-Y联结的对称三相电路中,无论中性线阻抗为何值(包括 $Z_N=0$ 或 ∞),负载中性点 N′和电源中性点 N 之间的电压恒为零,因此各相独立,彼此无关,并且相电流是对称的。根据这一特点,可将Y-Y联结的对称三相电路简化成一相进行计算,如图 8.2.1b 所示。此时 N 和 N′用短路线连接,与原三相电路中 Z_N 的取值无关。可先求出Y联结 A 相的线电流,A 相的相电流等于线电流,为

8.2.1 星形联结对称三相电路的计算

$$\dot{I}_A = \frac{\dot{U}_A}{Z_1+Z} \tag{8.2.1}$$

则负载的相电压为

$$\dot{U}_{A'N'} = \dot{I}_A Z \tag{8.2.2}$$

负载的线电压为

$$\dot{U}_{A'B'} = \sqrt{3}\dot{U}_{A'N'}\angle 30° \tag{8.2.3}$$

而其他两相的电流、电压可依次按对称顺序写出。

对于任何一个不加说明的对称三相电源或负载,都可以把它看成是Y联结,方便电路分析。

【例 8.2.1】 对称三相电路如图 8.2.1a 所示,已知线路阻抗 $Z_1 = (4+j6)\Omega$,负载阻抗 $Z = (36+j24)\Omega$,线电压为 $U_L = 380V$,求负载中各相的电流、相电压和线电压。

解 因为线电压为 $U_L = 380V$,所以相电压为

$$U_P = U_L/\sqrt{3} = 380/\sqrt{3} = 220V$$

设 $\dot{U}_A = 220\angle 0°V$,则由一相计算电路图 8.2.1b 可得线电流为

$$\dot{I}_A = \frac{\dot{U}_A}{Z_1 + Z} = \frac{220\angle 0°}{40+j30}A = 4.4\angle -36.87°A$$

$$\dot{I}_B = \dot{I}_A \angle -120° = 4.4\angle -156.87°A$$

$$\dot{I}_C = \dot{I}_A \angle 120° = 4.4\angle 83.13°A$$

由于负载为Y联结,负载的相电流等于线电流。

负载的相电压为

$$\dot{U}_{A'N'} = \dot{I}_A Z = 4.4\angle -36.87°\times(36+j24)V = 190.4\angle -3.18°V$$

负载的线电压为

$$\dot{U}_{A'B'} = \sqrt{3}\dot{U}_{A'N'}\angle 30° = 329.8\angle 26.82°V$$

$$\dot{U}_{B'C'} = \alpha^2 \dot{U}_{A'B'} = 329.8\angle -93.18°V$$

$$\dot{U}_{C'A'} = \alpha \dot{U}_{A'B'} = 329.8\angle 146.82°V$$

8.2.2 对称三相电路的分析计算

对称三相电路中的负载可能有多组,而且有的还是△联结,且输电线路的阻抗不为零。图 8.2.2 所示为Y-△联结电路,应该首先将三角形对称负载等效变换成星形,构成Y-Y联结电路,然后将电源的中性点与负载的中性点短接起来,再归为一相进行分析和计算,其具体步骤如下:

(1) 将△联结的对称三相负载,应用△-Y等效变换公式,变换成对称的Y联结三相负载,$Z' = \dfrac{Z}{3}$。

(2) 将负载的中性点与电源中性点短接,取一相电路进行分析和计算,如图 8.2.1b 所示。

(3) 求出等效Y联结三相负载时的线电流(此即△联结的线电流),$\dot{I}_A = \dfrac{\dot{U}_A}{Z_1 + Z'}$。

8.2.2 三角形联结对称三相电路的计算

(4) 根据△联结的相电流与线电流的关系求出相电流,$\dot{I}_{A'B'} = \dfrac{\dot{I}_A}{\sqrt{3}}\angle 30°$。

(5) 求出△联结的对称三相负载的相电压(即线电压),$\dot{U}_{A'B'} = \dot{I}_{A'B'}Z$。

(6) 求出原电路中的其他待求量,并可根据对称性求出其他两相的电压、电流。

对于△联结的对称三相电源，也可将电源等效变换为Y联结的电源。综上所述，对称三相电路可以采用一相计算电路进行分析和计算。

Y-△联结电路中若没有端线阻抗，即三相电源直接接在三相负载上，三相负载的电压 $\dot{U}_{A'B'} = \dot{U}_{AB}$，则不需要做△-Y等效变换，可直接求得三相负载的相电流，再根据△联结的线电流与相电流的关系求出线电流。

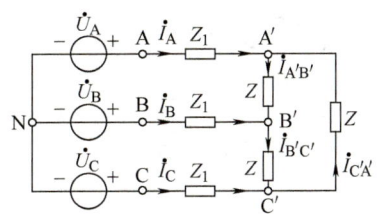

图 8.2.2 Y-△联结电路

$$\dot{I}_{A'B'} = \frac{\dot{U}_{AB}}{Z} \qquad \dot{I}_A = \sqrt{3}\dot{I}_{A'B'} \angle -30°$$

【例 8.2.2】 对称三相电路如图 8.2.2 所示，已知：对称线电压 $U_{AB} = 380\text{V}$，$Z_1 = (3 + \text{j}4)\Omega$，$Z = (19.2 + \text{j}14.4)\Omega$。求负载的相电流和线电压。

解 该电路可以变换成对称的Y-Y联结三相电路，变换后的负载 Z' 为

$$Z' = \frac{Z}{3} = (6.4 + \text{j}4.8)\Omega$$

令 $\dot{U}_A = 220\angle 0°\text{V}$。根据图 8.2.3 所示的一相计算电路有

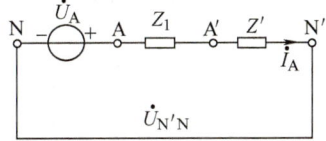

图 8.2.3 一相计算电路

$$\dot{I}_A = \frac{\dot{U}_A}{Z' + Z_1} = \frac{220\angle 0°}{6.4 + \text{j}4.8 + 3 + \text{j}4}\text{A} = 17.1\angle -43.2°\text{A}$$

此电流为等效Y联结的线电流，也是△联结负载的线电流。则△联结负载的相电流为

$$\dot{I}_{A'B'} = \frac{\dot{I}_A}{\sqrt{3}}\angle 30° = 9.9\angle -13.2°\text{A}$$

根据对称性可写出

$$\dot{I}_{B'C'} = a^2\dot{I}_{A'B'} = 9.9\angle -133.2°\text{A}$$

$$\dot{I}_{C'A'} = a\dot{I}_{A'B'} = 9.9\angle 106.8°\text{A}$$

由图 8.2.2 所示的△联结负载电路，线电压与相电压相等，则

$$\dot{U}_{A'B'} = \dot{I}_{A'B'}Z = 9.9\angle -13.2° \times (19.2 + \text{j}14.4)\text{V} = 237.6\angle 23.7°\text{V}$$

根据对称性可写出

$$\dot{U}_{B'C'} = a^2\dot{U}_{A'B'} = 236.9\angle -96.3°\text{V}$$

$$\dot{U}_{C'A'} = a\dot{U}_{A'B'} = 236.9\angle 143.7°\text{V}$$

【例 8.2.3】 图 8.2.4 所示对称三相电路中，已知负载线电压为 380V，线路阻抗 $Z_1 = (2 + \text{j}2)\Omega$，负载阻抗 $Z = (150 + \text{j}150)\Omega$，求电源线电压。

解 该电路可以变换成对称的Y-Y联结三相电路，取一相进行计算，如图 8.2.3 所示，变换后的负载 Z' 为

$$Z' = \frac{Z}{3} = (50 + \text{j}50)\Omega$$

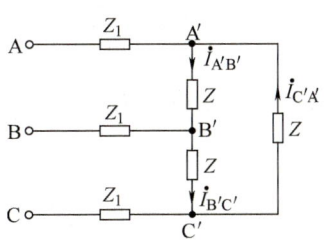

图 8.2.4 例 8.2.3 的图

因负载线电压为380V，故选负载相电压 $\dot{U}_{A'N'}$ 为参考相量，有

$$\dot{U}_{A'N'} = \frac{380}{\sqrt{3}} \angle 0° = 220 \angle 0° \text{V}$$

根据分压公式有

$$\dot{U}_{A'N'} = \frac{Z'}{Z_1 + Z'} \dot{U}_{AN}$$

则

$$\dot{U}_{AN} = \frac{Z_1 + Z'}{Z'} \dot{U}_{A'N'} = \frac{2 + j2 + 50 + j50}{50 + j50} \times 220 \angle 0° \text{V} = 228.8 \angle 0° \text{V}$$

电源线电压为

$$\dot{U}_{AB} = \sqrt{3} \dot{U}_{AN} \angle 30° = 396.3 \angle 30° \text{V}$$

【例 8.2.4】 图 8.2.5a 所示对称三相电路，已知电源线电压为 380V，$|Z_1| = 10\ \Omega$，$\cos\varphi_1 = 0.6$（感性），$Z_2 = -j50\ \Omega$，$Z_N = (1 + j2)\Omega$。求线电流和相电流。

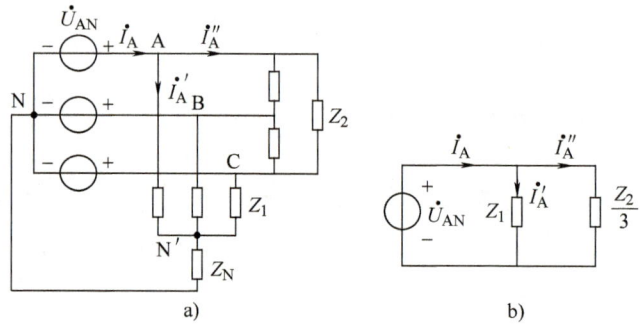

图 8.2.5　例 8.2.4 的图

解 该电路可以变换成对称的 Y-Y 联结三相电路，得到一相计算电路如图 8.2.5b 所示。令 $\dot{U}_{AN} = 220 \angle 0° \text{V}$，则三相负载为

$$\cos\varphi_1 = 0.6 \quad \varphi_1 = 53.1° \quad Z_1 = 10 \angle 53.1° \Omega = (6 + j8)\Omega \quad Z_2' = \frac{1}{3}Z_2 = -j\frac{50}{3}\Omega$$

负载 Z_1 的线电流为

$$\dot{I}_A' = \frac{\dot{U}_{AN}}{Z_1} = \frac{220 \angle 0°}{10 \angle 53.1°} \text{A} = 22 \angle -53.1° \text{A} = (13.2 - j17.6) \text{A}$$

该电流也是负载 Z_1 的相电流，而负载 Z_2 的线电流为

$$\dot{I}_A'' = \frac{\dot{U}_{AN}}{Z_2'} = \frac{220 \angle 0°}{-j50/3} \text{A} = j13.2 \text{A}$$

负载 Z_2 的相电流为

$$\dot{I}_{AB2} = \frac{1}{\sqrt{3}} \dot{I}_A'' \angle 30° = 7.6 \angle 120° \text{A}$$

总线电流为

$$\dot{I}_A = \dot{I}_A' + \dot{I}_A'' = (13.2 - j4.4) \text{A} = 13.9 \angle -18.4° \text{A}$$

8.3 不对称三相电路的概念

在三相电路中，只要电源、负载或者线路阻抗有一环节不对称，则该电路就称为不对称三相电路。一般在低压配电系统中，三相电源是对称的，而三相负载不对称是常见的情况，如各种单相负载（照明灯、单相电动机等）就很不容易均匀地分配到三相电路的各相上。所以这里只讨论三相电源对称、三相负载不对称的三相电路。

8.3 不对称三相电路

8.3.1 三角形联结情况

不对称三相电路不再具有对称三相电路分析中所得到的各种特殊性，因此三相电路的分析不再归为一相计算电路，而要作为一般正弦稳态电路分析。不对称三相负载三角形联结，当不考虑线路阻抗时，因各相负载均接在电源的端线上，所以各相负载上均得到对称的电源线电压，只要分别求三个单相电路即可。由于负载不对称，相电流就不对称。需要注意的是，线电流与相电流之间不再存在$\sqrt{3}$以及$30°$的关系。

【例 8.3.1】 图 8.3.1 所示不对称三相电路中，已知对称三相电源的线电压为 380V，负载 $Z_1 = (2 + j2)\Omega$，$Z_2 = 10\Omega$，$Z_3 = (6 + j8)\Omega$。求负载的相电流和线电流。

解 负载为三角形联结，因三相电源对称，则负载的线电压对称。

负载的相电压与线电压相等，为 380V，故选负载线电压为参考相量，有

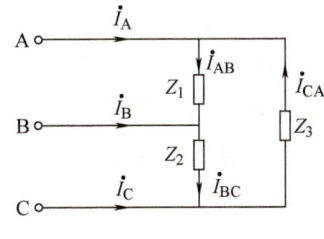

图 8.3.1 例 8.3.1 的图

$$\dot{U}_{AB} = 380\angle 0°\text{V}$$

负载的相电流为

$$\dot{I}_{AB} = \frac{\dot{U}_{AB}}{Z_1} = \frac{380\angle 0°}{2+j2}\text{A} = 134.4\angle -45.0°\text{A}$$

$$\dot{I}_{BC} = \frac{\dot{U}_{BC}}{Z_2} = \frac{380\angle -120°}{10}\text{A} = 38\angle -120°\text{A}$$

$$\dot{I}_{CA} = \frac{\dot{U}_{CA}}{Z_3} = \frac{380\angle 120°}{6+j8}\text{A} = 38\angle 67°\text{A}$$

线电流为

$$\dot{I}_A = \dot{I}_{AB} - \dot{I}_{CA} = [(134.4\angle -45°) - 38\angle 67°]\text{A} = 152.7\angle -58.3°\text{A}$$

$$\dot{I}_B = \dot{I}_{BC} - \dot{I}_{AB} = [(38\angle -120°) - (134.4\angle -45°)]\text{A} = 129.8\angle -28.5°\text{A}$$

$$\dot{I}_C = \dot{I}_{CA} - \dot{I}_{BC} = [38\angle 67° - (38\angle -120°)]\text{A} = 68.1\angle 93.5°\text{A}$$

$$\dot{I}_A + \dot{I}_B + \dot{I}_C = 0$$

由于三相电源是对称的，保证了不对称三角形负载承受对称的相电压，负载在额定条件下能正常工作，但是相电流和线电流不再对称，而各线电流之和为零。

8.3.2　星形联结有中性线情况

电路如图 8.3.2 所示为三相四线制星形联结电路，电源中性点 N 和负载中性点 N′ 之间接有中性线。当负载不对称，在不考虑中性线阻抗，即 $Z_N = 0$ 时，负载相电压就是电源的相电压，也是对称的，各相互不影响，各相负载的线电流和相电流相等，为

$$\dot{I}_A = \frac{\dot{U}_A}{Z_A} \quad \dot{I}_B = \frac{\dot{U}_B}{Z_B} \quad \dot{I}_C = \frac{\dot{U}_C}{Z_C}$$

中性线电流为

$$\dot{I}_N = \dot{I}_A + \dot{I}_B + \dot{I}_C \neq 0$$

由图 8.3.2 可知，这种不对称的三相四线制，当 $Z_N = 0$ 时，仍然能保证负载各相电压对称而正常工作，但各相负载的相电流不再对称，中性线电流也不为零，而且当不对称程度比较严重时，中性线电流会很大。实际应用中，输电线总是存在阻抗，这样电源的中性点和负载中性点就不会重合，会产生位移，因此在实际电气设计时应尽量调整各相负载使之趋于对称。

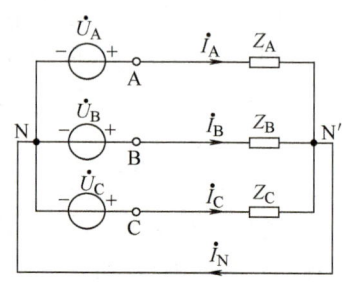

图 8.3.2　有中性线的不对称星形联结电路

【例 8.3.2】　图 8.3.2 所示的不对称三相电路中，已知对称三相电源线电压为 380V，$Z_A = 10\Omega$，$Z_B = j10\Omega$，$Z_C = -j10\Omega$，求各负载的相电流和中性线电流。

解　因有中性线，三相电源对称，则负载的相电压对称。令 $\dot{U}_A = 220\angle 0°V$，则三相负载的相电流为

$$\dot{I}_A = \frac{\dot{U}_A}{Z_A} = \frac{220\angle 0°}{10}A = 22\angle 0°A$$

$$\dot{I}_B = \frac{\dot{U}_B}{Z_B} = \frac{220\angle -120°}{j10}A = 22\angle -210°A = 22\angle 150°A$$

$$\dot{I}_C = \frac{\dot{U}_C}{Z_C} = \frac{220\angle 120°}{-j10}A = 22\angle 210°A = 22\angle -150°A$$

中性线电流为

$$\dot{I}_N = \dot{I}_A + \dot{I}_B + \dot{I}_C = -16A$$

显然，此时中性线在负载不对称时是有电流通过的，不能断开，这在实际工程应用中要特别注意。

8.3.3　星形联结无中性线情况

图 8.3.3 所示电路为无中性线的不对称三相三线制星形联结电路。电源中性点和负载中性点间的电压可由节点电压法求得

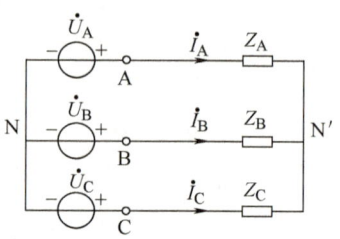

图 8.3.3　无中性线的不对称星形联结电路

$$\left(\frac{1}{Z_A}+\frac{1}{Z_B}+\frac{1}{Z_C}\right)\dot{U}_{N'N}=\frac{\dot{U}_A}{Z_A}+\frac{\dot{U}_B}{Z_B}+\frac{\dot{U}_C}{Z_C}$$

可得

$$\dot{U}_{N'N}=\frac{\dfrac{\dot{U}_A}{Z_A}+\dfrac{\dot{U}_B}{Z_B}+\dfrac{\dot{U}_C}{Z_C}}{\dfrac{1}{Z_A}+\dfrac{1}{Z_B}+\dfrac{1}{Z_C}}$$

虽然电源是对称的，但由于负载的不对称，一般 $\dot{U}_{N'N}\neq 0$，即 N'点和 N 点电位不同了。负载电压与电源电压的相量图如图 8.3.4 所示，由图可见，N'点和 N 点不再重合，工程上称其为中性点位移，这导致负载各相电压不再与相应的电源相电压相等。有的相电压较低，如图 8.3.4 中的 A 相；有的相电压较高，如图 8.3.4 中的 B、C 相。当中性点位移较大时，会造成负载相电压的严重不对称，可能会造成负载工作不正常，甚至损坏设备。另外，由于无中性线，负载各相不再相对独立，各相电压将相互关联，每一相负载的变动都会对其他相造成影响。下面针对两种特殊情况进行分析。

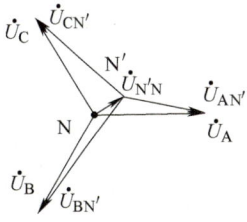

图 8.3.4 中性点位移

对于无中性线的对称三相星形联结电路，三相对称负载 Z 正常运行时的线电流和相电压为

$$I_A=I_B=I_C=I_P=\frac{U_P}{|Z|}$$

$$U_{AN'}=U_{BN'}=U_{CN'}=U_P$$

对于负载发生一相断路情况。现假设 A 相负载发生断路，如图 8.3.5 所示，A 相负载的相电压为 0。由于 B 相和 C 相构成一个回路，线电压 $U_{BC}(U_L)$ 加在 B 相和 C 相负载上，故

$$I_A=0 \qquad I_B=I_C=\frac{U_L}{2|Z|}=\frac{\sqrt{3}U_P}{2|Z|}=0.866I_P$$

由于 B 相和 C 相负载阻抗相等，负载上的电压为

$$U_{BN'}=U_{CN'}=\frac{U_{BC}}{2}=\frac{U_L}{2}=\frac{\sqrt{3}U_P}{2}=0.866U_P$$

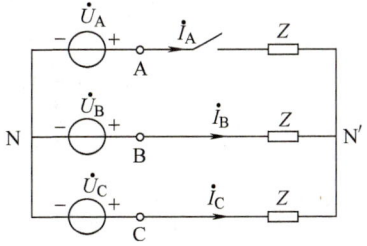

图 8.3.5 三相电路对称负载一相断路

以上的分析可知，此时 B 相和 C 相负载上的电压偏低，为线电压的一半，负载工作不正常，处于低压运行状态。

对于负载发生一相短路情况。现假设 A 相负载发生短路，如图 8.3.6 所示，假设 A 相的熔断器还未熔断，A 相负载的相电压为 0。负载中性点 N'与 A 点相连，B 相和 C 相负载的电压为

$$U_{BN'}=U_{BA}=U_L \qquad U_{CN'}=U_{CA}=U_L$$

各相负载电流为

$$I_B = \frac{U_{BN'}}{|Z|} = \frac{U_L}{|Z|} = \frac{\sqrt{3}U_P}{|Z|} = 1.732I_P$$

$$I_C = \frac{U_{CN'}}{|Z|} = \frac{U_L}{|Z|} = \frac{\sqrt{3}U_P}{|Z|} = 1.732I_P$$

$$\dot{I}_A = -\dot{I}_B - \dot{I}_C$$

由以上的分析可知,此时 B 相和 C 相负载上的电压偏高,承受线电压,负载工作严重不正常,甚至被烧毁。如果 A 相的熔断器熔断,A 相将断开,则情况为一相断路所述。

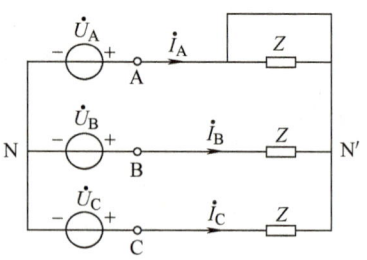

图 8.3.6 三相电路对称负载一相短路

因此工程中常采用三相四线制,在 NN' 间用一阻抗趋于零的中性线连接,$Z_N \approx 0$,则可强制使 $\dot{U}_{N'N} = 0$。这样即使负载阻抗不对称,也能保持负载相电压对称,彼此独立,各相可单独计算。这就克服了无中性线带来的缺点。

综上所述,在三相星形联结负载不对称的情况下,中性线的存在是非常重要的。为了避免因中性线断路而造成负载相电压严重不对称,要求中性线安装牢固,而且在中性线上不安装开关、熔断器等。

【例 8.3.3】 图 8.3.7 所示为一种相序指示仪电路,由电容和白炽灯组成,可以用来测定三相电源的相序,4 个同功率的白炽灯两两串联(用电阻 R 替代)。如果使阻值 $R = \frac{1}{\omega C}$,试说明在相电压对称的情况下,如何根据白炽灯的亮度确定对称三相电源的相序。

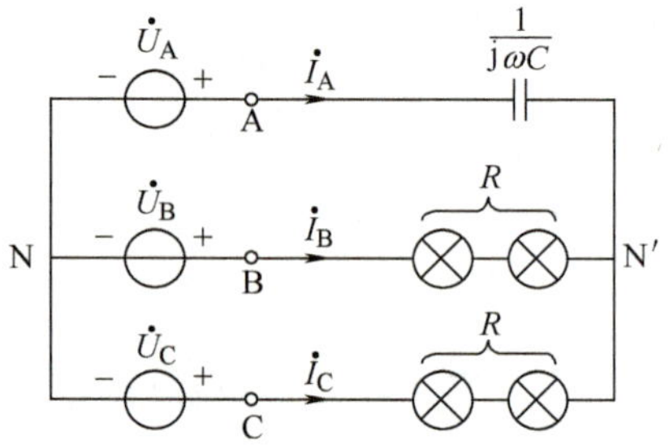

解 由图可得中性点电压 $\dot{U}_{N'N}$ 为

$$\dot{U}_{N'N} = \frac{j\omega C \dot{U}_A + \frac{1}{R}\dot{U}_B + \frac{1}{R}\dot{U}_C}{j\omega C + \frac{2}{R}}$$

图 8.3.7 三相电路相序指示仪

令 $G = \frac{1}{R}$,$\dot{U}_A = U\angle 0°\text{V}$,则

$$\dot{U}_{N'N} = \frac{j\omega C \dot{U}_A + Ga^2\dot{U}_A + Ga\dot{U}_A}{j\omega C + 2G} = \frac{j + a^2 + a}{j + 2}\dot{U}_A = (-0.2 + j0.6)\dot{U}_A = 0.63U\angle 108.4°$$

B 相、C 相灯泡承受的电压分别为

$$\dot{U}_{BN'} = \dot{U}_{BN} - \dot{U}_{N'N} = a^2\dot{U}_A - (-0.2 + j0.6)\dot{U}_A = 1.5U\angle -101.5°$$

所以

$$U_{BN'} = 1.5U$$

$$\dot{U}_{CN'} = \dot{U}_{CN} - \dot{U}_{N'N} = a\dot{U}_A - (-0.2 + j0.6)\dot{U}_A = 0.4U\angle 138°$$

得

$$U_{CN'} = 0.4U$$

由于 $U_{BN'} > U_{CN'}$,由此可以判断,若把接电容器的那一相作为 A 相,则白炽灯较亮的

一相为 B 相,较暗的一相为 C 相,由此可以确定对称三相电源的相序。

由于 B 相的电压较高,因此采用两个白炽灯串联。实际应用时,即使两个白炽灯串联的电阻值没有满足以上条件,也可以较为明显地看到 B 相、C 相的亮暗程度,判断出相序。

8.4 三相电路的功率

在三相电路中,三相负载所吸收的总有功功率等于各相有功功率之和,即

$$P = P_A + P_B + P_C \tag{8.4.1}$$

8.4.1 三相电路的功率(1)

式(8.4.1)对于对称和不对称三相电路均适用。在对称三相电路中,各相功率相等,且为

$$P_A = P_B = P_C = U_P I_P \cos\varphi_Z = P_P$$
$$P = 3P_P = 3U_P I_P \cos\varphi_Z \tag{8.4.2}$$

式中,U_P、I_P 分别为相电压、相电流,φ_Z 为相电压和相电流的相位差。

同理,无功功率和视在功率分别为

$$Q = 3U_P I_P \sin\varphi_Z \tag{8.4.3}$$

$$S = \sqrt{P^2 + Q^2} = 3U_P I_P \tag{8.4.4}$$

根据对称三相电路中相电流与线电流、相电压与线电压的关系,式(8.4.2)、式(8.4.3)和式(8.4.4)可以转化成三相功率的另一种表达方式

$$\begin{cases} P = \sqrt{3} U_L I_L \cos\varphi_Z \\ Q = \sqrt{3} U_L I_L \sin\varphi_Z \\ S = \sqrt{3} U_L I_L \end{cases} \tag{8.4.5}$$

式中,U_L、I_L 分别为线电压、线电流,φ_Z 仍为相电压和相电流的相位差。

三相电路的瞬时功率也为三相负载瞬时功率之和,对称三相电路各相的瞬时功率分别为

$$p_A = u_A i_A = \sqrt{2} U_P \cos\omega t \times \sqrt{2} I_P \cos(\omega t - \varphi_Z) = U_P I_P [\cos\varphi_Z + \cos(2\omega t - \varphi_Z)]$$

$$p_B = u_B i_B = \sqrt{2} U_P \cos(\omega t - 120°) \times \sqrt{2} I_P \cos(\omega t - 120° - \varphi_Z)$$
$$= U_P I_P [\cos\varphi_Z + \cos(2\omega t - 240° - \varphi_Z)]$$

$$p_C = u_C i_C = \sqrt{2} U_P \cos(\omega t + 120°) \times \sqrt{2} I_P \cos(\omega t + 120° - \varphi_Z)$$
$$= U_P I_P [\cos\varphi_Z + \cos(2\omega t + 240° - \varphi_Z)]$$

由于 p_A、p_B、p_C 中都含有一个交变分量,它们的振幅相等,相位上互差 240°,这三个交变分量相加等于零,所以

$$p_A + p_B + p_C = 3U_P I_P \cos\varphi_Z = 3P_P = P = \text{定值} \tag{8.4.6}$$

式(8.4.6)表明,对称三相电路的瞬时功率是定值,且等于有功功率。如果三相负载是感应电动机,由于三相瞬时功率是定值,因而电动机的转矩是恒定的,电动机转矩的瞬时值是和总瞬时功率成正比的,虽然每相的电流是随时间变化的,但转矩却不是时大时小的。这是三相电源胜于单相电源的一个优点。

在三相电路中,功率的测量有多种方法,这里介绍一种常用的方法。在三相三线制电路

中，不论是否对称，都可以用两个功率表测量三相功率，即所谓的二瓦计法。二瓦计法测量三相功率的连接方式之一如图 8.4.1 所示，两个功率表的电流线圈分别串联在两端线中（图示为 A、B 两端线），电压线圈的"·"端与电流线圈的"·"端相接，而电压线圈的另一端接到第三条端线上（图示 C 端线上）。二瓦计法中功率表的接线只触及端线，而与负载和电源的连接方式无关。此时两个功率表读数的代数和为三相三线制中三相负载吸收的有功功率。

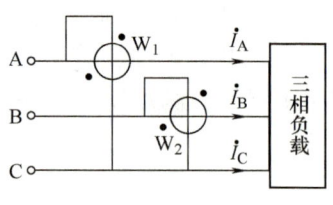

图 8.4.1　二瓦计法

根据功率表的工作原理，并设其读数分别为 P_1、P_2，则

$$\begin{cases} P_1 = \text{Re}[\dot{U}_{AC}\dot{I}_A^*] = U_{AC}I_A\cos(\varphi_{\dot{U}_{AC}} - \varphi_{\dot{I}_A}) \\ P_2 = \text{Re}[\dot{U}_{BC}\dot{I}_B^*] = U_{BC}I_B\cos(\varphi_{\dot{U}_{BC}} - \varphi_{\dot{I}_B}) \end{cases} \quad (8.4.7)$$

由于

$$\dot{U}_{AC} = \dot{U}_A - \dot{U}_C \qquad \dot{U}_{BC} = \dot{U}_B - \dot{U}_C \qquad \dot{I}_A^* + \dot{I}_B^* = -\dot{I}_C^*$$

代入式（8.4.7）有

$$P_1 + P_2 = \text{Re}[\dot{U}_{AC}\dot{I}_A^* + \dot{U}_{BC}\dot{I}_B^*] = \text{Re}[\dot{U}_A\dot{I}_A^* + \dot{U}_B\dot{I}_B^* + \dot{U}_C\dot{I}_C^*] = \text{Re}[\bar{S}_A + \bar{S}_B + \bar{S}_C] = \text{Re}[\bar{S}]$$

式中，$\text{Re}[\bar{S}]$ 表示三相负载吸收的有功功率。在对称三相三线制中，可以证明

$$\begin{cases} P_1 = \text{Re}[\dot{U}_{AC}\dot{I}_A^*] = U_{AC}I_A\cos(\varphi_Z - 30°) \\ P_2 = \text{Re}[\dot{U}_{BC}\dot{I}_B^*] = U_{BC}I_B\cos(\varphi_Z + 30°) \end{cases} \quad (8.4.8)$$

式中 φ_Z 为负载的阻抗角，当 φ_Z 取一定值时，两个功率表之一的读数可能为负值（例如 $\varphi_Z > 60°$），求代数和时该功率表的读数应取负值。用二瓦计法测量三相功率，一般来讲，一个功率表的读数是没有意义的。

除对称情况外，三相四线制电路一般要分别测量各相的功率，再求代数和。

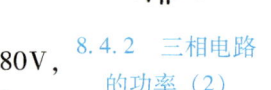

8.4.2　三相电路的功率（2）

【例 8.4.1】　已知对称三相星形负载（感性）电路的线电压为 380V，线电流为 10A，有功功率为 5.7kW。求三相负载的功率因数及等效阻抗。

解　由式（8.4.5）得

$$\lambda = \cos\varphi = \frac{P}{\sqrt{3}U_L I_L} = \frac{5700}{\sqrt{3}\times380\times10} \approx 0.866$$

各相等效阻抗的阻抗角

$$\varphi = \arccos 0.866 = 30°$$

对称三相负载的各相等效阻抗为

$$|Z| = \frac{U_P}{I_P} = \frac{220}{10}\Omega = 22\Omega \qquad Z = 22\angle 30°\Omega$$

【例 8.4.2】　图 8.4.2a 所示对称三相电路中，已知负载额定电压为 380V，额定功率为 3.3kW，功率因数为 0.5（感性），线路阻抗 $Z_1 = (1 + j4)\Omega$。若要求负载端线电压为额定电压，问电源线电压应为多少？

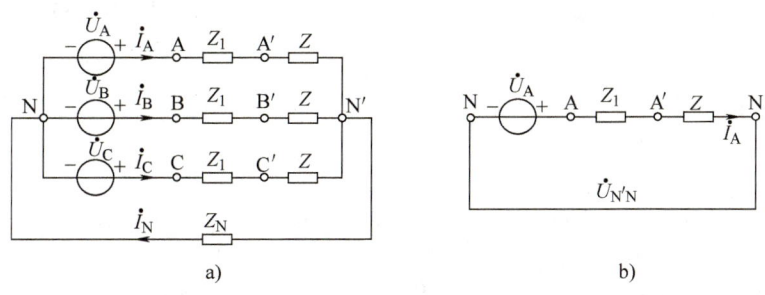

图 8.4.2　例 8.4.2 的图

解　要求负载端线电压为 380V，求电源线电压时可采用倒推法。取一相计算电路，如图 8.4.2b 所示。取 $\dot{U}_{A'N'}$ 为参考相量，即

$$\dot{U}_{A'N'} = \frac{380}{\sqrt{3}}\angle 0°\text{V} \approx 220\angle 0°\text{V}$$

线电流

$$I_A = I_L = \frac{P}{\sqrt{3}U_L\lambda} = \frac{3.3\times 10^3}{\sqrt{3}\times 380\times 0.5}\text{A} \approx 10\text{A}$$

$\dot{U}_{A'N'}$ 超前于 $\dot{I}_A$ 的相位差

$$\varphi = \arccos\lambda = \arccos 0.5 = 60°$$

故

$$\dot{I}_A = 10\angle -60°\text{A}$$

电源相电压

$$\dot{U}_{AN} = \dot{U}_{A'N'} + Z_1\dot{I}_A = [220 + (1+\text{j}4)\times(10\angle -60°)]\text{V} \approx 260\angle 2.5°\text{V}$$

所求电源线电压为

$$U_{AB} = \sqrt{3}U_{AN} = \sqrt{3}\times 260\text{V} \approx 450\text{V}$$

【**例 8.4.3**】　图 8.4.3 所示为一对称三相电路，已知对称三相负载吸收的功率为 3kW，功率因数 $\lambda = \cos\varphi = 0.866$（感性），线电压为 380V，求图中两个功率表的读数。

解　求解功率表的读数，只要求出与它们相关联的电压、电流相量即可。由 $P = \sqrt{3}U_LI_L\cos\varphi_Z$ 得

$$I_L = \frac{P}{\sqrt{3}U_L\lambda} = \frac{3\times 10^3}{\sqrt{3}\times 380\times 0.5}\text{A} = 5.26\text{A}$$

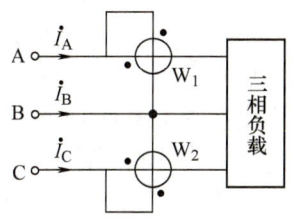

图 8.4.3　例 8.4.3 的图

$$\varphi_Z = \arccos 0.866 = 30°$$

令 A 相电压 $\dot{U}_A = 220\angle 0°\text{V}$，则

$$\dot{I}_A = 5.26\angle -30°\text{A} \qquad \dot{U}_{AB} = 380\angle 30°\text{V}$$

$$\dot{I}_C = 5.26\angle 90°\text{A} \qquad \dot{U}_{CB} = -\dot{U}_{BC} = 380\angle 90°\text{V}$$

两功率表的读数分别为

$$P_1 = U_{AB}I_A\cos\varphi_1 = 380 \times 5.263\cos[30° - (-30°)]\text{W} = 999.97\text{W}$$
$$P_2 = U_{CB}I_C\cos\varphi_2 = 380 \times 5.263\cos(90° - 90°)\text{W} = 1999.97\text{W}$$

有

$$P_1 + P_2 = 3000\text{W}$$

习 题

8.1 一个对称三相电源 $u_A = 380\cos(314t + 30°)\text{V}$。求 u_B 和 u_C，并作相量图。

8.2 三相发电机绕组作星形联结时，相电压为 240V。求电源的线电压。

8.3 一台三相交流电动机，定子绕组星形接于 $U_L = 380\text{V}$ 的对称三相电源上，其线电流为 $I_L = 2.2\text{A}$，$\cos\varphi = 0.8$。试求该电动机每相绕组的阻抗 Z。

8.4 已知对称三相电路的星形联结负载每相阻抗 $Z = (60 + \text{j}80)\Omega$，线电压 $U_L = 380\text{V}$，端线阻抗可以忽略不计，无中性线。求负载电流，并作电路的相量图。

8.5 已知对称三相电路的三角形联结负载每相阻抗 $Z = (40 + \text{j}30)\Omega$，线电压 $U_L = 380\text{V}$，端线阻抗可以忽略不计。求线电流和相电流，并作电路的相量图。

8.6 已知对称三相电路的星形联结负载阻抗 $Z = (36 + \text{j}48)\Omega$，端线阻抗 $Z_1 = (4 + \text{j}2)\Omega$，中性线阻抗 $Z_N = (1 + \text{j})\Omega$，电源线电压 $U_L = 380\text{V}$。求负载电流和线电压。

8.7 已知对称三相电路的电源线电压 $U_L = 380\text{V}$，三角形联结负载阻抗 $Z = 30\angle 36.9°\Omega$，端线阻抗 $Z_1 = (2 + \text{j}4)\Omega$。求线电流、负载的相电流和负载端线电压。

8.8 已知三相四线制电路，三相对称电源的线电压 $U_L = 380\text{V}$，不对称星形联结负载分别为 $Z_A = 10\Omega$，$Z_B = \text{j}10\Omega$，$Z_C = -\text{j}10\Omega$。求各相电流及中性线电流。若无中性线再求各相电流。

8.9 已知三相对称电源线电压 $U_L = 380\text{V}$，不对称三角形联结负载分别为 $Z_{AB} = 10\Omega$，$Z_{BC} = (6 + \text{j}8)\Omega$，$Z_{CA} = (8 - \text{j}6)\Omega$。求各负载的相电流及线电流。

8.10 在线电压 $U_L = 380\text{V}$ 的三相四线制电路中，若三相对称负载的每相电阻 $R = 15\Omega$，感抗 $X_L = 20\Omega$。求电路的有功功率、无功功率和视在功率。

8.11 星形联结的对称三相负载，每相阻抗为 $Z = (16 + \text{j}12)\Omega$，接于线电压 $U_L = 380\text{V}$ 的对称三相电源。试求线电流、有功功率 P、无功功率 Q 和视在功率 S。

8.12 对称三相电源，线电压 $U_L = 380\text{V}$，对称三相感性负载作三角形联结，若测得线电流 $I_L = 17.3\text{A}$，三相功率 $P = 9.12\text{kW}$。求每相负载的电阻和感抗。

8.13 某负载各相阻抗 $Z = (6 + \text{j}8)\Omega$，所加对称电源线电压是 380V。分别计算负载接成星形和三角形时所吸收的有功功率。

8.14 三相电动机的输出功率为 3.7kW，效率为 80%，$\lambda = 0.8$，线电压为 220V。求线电流。

8.15 线电压 380V 的三相系统给两个对称的三相负载供电，负载 1 为 $5\text{kV}\cdot\text{A}$，$\lambda_1 = 0.8$（感性）；负载 2 为 $10\text{kV}\cdot\text{A}$，$\lambda_2 = 0.9$（感性）。试求供电系统的线电流。

8.16 三相对称负载三角形联结，其线电流 $I_L = 6\text{A}$，有功功率 $P = 3160\text{W}$，$\lambda = 0.8$。求电源的线电压 U_L，电路的视在功率 S 和每相阻抗 Z。

8.17 题 8.17 图所示为对称三相电路，电源线电压 $U_L = 380\text{V}$，$Z = (6 + \text{j}8)\Omega$。求两个功率表的读数。

8.18 在题 8.17 图所示电路中，电源线电压 $U_L = 380\text{V}$，若两功率表的读数 $P_1 = 0$，$P_2 = 2\text{kW}$。求负载阻抗 Z。

8.19 如题 8.19 图所示为用功率表测量对称三相电路无功功率的一种方法，已知功率表的读数为 4kW。求三相负载的无功功率。

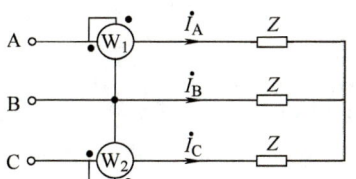
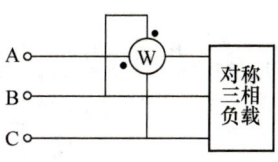

题 8.17 图　　　　　　题 8.19 图

第 9 章 非正弦周期电路的稳态分析

课程目标：本章主要介绍非正弦周期量与正弦周期量之间存在的特定关系，以及非正弦周期电路分析计算的谐波分析法。通过本章学习，应掌握非正弦周期量有效值及有功功率的计算，掌握线性非正弦周期电流电路的分析与计算。

思政目标：通过将非正弦周期量转换为直流量和正弦周期量，利用已学的知识进行分析计算，同学们应能感受到，学习工作中要坚持守正创新，要善于利用所掌握的知识去创新创业，为了国家富强、民族振兴、人民幸福而努力奋斗。

前面讨论了正弦交流信号作用于线性电路稳态响应的分析计算方法，并从中得出：当一个线性电路中有一个或多个同频率的正弦信号同时作用时，电路的稳态响应仍为同频率的正弦量。但是，在实际工程中，通常还会遇到按非正弦规律变化的电源和信号，或者线性电路中含有多个不同频率的正弦电源，以及电路中存在非线性元件等问题，当此类电路进入稳态后的电流和电压响应为非正弦周期函数时，称这种电路为非正弦周期电路。

9.1 非正弦周期函数的傅里叶级数分解

对非正弦周期信号激励下的线性电路的分析，可借助傅里叶级数（Fourier Series）展开的方法，将非正弦周期信号分解为一系列不同频率的正弦量之和，再分别计算在各个正弦量单独作用下电路中产生的响应。

9.1 非正弦周期函数的傅里叶级数分解

9.1.1 非正弦周期信号

在生产实践和科学实验中，经常会遇到非正弦信号。在电力电子技术、通信、自动控制、计算机和无线电技术等方面，电压和电流往往都是非正弦波形。非正弦量可分为周期和非周期两类，本章主要讨论线性电路在非正弦周期信号激励下产生的响应。产生非正弦周期信号的原因很多，通常有以下几种情况：

（1）发电机产生的电压波形并不是标准的正弦电压。

（2）电路中采用了非正弦交流电源。例如方波发生器，锯齿波发生器等脉冲信号源，输出的电压就是非正弦周期电压，如图 9.1.1 所示。

（3）不同频率的几个正弦交流电源共同作用于同一电路中。

（4）电路中存在非线性元件。例如二极管整流电路，如图 9.1.2 所示。

9.1.2 非正弦周期函数的傅里叶级数分解

1. 合成与分解的概念

先观察基波与三次谐波叠加的情况。设基波、三次谐波的表达式为

$$u_1 = U_{1m}\cos(\omega_1 t)$$

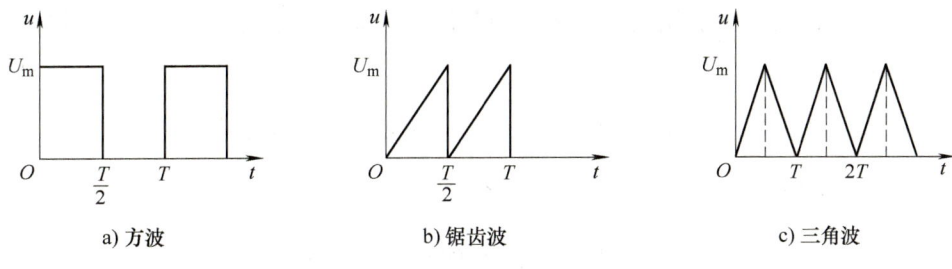

图 9.1.1 非正弦电源电压信号

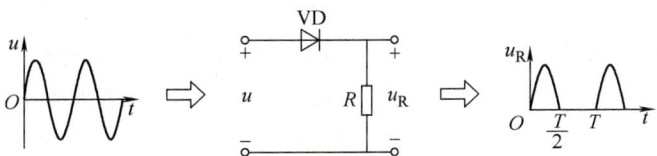

图 9.1.2 半波整流电路及整流信号

$$u_3 = U_{3m}\cos(3\omega_1 t)$$

如果将基波与三次谐波进行叠加，即

$$u = u_1 + u_3 = U_{1m}\cos(\omega_1 t) + U_{3m}\cos(3\omega_1 t)$$

则有叠加的波形如图 9.1.3a 所示。

如果将三次谐波反相后再与基波叠加，即

$$u' = u_1 + u_3' = U_{1m}\cos(\omega_1 t) + U_{3m}\cos(3\omega_1 t - 180°)$$

则有叠加的波形如图 9.1.3b 所示。

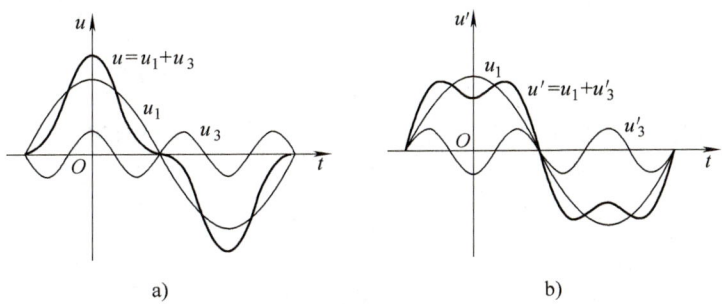

图 9.1.3 基波与三次谐波的叠加

由图 9.1.3 可以看出，两个不同频率的正弦波叠加后为一个非正弦波，该非正弦波仍是周期函数，其周期（或频率）与基波的相同。反之，一个周期性的非正弦波，可以分解为不同频率的正弦波之和。

2. 非正弦周期函数的傅里叶级数分解

非正弦周期电流、电压或信号等都可以用一个周期函数来表示，即

$$f(t) = f(t + kT)$$

式中，T 为周期函数的周期，$k = 0、1、2、3、\cdots$。

如果给定的周期函数 $f(t)$ 满足狄里赫利条件，即满足 $f(t)$ 在一个周期内绝对可积、只有有限个间断点、只有有限个极值点，则 $f(t)$ 可以展开为收敛的傅里叶级数形式。电工技术中

用到的非正弦周期函数一般都能满足狄里赫利条件，因此不需要去讨论条件。周期函数的傅里叶级数形式为

$$f(t) = a_0 + \sum_{k=1}^{\infty} [a_k\cos(k\omega_1 t) + b_k\sin(k\omega_1 t)] \tag{9.1.1}$$

式 (9.1.1) 的另一种形式为

$$f(t) = A_0 + \sum_{k=1}^{\infty} A_{km}\cos(k\omega_1 t + \psi_k) \tag{9.1.2}$$

式 (9.1.1) 和式 (9.1.2) 中，ω_1 为周期函数的角频率，$\omega_1 = \dfrac{2\pi}{T}$；$k = 1、2、3、\cdots$；$a_0$、$A_0$ 称为非正弦周期函数 $f(t)$ 的恒定分量或直流分量 (DC Component)；$A_{1m}\cos(\omega_1 t + \psi_1)$ 称为基波 (Fundamental Wave) 分量，它与非正弦周期函数 $f(t)$ 的频率相同；第 k 项 $A_{km}\cos(k\omega_1 t + \psi_k)$ 称为 $f(t)$ 的 k 次谐波 (Harmonic) 分量。

a_0、a_k、b_k 为傅里叶系数，可按下列公式计算：

$$\begin{cases} a_0 = \dfrac{1}{T}\int_0^T f(t)\mathrm{d}t = \dfrac{1}{T}\int_{-\frac{T}{2}}^{\frac{T}{2}} f(t)\cos(k\omega_1 t)\mathrm{d}(\omega_1 t) \\ a_k = \dfrac{2}{T}\int_0^T f(t)\cos(k\omega_1 t)\mathrm{d}t = \dfrac{1}{\pi}\int_0^{2\pi} f(t)\cos(k\omega_1 t)\mathrm{d}(\omega_1 t) \\ b_k = \dfrac{2}{T}\int_0^T f(t)\sin(k\omega_1 t)\mathrm{d}t = \dfrac{1}{\pi}\int_0^{2\pi} f(t)\sin(k\omega_1 t)\mathrm{d}(\omega_1 t) \end{cases} \tag{9.1.3}$$

两种系数之间有如下关系：

$$\begin{cases} A_0 = a_0 \\ A_{km} = \sqrt{a_k^2 + b_k^2} \\ \psi_k = \arctan\left(\dfrac{-b_k}{a_k}\right) \end{cases} \quad \begin{cases} a_k = A_{km}\cos\psi_k \\ b_k = -A_{km}\sin\psi_k \\ A_{km}\mathrm{e}^{\mathrm{j}\psi_k} = a_k - \mathrm{j}b_k \end{cases} \tag{9.1.4}$$

另外，通过欧拉公式转换后还可得到非正弦周期函数 $f(t)$ 的傅里叶级数的指数形式，即

$$f(t) = \sum_{k=-\infty}^{k=\infty} c_k \mathrm{e}^{\mathrm{j}k\omega_1 t} \tag{9.1.5}$$

式中，$c_k = \dfrac{1}{T}\int_0^T f(t)\mathrm{e}^{-\mathrm{j}k\omega_1 t}\mathrm{d}t$。

【例 9.1.1】 求图 9.1.4 所示周期函数的傅里叶级数展开式。

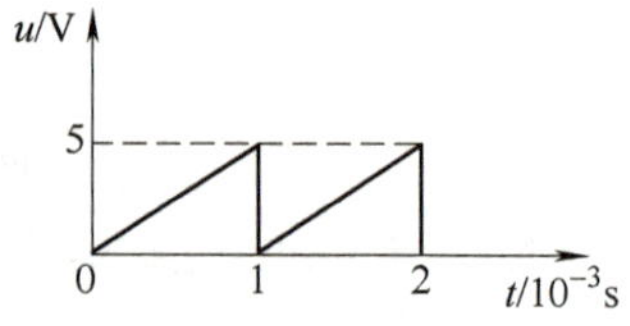

解 电压 u 在一个周期内的表达式为 $u = (5\times 10^3 t)\mathrm{V}$，周期 $T = 10^{-3}\mathrm{s}$，基波角频率 $\omega_1 = 2\pi/T = 2000\pi$。各傅里叶系数为

图 9.1.4 例 9.1.1 的图

$$a_0 = \frac{1}{T}\int_0^T 5\times 10^3 t\mathrm{d}t = \frac{1}{10^{-3}}\int_0^{10^{-3}} 5\times 10^3 t\mathrm{d}t = 2.5$$

$$a_k = \frac{2}{T}\int_0^T f(t)\cos(k\omega_1 t)\mathrm{d}t = \frac{2}{10^{-3}}\int_0^{10^{-3}} 5\times 10^3 t\cos(k\omega_1 t)\mathrm{d}t$$

$$= \frac{2}{10^{-3}}\times 5\times 10^3\left[\frac{1}{k^2\omega_1^2}\cos(k\omega_1 t) + \frac{t}{k\omega_1}\sin(k\omega_1 t)\right]_0^{10^{-3}} = 0$$

$$b_k = \frac{2}{T}\int_0^T f(t)\sin(k\omega_1 t)\,\mathrm{d}t = \frac{2}{10^{-3}}\int_0^{10^{-3}} 5\times 10^3 t\sin(k\omega_1 t)\,\mathrm{d}t$$

$$= \frac{2}{10^{-3}}\times 5\times 10^3\left[\frac{1}{k^2\omega_1^2}\sin(k\omega_1 t) - \frac{t}{k\omega_1}\cos(k\omega_1 t)\right]_0^{10^{-3}} = -\frac{5}{k\pi}$$

故 $u(t)$ 的傅里叶级数展开式为

$$u(t) = \left\{2.5 - \frac{5}{\pi}\left[\sin(\omega_1 t) + \frac{1}{2}\sin(2\omega_1 t) + \frac{1}{3}\sin(3\omega_1 t) + \cdots + \frac{1}{k}\sin(k\omega_1 t) + \cdots\right]\right\}\text{V}$$

傅里叶级数是一个收敛的无穷级数。随着 k 取值的增大，A_{km} 的值减小。k 取值越大，傅里叶级数就越接近周期函数 $f(t)$。当 $k\to\infty$ 时，傅里叶级数就能准确代表周期函数 $f(t)$。但 k 取值越大，计算量也越大。工程计算中，一般根据计算精度要求，取傅里叶级数展开式的前几项就可以满足要求了，后边的高次谐波可以忽略不计。对于给定的非正弦周期函数，运用公式计算出它的傅里叶系数，运算量还是很大的。为了减少计算量，表 9.1.1 给出了工程中常用的几个典型的非正弦周期函数的傅里叶级数展开式，供读者查用。

表 9.1.1　常用的非正弦周期函数的傅里叶级数展开式

名称	$f(t)$波形图	$f(t)$的傅里叶级数	A(有效值)	A_{av}（平均值）
正弦波		$f(t) = A_m\cos(\omega_1 t)$	$\dfrac{A_m}{\sqrt{2}}$	$\dfrac{2A_m}{\pi}$
梯形波		$f(t) = \dfrac{4A_m}{\alpha\pi}\Big[\sin\alpha\sin(\omega_1 t) + \dfrac{1}{9}\sin(3\alpha)\sin(3\omega_1 t) + \dfrac{1}{25}\sin(5\alpha)\sin(5\omega_1 t) + \cdots + \dfrac{1}{k^2}\sin(k\alpha)\sin(k\omega_1 t) + \cdots\Big]$ （式中，$\alpha = \dfrac{2\pi d}{T}$，$k$ 为奇数）	$A_m\sqrt{1 - \dfrac{4\alpha}{3\pi}}$	$A_m\left(1 - \dfrac{\alpha}{\pi}\right)$
三角波		$f(t) = \dfrac{8A_m}{\pi^2}\Big[\sin(\omega_1 t) - \dfrac{1}{9}\sin(3\omega_1 t) + \dfrac{1}{25}\sin(5\omega_1 t) - \cdots + \dfrac{(-1)^{\frac{k-1}{2}}}{k^2}\sin(k\omega_1 t) + \cdots\Big]$ （k 为奇数）	$\dfrac{A_m}{\sqrt{3}}$	$\dfrac{A_m}{2}$
矩形波		$f(t) = \dfrac{4A_m}{\pi}\Big[\sin(\omega_1 t) + \dfrac{1}{3}\sin(3\omega_1 t) + \dfrac{1}{5}\sin(5\omega_1 t) + \cdots + \dfrac{1}{k}\sin(k\omega_1 t) + \cdots\Big]$ （k 为奇数）	A_m	A_m

(续)

名称	$f(t)$波形图	$f(t)$的傅里叶级数	A(有效值)	A_{av}(平均值)
脉冲波	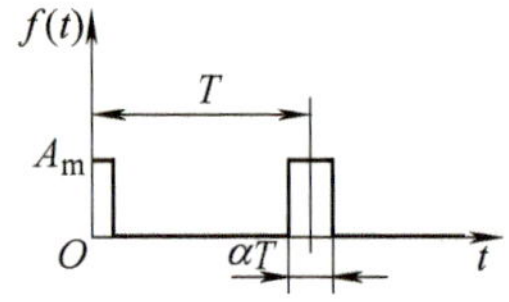	$f(t) = \alpha A_m + \dfrac{2A_m}{\pi}\Big[\sin(\alpha\pi)\cos(\omega_1 t) + \dfrac{1}{2}\sin(2\alpha\pi)\cos(2\omega_1 t) + \dfrac{1}{3}\sin(3\alpha\pi)\cos(3\omega_1 t) + \cdots\Big]$	$\sqrt{\alpha}A_m$	αA_m
半波整流	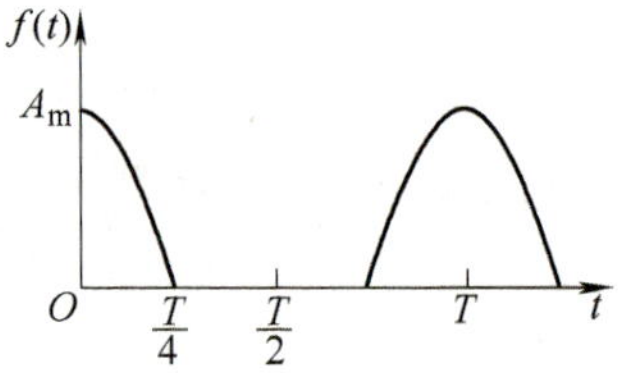	$f(t) = \dfrac{2A_m}{\pi}\Big[\dfrac{1}{2} + \dfrac{\pi}{4}\cos(\omega_1 t) + \dfrac{1}{1\times 3}\cos(2\omega_1 t) - \dfrac{1}{3\times 5}\cos(4\omega_1 t) + \cdots - \dfrac{\cos\dfrac{k\pi}{2}}{k^2-1}\cos(k\omega_1 t) + \cdots\Big]$ $(k=2,4,6\cdots)$	$\dfrac{A_m}{2}$	$\dfrac{A_m}{\pi}$
全波整流	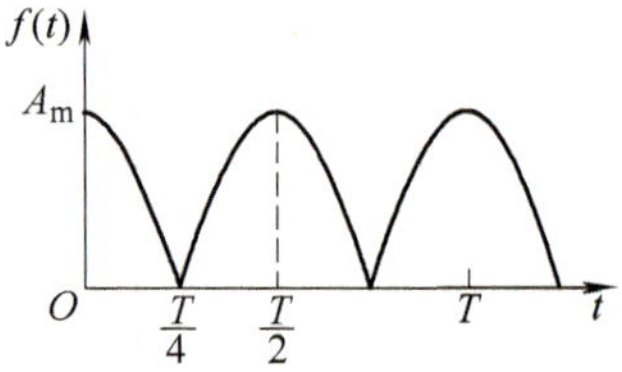	$f(t) = \dfrac{4A_m}{\pi}\Big[\dfrac{1}{2} + \dfrac{1}{1\times 3}\cos(2\omega_1 t) - \dfrac{1}{3\times 5}\cos(4\omega_1 t) + \cdots - \dfrac{\cos\dfrac{k\pi}{2}}{k^2-1}\cos(k\omega_1 t) + \cdots\Big]$ $(k=2,4,6\cdots)$	$\dfrac{A_m}{\sqrt{2}}$	$\dfrac{2A_m}{\pi}$
锯齿波	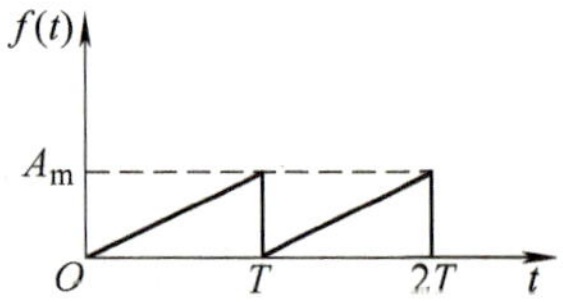	$f(t) = \dfrac{A_m}{2} - \dfrac{A_m}{\pi}\Big[\sin(\omega_1 t) + \dfrac{1}{2}\sin(2\omega_1 t) + \dfrac{1}{3}\sin(3\omega_1 t) + \cdots + \dfrac{1}{k}\sin k\omega_1 t + \cdots\Big]$ $(k=1,2,3\cdots)$	$\dfrac{A_m}{\sqrt{3}}$	$\dfrac{A_m}{2}$

3. 周期函数的频谱

非正弦周期函数可以分解为直流和各次谐波分量，它们都具有一定的幅值和初相位。虽然它们能够准确地描述组成非正弦周期函数的各次谐波分量，但是并不直观。为了直观、清晰地看出周期函数 $f(t)$ 分解为傅里叶级数后包含哪些频率分量以及各分量所占的"比重"，将各次谐波的振幅大小用相对应的线段按频率高低顺序依次排列，画出 $A_{km}—\omega$ 的图形，称为 $f(t)$ 的频谱图。这种仅表示各次谐波分量振幅的频谱图称为幅度频谱图，如图 9.1.5 所示。从幅度频谱图可看出，各次谐波振幅大小随着谐波次数的增高而减小。如果将各次谐波的初相位用相对应的线段按频率高低顺序依次排列，画出 $\Psi_k—\omega$ 的图形，则可得到称为 $f(t)$ 的相位频谱图。如无特别说明，一般所说的频谱专指幅度频谱。

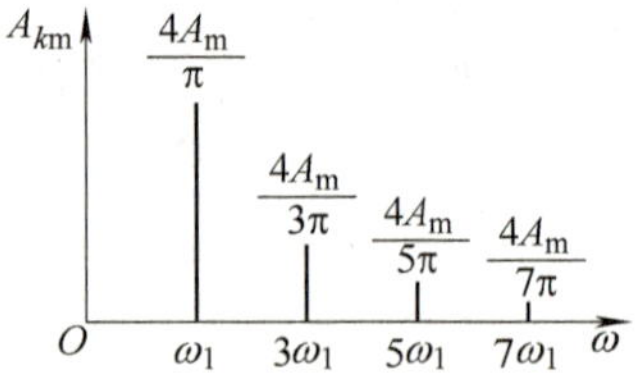

图 9.1.5 矩形波的幅度频谱

频谱图中一系列离散的线段称为谱线，谱线只可能在离散点 $k\omega_1$ 的位置上出现。谱线间的间距取决于信号的周期 T。周期 T 越大，ω_1 越小，谱线间距越窄，谱线越密。

9.1.3 对称周期函数的谐波分析

电工技术中遇到的非正弦周期函数常具有某种对称性，利用周期函数的对称性可使傅里叶系数 a_0、a_k、b_k 的确定简化，将给计算和分析带来很大的方便。对称性分析的目的是判断傅里叶级数中包含哪些分量及不包含哪些分量，主要有以下几种：

(1) 在一个周期内，周期函数 $f(t)$ 的波形在横轴上部和下部所包围的面积相等时，傅里叶级数中无直流分量，即：$a_0 = 0$。如图 9.1.6 所示。

(2) 奇函数。当满足 $f(t) = -f(-t)$ 时，周期函数波形对称于原点，则有

$$a_0 = 0 \quad a_k = 0 \quad f(t) = \sum_{k=1}^{\infty}[b_k\sin(k\omega_1 t)]$$

展开的傅里叶级数中无直流分量和余弦谐波分量，仅含正弦谐波分量，如图 9.1.6a 所示。

(3) 偶函数。当满足 $f(t) = f(-t)$ 时，周期函数波形对称于纵轴，则有

$$b_k = 0 \quad f(t) = a_0 + \sum_{k=1}^{\infty}[a_k\cos(k\omega_1 t)]$$

展开的傅里叶级数中无正弦谐波分量，只含直流分量和余弦谐波分量，如图 9.1.6b 所示。

(4) 镜对称函数（奇谐波函数）。当满足 $f(t) = -f\left(t + \dfrac{T}{2}\right)$ 时，将周期函数的波形移动半个周期后与原波形对称于横轴，作镜像对称，则有

$$a_0 = 0 \quad a_2 = a_4 = \cdots = 0 \quad b_2 = b_4 = \cdots = 0$$

$$f(t) = \sum_{k=1}^{\infty}[a_k\cos(k\omega_1 t) + b_k\sin(k\omega_1 t)]\,(k\text{ 为奇数})$$

展开的傅里叶级数中无直流分量和偶次谐波分量，只含奇次谐波分量，如图 9.1.6c 所示。

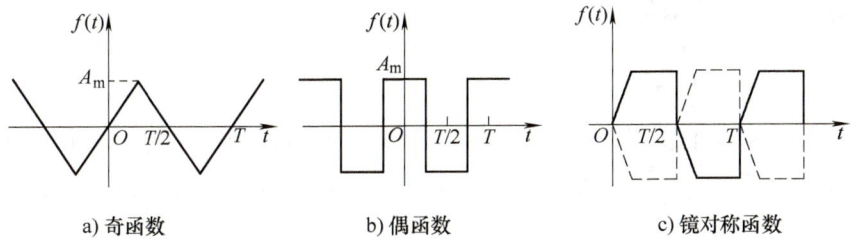

a) 奇函数　　　　　b) 偶函数　　　　　c) 镜对称函数

图 9.1.6　波形对称的例子

工程实际中所遇到的周期函数可能较复杂，不易看出对称性，但是如果将波形做一定的平移，或视为几个典型波形的合成，则也能使傅里叶系数的计算简化。

9.2 非正弦周期函数的有效值和有功功率

9.2.1 非正弦周期函数的有效值

在正弦稳态电路的分析中已经知道，周期函数的有效值的定义为

$$F = \sqrt{\frac{1}{T}\int_0^T f^2(t)\,\mathrm{d}t}$$

假设非正弦周期电流 $i(t)$ 可分解为傅里叶级数

$$i(t) = I_0 + \sum_{k=1}^{\infty} I_{km}\cos(k\omega_1 t + \psi_k)$$

则此电流的有效值为

9.2 非正弦周期函数的有效值和有功功率

$$I = \sqrt{\frac{1}{T}\int_0^T i^2(t)\,\mathrm{d}t} = \sqrt{\frac{1}{T}\int_0^T \left[I_0 + \sum_{k=1}^{\infty} I_{km}\cos(k\omega_1 t + \psi_k)\right]^2 \mathrm{d}t} \tag{9.2.1}$$

将式（9.2.1）根号内的函数展开后有三种积分形式，利用正弦函数的正交性有：
（1）各项平方的积分为

$$\frac{1}{T}\int_0^T I_0^2\,\mathrm{d}t = I_0^2 \qquad \frac{1}{T}\int_0^T [I_{km}\cos(k\omega_1 t + \psi_k)]^2\,\mathrm{d}t = \frac{I_{km}^2}{2} = I_k^2$$

（2）直流分量与各次谐波分量乘积的 2 倍的积分为

$$\frac{1}{T}\int_0^T 2I_0 I_{km}\cos(k\omega_1 t + \psi_k)\,\mathrm{d}t = 0$$

（3）不同频率谐波分量乘积的 2 倍的积分为

$$\frac{1}{T}\int_0^T 2I_{km}\cos(k\omega_1 t + \psi_k)I_{qm}\cos(q\omega_1 t + \psi_q)\,\mathrm{d}t = 0 \qquad (k \neq q)$$

将以上结果代入式（9.2.1），有电流 i 的有效值为

$$I = \sqrt{I_0^2 + I_1^2 + I_2^2 + \cdots} = \sqrt{I_0^2 + \sum_{k=1}^{\infty} I_k^2} \tag{9.2.2}$$

即非正弦周期电流的有效值等于直流分量的平方与各次谐波有效值的平方之和的平方根。同理非正弦周期电压 u 的有效值为

$$U = \sqrt{U_0^2 + U_1^2 + U_2^2 + \cdots} = \sqrt{U_0^2 + \sum_{k=1}^{\infty} U_k^2} \tag{9.2.3}$$

【例 9.2.1】 图 9.1.3 所示的基波与三次谐波的叠加，假设其两个非正弦周期电压 $u = [10\sqrt{2}\cos(\omega_1 t) + 3\sqrt{2}\cos(3\omega_1 t)]\text{V}$ 和 $u' = [10\sqrt{2}\cos(\omega_1 t) + 3\sqrt{2}\cos(3\omega_1 t - 180°)]\text{V}$，求有效值。

解 根据式（9.2.3）可知，两种情况下电压的有效值相等，有

$$U = U' = \sqrt{U_1^2 + U_3^2} = \sqrt{10^2 + 3^2}\,\text{V} = 10.44\,\text{V}$$

由此例看出，虽然两个非正弦周期电压的波形不一样，最大值不等，但它们的有效值相等。说明非正弦周期信号的有效值只与直流分量和各次谐波分量的有效值有关，而与其初相位无关。

在工程实践中还用到平均值的概念。其定义为非正弦周期信号的绝对值在一个周期内的平均值。以电流为例，其平均值为

$$I_{av} = \frac{1}{T}\int_0^T |i|\,\mathrm{d}t \tag{9.2.4}$$

正弦电流的平均值，相当于全波整流后的平均值，因为电流取绝对值相当于把负半周的

值变为对应的正值，如图 9.2.1 所示。即有

$$I_{av} = \frac{1}{T}\int_0^T |I_m\cos(\omega t)|\mathrm{d}t = \frac{4I_m}{T}\int_0^{\frac{T}{4}}\cos(\omega t)\mathrm{d}t$$

$$= \frac{4I_m}{\omega T}\sin(\omega t)\bigg|_0^{\frac{T}{4}} = \frac{2}{\pi}I_m = 0.637I_m = 0.898I$$

对于同一非正弦周期电流，当用不同类型的仪表进行测量时会得到不同的结果。

9.2.2 非正弦周期函数的有功功率

如图 9.2.2 所示，假设一端口网络 N 的端口电压 $u(t)$ 和电流 $i(t)$ 均为非正弦周期函数，其傅里叶级数形式分别为

$$u(t) = U_0 + \sum_{k=1}^{\infty} U_{km}\cos(k\omega_1 t + \psi_{uk})$$

$$i(t) = I_0 + \sum_{k=1}^{\infty} I_{km}\cos(k\omega_1 t + \psi_{ik})$$

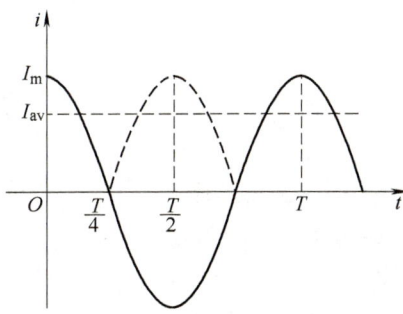

图 9.2.1　正弦电流的平均值

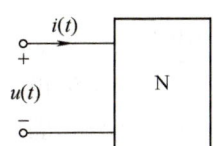

图 9.2.2　非正弦电流的一端口网络

电压 $u(t)$ 和电流 $i(t)$ 为关联参考方向下，则一端口网络吸收的瞬时功率为

$$p(t) = u(t)i(t) = \left[U_0 + \sum_{k=1}^{\infty} U_{km}\cos(k\omega_1 t + \psi_{uk})\right] \times \left[I_0 + \sum_{k=1}^{\infty} I_{km}\cos(k\omega_1 t + \psi_{ik})\right]$$

(9.2.5)

一端口网络吸收的有功功率为

$$P = \frac{1}{T}\int_0^T p(t)\mathrm{d}t \tag{9.2.6}$$

由于正弦量及不同频率正弦量的乘积在一个周期内的积分为零，因此将式（9.2.5）代入式（9.2.6）后不难得到一端口网络吸收的有功功率为

$$P = P_0 + P_1 + P_2 + \cdots = U_0 I_0 + U_1 I_1 \cos\varphi_1 + U_2 I_2 \cos\varphi_2 + \cdots$$
$$= U_0 I_0 + \sum_{k=1}^{\infty} U_k I_k \cos\varphi_k \tag{9.2.7}$$

式中，φ_k 为第 k 次谐波电压与电流之间的相位差，即 $\varphi_k = \psi_{uk} - \psi_{ik}$。

式（9.2.7）表明，只有同频率的电压与电流才能构成有功功率，不同频率的电压与电

流只构成瞬时功率,不能构成有功功率。网络的有功功率等于直流分量和各次谐波分量各自产生的有功功率之和,即有功功率守恒。

【例9.2.2】 已知某网络端口的电压 $u(t) = [10 + 20\cos(100\pi t - 30°) + 8\cos(300\pi t - 30°)]$ V,电流 $i(t) = [3 + 6\cos(100\pi t + 30°) + 2\cos(500\pi t)]$ A,求该网络吸收的有功功率。

解 由于只有同频率的电压与电流才能构成有功功率,因此三次谐波电压分量和五次谐波电流分量不构成有功功率,所以网络吸收的有功功率为

$$P = U_0 I_0 + U_1 I_1 \cos\varphi_1 = \left[10 \times 3 + \frac{20}{\sqrt{2}} \times \frac{6}{\sqrt{2}} \times \cos(-30° - 30°)\right] \text{W} = 60 \text{W}$$

【例9.2.3】 已知流过 10Ω 电阻的电流为 $i(t) = [2 + 8\sqrt{2}\cos t + 3\sqrt{2}\cos(2t)]$ A,求电阻吸收的有功功率。

解 该电阻吸收的有功功率为

$$\begin{aligned}P &= P_0 + P_1 + P_2 = I_0^2 R + I_1^2 R + I_2^2 R = (I_0^2 + I_1^2 + I_2^2)R = I^2 R \\ &= (2^2 + 8^2 + 3^2) \times 10 \text{W} = 770 \text{W}\end{aligned}$$

显然,若某电阻中流过的非正弦周期电流的有效值为 I,则电阻吸收的有功功率可用 $P = I^2 R$ 进行计算。

9.3 非正弦周期信号激励下的稳态电路分析

当正弦信号作用于线性稳态电路时,电路中各支路的响应也是同频率的正弦量,因此正弦交流电路的分析计算可以采用相量法。根据线性电路的叠加原理,非正弦周期信号作用下的线性电路的稳态响应,可以视为一个直流分量和各次谐波分量单独作用下各稳态响应分量的叠加。因此,非正弦周期信号作用下的线性电路稳态响应分析可以转化成直流电路和正弦电路的稳态分析。

9.3.1 非正弦周期信号激励下的稳态电路分析(1)

非正弦周期信号激励下的稳态电路的分析方法可表示如下:

非正弦周期信号 $\xrightarrow{\text{傅里叶级数}}$ 直流信号和一系列不同频率正弦信号 → 分别计算直流分量和单个正弦信号的响应 → 线性叠加求最后响应

此分析方法称为谐波分析法(Harmonic Analysis)。因此非正弦周期电流电路的分析计算步骤如下:

(1)把给定电源的非正弦周期电流或电压做傅里叶级数分解,将非正弦周期信号展开成直流信号和一系列不同频率正弦信号。根据计算精度要求,取傅里叶级数展开式的前几项即可。

(2)应用电阻电路计算方法计算出直流分量单独作用时的稳态响应。画直流分量单独作用时的电路,此时电容相当于开路,电感相当于短路。

9.3.2 非正弦周期信号激励下的稳态电路分析(2)

(3)应用相量法计算出各次谐波分量单独作用时的稳态响应。画各次谐波分量单独作用时的电路,计算各次谐波不同频率下的电路参数 X_{Lk}、X_{Ck},有 $X_{Lk} = k\omega_1 L$、$X_{Ck} = \dfrac{1}{k\omega_1 C}$。

（4）应用叠加定理，将直流分量及各次谐波分量产生的各响应的解析式进行叠加。注意，由于各次谐波分量的频率不同，因此不能采用相量相加。

【例 9.3.1】 RLC 串联电路如图 9.3.1a 所示。已知 $R = 10\Omega$，$L = 50\text{mH}$，$C = 100\mu\text{F}$，$f = 50\text{Hz}$，$u = [40 + 150\cos(\omega t) + 50\cos(3\omega t + 45°)]\text{V}$。试求（1）电流 i；（2）电压 u 和电流 i 的有效值；（3）电路消耗的功率。

解 根据叠加定理，可将电路视为图 9.3.1b 所示。

（1）求电流 i。当 u 中的直流分量 $U_0 = 40\text{V}$ 单独作用时，由于电容 C 相当于开路，因此 $I_0 = 0$

当 u 中的基波分量 $u_1 = 150\cos(\omega t)\text{V}$ 单独作用时，$\dot{U}_{1m} = 150\angle 0°\text{V}$，基波电流幅值为

$$\dot{I}_{1m} = \frac{\dot{U}_{1m}}{R + j\left(\omega L - \dfrac{1}{\omega C}\right)} = \frac{150\angle 0°}{10 + j\left(314 \times 0.05 - \dfrac{1}{314 \times 10^{-4}}\right)}\text{A}$$
$$= 7.9\angle 58.23°\text{A}$$

则

$$i_1 = 7.9\cos(\omega t + 58.23°)\text{A}$$

当 u 中的三次谐波分量 $u_3 = 50\cos(3\omega t + 45°)\text{V}$ 单独作用时，$\dot{U}_{3m} = 50\angle 45°\text{V}$，三次谐波电流幅值为

$$\dot{I}_{3m} = \frac{\dot{U}_{3m}}{R + j\left(3\omega L - \dfrac{1}{3\omega C}\right)} = \frac{50\angle 45°}{10 + j\left(3 \times 314 \times 0.05 - \dfrac{1}{3 \times 314 \times 10^{-4}}\right)}\text{A}$$
$$= 1.322\angle -29.67°\text{A}$$

则

$$i_3 = 1.322\cos(3\omega t - 29.67°)\text{A}$$

所以，由叠加定理得

$$i = I_0 + i_1 + i_3 = [7.9\cos(\omega t + 58.23°) + 1.322\cos(3\omega t - 29.67°)]\text{A}$$

（2）电压 u 的有效值为

$$U = \sqrt{U_0^2 + U_1^2 + U_3^2} = \sqrt{40^2 + \left(\frac{150}{\sqrt{2}}\right)^2 + \left(\frac{50}{\sqrt{2}}\right)^2}\text{V} = 118.74\text{V}$$

电流 i 的有效值为

$$I = \sqrt{I_0^2 + I_1^2 + I_3^2} = \sqrt{0^2 + \left(\frac{7.9}{\sqrt{2}}\right)^2 + \left(\frac{1.322}{\sqrt{2}}\right)^2}\text{A} = 5.664\text{A}$$

（3）电路消耗的功率为

$$P = I^2 R = 5.664^2 \times 10\text{W} = 320.81\text{W}$$

或

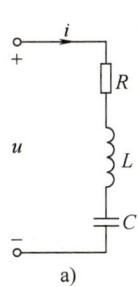

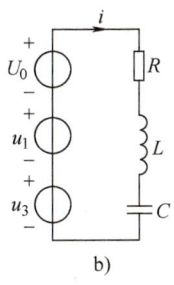

图 9.3.1 例 9.3.1 的图

9.3.3 非正弦周期信号激励下的稳态电路分析（3）

$$P = U_0I_0 + U_1I_1\cos\varphi_1 + U_3I_3\cos\varphi_3$$
$$= \left[0 + \frac{150}{\sqrt{2}} \times \frac{7.9}{\sqrt{2}} \times \cos(0 - 58.23°) + \frac{50}{\sqrt{2}} \times \frac{1.322}{\sqrt{2}} \times \cos(45° + 29.67°)\right]W$$
$$= 320.7W$$

【例 9.3.2】 图 9.3.2a 所示电路中，已知 $u_S = [2 + 50\sqrt{2}\cos(100t) + 25\sqrt{2}\cos(500t + 30°)]$V，$i_S = [10 + 20\sqrt{2}\cos(500t + 60°)]$mA，$R = 100\Omega$，$L_1 = L_2 = 0.4$H，$C = 10\mu F$。试求电流 i。

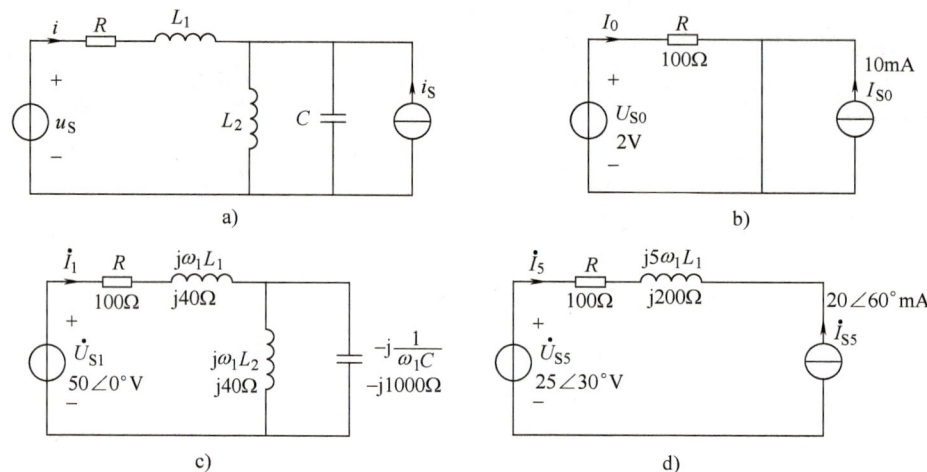

图 9.3.2 例 9.3.2 的图

解 当 u_S 和 i_S 中的直流分量 $U_{S0} = 2V$、$I_{S0} = 10$mA 同时作用时，由于电容相当于开路，电感相当于短路，因此有图 9.3.2b 所示电路，则

$$I_0 = \frac{U_{S0}}{R} = \frac{2}{100}A = 20\text{mA}$$

当 u_S 中的基波分量 $u_{S1} = 50\sqrt{2}\cos(100t)$V 单独作用时，如图 9.3.2c 所示电路，$\dot{U}_{S1} = 50\angle 0°$V，基波电流为

$$\dot{I}_1 = \frac{\dot{U}_{S1}}{R + j\omega_1 L_1 + j\omega_1 L_2 // \frac{1}{j\omega_1 C}} = \frac{50\angle 0°}{100 + j40 + j40 // (-j1000)}A = 387.27\angle -39.24°\text{mA}$$

则

$$i_1 = 387.27\sqrt{2}\cos(100t - 39.24°)\text{mA}$$

当 u_S 和 i_S 中的五次谐波分量 $u_{S5} = 25\sqrt{2}\cos(500t + 30°)$V、$i_{S5} = 20\sqrt{2}\cos(500t + 60°)$mA 同时作用时，$\dot{U}_{S5} = 25\angle 30°$V、$\dot{I}_{S5} = 20\angle 60°$mA。由于 $5\omega_1 L_2 = \frac{1}{5\omega_1 C}$，故 L_2、C 在五次谐波发生并联谐振，相当于开路，因此有图 9.3.2d 所示的电路，则五次谐波电流为

$$\dot{I}_5 = -\dot{I}_{S5} = -20\angle 60°\text{mA} = 20\angle -120°\text{mA}$$

则

$$i_5 = 20\sqrt{2}\cos(500t - 120°)\text{mA}$$

所以，由叠加定理得

$$i = I_0 + i_1 + i_5 = [20 + 387.27\sqrt{2}\cos(100t - 39.24°) + 20\sqrt{2}\cos(500t - 120°)]\text{mA}$$

【**例 9.3.3**】 图 9.3.3a 所示网络中，已知 $u_S = [10 + 60\sqrt{2}\cos(\omega_1 t) + 30\sqrt{2}\cos(3\omega_1 t + 30°)]\text{V}$，$R_1 = 10\Omega$，$R_2 = 20\Omega$，$\omega_1 L_1 = \omega_1 L_2 = \omega_1 L_4 = \dfrac{1}{\omega_1 C} = 20\Omega$，$\omega_1 L_3 = 2.5\Omega$，$\omega_1 M = 10\Omega$。试求电流 i_1、i_2 和网络消耗的功率。

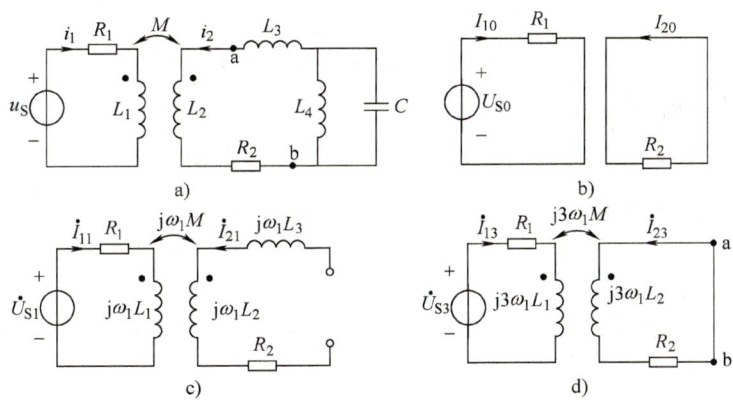

图 9.3.3 例 9.3.3 的图

解 当 u_S 中的直流分量 $U_{S0} = 10\text{V}$ 作用时，由于电容相当于开路，电感相当于短路，因此有图 9.3.3b 所示电路，此时互感不起作用，则

$$I_{10} = \dfrac{U_{S0}}{R_1} = \dfrac{10}{10}\text{A} = 1\text{A} \qquad I_{20} = 0$$

当 u_S 中的基波分量 $u_{S1} = 60\sqrt{2}\cos(\omega_1 t)\text{V}$ 单独作用时，由于 $\omega_1 L_4 = \dfrac{1}{\omega_1 C}$，故 L_4、C 在基波发生并联谐振，相当于开路，因此有如图 9.3.3c 所示电路，$\dot{U}_{S1} = 60\angle 0°\text{V}$，基波电流为

$$\dot{I}_{11} = \dfrac{\dot{U}_{S1}}{R_1 + j\omega_1 L_1} = \dfrac{60\angle 0°}{10 + j20}\text{A} = 2.683\angle -63.43°\text{A} \qquad \dot{I}_{21} = 0$$

则

$$i_{11} = 2.683\sqrt{2}\cos(\omega_1 t - 63.43°)\text{A} \qquad i_{21} = 0$$

当 u_S 中的三次谐波分量 $u_{S3} = 30\sqrt{2}\cos(3\omega_1 t + 30°)\text{V}$ 单独作用时，由于 a、b 间的阻抗

$$Z_{ab} = j3\omega_1 L_3 + \dfrac{j3\omega_1 L_4\left(-j\dfrac{1}{3\omega_1 C}\right)}{j3\omega_1 L_4 - j\dfrac{1}{3\omega_1 C}} = \left[j7.5 + \dfrac{j60 \times \left(-j\dfrac{20}{3}\right)}{j60 - j\dfrac{20}{3}}\right]\Omega = 0$$

即相当于 a、b 间短路，可得图 9.3.3d 所示的电路，$\dot{U}_{S3} = 30\angle 30°\text{V}$，列写 KVL 方程得

$$\begin{cases}(R_1 + j3\omega_1 L_1)\dot{I}_{13} + j3\omega_1 M\dot{I}_{23} = \dot{U}_{S3} \\ (R_2 + j3\omega_1 L_2)\dot{I}_{23} + j3\omega_1 M\dot{I}_{13} = 0\end{cases}$$

代入数据得

$$\begin{cases} (10+\text{j}60)\dot{I}_{13} + \text{j}30\dot{I}_{23} = 30\angle 30° \\ (20+\text{j}60)\dot{I}_{23} + \text{j}30\dot{I}_{13} = 0 \end{cases}$$

解得三次谐波电流为

$$\dot{I}_{13} = 0.616\angle -42.6°\text{A} \qquad \dot{I}_{23} = 0.292\angle 155.8°\text{A}$$

则

$$i_{13} = 0.616\sqrt{2}\cos(3\omega_1 t - 42.6°)\text{A}$$
$$i_{23} = 0.292\sqrt{2}\cos(3\omega_1 t + 155.8°)\text{A}$$

所以由叠加定理得电流为

$$i_1 = I_{10} + i_{11} + i_{13} = [1 + 2.683\sqrt{2}\cos(\omega_1 t - 63.43°) + 0.616\sqrt{2}\cos(3\omega_1 t - 42.6°)]\text{A}$$
$$i_2 = I_{20} + i_{21} + i_{23} = 0.292\sqrt{2}\cos(3\omega_1 t + 155.8°)\text{A}$$

网络消耗的功率

$$P = U_{S0}I_{10} + U_{S1}I_{11}\cos\varphi_1 + U_{S3}I_{13}\cos\varphi_3$$
$$= [10\times 1 + 60\times 2.683\cos(0+63.43°) + 30\times 0.616\cos(30°+42.6°)]\text{W} = 87.53\text{W}$$

或

$$P = I_1^2 R_1 + I_2^2 R_2 = (I_{10}^2 + I_{11}^2 + I_{13}^2)R_1 + I_{23}^2 R_2$$
$$= [(1^2 + 2.683^2 + 0.616^2)\times 10 + 0.292^2 \times 20]\text{W} = 87.48\text{W}$$

习 题

9.1 求题 9.1 图所示的倒锯齿波的傅里叶级数展开式,并画出频谱图。

9.2 题 9.2 图所示的半波整流电路,已知端口电压 $u_i = 94.2\cos(\omega t - 90°)\text{V}$,电流为非正弦周期量 $i = [1 + 1.57\cos(\omega t - 90°) - 0.67\cos(2\omega t) - 0.13\cos(4\omega t)]\text{A}$。试求电流 i 的有效值 I 和此二端电路输入的有功功率 P。

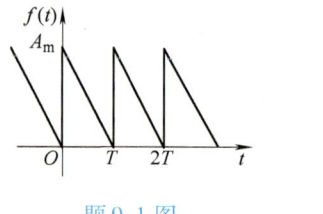
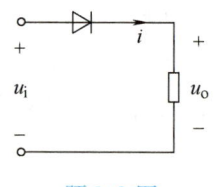

题 9.1 图　　　　　　　　题 9.2 图

9.3 题 9.3 图所示的电路中,N 为无源网络,已知 $u = [100\cos(t-45°) + 50\cos(2t) + 25\cos(3t+45°)]\text{V}$,$i = [80\cos t + 20\cos(2t) + 10\cos(3t)]\text{mA}$。(1) 求电压 u 和电流 i 的有效值 U、I;(2) 求网络 N 吸收的有功功率 P。

9.4 电路如题 9.4 图所示,已知 $u = [20 + 100\sqrt{2}\cos(\omega t) + 30\sqrt{2}\cos(3\omega t)]\text{V}$,$R = 100\Omega$,$L = 1\text{H}$,$f = 50\text{Hz}$。试求电流 i 和电阻电压 u_R。

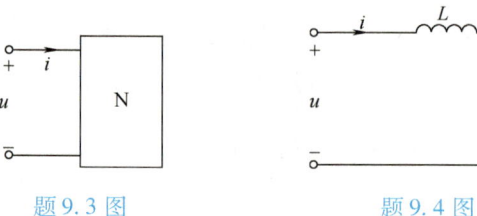

题 9.3 图　　　　　　　　题 9.4 图

9.5 题 9.5 图所示 L、C 滤波电路中，已知 $u = [160 + 220\sqrt{2}\cos(\omega t) + 50\sqrt{2}\cos(5\omega t)]$ V，$f = 50$Hz，$C = 10\mu$F，$L = 10$H，负载 $R = 1000\Omega$。求电流 i_R。

9.6 电路如题 9.6 图所示，已知 $i_S = [2\cos t + 0.5\cos(2t)]$ A，$R_1 = 1\Omega$，$R_2 = 2\Omega$，$L = 1$H。若要使 $i = 2\cos t$A，求 C_1、C_2 和电流源两端的电压 u。

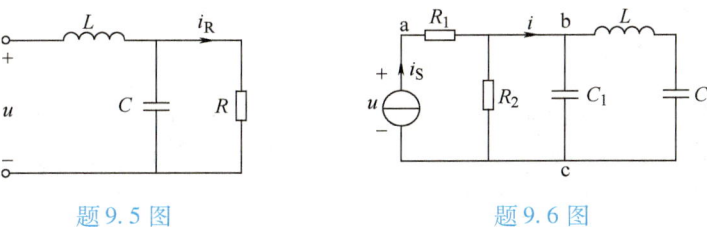

题 9.5 图　　　　　　题 9.6 图

9.7 电路如题 9.7 图所示，已知 $u_1 = [U_{1m}\cos(1000t) + U_{3m}\cos(3000t)]$ V，$C = 1\mu$F。若要使 $u_2 = [U_{3m}\cos(3000t)]$ V，求电感 L_1、L_2。

9.8 题 9.8 图所示电路中，已知直流电压源 $U_{S1} = 9$V，正弦电压源 $u_{S2} = 30\cos t$V，$R_1 = 3\Omega$，$R_2 = 2\Omega$，$R_3 = 4\Omega$，$C = 0.5$F。试求电压 u。

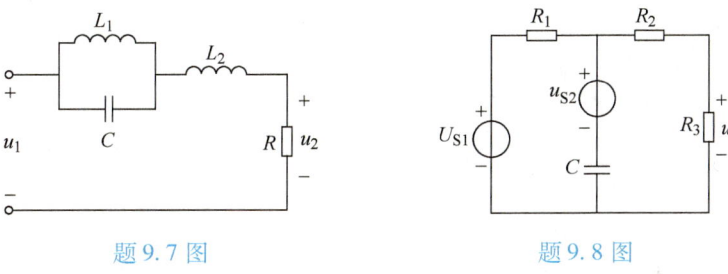

题 9.7 图　　　　　　题 9.8 图

9.9 电路如题 9.9 图所示，已知电压源电压 $u_S = [3 + 5\sqrt{2}\cos(2t + 30°)]$V，电流源电流 $i_S = 2\cos(1.5t)$A，$R = 1\Omega$，$L = 2$H，$C = 2/3$F。试求电压 u_R 及电压源发出的功率。

9.10 电路如题 9.10 图所示，已知电压 $u = [8 + 90\sqrt{2}\cos(\omega t) + 30\sqrt{2}\cos(3\omega t + 45°)]$V，$R_1 = 9\Omega$，$R_2 = 4\Omega$，$\omega L = 3\Omega$，$\dfrac{1}{\omega C} = 12\Omega$。试求各支路电流和电路消耗的功率。

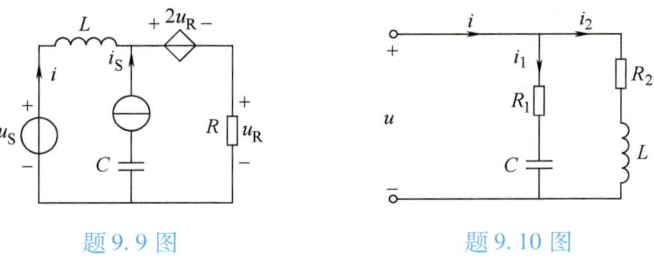

题 9.9 图　　　　　　题 9.10 图

9.11 在题 9.11 图所示电路中，已知电压源电压 $u_S = [2 + 10\sqrt{2}\cos(100t + 30°)]$V，电流源电流 $i_S = [1 + 2\sqrt{2}\cos(500t + 60°)]$A，$R = 10\Omega$，$L = 1$H，$C = 100\mu$F。试求两个电源发出的功率。

9.12 在题 9.12 图所示电路中，已知电压源电压 $u_S = [1 + 20\cos(100t + 10°)]$V，电流源电流 $i_S = [2 + 2\cos(200t + 50°)]$A，$R = 5\Omega$，$L = 50$mH，$C = 1000\mu$F。求电压 u。

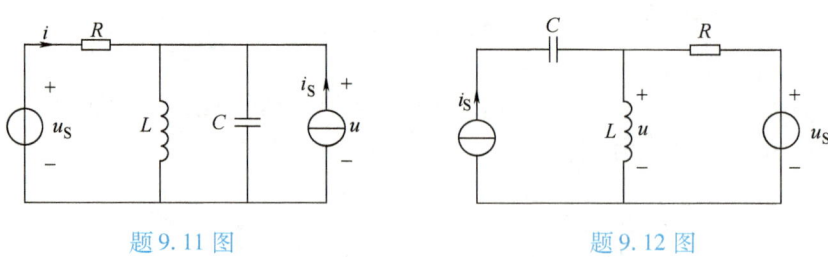

题 9.11 图   题 9.12 图

9.13　*RLC* 串联电路如题 9.13 图所示，已知电路的端口电压为 $u = [100\cos(314t) + 50\cos(942t - 30°)]$ V，电流为 $i = [10\cos(314t) + 1.8\cos(942t + \psi_{i3})]$ A。试求：(1) R、L、C 参数的数值；(2) 三次谐波电流初相位 ψ_{i3} 的值；(3) 电路消耗的功率。

9.14　题 9.14 图所示电路中，已知电压源电压为 $u_S = [5 + 20\sqrt{2}\cos(\omega t) + 2\sqrt{2}\cos(3\omega t)]$ V，$R_1 = 2\Omega$，$R_2 = 3\Omega$，$\omega L_1 = \omega L_2 = 4\Omega$，$\omega M = 1\Omega$，$1/(\omega C) = 6\Omega$。求两个电流表的读数。

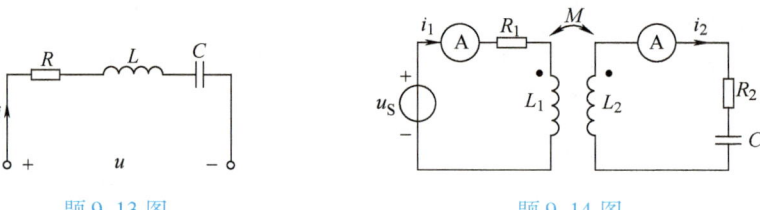

题 9.13 图   题 9.14 图

第 10 章　线性动态电路的时域分析

课程目标：本章主要分析一阶和二阶线性动态电路暂态过程中的电压和电流随时间变化的规律，介绍全响应、零输入响应、零状态响应、阶跃响应、冲激响应等重要概念。通过本章的学习，应重点了解一阶电路的暂态过程，掌握用三要素法分析 RC、RL 一阶电路的暂态过程；同时能够分析简单的二阶电路。

思政目标：通过本章的学习，同学们应认识到世界上的事物不是一成不变，而是时时变化的，因此我们平时也要与时俱进、不断创新，建设物质文明与精神文明相协调、人与自然和谐共生的中国式现代化。

电路从一种稳定状态变化到另一种稳定状态的中间变化过程称为电路的暂态过程（也称为过渡过程）。当电路中含有储能元件（L、C），并且根据电路所列出的电压或电流方程是一阶或二阶微分方程时，这类电路则称为一阶或二阶动态电路。

10.1　动态电路的初始条件

10.1.1　动态电路的概念

在第 1 章中介绍了电感元件 L 和电容元件 C，它们为储能元件，由于 L、C 元件的电压和电流约束关系是通过微分（或积分）来表达的，因此又称为动态元件。含有储能元件 L、C 的电路称为动态电路。

10.1.1　动态电路的概念

图 10.1.1a 所示为一动态电路的实验线路，其中三个灯泡分别串联 R、L、C 元件。当开关 S 闭合时，电阻支路的白炽灯立即发亮，而且亮度始终不变，说明电阻支路在开关闭合后没有经历过渡过程，立即进入稳定状态；电容支路的白炽灯在开关闭合瞬间很亮，然后逐渐变暗直至熄灭；电感支路的白炽灯在开关闭合瞬间不亮，然后逐渐变亮，最后亮度稳定不再变化。图 10.1.1b～图 10.1.1d 所示为三个支路电流的变化曲线，从支路电流曲线可以看出，电容支路的白炽灯和电感支路的白炽灯达到最后稳定，都要经历一段过渡过程。由此说明，含有 L、C 储能元件的动态电路，在电路状态发生变化时通常都要产生过渡过程，而电阻是耗能元件，其上电流随电压比例变化，不存在过渡过程。

1. "稳态"与"暂态"的概念

在过渡过程的分析中，常将外界对电路的输入称为激励，将电路在激励作用下所产生的电流、电压称为响应（或输出）。在前面介绍的直流电路中，电压和电流都是恒定的，不随时间变化而变化。在正弦稳态电路中，电压和电流也都是按照确定的正弦规律变化，也不随时间有其他形式的变化。具有这种特性的状态，称为电路的稳定状态，简称稳态。

当电路出现结构改变，如电路的接通、断开、改接等情况，或者激励、电路参数的骤然变化时，常使电路从一种稳定状态（旧稳态）变化到另一种稳定状态（新稳态），状态的改

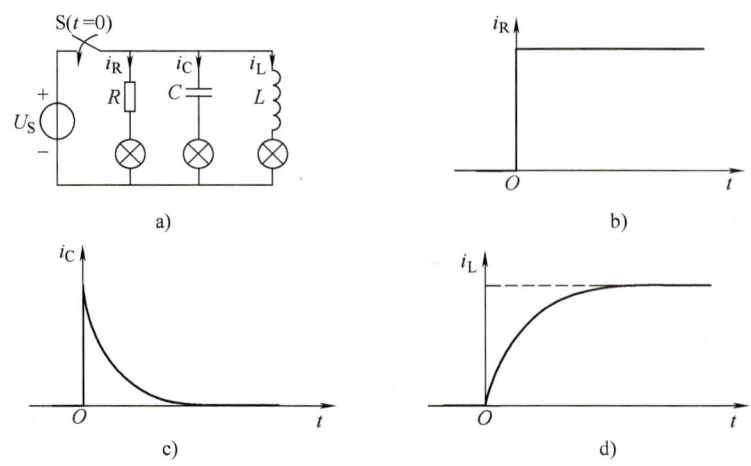

图 10.1.1 动态电路的实验线路

变一般并非立即完成，而需经历一段时间，这段时间发生的变化过程称为电路的过渡过程。实际电路中的过渡过程是暂时存在且最后消失的，故称为暂态过程，简称暂态，如图 10.1.1c、d 所示。

2. 电路产生过渡过程的原因

引起电路产生过渡过程的原因有两个，即内因和外因。电路的接通或断开、电源的变化、电路参数的改变等都是外因，都将使电路状态发生变化。但是只有外因不一定能引起电路的过渡过程，如图 10.1.1b 所示，因此还必须有内因。什么是引起电路产生过渡过程的内因呢？即电路中必须含有动态元件（L、C）。

工程上，当信号变化很快时，一些其他实际元器件，如电阻、晶体管等，有时也需要考虑到磁场变化及电场变化所产生的影响，而在模型中增加电感、电容等动态元件。

3. 研究过渡过程的意义

当动态电路发生状态变化时，电路中的电压、电流产生暂态过程，这是一种自然现象，它既有利的一面又有弊的一面。

在电子技术中，常利用 RC 电路的暂态过程来实现振荡信号的产生、信号波形的变换、制作电子延时继电器等。但是，动态电路在暂态过程中可能会出现过电压或过电流现象，这可能会损坏电气设备，造成严重事故。因此，分析动态电路的暂态过程，目的在于认识和掌握这种客观存在的物理现象的规律，在实际应用中既要充分利用暂态过程的特性，同时又要防止它所产生的危害。

10.1.2 换路定则

通常，将电路状态的改变统称为换路。假设换路发生在 $t=0$ 时刻，以 $t=0_-$ 表示换路前的终了瞬间，在这之前，电路维持旧的稳定状态；以 $t=0_+$ 表示换路后的初始瞬间，这是换路的开始时刻。0_- 和 0_+ 在数值上虽然都等于 0，但对于电路来说，已经有了根本的区别。

10.1.2 换路定则

1. 换路定则

如果换路前后电容电流和电感电压为有限值，则在 $t=0_-$ 到 $t=0_+$ 的换路瞬间电容元件的电压和电感元件的电流不能突变，这就是换路定则。其数学表达式为

$$u_C(0_+) = u_C(0_-)$$
$$i_L(0_+) = i_L(0_-) \tag{10.1.1}$$

注意：在换路瞬间，电容元件的电压和电感元件的电流不能突变，但电路中的其他电压和电流，如 i_C、u_L、u_R、i_R 等是可以发生突变的。

2. 换路瞬间电容电压、电感电流不能突变的原因

（1）从能量的角度分析，换路瞬间电容电压、电感电流不能突变。自然界物体所具有的能量一般是不能突变的，能量的积累或释放需要一定的时间。由于换路瞬间，电容元件和电感元件所储存的能量 $W_C = \frac{1}{2}Cu_C^2$ 和 $W_L = \frac{1}{2}Li_L^2$ 不能突变，因此电容电压 u_C 和电感电流 i_L 只能连续变化，而不能突变。由此可见，含有储能元件的电路在换路时产生过渡过程的根本原因是能量不能突变。

（2）从电路关系分析，换路瞬间电容电压、电感电流不能突变。由电容元件和电感元件的伏安关系，在关联参考方向下，动态电路在 $t=0_-$ 到 $t=0_+$ 的瞬间，有

$$u_C(0_+) = u_C(0_-) + \frac{1}{C}\int_{0_-}^{0_+} i_C(\xi)\mathrm{d}\xi$$
$$i_L(0_+) = i_L(0_-) + \frac{1}{L}\int_{0_-}^{0_+} u_L(\xi)\mathrm{d}\xi \tag{10.1.2}$$

当电容电流和电感电压为有限值时，式（10.1.2）中的积分项为 0，则有换路定则，式（10.1.1）的成立。

另外，由 $i_C = C\dfrac{\mathrm{d}u_C}{\mathrm{d}t}$、$u_L = L\dfrac{\mathrm{d}i_L}{\mathrm{d}t}$，如果在换路瞬间 u_C 或 i_L 发生突变，则 $\dfrac{\mathrm{d}u_C}{\mathrm{d}t} = \infty$，$i_C = \infty$，或 $\dfrac{\mathrm{d}i_L}{\mathrm{d}t} = \infty$，$u_L = \infty$，这种情况在一般的电路不可能发生。同样，有换路瞬间电容电压、电感电流不能突变。

10.1.3 动态电路初始值的确定

动态电路换路后的初始瞬间 $t=0_+$ 时刻，电路中电压和电流值称为初始值。动态电路是从原来的稳定状态过渡到新的稳定状态，因此，要分析暂态过程的变化规律，首先要确定动态电路中待求量的初始值。

换路定则仅适用于电容电压和电感电流初始值的确定，而电路中其他电压和电流的初始值的确定可按照以下步骤进行：

（1）根据电路换路前的情况，由 $t=0_-$ 时的电路求 $u_C(0_-)$ 或 $i_L(0_-)$。在直流电源激励下，电路达到稳定状态时，电容元件可视作开路，电感元件可视作短路。

（2）由换路定则，有：$u_C(0_+) = u_C(0_-)$；$i_L(0_+) = i_L(0_-)$。

（3）根据换路后的电路，由 $t=0_+$ 的电路及 $u_C(0_+)$ 或 $i_L(0_+)$ 求其他待求量电压、电流的初始值。求解电路时，电容 C 可用源电压 $U_S = u_C(0_+)$ 的电压源代替，电感 L 可用源电

10.1.3 动态电路初始值的确定

流 $I_S = i_L(0_+)$ 的电流源代替。

【例 10.1.1】 图 10.1.2a 所示电路,在 $t=0$ 时开关 S 闭合。求换路后各电流和电压的初始值。

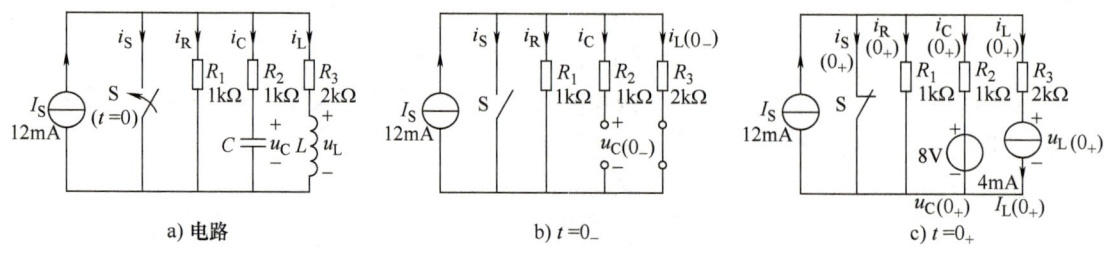

a) 电路　　　　　　　　b) $t=0_-$　　　　　　　　c) $t=0_+$

图 10.1.2　例 10.1.1 的图

解 (1) 求 $u_C(0_-)$ 和 $i_L(0_-)$。$t=0_-$ 时为直流稳态电路,电容元件视为开路,电感元件视为短路。作 $t=0_-$ 时的电路,如图 10.1.2b 所示,有

$$i_L(0_-) = \frac{1}{3}I_S = 4\text{mA}$$

$$u_C(0_-) = i_L(0_-)R_3 = 4\text{mA} \times 2\text{k}\Omega = 8\text{V}$$

(2) 求 $t=0_+$ 时电流和电压的初始值。由换路定则得

$$i_L(0_+) = i_L(0_-) = 4\text{mA}$$

$$u_C(0_+) = u_C(0_-) = 8\text{V}$$

10.1.4　例题

作 $t=0_+$ 时的电路,电容 C 用电压源代替,电感 L 用电流源代替,如图 10.1.2c 所示。则有

$$i_R(0_+) = 0$$

$$i_C(0_+) = -\frac{u_C(0_+)}{R_2} = -\frac{8}{1}\text{mA} = -8\text{mA}$$

由 KCL 有

$$i_S(0_+) = I_S - i_R(0_+) - i_C(0_+) - i_L(0_+) = [12 - 0 - (-8) - 4]\text{mA} = 16\text{mA}$$

$$u_L(0_+) = -i_L(0_+)R_3 = -4\text{mA} \times 2\text{k}\Omega = -8\text{V}$$

【例 10.1.2】 图 10.1.3a 所示为测量电机绕组直流电阻的电路。已知电压表读数为 45V,电压表内阻 $R_V = 500\text{k}\Omega$,电流表读数为 1.6A,电流表内阻近似为零,电机绕组的电感 $L = 4\text{H}$。若测量完直接将开关 S 断开($t=0$),求 S 断开瞬间电压表两端的电压为多少?

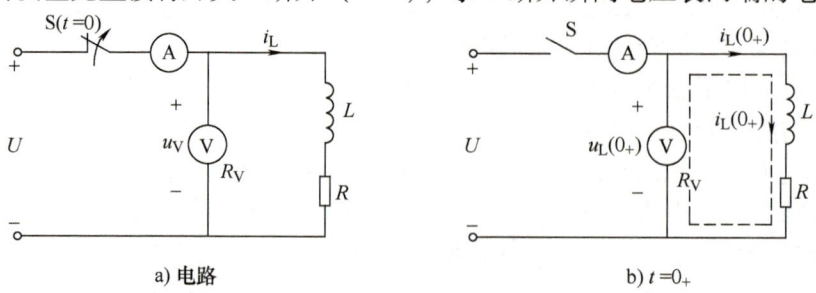

a) 电路　　　　　　　　b) $t=0_+$

图 10.1.3　例 10.1.2 的图

解 由电压表、电流表读数求得绕组直流电阻

$$R = \frac{U_V}{I_L} = \frac{45}{1.6}\Omega = 28.125\Omega$$

$t = 0_+$ 时，开关 S 断开，由换路定则，有

$$i_L(0_+) = i_L(0_-) = 1.6\text{A}（大小、方向都不变）$$

由图 10.1.3b 知，$i_L(0_+)$ 经电压表形成放电回路，则有

$$u_V(0_+) = -i_L(0_+)R_V = -1.6 \times 500 \times 10^3 \text{V} = -800\text{kV}$$

此例说明，当线圈断电时，可能在线圈两端产生高电压，从而可能会造成绝缘的击穿。因此在实际使用中可在线圈两端并联续流二极管，如图 10.1.4 所示，利用二极管的单向导电特性，在电路开关断开时为电感电流 $i_L(0_+)$ 提供一条通路，限制了电压，防止产生高电压，达到保护的目的。

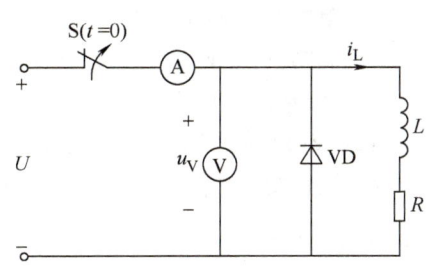

图 10.1.4 接入续流二极管的电路

【例 10.1.3】 在图 10.1.5a 所示电路中，已知 $t < 0$ 时，原电路已稳定，$t = 0$ 时，打开开关 S。求 i、i_1 的初始值。

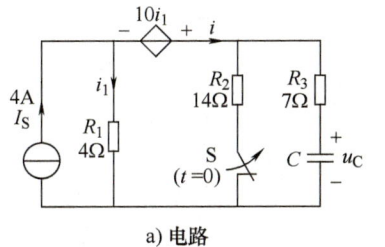
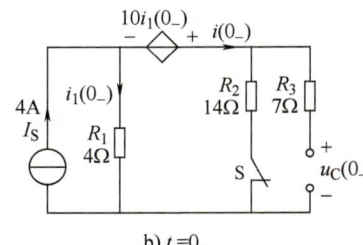
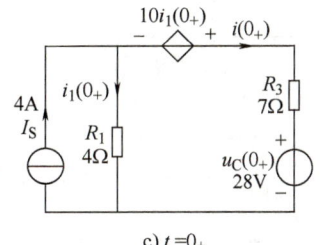

a) 电路   b) $t = 0_-$ c) $t = 0_+$

图 10.1.5 例 10.1.3 的图

解 （1）求 $u_C(0_-)$。$t = 0_-$ 时的电路如图 10.1.5b 所示，由 KVL、KCL 得

$$u_C(0_-) = R_2 i(0_-) = 10i_1(0_-) + R_1 i_1(0_-)$$
$$i_1(0_-) + i(0_-) = I_S$$

代入数据有

$$u_C(0_-) = 14i(0_-) = 10i_1(0_-) + 4i_1(0_-)$$
$$i_1(0_-) + i(0_-) = 4$$

解得

$$u_C(0_-) = 28\text{V}$$

（2）求 $i(0_+)$、$i_1(0_+)$。由换路定则得

$$u_C(0_+) = u_C(0_-) = 28\text{V}$$

作 $t = 0_+$ 时的等效电路，电容 C 用电压源代替，如图 10.1.5c 所示，则有

$$\begin{cases} i_1(0_+) + i(0_+) = 4 \\ 14i_1(0_+) = 7i(0_+) + 28 \end{cases}$$

解得

$$i(0_+) = \frac{4}{3}\text{A} \quad i_1(0_+) = \frac{8}{3}\text{A}$$

10.2 一阶电路的分析

10.2.1 一阶电路的全响应

一阶电路的全响应（Complete Response）是指换路后电路的初始状态不为零，同时又有外加激励源作用时电路中产生的响应。

1. 直流电源激励下 RC 一阶电路的全响应

图 10.2.1a 所示为直流电源激励的 RC 一阶电路，开关 S 原来处于 a 端，且电路已处于稳定状态。在 $t = 0$ 时发生换路，开关 S 从 a 端切换到 b 端。

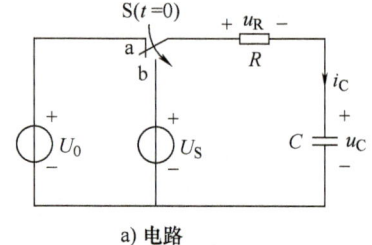
a) 电路

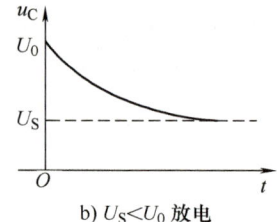
b) $U_S < U_0$ 放电

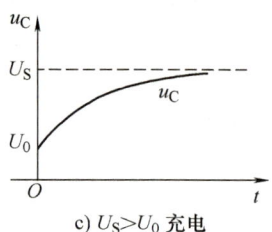
c) $U_S > U_0$ 充电

图 10.2.1 RC 一阶电路的全响应

由换路定则，有初始值
$$u_C(0_+) = u_C(0_-) = U_0$$
当电路达到新的稳定状态时，有稳态值
$$u_C(\infty) = U_S$$
通过定性分析可知，当稳态值小于初始值（$U_S < U_0$）时，电容发生放电，如图 10.2.1b 所示；当稳态值大于初始值（$U_S > U_0$）时，电容发生充电，如图 10.2.1c 所示。电容电压 $u_C(t)$ 按一定的规律由初始值变化到稳态值。如果 $U_S = U_0$，则当开关转换时就没有暂态过程。

由图 10.2.1a 所示电路，$t > 0$ 时列写 KVL 方程，有
$$u_R + u_C = U_S$$
而电阻元件和电容元件的伏安关系为
$$u_R = Ri_C \quad i_C = C\frac{du_C}{dt}$$
则有
$$RC\frac{du_C}{dt} + u_C = U_S \tag{10.2.1}$$

式（10.2.1）为一阶常系数线性非齐次微分方程。此方程的解由两部分组成：对应于非齐次微分方程的特解 u_C' 和对应于齐次微分方程的通解 u_C''，即
$$u_C(t) = u_C' + u_C'' \tag{10.2.2}$$

(1) 特解。特解和外加激励信号具有相同的形式。取换路后的新稳态值作特解(稳态分量、强制分量)。由图 10.2.1a 所示电路可知

$$u'_C = u_C(\infty) = U_S \quad (10.2.3)$$

(2) 通解。为暂态分量。对应式(10.2.1)的齐次微分方程为

$$RC\frac{du_C}{dt} + u_C = 0 \quad (10.2.4)$$

根据线性微分方程解的理论，式(10.2.4)的通解为

$$u''_C = Ae^{-\frac{t}{\tau}} \quad (10.2.5)$$

其中

$$\tau = RC \quad (10.2.6)$$

将式(10.2.3)、式(10.2.5)代入式(10.2.2)，同时由 $u_C(0_+) = u_C(0_-) = U_0$，则有全响应的表达式为

$$u_C(t) = u_C(\infty) + [u_C(0_+) - u_C(\infty)]e^{-\frac{t}{\tau}} = U_S + (U_0 - U_S)e^{-\frac{t}{\tau}} \quad (10.2.7)$$

由式(10.2.7)可得出

$$\text{全响应} = \text{稳态响应} + \text{暂态响应}$$

2. 直流电源激励下 RL 一阶电路的全响应

图 10.2.2 所示为直流电源激励下的 RL 电路，开关 S 原来处于 a 端，且电路已处于稳定状态。在 $t = 0$ 时发生换路，开关 S 从 a 端切换到 b 端。

由初始值 $i_L(0_+) = i_L(0_-) = \dfrac{U_0}{R}$、稳态值 $i_L(\infty) = \dfrac{U_S}{R}$ 及电感元件的伏安关系 $u_L = L\dfrac{di_L}{dt}$，通过分析可得全响应的表达式为

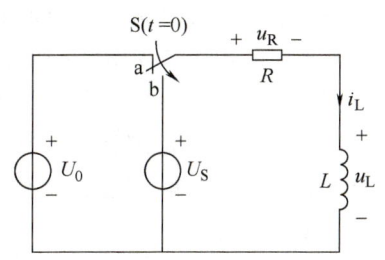

图 10.2.2 RL 一阶电路的全响应

$$i_L(t) = i_L(\infty) + [i_L(0_+) - i_L(\infty)]e^{-\frac{t}{\tau}} = \frac{U_S}{R} + \left(\frac{U_0}{R} - \frac{U_S}{R}\right)e^{-\frac{t}{\tau}} \quad (10.2.8)$$

其中

$$\tau = \frac{L}{R} \quad (10.2.9)$$

3. 时间常数 τ

时间常数

$$\tau = RC \text{ 或 } \tau = \frac{L}{R}$$

τ 的单位为秒(s)。

由式(10.2.7)、式(10.2.8)可知，时间常数 τ 影响动态电路的变化过程，反映了电路暂态过程时间的长短。τ 越大，则动态电路达到新的稳态所需的时间就越长，即过渡过程时间越长；τ 越小，则过渡过程时间越短，如图 10.2.3 所示。

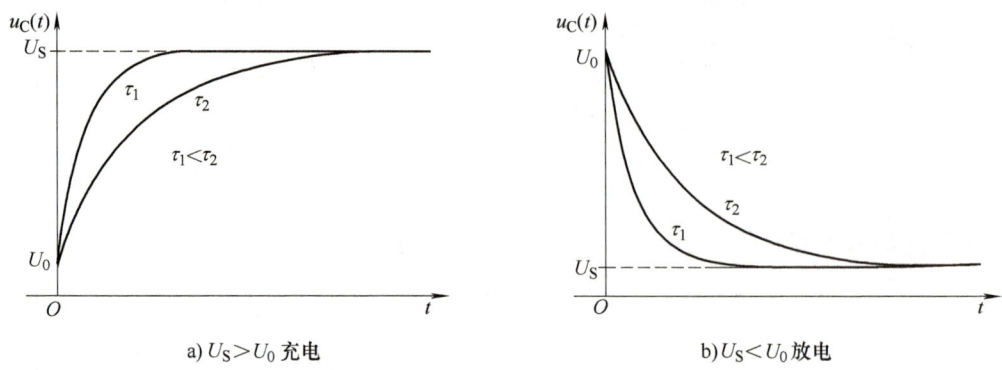

a) $U_S > U_0$ 充电　　　　b) $U_S < U_0$ 放电

图 10.2.3　时间常数对 RC 一阶电路全响应的影响

10.2.2　一阶电路的零输入响应和零状态响应

一阶电路的零输入响应和零状态响应可当作全响应的特例进行分析。

1. 一阶电路的零输入响应

动态电路在无外加激励电源时，仅由动态元件初始储能所产生的响应，称作零输入响应（Zero Input Response）。

10.2.2　一阶电路的零输入响应和零状态响应

图 10.2.4a 所示的是直流电源激励的 RC 一阶电路，开关 S 原来处于 a 端，且电路已处于稳定状态。在 $t = 0$ 时发生换路，开关 S 从 a 端切换到 b 端，电容由初始储能通过电阻 R 进行放电，最终电容储能全部放完，可得到如图 10.2.4b 所示的 $u_C(t)$ 放电曲线。

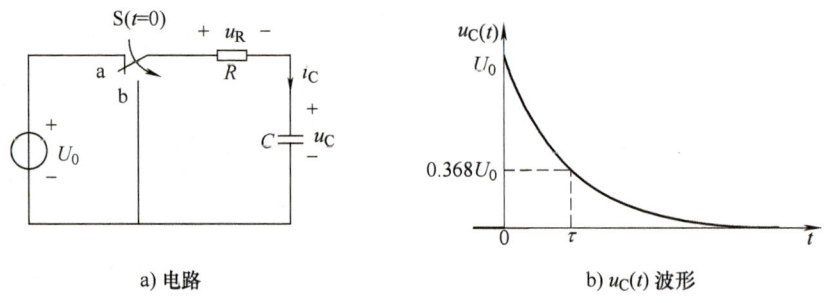

a) 电路　　　　b) $u_C(t)$ 波形

图 10.2.4　RC 一阶电路的零输入响应

由 $t > 0$ 电路，及电阻元件和电容元件的伏安关系，列写 KVL 方程，得微分方程

$$RC \frac{du_C}{dt} + u_C = 0$$

由式（10.2.7）及 $u_C(0_+) = u_C(0_-) = U_0$、$u_C(\infty) = 0$，可得 RC 一阶动态电路零输入响应的表达式为

$$u_C(t) = u_C(0_+) e^{-\frac{t}{\tau}} = U_0 e^{-\frac{t}{\tau}} \tag{10.2.10}$$

表 10.2.1 给出了在 $t = \tau, 2\tau, 3\tau, \cdots$ 时刻的电容电压值。表中的数据表明，经过一个时间常数 τ，电容电压衰减到初始电压的 36.8%。

表 10.2.1　不同时刻的电容电压值

t	0	τ	2τ	3τ	4τ	5τ	$\cdots$	∞
$u_C(t)$	U_0	0.368 U_0	0.135 U_0	0.05 U_0	0.018 U_0	0.0067 U_0	$\cdots$	0

从表 10.2.1 可以看出，在理论上要经过无限长的时间（$t=\infty$）时，$u_C(t)$ 的过渡过程才算结束，才能衰减到零。但工程上一般认为换路后，经过 $3\sim5\tau$ 的时间过渡过程即告结束。

对于直流电源激励的 RL 一阶动态电路的零输入响应，读者可自行分析。

2. 一阶电路的零状态响应

动态元件的初始储能为零，动态电路在零初始状态下由外加激励电源所引起的响应，称为零状态响应（Zero State Response）。

（1）直流电源激励下一阶电路的零状态响应。图 10.2.5a 所示为直流电源激励的 RC 一阶电路，开关 S 原来处于 a 端，且电路已处于稳定状态。在 $t=0$ 时发生换路，开关 S 从 a 端切换到 b 端，电源通过电阻 R 对电容进行充电，最终达到稳定值，可得到图 10.2.5b 所示的 $u_C(t)$ 充电曲线。

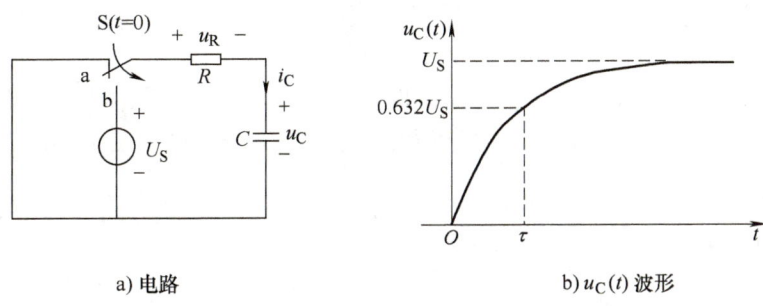

a) 电路　　　　　　　　　b) $u_C(t)$ 波形

图 10.2.5　RC 一阶电路的零状态响应

由 $t>0$ 电路，及电阻元件和电容元件的伏安关系，列写 KVL 方程，得微分方程

$$RC\frac{du_C}{dt}+u_C=U_S$$

由式（10.2.7）及 $u_C(0_+)=u_C(0_-)=0$、$u_C(\infty)=U_S$，可得零状态响应的表达式为

$$u_C(t)=u_C(\infty)(1-e^{-\frac{t}{\tau}})=U_S(1-e^{-\frac{t}{\tau}}) \tag{10.2.11}$$

如图 10.2.5b 所示，经过一个时间常数 τ，电容电压 $u_C(t)$ 从零增加到稳态电压的 63.2%。

对于直流电源激励的 RL 一阶动态电路的零状态响应，读者可自行分析。

（2）正弦电源激励下 RL 一阶电路的零状态响应。图 10.2.6 所示的 RL 一阶电路中，在正弦电压源 $u_S(t)=U_{Sm}\cos(\omega t+\psi_u)$ 激励下，以电感电流 $i_L(t)$ 为变量的电路方程为

$$L\frac{di_L}{dt}+Ri_L=U_{Sm}\cos(\omega t+\psi_u) \tag{10.2.12}$$

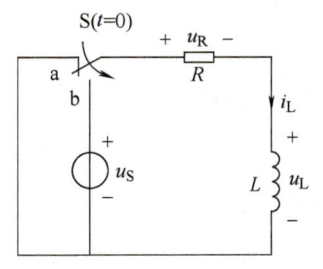

图 10.2.6　正弦电源激励下的 RL 一阶电路

式中，ψ_u 为正弦电源接入电路时的相位角，正弦电源的计时起点与电路换路的计时起点应一致，称 ψ_u 为接入相位角或合闸角。

一阶常系数非齐次微分方程，有通解（暂态分量）i'' 和特解（稳态解、稳态分量）i'，稳态解用相量法求解。通过分析及 $i_L(0_+) = i_L(0_-) = 0$，可得

$$i_L(t) = \frac{U_m}{\sqrt{R^2 + (\omega L)^2}} \cos(\omega t + \psi_u - \varphi) - \frac{U_m}{\sqrt{R^2 + (\omega L)^2}} \cos(\psi_u - \varphi) e^{-\frac{t}{\tau}} \quad (10.2.13)$$

其中

$$\varphi = \arctan \frac{\omega L}{R} \qquad \tau = \frac{L}{R}$$

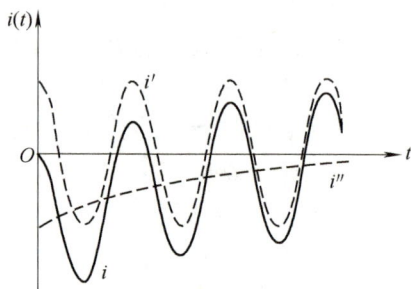

图 10.2.7　正弦电源激励下电路的暂态响应

由式（10.2.13）可以看出，特解或稳态分量是一个按照正弦规律变化的函数，其角频率与正弦电源激励的相同；通解或暂态分量是一个衰减的指数函数，随时间的增长而趋于零，最终只剩下稳态分量，如图 10.2.7 所示。电路的暂态响应有两种典型的情况：

① $\psi_u - \varphi = \pm \pi/2$ 时，$\cos(\psi_u - \varphi) = 0$，$i_L$ 的暂态分量为零，说明正弦电源接入后不出现暂态而直接进入稳态。

② $\psi_u = \varphi$ 时，暂态分量最强，当电路的时间常数 τ 远大于正弦电源的周期 T 时，则开关合上后的 $T/2$ 左右，i_L 将达最大值并接近稳态幅值的 2 倍，这就是 RL 电路在接入正弦电源时的过电流现象。

10.2.3　一阶电路暂态分析的三要素法

通过前面的分析可知，直流电源激励下的一阶电路中的电压或电流，其全响应总是由初始值开始，按指数规律变化而趋近于稳态值。则全响应 $f(t)$ 可表示为

$$f(t) = f(\infty) + [f(0_+) - f(\infty)] e^{-\frac{t}{\tau}} \quad (10.2.14)$$

只要知道了初始值 $f(0_+)$、稳态值 $f(\infty)$ 和时间常数 τ 这三个要素，就可以通过式（10.2.14）直接求得直流电源激励下的一阶电路的全响应，故称这种方法为三要素法。

对于正弦电源激励下的一阶电路的电压或电流，则全响应 $f(t)$ 可表示为

$$f(t) = f'(t) + [f(0_+) - f'(0_+)] e^{-\frac{t}{\tau}} \quad (10.2.15)$$

式中，$f'(t)$ 为稳态分量，可用相量法求解，$f'(0_+)$ 为稳态分量的初始值。

时间常数 $\tau = R_{eq} C$（或 $\tau = \frac{L}{R_{eq}}$），其中 R_{eq} 为等效电阻，是换路后从储能元件 C（或 L）两端看进去的除源网络的入端电阻，即戴维南或诺顿等效电路中的等效电阻。

由于三要素法具有方便、实用和物理概念清楚等特点，是求解一阶电路的全响应常用的方法。

【**例 10.2.1**】　图 10.2.8a 所示电路中，$U_S = 180\text{V}$，$R_1 = 30\Omega$，$R_2 = 60\Omega$，$C = 100\mu\text{F}$，电容初始电压为零，$t = 0$ 时开关 S 合上，试求换路后的 $u_C(t)$、$i_1(t)$。

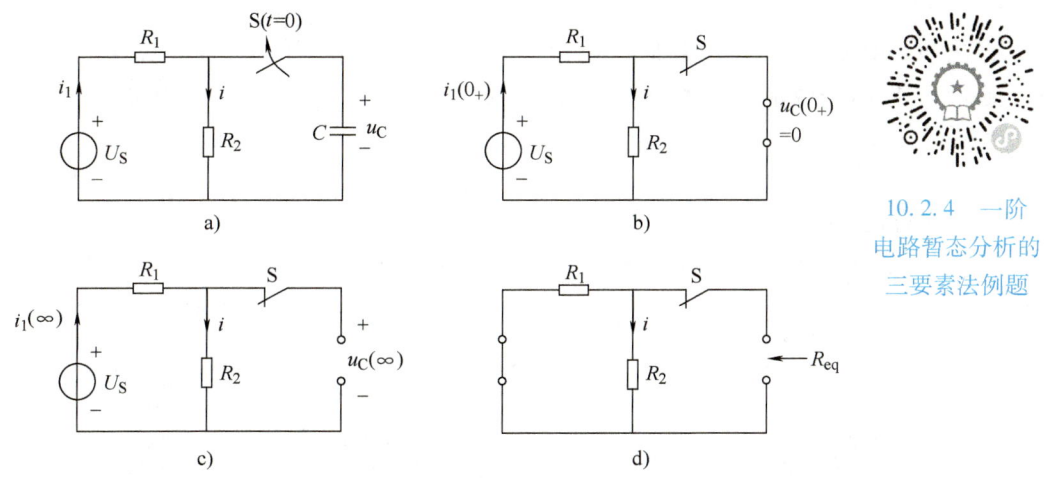

图 10.2.8 例 10.2.1 的图

解 利用三要素法求解。

(1) 求初始值 $u_C(0_+)$、$i_1(0_+)$。由换路定则知

$$u_C(0_+) = u_C(0_-) = 0$$

由于 $u_C(0_+) = 0$，此时电容可视作短路，因此有换路后 $t = 0_+$ 时的等效电路，如图 10.2.8b 所示。则有

$$i_1(0_+) = \frac{U_S}{R_1} = \frac{180}{30}\text{A} = 6\text{A}$$

(2) 求稳态值 $u_C(\infty)$、$i_1(\infty)$。当电路达到新的稳态时，电容可视作开路，因此可作出 $t = \infty$ 时的等效电路，如图 10.2.8c 所示。则有

$$i_1(\infty) = \frac{U_S}{R_1 + R_2} = \frac{180}{30 + 60}\text{A} = 2\text{A}$$

$$u_C(\infty) = R_2 i_1(\infty) = 60 \times 2\text{V} = 120\text{V}$$

(3) 求时间常数 τ。将网络中的独立电源置零（电压源短路、电流源开路），从储能元件 C 两端看进去的除源网络的入端电阻。由图 10.2.8d 可得

$$R_{eq} = \frac{R_1 R_2}{R_1 + R_2} = \frac{30 \times 60}{30 + 60}\Omega = 20\Omega$$

则时间常数

$$\tau = R_{eq}C = 20 \times 100 \times 10^{-6}\text{s} = 2 \times 10^{-3}\text{s}$$

(4) 根据三要素法公式（10.2.14）可得

$$u_C(t) = u_C(\infty) + [u_C(0_+) - u_C(\infty)]e^{-\frac{t}{\tau}}$$
$$= [120 + (0 - 120)e^{-500t}]\text{V} = 120(1 - e^{-500t})\text{V} \quad (t \geq 0_+)$$

$$i_1(t) = i_1(\infty) + [i_1(0_+) - i_1(\infty)]e^{-\frac{t}{\tau}} = [2 + (6 - 2)e^{-500t}]\text{A} = (2 + 4e^{-500t})\text{A} \quad (t \geq 0_+)$$

$u_C(t)$ 和 $i_1(t)$ 波形如图 10.2.9 所示。$u_C(t)$ 为零状态响应，而 $i_1(t)$ 为全响应。

【例 10.2.2】 图 10.2.10a 所示电路原处于稳定状态，在 $t = 0$ 时将开关 S 闭合，试求换路后电路中所示的电压和电流，并画出其变化曲线。

解 （1）用三要素法求电容电压 $u_C(t)$。

① 求初始值 $u_C(0_+)$。电路原已稳定，电容视作开路，则有 $t=0_-$ 时等效电路如图 10.2.10b 所示，由换路定则可得

$$u_C(0_+) = u_C(0_-) = U_S = 12\text{V}$$

② 求稳态值 $u_C(\infty)$。电路达到新的稳态时，电容仍视为开路，因此有 $t=\infty$ 时的等效电路如图 10.2.10c 所示。则有

$$u_C(\infty) = \frac{R_2}{R_1+R_2}U_S = \frac{6}{3+6}\times 12\text{V} = 8\text{V}$$

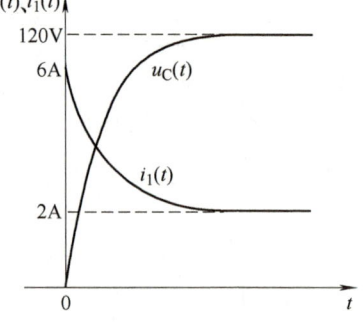

图 10.2.9　$u_C(t)$ 和 $i_1(t)$ 的波形

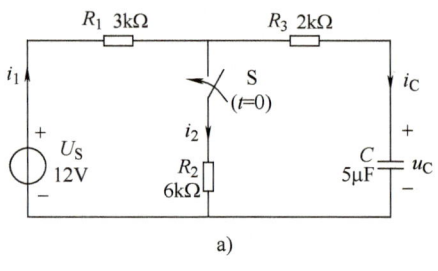

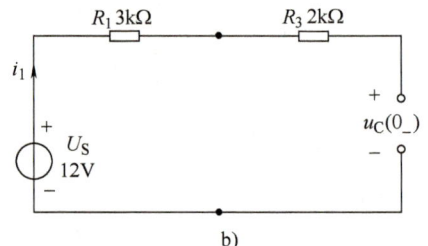

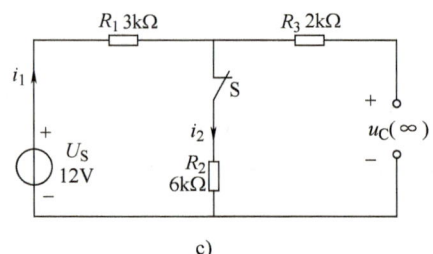

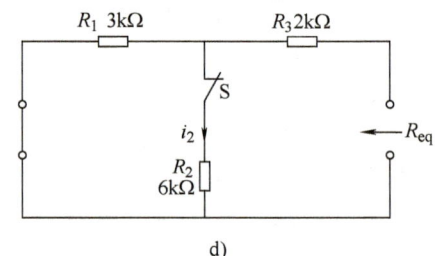

图 10.2.10　例 10.2.2 的电路

③ 求时间常数 τ。R_{eq} 应为换路后电容两端的除源网络的等效电阻，由图 10.2.10d 所示电路可得

$$R_{eq} = R_1 // R_2 + R_3 = \left(\frac{3\times 6}{3+6} + 2\right)\text{k}\Omega = 4\text{k}\Omega$$

$$\tau = R_{eq}C = 4\times 10^3 \times 5\times 10^{-6}\text{s} = 2\times 10^{-2}\text{s}$$

根据三要素法公式，可得电容电压

$$\begin{aligned}u_C(t) &= u_C(\infty) + [u_C(0_+) - u_C(\infty)]e^{-\frac{t}{\tau}} \\ &= [8+(12-8)e^{-50t}]\text{V} = (8+4e^{-50t})\text{V} \quad (t\geq 0_+)\end{aligned}$$

（2）求电流 $i_C(t)$、$i_1(t)$、$i_2(t)$。电流 $i_C(t)$、$i_1(t)$、$i_2(t)$ 可用三要素法来求解，也可用其他方法求解。

由电容元件的端口特性，有

$$i_C(t) = C\frac{du_C}{dt} = 5\times 10^{-6}\times 4\times(-50)e^{-50t}\text{A} = -e^{-50t}\text{mA} \quad (t\geq 0_+)$$

而

$$i_2(t) = \frac{i_C R_3 + u_C}{R_2} = \frac{-e^{-50t} \times 10^{-3} \times 2 \times 10^3 + 8 + 4e^{-50t}}{6 \times 10^3} A = \left(\frac{4}{3} + \frac{1}{3}e^{-50t}\right) mA \quad (t \geq 0_+)$$

$$i_1(t) = i_2 + i_C = \left(\frac{4}{3} + \frac{1}{3}e^{-50t} - e^{-50t}\right) mA = \left(\frac{4}{3} - \frac{2}{3}e^{-50t}\right) mA \quad (t \geq 0_+)$$

$u_C(t)$、$i_C(t)$、$i_1(t)$ 和 $i_2(t)$ 的变化曲线如图 10.2.11 所示，其中 $i_C(t)$ 为零输入响应，其他的为全响应。

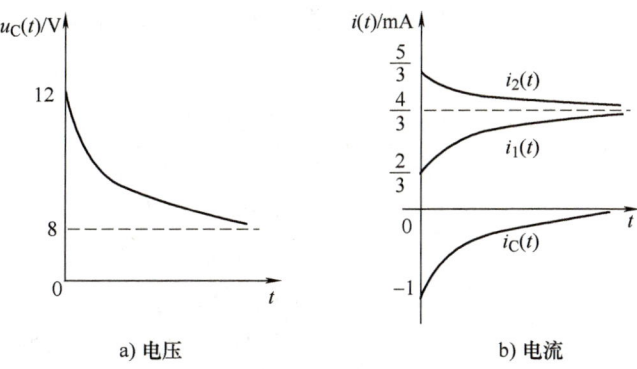

a) 电压   b) 电流

图 10.2.11 例 10.2.2 的电压、电流的变化曲线

【例 10.2.3】 图 10.2.12a 所示的电路原已处于稳定状态，在 $t=0$ 时将开关 S 闭合。试求 $t \geq 0$ 时的 i_L、i_1 及 i_2，并画出变化曲线。

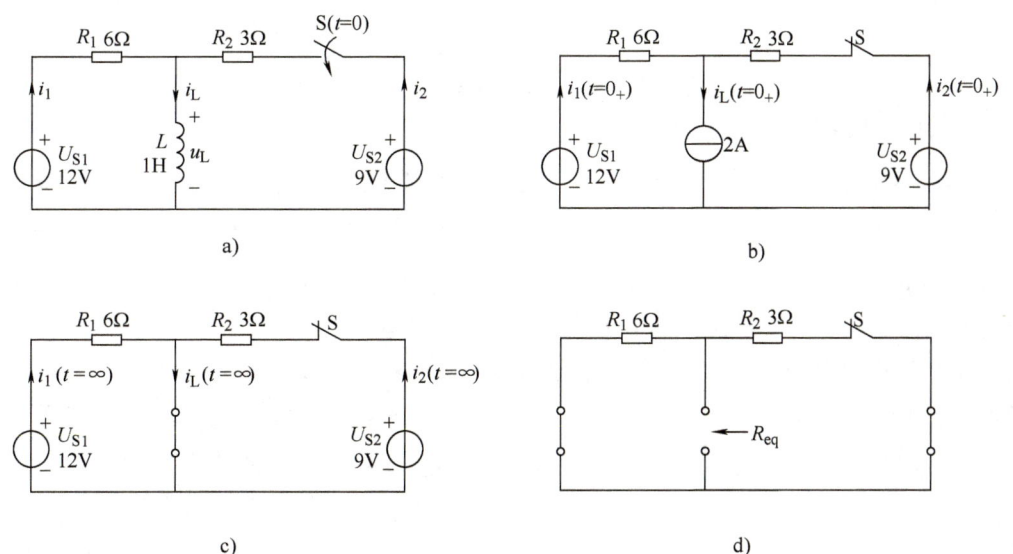

图 10.2.12 例 10.2.3 的电路

解 用三要素法求解

（1）求初始值。图 10.2.12a 所示的电路在 $t = 0_-$ 时已处于稳定状态，电感可视为短路。由电路及换路定则，可得

$$i_L(0_+) = i_L(0_-) = \frac{U_{S1}}{R_1} = \frac{12}{6} A = 2A$$

由 $i_L(0_+) = 2A$，将电感用电流源代替，作 $t = 0_+$ 时等效电路如图 10.2.12b 所示。则有

$$i_1(0_+) = \frac{U_{S1} - U_{S2}}{R_1 + R_2} + \frac{R_2}{R_1 + R_2}i_L(0_+) = \left(\frac{12-9}{6+3} + \frac{3 \times 2}{6+3}\right)A = 1A$$

$$i_2(0_+) = \frac{U_{S2} - U_{S1}}{R_1 + R_2} + \frac{R_1}{R_1 + R_2}i_L(0_+) = \left(\frac{9-12}{6+3} + \frac{6 \times 2}{6+3}\right)A = 1A$$

（2）求稳态值。$t = \infty$ 时电路处于新的稳定状态，电感可视为短路，其等效电路如图 10.2.12c 所示。则有

$$i_1(\infty) = \frac{U_{S1}}{R_1} = \frac{12}{6}A = 2A$$

$$i_2(\infty) = \frac{U_{S2}}{R_2} = \frac{9}{3}A = 3A$$

由 KCL 得

$$i_L(\infty) = i_1(\infty) + i_2(\infty) = (2+3)A = 5A$$

（3）求时间常数。先求等效电阻 R_{eq}，其为换路后电感两端的除源网络的入端电阻。由图 10.2.12d 可得

$$R_{eq} = R_1 // R_2 = \frac{3 \times 6}{3+6}\Omega = 2\Omega$$

则时间常数

$$\tau = \frac{L}{R_{eq}} = \frac{1}{2}s$$

（4）根据三要素法公式（10.2.14）可得

$$i_L(t) = i_L(\infty) + [i_L(0_+) - i_L(\infty)]e^{-\frac{t}{\tau}} = [5 + (2-5)e^{-2t}]A = (5 - 3e^{-2t})A \quad (t \geq 0_+)$$

$$i_1(t) = i_1(\infty) + [i_1(0_+) - i_1(\infty)]e^{-\frac{t}{\tau}} = [2 + (1-2)e^{-2t}]A = (2 - e^{-2t})A \quad (t \geq 0_+)$$

$$i_2(t) = i_2(\infty) + [i_2(0_+) - i_2(\infty)]e^{-\frac{t}{\tau}} = [3 + (1-3)e^{-2t}]A = (3 - 2e^{-2t})A \quad (t \geq 0_+)$$

另外，也可以用三要素法只求出电感电流 i_L，而电流 i_1 和 i_2 利用电感两端的电压 u_L 来求。由电感元件的端口特性，可有

$$u_L(t) = L\frac{di_L}{dt} = [1 \times (-3) \times (-2)]e^{-2t}V = 6e^{-2t}V$$

则电流

$$i_1(t) = \frac{U_{S1} - u_L}{R_1} = \frac{12 - 6e^{-2t}}{6}A = (2 - e^{-2t})A \quad (t \geq 0_+)$$

$$i_2(t) = \frac{U_{S2} - u_L}{R_2} = \frac{9 - 6e^{-2t}}{3}A = (3 - 2e^{-2t})A \quad (t \geq 0_+)$$

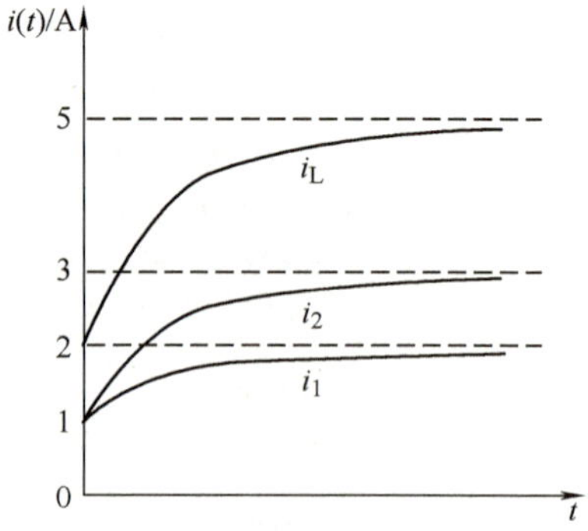

电流 i_L、i_1 及 i_2 的变化曲线如图 10.2.13 所示。

图 10.2.13 例 10.2.3 的电流曲线

【例 10.2.4】 供电局向某一企业供电的电压为 10kV，在拉闸切断电源瞬间，供电线路上遗留有电压 $10\sqrt{2}$kV。已知供电线路长 $l = 30$km，供电线路的对地绝缘电阻为 500MΩ，供

电线路的分布电容为 $C_0 = 0.008 \mu F/km$，求：拉闸后 1min、12min，供电线路对地的残余电压为多少？

解 电网拉闸后，储存在供电线路分布电容上的电能逐渐通过对地绝缘电阻放电，这是一个 RC 串联电路的零输入响应问题。

由题意知，供电线路分布电容的总电容量为
$$C = C_0 l = 0.008 \times 30 \mu F = 0.24 \mu F = 0.24 \times 10^{-6} F$$

放电电阻为
$$R = 500 M\Omega = 500 \times 10^6 \Omega$$

供电线路分布电容上的初始电压为
$$U_0 = 10\sqrt{2} kV$$

时间常数为
$$\tau = RC = 500 \times 10^6 \times 0.24 \times 10^{-6} s = 120 s$$

由式（10.2.10），则供电线路的残余电压为
$$u(t) = U_0 e^{-\frac{t}{\tau}} = 10\sqrt{2} e^{-\frac{t}{120}} kV \qquad (t \geq 0_+)$$

故有拉闸切断电源 1min、12min 后的供电线路残余电压
$$u(60s) = 10\sqrt{2} \times 10^3 e^{-\frac{60}{120}} V \approx 8576 V \approx 8.6 kV$$
$$u(720s) = 10\sqrt{2} \times 10^3 e^{-\frac{720}{120}} V = 35.1 V$$

本例说明，在供电线路拉闸切断电源后，要经过一段时间，供电线路对地的残余电压才能降到安全电压以下。

【例 10.2.5】 图 10.2.14a 所示的电路原已处于稳定状态，在 $t=0$ 时将开关 S 闭合。试求 $t \geq 0$ 时电感中的电流 $i_L(t)$、受控源两端电压 $u(t)$ 和电压源发出的功率 $p(t)$。

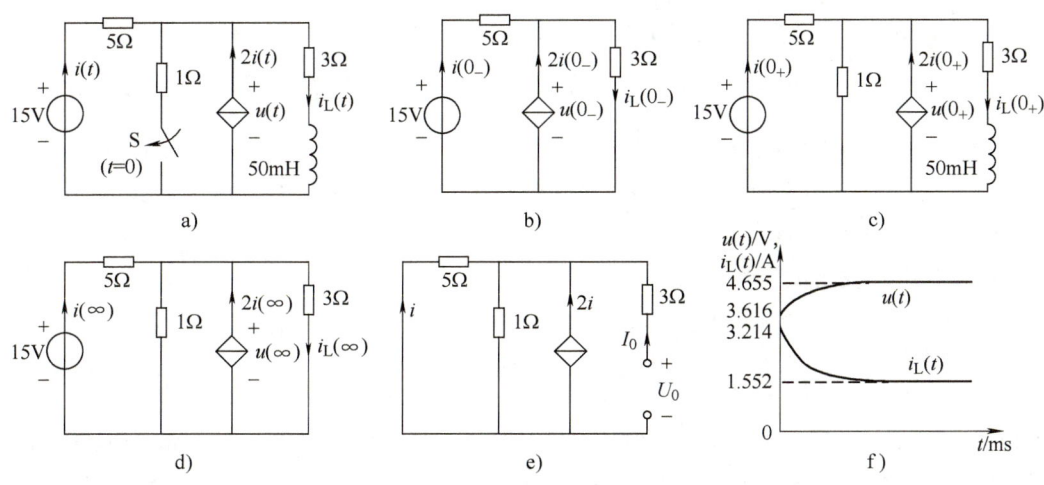

图 10.2.14 例 10.2.5 的电路

解 （1）求初始值。电路原已处于稳定状态，电感相当于短路，由 $t=0_-$ 时的图 10.2.14b 所示电路得

$$\begin{cases} i_L(0_-) = 3i(0_-) \\ 5i(0_-) + 3i_L(0_-) = 15 \end{cases}$$

解得

$$i_L(0_-) = 3.214\text{A}$$

由换路定则得

$$i_L(0_+) = i_L(0_-) = 3.214\text{A}$$

由 $t = 0_+$ 时的图 10.2.14c 所示电路得

$$\begin{cases} 3i(0_+) = i_L(0_+) + \dfrac{u(0_+)}{1} \\ 5i(0_+) + u(0_+) = 15 \end{cases}$$

解得

$$u(0_+) = 3.616\text{V}$$

（2）求稳态值。$t = \infty$ 时电路处于新的稳定状态，电感相当于短路，由图 10.2.14d 所示电路可求得

$$i_L(\infty) = 1.552\text{A}, u(\infty) = 4.655\text{V}$$

（3）求时间常数 τ。采用外加电源法，由图 10.2.14e 所示电路可得

$$R_{eq} = \frac{U_0}{I_0} = \frac{3I_0 - 5i}{I_0} = \frac{3 \times (-8i) - 5i}{-8i} = 3.625\Omega$$

则有

$$\tau = \frac{L}{R_{eq}} = \frac{0.05}{3.625}\text{s} = 0.0138\text{s}$$

（4）根据三要素法公式（10.2.14）可得

$$i_L(t) = i_L(\infty) + [i_L(0_+) - i_L(\infty)]e^{-\frac{t}{\tau}}$$
$$= [1.552 + (3.214 - 1.552)e^{-\frac{t}{0.0138}}]\text{A} = (1.552 + 1.662e^{-72.5t})\text{A} \quad (t \geq 0_+)$$

$$u(t) = u(\infty) + [u(0_+) - u(\infty)]e^{-\frac{t}{\tau}}$$
$$= [4.655 + (3.616 - 4.655)e^{-\frac{t}{0.0138}}]\text{V} = (4.655 - 1.039e^{-72.5t})\text{V} \quad (t \geq 0_+)$$

$i_L(t)$ 和 $u(t)$ 的变化曲线如图 10.2.14f 所示。

（5）求电压源发出的功率。

$$i(t) = \frac{1}{3}\left[i_L(t) + \frac{u(t)}{1}\right] = \frac{1}{3}(1.552 + 1.662e^{-72.5t} + 4.655 - 1.039e^{-72.5t})\text{A}$$
$$= (2.069 + 0.208e^{-72.5t})\text{A} \quad (t \geq 0_+)$$

$$p(t) = 15i(t) = 15 \times (2.069 + 0.208e^{-72.5t})\text{W} = (31.035 + 3.12e^{-72.5t})\text{W} \quad (t \geq 0_+)$$

另外，$u(t)$ 也可以不采用三要素法来求。通过 $i_L(t)$ 由图 10.2.14a 所示的电路有

$$u(t) = 3i_L(t) + L\frac{di_L(t)}{dt}$$
$$= [3 \times (1.552 + 1.662)e^{-72.5t} + 0.05 \times 1.662 \times (-72.5)e^{-72.5t}]\text{V}$$
$$= (4.656 - 1.039e^{-72.5t})\text{V} \quad (t \geq 0_+)$$

【例 10.2.6】 图 10.2.15a 所示正弦交流电路已处于稳定状态，已知 $u_S = 310\cos(314t + $

$30°)$V，$R_1 = 150\Omega$，$R_2 = 100\Omega$，$R_3 = 50\Omega$，$L = 0.5$H。在 $t = 0$ 时将开关 S 闭合，试求 $t \geq 0$ 后的 $i_L(t)$。

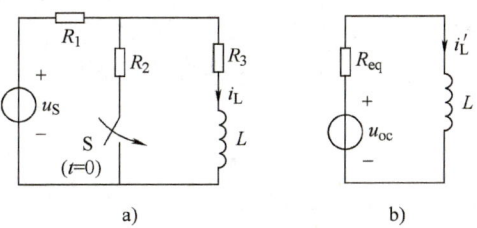

图 10.2.15　例 10.2.6 的电路

解　（1）求初始值 $i_L(0_+)$。换路前电路已处于稳定状态，由相量法分析得最大值相量

$$\dot{I}_{Lm} = \frac{\dot{U}_{Sm}}{R_1 + R_3 + j\omega L} = \frac{310\angle 30°}{150 + 50 + j314 \times 0.5}\text{A} = 1.219\angle -8.13°\text{A}$$

则

$$i_L(t) = 1.219\cos(314t - 8.13°)\text{A}$$

所以

$$i_L(0_+) = i_L(0_-) = 1.219\cos(314\times 0 - 8.13°)\text{A} = 1.207\text{A}$$

（2）求稳态分量 $i'_L(t)$。换路后，当电路处于新的稳定状态时，通过戴维南等效电路，如图 10.2.15b 所示，其中

$$\dot{U}_{ocm} = \frac{R_2}{R_1 + R_2}\dot{U}_{Sm} = \frac{100\times 310\angle 30°}{150 + 100}\text{V} = 124\angle 30°\text{V}$$

$$R_{eq} = R_3 + \frac{R_1 R_2}{R_1 + R_2} = \left(50 + \frac{150\times 100}{150 + 100}\right)\Omega = 110\Omega$$

则有稳态分量 $i'_L(t)$ 的最大值相量

$$\dot{I}'_{Lm} = \frac{\dot{U}_{ocm}}{R_{eq} + j\omega L} = \frac{124\angle 30°}{110 + j314\times 0.5}\text{A} = 0.647\angle -24.98°\text{A}$$

因此稳态分量

$$i'_L(t) = 0.647\cos(314t - 24.98°)\text{A}$$

稳态分量 $i'_L(t)$ 的初始值

$$i'_L(0_+) = 0.647\cos(314\times 0 - 24.98°)\text{A} = 0.586\text{A}$$

（3）求时间常数 τ

$$\tau = \frac{L}{R_{eq}} = \frac{0.5}{110}\text{s} = \frac{1}{220}\text{s}$$

（4）根据三要素法，由式（10.2.15）得

$$i_L(t) = i'_L(t) + [i_L(0_+) - i'_L(0_+)]\text{e}^{-\frac{t}{\tau}}$$
$$= [0.647\cos(314t - 24.98°) + (1.207 - 0.586)\text{e}^{-220t}]\text{A}$$
$$= [0.647\cos(314t - 24.98°) + 0.621\text{e}^{-220t}]\text{A} \quad (t \geq 0_+)$$

10.2.4　RC 电路暂态过程的应用

在周期性矩形脉冲信号（脉冲序列信号）作用下的 RC 一阶动态电路是一种常见的应用电路。

1. 微分电路

在图 10.2.16 所示的 RC 微分电路中，电阻两端电压作为响应输出 u_o，激励源 u_i 为矩形脉冲信号，波形如图 10.2.17 所示，其中 t_w 为脉冲持续时间（脉冲宽度），T 是周期。选择 RC 电路的时间常数 $\tau \ll t_w$（一般取 $\tau < 0.2\, t_w$）。

10.2.5　RC 电路暂态过程的应用

在 $0 < t < t_w$ 期间，电路相当于接入了一个恒压源 $u_i = U_S$，对电容进行充电。由于电路的时间常数较小，使得电容的充电很快完成，而输出电压 $u_o = u_i - u_C$，因而输出 u_o 得到一个峰值为 U_S 的正尖脉冲。在 $t_w < t < T$ 期间，输入信号 u_i 为零，输入端相当于短路，电容通过电阻迅速放电，在电阻两端就输出一个负的尖脉冲，波形如图 10.2.17 所示。

通过分析可知，当 $\tau \ll t_w$ 时，有 $u_i = u_C + u_o \approx u_C$，因此有

$$u_o = iR = RC \frac{du_C}{dt} \approx RC \frac{du_i}{dt} \quad (10.2.16)$$

图 10.2.16　RC 微分电路

式（10.2.16）表明，当 $\tau \ll t_w$ 时，输出电压 u_o 近似地与输入电压 u_i 的微分成正比，因此习惯上称这种电路为微分电路。

在电子技术中，常用微分电路把矩形波变换成尖脉冲，作为触发器的触发信号，或用来触发晶闸管（可控硅），用途非常广泛。

2. 积分电路

在图 10.2.18 所示的 RC 积分电路中，电容两端电压作为响应输出 u_o。选择 RC 电路的时间常数 $\tau \gg t_w$。

在 $0 < t < t_w$ 期间，电路相当于接入了一个恒压源 $u_i = U_S$，对电容进行充电。由于电路的时间常数较大，充电很慢，使得电容两端的电压缓慢增长。当电容还远未充电至稳态值时，输入信号发生了突变，则在 $t_w < t < T$ 期间，输入信号 u_i 为零，输入端相当于短路，电容通过电阻缓慢放电，输出电压 u_o（即电容电压 u_C）缓慢衰减。电容电压 u_C 的充放电仍按指数规律变化，

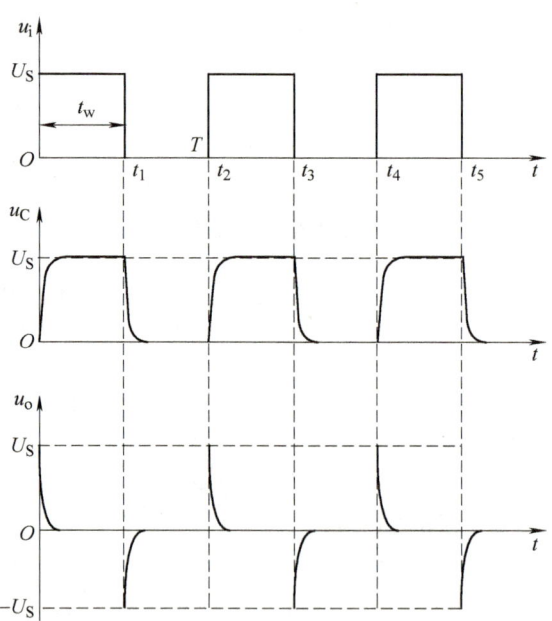

图 10.2.17　RC 微分电路的电压波形

由于 $\tau \gg t_w$，其变化曲线尚处于指数曲线的初始阶段，近似为直线段，则在脉冲序列作用下，当达到稳定状态时，输出电压 u_o 将是和时间 t 基本上成直线关系的三角波或锯齿波电压，波形如图 10.2.19 所示。

通过分析可知，当 $\tau \gg t_w$ 时，有

$$u_o \approx \frac{1}{RC} \int u_i\, dt \quad (10.2.17)$$

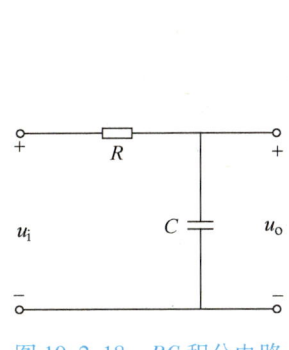

图 10.2.18 RC 积分电路

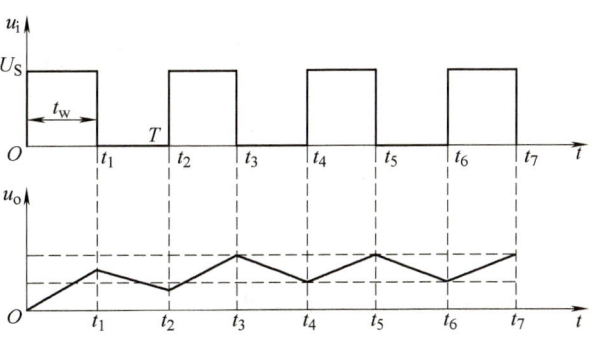

图 10.2.19 RC 积分电路的电压波形

式（10.2.17）表明，输出电压 u_o 近似地与输入电压 u_i 对时间的积分成正比，因此称这种电路为 RC 积分电路。积分电路在电子技术中也被广泛应用。

10.3 一阶电路的阶跃响应和冲激响应

10.3.1 阶跃函数

10.3.1 阶跃函数

单位阶跃函数是一种奇异函数，如图 10.3.1 所示。函数在 $t=0$ 时发生了阶跃，可定义为

$$\varepsilon(t) = \begin{cases} 0 & t \leq 0_- \\ 1 & t \geq 0_+ \end{cases} \tag{10.3.1}$$

对于任一时刻 t_0 起始的单位阶跃函数，如图 10.3.2 所示，称为延迟的单位阶跃函数，可定义为

$$\varepsilon(t-t_0) = \begin{cases} 0 & t \leq t_{0-} \\ 1 & t \geq t_{0+} \end{cases} \tag{10.3.2}$$

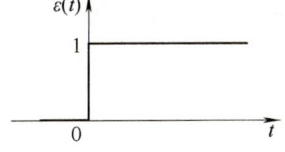

图 10.3.1 单位阶跃函数 　　　图 10.3.2 延迟的单位阶跃函数

单位阶跃函数 $\varepsilon(t)$ 与恒定电压 U_S 或恒定电流 I_S 的乘积，称为阶跃电压或阶跃电流，如图 10.3.3 所示，即

$$u_S(t) = U_S\varepsilon(t) \qquad i_S(t) = I_S\varepsilon(t)$$

阶跃函数有许多应用，其主要作用如下：

（1）单位阶跃函数可以用来描述开关动作。图 10.3.4a、b 所示的电路可以用图 10.3.4 c、d

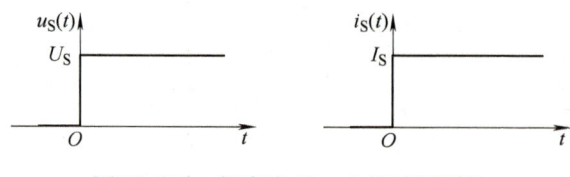

图 10.3.3　幅度为 U_S、I_S 的阶跃函数

来描述，表示 $t=0$ 时将电路接到直流电源。

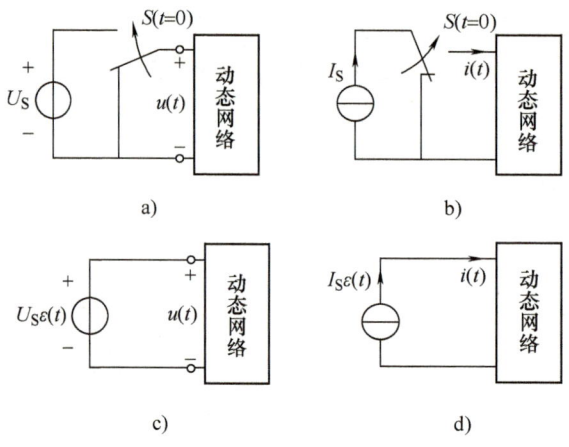

图 10.3.4　阶跃函数的电路实现

（2）单位阶跃函数可以用来起始或延迟任意一个函数。例如全响应
$$u_C(t) = (8 - 3e^{-10t})\text{V} \quad (t \geq 0_+)$$
可表示为
$$u_C(t) = (8 - 3e^{-10t})\varepsilon(t)\text{V} = \begin{cases} 0 & (t \leq 0_-) \\ (8 - 3e^{-10t})\text{V} & (t \geq 0_+) \end{cases}$$

（3）单位阶跃函数可以用来表示复杂的信号。例如图 10.3.5 所示为矩形脉冲信号，利用单位阶跃函数可将分段常量的脉冲信号分解为阶跃信号的叠加，图 10.3.5a 可看成是图 10.3.5b、c 叠加的结果，即
$$f(t) = f_1(t) + f_2(t) = A\varepsilon(t) - A\varepsilon(t - t_0)$$

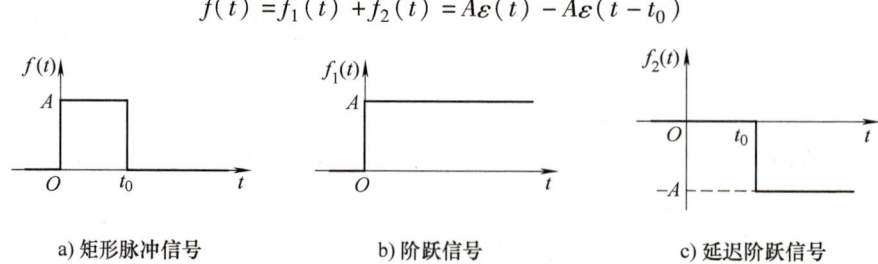

a) 矩形脉冲信号　　b) 阶跃信号　　c) 延迟阶跃信号

图 10.3.5　矩形脉冲信号的分解

10.3.2 一阶电路的阶跃响应

一阶电路的阶跃响应是指一阶电路在阶跃函数激励下所产生的零状态响应。单位阶跃函数激励下所产生的单位阶跃响应，用 $s(t)$ 表示。

对于分段常量激励的分析计算可采取两种方法，一是在每一个分段区域内使用三要素法进行计算，计算时要注意每一个分段区域的初始值；二是将分段常量信号用阶跃函数的叠加来表示，因此分段常量激励的响应就可以用各个分量的响应的叠加来计算。

10.3.2 一阶电路的阶跃响应

【例 10.3.1】 图 10.3.6a 所示的电路中，已知：(1) 激励 $u_S(t) = \varepsilon(t)$ V，求单位阶跃响应 $s_{u_C}(t)$；(2) 激励 $u_S(t)$ 改为图 10.3.6b 所示，求响应 $u_C(t)$。

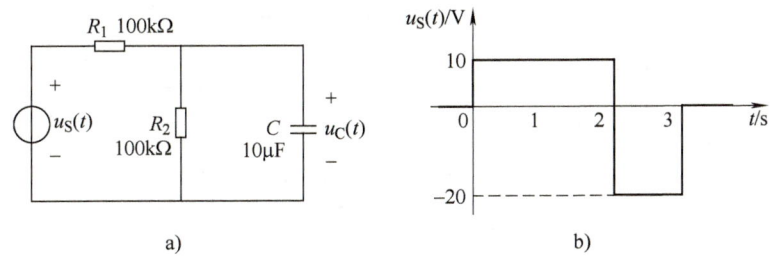

图 10.3.6 例 10.3.1 的图

解 (1) 利用三要素法和单位阶跃函数的定义，得
$$u_C(0_+) = u_C(0_-) = 0 \quad u_C(\infty) = 0.5\text{V}$$
$$\tau = RC = 50 \times 10^3 \times 10 \times 10^{-6}\text{s} = 0.5\text{s}$$

则有单位阶跃响应
$$s_{u_C}(t) = 0.5(1 - e^{-2t})\varepsilon(t)\text{V}$$

(2) 图 10.3.6b 所示的分段常量激励可表示为
$$u_S(t) = [10\varepsilon(t) - 30\varepsilon(t-2) + 20\varepsilon(t-3)]\text{V}$$

由于零状态响应和零输入响应为线性响应，满足叠加原理和齐性定理，因此可应用叠加定理和齐性定理求响应 $u_C(t)$。

先求各阶跃激励单独作用时的响应：
由阶跃激励 $10\varepsilon(t)$ V 单独作用时产生的响应为 $5(1 - e^{-2t})\varepsilon(t)$ V；
由阶跃激励 $[-30\varepsilon(t-2)]$ V 单独作用时产生的响应为 $-15(1 - e^{-2(t-2)})\varepsilon(t-2)$ V；
由阶跃激励 $20\varepsilon(t-3)$ V 单独作用时产生的响应为 $10(1 - e^{-2(t-3)})\varepsilon(t-3)$ V；
所以电路在上述分段函数作用下产生的响应为
$$u_C(t) = [5(1 - e^{-2t})\varepsilon(t) - 15(1 - e^{-2(t-2)})\varepsilon(t-2) + 10(1 - e^{-2(t-3)})\varepsilon(t-3)]\text{V}$$

可见，用阶跃函数求解比用三要素法分段求解过程要简单。

10.3.3 冲激函数

单位冲激函数也是一种奇异函数。如图 10.3.7a 所示，函数在 $t = 0$ 处发生冲激，在其余处为零，可定义为

10.3.3 冲激函数

$$\delta(t) = \begin{cases} 0 & t \neq 0 \\ \int_{-\infty}^{\infty} \delta(t)\,\mathrm{d}t = 1 \end{cases} \tag{10.3.3}$$

由于在 $(-\infty, \infty)$ 时间内积分值为 1，即冲激强度为 1，故称为单位冲激函数。如果积分值为任一常数 K，即冲激强度为 K，则为冲激函数，用 $K\delta(t)$ 表示，如图 10.3.7b 所示。

在任一时刻 t_0 发生的冲激函数如图 10.3.7c、d 所示，称为延迟的单位冲激函数和延迟的冲激函数，可定义为

$$\delta(t - t_0) = \begin{cases} 0 & t \neq t_0 \\ \int_{-\infty}^{\infty} \delta(t - t_0)\,\mathrm{d}t = 1 \end{cases} \tag{10.3.4}$$

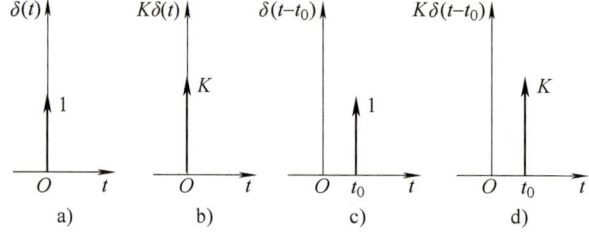

图 10.3.7 冲激函数

实际上，冲激函数可理解为一个作用时间极短、幅度较大的脉冲信号。冲激函数本身是电学中的雷击电闪、力学中瞬间作用的冲击力等物理现象中抽象出来的理想模型。

冲激函数有两个主要性质：

（1）单位冲激函数 $\delta(t)$ 对时间的积分等于单位阶跃函数 $\varepsilon(t)$，单位阶跃函数 $\varepsilon(t)$ 对时间的一阶导数等于单位冲激函数 $\delta(t)$。即

$$\delta(t) = \frac{\mathrm{d}\varepsilon(t)}{\mathrm{d}t} \qquad \int_{-\infty}^{t} \delta(\xi)\,\mathrm{d}\xi = \varepsilon(t) \tag{10.3.5}$$

（2）单位冲激函数 $\delta(t)$ 的筛分性质（取样性质）。由 $t \neq 0$ 时，$\delta(t) = 0$，故对任意在 $t=0$ 时连续的函数 $f(t)$，有

$$f(t)\delta(t) = f(0)\delta(t) \tag{10.3.6}$$

则

$$\int_{-\infty}^{\infty} f(t)\delta(t)\,\mathrm{d}t = \int_{-\infty}^{\infty} f(0)\delta(t)\,\mathrm{d}t = f(0)\int_{-\infty}^{\infty} \delta(t)\,\mathrm{d}t = f(0) \tag{10.3.7}$$

同理，对任意在时间 $t = t_0$ 连续的函数 $f(t)$，有

$$\int_{-\infty}^{\infty} f(t)\delta(t - t_0)\,\mathrm{d}t = f(t_0) \tag{10.3.8}$$

由此说明，通过冲激函数可以将函数 $f(t)$ 在冲激出现时刻的值"筛选"出来，即为取样。

10.3.4 一阶电路的冲激响应

一阶电路的冲激响应指一阶电路在冲激函数激励下所引起的零状态响应。单位冲激函数激励下所产生的单位冲激响应用 $h(t)$ 表示。

由于 $\delta(t)$ 仅在 $t=0$ 瞬间起作用，而在 $t \geq 0_+$ 后消失为零，所以在分析冲激响应时，应将电路的动态过程的分析分成两个阶段进行：

（1）在 $t=0_-$ 到 $t=0_+$ 区间，冲激电压或冲激电流通过电路对储能元件（L 或 C）提供能量，产生电容电压、电感电流的初始值。

（2）在 $t \geq 0_+$ 时，由于 $\delta(t)=0$，这一阶段电路产生由初始储能引起的零输入响应。

10.3.4　一阶电路的冲激响应

因此，冲激响应的求解，关键在于计算冲激函数 $\delta(t)$ 作用下的电容电压、电感电流的初始值。

由于在冲激电压或冲激电流的作用下，电容电压、电感电流发生了跃变，因此换路定则不再成立。

由于单位阶跃函数 $\varepsilon(t)$ 与单位冲激函数 $\delta(t)$ 之间存在式（10.3.5）的关系，在同一个线性时不变电路中的单位阶跃响应 $s(t)$ 与单位冲激响应 $h(t)$ 之间也存在类似的依从关系，即

$$h(t) = \frac{ds(t)}{dt} \qquad \int_{-\infty}^{t} h(\xi)d\xi = s(t) \qquad (10.3.9)$$

因此得到求冲激响应的另一种方法，即对同一个电路，先将激励改为阶跃函数，求阶跃响应，然后再求出阶跃响应的一阶导数，便得到了冲激响应。

【例 10.3.2】 图 10.3.8 所示的电路中，已知激励 $i_S(t) = 5\delta(t)\text{mA}$，$R=10\text{k}\Omega$，$C=10\mu\text{F}$，求电路的冲激响应 $u_C(t)$ 和 $i_C(t)$。

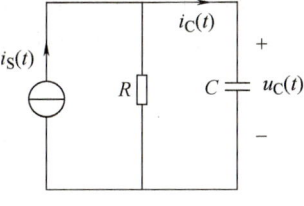

图 10.3.8　例 10.3.2 的电路

解 利用冲激响应为阶跃响应的一阶导数这一重要关系来求解。

（1）先求阶跃响应 $u_C'(t)$ 和 $i_C'(t)$。令 $i_S'(t) = 5\varepsilon(t)\text{mA}$，由三要素法得

$$u_C'(0_+) = u_C'(0_-) = 0 \qquad i_C'(0_+) = 5\text{mA}$$
$$u_C'(\infty) = Ri_S' = 50\text{V} \qquad i_C'(\infty) = 0$$
$$\tau = RC = 0.1\text{s}$$

则

$$u_C'(t) = [50(1-e^{-10t})\varepsilon(t)]\text{V}$$
$$i_C'(t) = [5e^{-10t}\varepsilon(t)]\text{mA}$$

（2）再求冲激响应 $u_C(t)$ 和 $i_C(t)$。令 $i_S(t) = 5\delta(t)\text{mA}$，则有 $u_C(t)$ 的冲激响应

$$u_C(t) = \frac{du_C'(t)}{dt} = \frac{d}{dt}[50(1-e^{-10t})\varepsilon(t)] = [500e^{-10t}\varepsilon(t) + 50(1-e^{-10t})\delta(t)]\text{V}$$

利用冲激函数的筛分性质，$t=0$ 时，$50(1-e^{-10t})=0$；$t \neq 0$ 时，$\delta(t)=0$，因此在任何时间范围内 $50(1-e^{-10t})\delta(t)=0$，所以 $u_C(t)$ 的冲激响应为

$$u_C(t) = [500e^{-10t}\varepsilon(t)]\text{V}$$

$i_C(t)$ 的冲激响应

$$i_C(t) = \frac{di_C'(t)}{dt} = \frac{d}{dt}[5e^{-10t}\varepsilon(t)] = [-50e^{-10t}\varepsilon(t) + 5e^{-10t}\delta(t)]\text{mA}$$

由筛分性质

$$5e^{-10t}\delta(t) = 5e^{0}\delta(t) = 5\delta(t)$$

所以，$i_C(t)$的冲激响应为

$$i_C(t) = [-50e^{-10t}\varepsilon(t) + 5\delta(t)]\text{mA}$$

图 10.3.9 分别给出了阶跃响应和冲激响应的波形。

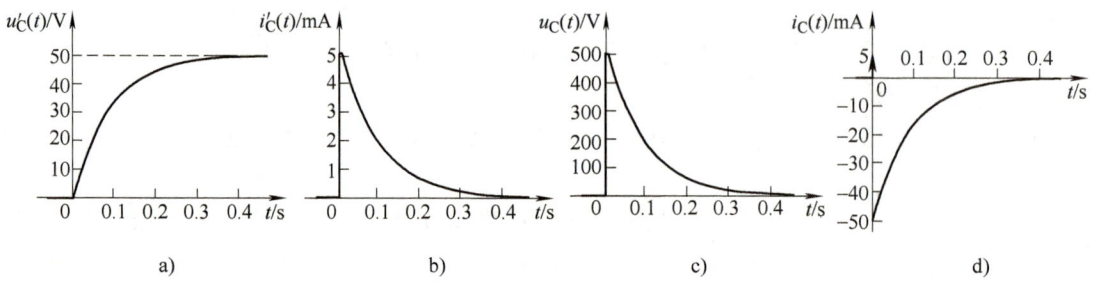

图 10.3.9　例 10.3.2 的阶跃响应和冲激响应的波形

另外，$i_C(t)$的冲激响应也可通过 $u_C(t)$ 的冲激响应，由 $i_C(t) = C\dfrac{du_C(t)}{dt}$ 求得。

【**例 10.3.3**】　图 10.3.10 所示的电路中，已知激励 $u_S(t) = 10\delta(t)\text{V}$，$R = 50\Omega$，$L = 1\text{H}$，求电路的冲激响应 $i_L(t)$ 和 $u_L(t)$。

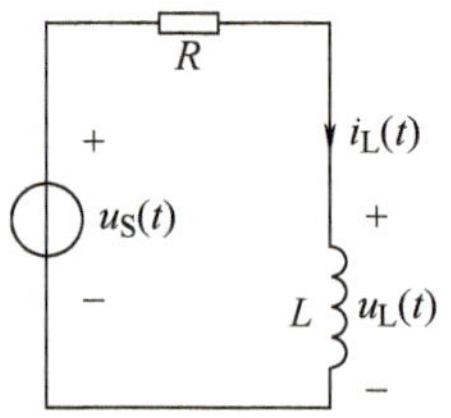

解　(1) 先求阶跃响应 $i'_L(t)$。令 $u'_S(t) = 10\varepsilon(t)\text{V}$，由三要素法得

$$i'_L(0_+) = i'_L(0_-) = 0 \quad i'_L(\infty) = 0.2\text{A} \quad \tau = \dfrac{L}{R} = 0.02\text{s}$$

则

$$i'_L(t) = [0.2(1 - e^{-50t})\varepsilon(t)]\text{A}$$

图 10.3.10　例 10.3.3 的图

(2) 再求冲激响应 $i_L(t)$。令 $u_S(t) = 10\delta(t)\text{V}$，则有

$$i_L(t) = \dfrac{di'_L(t)}{dt} = [10e^{-50t}\varepsilon(t) + 0.2(1 - e^{-50t})\delta(t)]\text{A} = 10e^{-50t}\varepsilon(t)\text{A}$$

$u_L(t)$ 的冲激响应为

$$u_L(t) = L\dfrac{di_L(t)}{dt} = [-500e^{-50t}\varepsilon(t) + 10e^{-50t}\delta(t)]\text{V} = [-500e^{-50t}\varepsilon(t) + 10\delta(t)]\text{V}$$

10.4　二阶电路的分析

用二阶微分方程描述的动态电路为二阶动态电路。下面主要通过分析 RLC 串联电路来说明分析二阶动态电路响应的方法。

10.4.1　二阶电路的零输入响应

图 10.4.1 所示的 RLC 串联电路原已达到稳定状态，在 $t = 0$ 时开关转换，进行换路。电容原本充有电压 U_0，此电路的放电过程是二阶电路的零输入响应问题。在关联参考方向下，

根据电路的 KVL 方程及元件的伏安特性得

$$-u_C + u_R + u_L = 0$$

$$i_L = -C\frac{du_C}{dt}, u_L = L\frac{di_L}{dt} = -LC\frac{d^2 u_C}{dt^2}, u_R = Ri_L = -RC\frac{du_C}{dt}$$

若以电容电压为变量，从以上方程中消去其他变量可得线性常系数二阶齐次微分方程

10.4.1 二阶电路的零输入响应

$$LC\frac{d^2 u_C}{dt^2} + RC\frac{du_C}{dt} + u_C = 0 \tag{10.4.1}$$

若以电感电流为变量，则可得方程

$$LC\frac{d^2 i_L}{dt^2} + RC\frac{di_L}{dt} + i_L = 0 \tag{10.4.2}$$

满足以上微分方程的初始条件为

$$u_C(0_+) = u_C(0_-) = U_0, \quad i_L(0_+) = i_L(0_-) = 0,$$

$$\left.\frac{du_C}{dt}\right|_{t=0_+} = -\frac{i_L(0_+)}{C} = 0 \quad \text{或} \quad \left.\frac{di_L}{dt}\right|_{t=0_+} = \frac{u_C(0_+) - Ri_L(0_+)}{L} = \frac{U_0}{L}$$

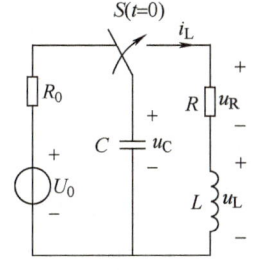

图 10.4.1 *RLC* 串联电路的零输入响应

以上微分方程的特征方程为

$$LCp^2 + RCp + 1 = 0 \tag{10.4.3}$$

其特征根为

$$\begin{cases} p_1 = -\dfrac{R}{2L} + \sqrt{\left(\dfrac{R}{2L}\right)^2 - \dfrac{1}{LC}} = -\alpha + \sqrt{\alpha^2 - \omega_0^2} \\ p_2 = -\dfrac{R}{2L} - \sqrt{\left(\dfrac{R}{2L}\right)^2 - \dfrac{1}{LC}} = -\alpha - \sqrt{\alpha^2 - \omega_0^2} \end{cases} \tag{10.4.4}$$

式中，α 为阻尼（或衰减）系数，$\alpha = \dfrac{R}{2L}$；ω_0 为回路谐振角频率，$\omega_0 = \dfrac{1}{\sqrt{LC}}$。

式（10.4.4）表明，特征根仅与电路参数和结构有关，而与激励和初始储能无关，同时有 $p_1 p_2 = \dfrac{1}{LC}$。当 R、L、C 的参数不同时，特征根有不同的形式，微分方程的解的形式也不同。表 10.4.1 给出了二阶电路的通解形式，下面分三种情况进行讨论。

表 10.4.1 二阶电路的通解

特 征 根	通 解
$p_1 \neq p_2$（不等实根）	$A_1 e^{p_1 t} + A_2 e^{p_2 t}$
$p_1 = p_2 = -\alpha$（相等实根）	$(A_1 + A_2 t) e^{pt}$
$p_{1,2} = -\alpha \pm j\omega$（共轭复根）	$e^{-\alpha t}(A_1 \cos\omega t + A_2 \sin\omega t)$ 或 $A e^{-\alpha t}\sin(\omega t + \beta)$

1. $R > 2\sqrt{\dfrac{L}{C}}(\alpha > \omega_0)$，过阻尼非振荡放电过程

在这种情况下，特征根 p_1 和 p_2 为一对不相等的负实根，式（10.4.1）的通解为

$$u_C(t) = A_1 e^{p_1 t} + A_2 e^{p_2 t}$$

由初始条件 $u_C(0_+) = u_C(0_-) = U_0$；$\left.\dfrac{du_C}{dt}\right|_{t=0_+} = -\dfrac{i_L(0_+)}{C} = 0$ 可求得

$$A_1 = \dfrac{p_2}{p_2 - p_1} U_0 \qquad A_2 = -\dfrac{p_1}{p_2 - p_1} U_0$$

因此有

$$u_C(t) = A_1 e^{p_1 t} + A_2 e^{p_2 t} = \dfrac{U_0}{p_2 - p_1}(p_2 e^{p_1 t} - p_1 e^{p_2 t}) \qquad (t \geq 0_+) \qquad (10.4.5)$$

电感电流和电感电压为

$$i_L(t) = -C\dfrac{du_C}{dt} = -\dfrac{U_0}{L(p_2 - p_1)}(e^{p_1 t} - e^{p_2 t}) \qquad (t \geq 0_+) \qquad (10.4.6)$$

$$u_L(t) = L\dfrac{di_L}{dt} = -\dfrac{U_0}{p_2 - p_1}(p_1 e^{p_1 t} - p_2 e^{p_2 t}) \qquad (t \geq 0_+) \qquad (10.4.7)$$

$u_C(t)$、$i_L(t)$ 和 $u_L(t)$ 随时间变化的曲线如图 10.4.2 所示。由于 $|p_2| > |p_1|$，因此随着时间 t 的增加，$p_1 e^{p_2 t}$ 比 $p_2 e^{p_1 t}$ 衰减得快，$(p_2 e^{p_1 t} - p_1 e^{p_2 t}) > 0$，所以整个放电过程中，电容电压 $u_C(t)$ 从初始值开始按指数规律单调下降到零。由于电阻较大，电阻耗能迅速而造成非振荡放电，又称为过阻尼放电。

电流 $i_L(t)$ 从零随时间按指数规律增加到最大值，然后再按指数规律衰减到零。由 $\dfrac{di_L(t)}{dt} = 0$ 可求得产生最大值的时刻 t_m

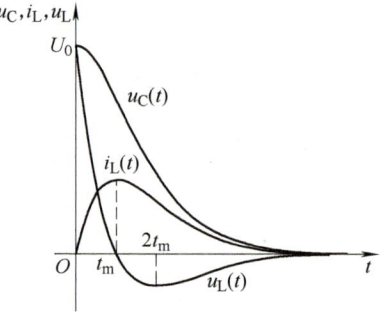

图 10.4.2　RLC 串联电路过阻尼非振荡放电的电压、电流随时间变化的曲线

$$t_m = \dfrac{\ln(p_2/p_1)}{p_1 - p_2} \qquad (10.4.8)$$

在 t_m 时刻电流 $i_L(t)$ 达最大值时，电感电压 $u_L(t)$ 过零点。同样，由 $\dfrac{du_L(t)}{dt} = 0$ 可求得，在 $t = 2t_m$ 时刻，$u_L(t)$ 达到最小值（负的最大值）。

从上面的分析可知，在 $0 < t < t_m$ 期间，电容释放能量，电阻吸收能量，电流增加，电感储能增加，即电感吸收能量。在 $t > t_m$ 后，电容继续释放能量，电流减小，电感开始释放能量，电阻吸收能量，最终能量全部被电阻所消耗。

2. $R < 2\sqrt{\dfrac{L}{C}}(\alpha < \omega_0)$，欠阻尼振荡放电过程

在这种情况下，特征根 p_1 和 p_2 为一对共轭复根。令

$$\omega = \sqrt{\dfrac{1}{LC} - \left(\dfrac{R}{2L}\right)^2} = \sqrt{\omega_0^2 - \alpha^2} \qquad (10.4.9)$$

则式（10.4.4）可改写为

$$p_1 = -\alpha + j\omega \qquad p_2 = -\alpha - j\omega \qquad (10.4.10)$$

因此式（10.4.1）二阶齐次微分方程的通解为

$$u_C(t) = e^{-\alpha t}(A_1 \cos\omega t + A_2 \sin\omega t) \quad \text{或} \quad u_C(t) = A e^{-\alpha t}\sin(\omega t + \beta)$$

式（10.4.9）表明 ω 由电路本身的 R、L、C 参数的数值确定，它反映了电路的固有特性，称为电路的振荡角频率。通过分析可知，α、ω、和 ω_0 三者构成直角三角形，如图 10.4.3 所示，令 $\beta = \arctan \dfrac{\omega}{\alpha}$，则式（10.4.10）可改写为

$$p_1 = -\omega_0 \mathrm{e}^{-\mathrm{j}\beta} \qquad p_2 = -\omega_0 \mathrm{e}^{\mathrm{j}\beta} \qquad (10.4.11)$$

将式（10.4.11）代入式（10.4.5）~式（10.4.7）可得电容电压、电感电流和电感电压为

$$u_C(t) = \dfrac{U_0 \omega_0}{\omega} \mathrm{e}^{-\alpha t} \sin(\omega t + \beta) \qquad (t \geq 0_+) \qquad (10.4.12)$$

$$i_L(t) = \dfrac{U_0}{\omega L} \mathrm{e}^{-\alpha t} \sin(\omega t) \qquad (t \geq 0_+) \qquad (10.4.13)$$

$$u_L(t) = -\dfrac{U_0 \omega_0}{\omega} \mathrm{e}^{-\alpha t} \sin(\omega t - \beta) \qquad (t \geq 0_+) \qquad (10.4.14)$$

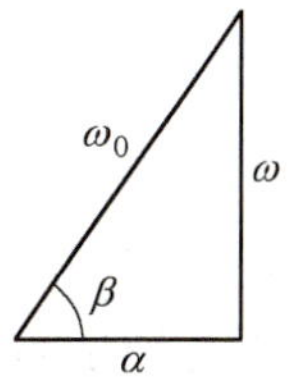

图 10.4.3 α、ω 和 ω_0 之间的直角三角形关系

$u_C(t)$、$i_L(t)$ 和 $u_L(t)$ 随时间变化的曲线如图 10.4.4 所示，从 $u_C(t)$、$i_L(t)$ 和 $u_L(t)$ 的表达式中也可以看出，它们的振幅都是按指数规律衰减的正弦函数。由于电路中的电阻较小，耗能较慢，以致在放电过程中电容与电感之间的能量交换反复进行，从而产生衰减振荡的过程，因此称为欠阻尼振荡放电。通过分析可知，当 $\omega t = \beta$ 时，电流 $i_L(t)$ 达到最大值。

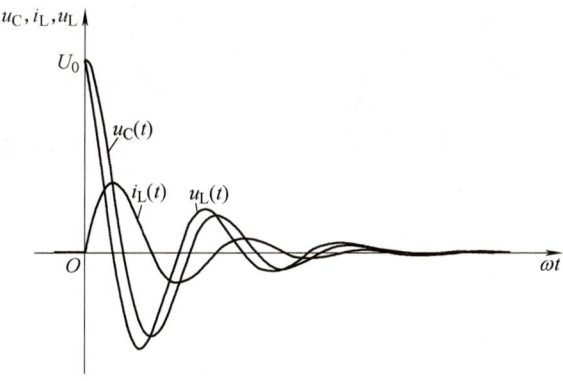

图 10.4.4 RLC 串联电路欠阻尼振荡放电的电压、电流随时间变化的曲线

若电路中的电阻 $R = 0$（无阻尼情况），则电路无损耗，此时电路就呈等幅振荡，角频率 $\omega = \omega_0 = \dfrac{1}{\sqrt{LC}}$。该振荡由电路的初始储能所产生，故称为自由振荡。

3. $R = 2\sqrt{\dfrac{L}{C}}(\alpha = \omega_0)$，临界阻尼非振荡过程

在这种情况下，特征根 p_1 和 p_2 为重根（相等负实根），$p_1 = p_2 = -\alpha$，因此式（10.4.1）二阶齐次微分方程的通解为

$$u_C = (A_1 + A_2 t)\mathrm{e}^{pt} = (A_1 + A_2 t)\mathrm{e}^{-\alpha t}$$

由初始条件 $u_C(0_+) = u_C(0_-) = U_0$，$\left.\dfrac{\mathrm{d}u_C}{\mathrm{d}t}\right|_{t=0_+} = -\dfrac{i_L(0_+)}{C} = 0$ 可求得

$$A_1 = U_0 \qquad A_2 = \alpha U_0$$

因此有

$$u_C(t) = (A_1 + A_2 t)e^{-\alpha t} = U_0(1 + \alpha t)e^{-\alpha t} \quad (t \geq 0_+) \quad (10.4.15)$$

$$i_L(t) = -C\frac{du_C}{dt} = \frac{U_0}{L}te^{-\alpha t} \quad (t \geq 0_+) \quad (10.4.16)$$

$$u_L(t) = L\frac{di_L}{dt} = U_0(1 - \alpha t)e^{-\alpha t} \quad (t \geq 0_+) \quad (10.4.17)$$

由式（10.4.15）~式（10.4.17）可见，$u_C(t)$、$i_L(t)$ 和 $u_L(t)$ 都是随时间按指数规律衰减到零，它们随时间变化的曲线与过阻尼非振荡放电过程的图 10.4.2 相类似。由于这种放电过程是处于非振荡和振荡过程的分界线，所以称为临界阻尼非振荡过程，这时的电阻称为临界电阻。

通过式（10.4.16），由 $\frac{di_L}{dt} = 0$ 可求得，当 $t_m = \frac{1}{\alpha}$ 时，有最大电流

$$I_{L\max} = \frac{2U_0}{R}e^{-1} = 0.736\frac{U_0}{R} \quad (10.4.18)$$

【例 10.4.1】 图 10.4.1 所示的电路原已稳定，已知 $U_0 = 24\text{V}$，$R_0 = 10\Omega$，$R = 2\Omega$，$C = 1100\mu\text{F}$，$L = 1\text{mH}$，试求换路后：（1）$u_C(t)$、$i_L(t)$ 和 $u_L(t)$；（2）电流 $i_L(t)$ 何时达到最大值，并求 $i_{L\max}$。

解 （1）根据已知的参数得

$$2\sqrt{\frac{L}{C}} = 2\sqrt{\frac{1 \times 10^{-3}}{1100 \times 10^{-6}}}\Omega = 1.91\Omega < R = 2\Omega$$

故电路的零输入响应为过阻尼非振荡放电状态。二阶齐次微分方程的特征根 p_1 和 p_2 为

$$p_{1,2} = -\frac{R}{2L} \pm \sqrt{\left(\frac{R}{2L}\right)^2 - \frac{1}{LC}} = (-1000 \pm 301.5)\Omega$$

$$p_1 = -698.5\Omega \quad p_2 = -1301.5\Omega$$

电容电压为

$$u_C(t) = A_1 e^{-698.5t} + A_2 e^{-1301.5t} \quad (t \geq 0_+)$$

由初始条件 $u_C(0_+) = u_C(0_-) = 24\text{V}$，$\left.\frac{du_C}{dt}\right|_{t=0_+} = -\frac{i_L(0_+)}{C} = 0$ 或式（10.4.5）~式（10.4.7）可求得

10.4.2 例题

$$u_C(t) = (51.8e^{-698.5t} - 27.8e^{-1301.5t})\text{V} \quad (t \geq 0_+)$$

$$i_L(t) = -C\frac{du_C}{dt} = 36.18(e^{-698.5t} - e^{-1301.5t})\text{A} \quad (t \geq 0_+)$$

$$u_L(t) = L\frac{di_L}{dt} = (-27.8e^{-698.5t} + 51.8e^{-1301.5t})\text{V} \quad (t \geq 0_+)$$

（2）由式（10.4.8）得产生最大值的时刻 t_m

$$t_m = \frac{\ln(p_2/p_1)}{p_1 - p_2} = 1.032\text{ms}$$

电流 $i_L(t)$ 的最大值

$$i_{L\max} = 36.18(e^{-698.5 \times 1.032 \times 10^{-3}} - e^{-1301.5 \times 1.032 \times 10^{-3}})\text{A} = 8.152\text{A}$$

由此可见，通过 RLC 串联电路放电可得到较大的电流，比 $I_L = 24\text{V}/12\Omega = 2\text{A}$ 大许多。

【例 10.4.2】 图 10.4.5 所示的电路原已稳定，已知 $U_S = 16\text{V}$，$R_S = 4\Omega$，$R = 15\Omega$，$C = 220\mu\text{F}$，$L = 50\text{mH}$，试求换路后的 $u_C(t)$。

解 根据已知的参数得

$$2\sqrt{\frac{L}{C}} = 2\sqrt{\frac{50 \times 10^{-3}}{220 \times 10^{-6}}}\Omega = 30.2\Omega > R = 15\Omega$$

故电路的零输入响应为欠阻尼振荡放电状态。由

$$\alpha = \frac{R}{2L} = \frac{15}{2 \times 0.05}\text{s}^{-1} = 150\text{s}^{-1}$$

$$\omega = \sqrt{\frac{1}{LC} - \left(\frac{R}{2L}\right)^2} = \sqrt{\frac{1}{0.05 \times 220 \times 10^{-6}} - 150^2}\text{rad/s} = 261.6\text{rad/s}$$

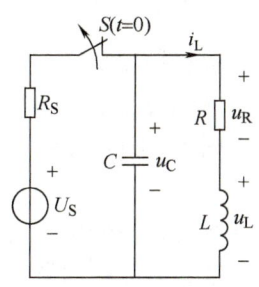

图 10.4.5 例 10.4.2 的电路

有

$$u_C(t) = Ae^{-\alpha t}\sin(\omega t + \beta) = Ae^{-150t}\sin(261.6t + \beta) \quad (t \geq 0_+)$$

初始条件

$$u_C(0_+) = u_C(0_-) = \frac{U_S R}{R_S + R} = \frac{16 \times 15}{4 + 15}\text{V} = 12.63\text{V}$$

$$\left.\frac{du_C}{dt}\right|_{t=0_+} = -\frac{i_L(0_+)}{C} = -\frac{i_L(0_-)}{C} = -\frac{U_S/(R_S + R)}{C} = -\frac{16/(4+15)}{220 \times 10^{-6}}\text{V/s} = -3827.75\text{V/s}$$

代入得

$$A\sin\beta = 12.63$$

$$-150A\sin\beta + 261.6A\cos\beta = -3827.75$$

求得

$$A = -14.63\text{V} \quad \beta = -59.67°$$

所以响应为

$$u_C(t) = -14.63e^{-150t}\sin(261.6t - 59.67°)\text{V} \quad (t \geq 0_+)$$

10.4.2 二阶电路的零状态响应和全响应

1. 二阶电路的零状态响应

如果二阶电路的动态元件初始储能为零，仅由外加激励电源所引起的响应，称作二阶电路的零状态响应。图 10.4.6 为直流电源激励下的 RLC 串联电路，开关 S 闭合后，由 KVL 得

$$u_R + u_L + u_C = U_S \tag{10.4.19}$$

由元件的 VCR 得

$$i_L = C\frac{du_C}{dt} \quad u_R = Ri_L = RC\frac{du_C}{dt} \quad u_L = L\frac{di_L}{dt} = LC\frac{d^2u_C}{dt^2}$$

将以上关系代入式（10.4.19），则有

$$LC\frac{d^2u_C}{dt^2} + RC\frac{du_C}{dt} + u_C = U_S \tag{10.4.20}$$

10.4.3 二阶电路的零状态响应和全响应

式（10.4.20）为线性常系数二阶非齐次微分方程。此方程的解由两部分组成：对应于非齐次微分方程的特解 u'_C 和对应于齐次微分方程的通解 u''_C，即

$$u_C(t) = u'_C + u''_C \quad (10.4.21)$$

特解和外加激励信号具有相同的形式。取换路后的新稳态值作特解（稳态分量、强制分量）。当直流电源激励时，特解为常量。由图10.4.6电路可知

$$u'_C = u_C(\infty) = U_S$$

通解为暂态分量，对应于式（10.4.20）的齐次微分方程，具有与零输入响应相同形式的解。

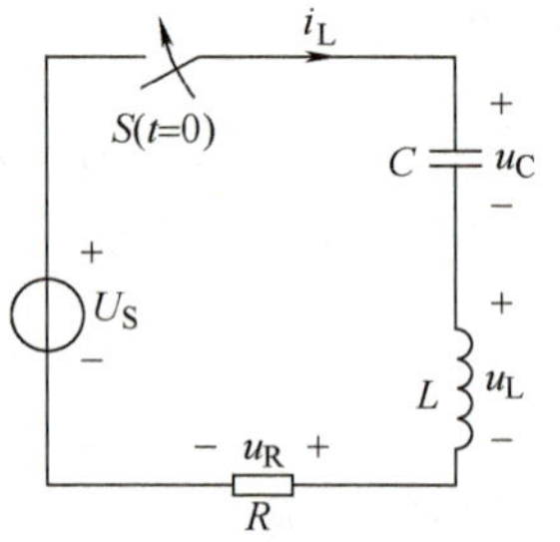

图10.4.6 直流电源激励下的 RLC 串联电路

2. 二阶电路的全响应

如果二阶电路的动态元件具有初始储能，同时又有外加激励电源作用，则电路产生的响应为全响应。全响应是零输入响应和零状态响应的叠加，通过二阶非齐次微分方程求解。

通过以上的分析过程，可总结出用经典法求解二阶电路响应的步骤如下：

（1）根据 KCL、KVL 和元件 VCR 列出换路后的电路微分方程，该方程为二阶线性常系数齐次（或非齐次）微分方程。

（2）求通解。由齐次微分方程的特征方程求出特征根，并判断电路是处于过阻尼非振荡放电还是欠阻尼振荡放电还是临界阻尼放电状态，确定微分方程通解的形式。

（3）求特解。对于直流电源或正弦电源激励，用换路后的稳态解作特解；对于零输入响应无此项。

（4）根据初始条件 $f(0_+)$ 和 $\left.\dfrac{df(t)}{dt}\right|_{t=0_+}$ 确定积分常数，从而得到方程的全解。

【**例10.4.3**】 如图10.4.7a所示的电路原已稳定，$t=0$ 时开关 S 断开，已知 $U_S = 30\text{V}$，$R_1 = R_2 = 4\Omega$，$R_3 = R_4 = 1\Omega$，$C = 0.1\text{F}$，$L = 0.5\text{H}$，$g = 0.5\text{S}$，试求换路后的 $i_L(t)$。

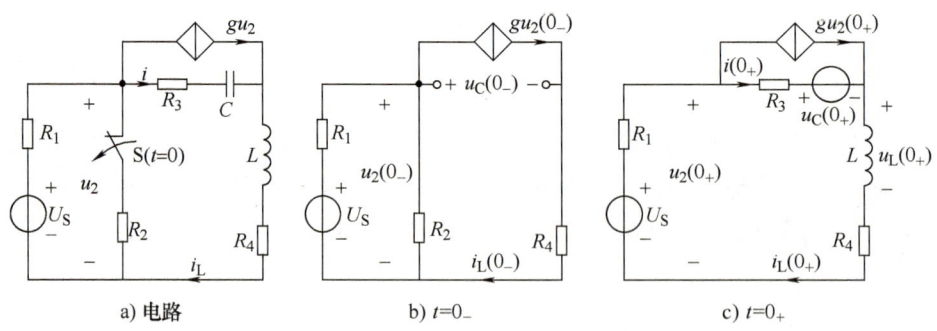

图10.4.7 例10.4.3的电路

解 （1）当 $t > 0$ 时，由10.4.7a所示电路，开关 S 断开，通过 KCL 和 KVL 列写方程得

第 10 章 线性动态电路的时域分析

$$\begin{cases} i = i_L - gu_2 \\ u_2 = U_S - R_1 i_L \\ (R_1 + R_4)i_L + R_3 i + \dfrac{1}{C}\int i\,dt + L\dfrac{di_L}{dt} = U_S \end{cases}$$

综合以上方程并代入数据，整理可得方程

$$\frac{d^2 i_L}{dt^2} + 16\frac{di_L}{dt} + 30 i_L = 300$$

此为二阶线性常系数非齐次微分方程，解的形式为：$i_L = i'_L + i''_L$

(2) 求通解（暂态解）i''_L。齐次微分方程的特征方程为

$$p^2 + 16p + 30 = 0$$

解得特征根

$$p_1 = -4.34 \qquad p_2 = -27.66$$

则有通解

$$i''_L = A_1 e^{-4.34t} + A_2 e^{-27.66t} \qquad (t \geq 0_+)$$

(3) 求特解（稳态解）i'_L。当直流电源激励时，特解为常量。设 $i'_L = A$，代入非齐次微分方程，得

$$30A = 300$$

所以

$$A = 10$$

即

$$i'_L = 10\text{A}$$

另外特解 i'_L 也可用新的稳态电路（$t = \infty$）来求稳态解 $i'_L = i_L(\infty)$。故有全响应

$$i_L = 10 + A_1 e^{-4.34t} + A_2 e^{-27.66t} \qquad (t \geq 0_+)$$

(4) 确定常数。由 10.4.7b 所示 $t = 0_-$ 时的电路，可求得

$$i_L(0_-) = 3.75\text{A} \qquad u_C(0_-) = 3.75\text{V}$$

由换路定则及 10.4.7c 所示 $t = 0_+$ 时的电路，可求得

$$i_L(0_+) = 3.75\text{A} \qquad u_L(0_+) = 11.25\text{V}$$

有初始值

$$\left.\frac{di_L}{dt}\right|_{t=0_+} = \frac{u_L(0_+)}{L} = \frac{11.25}{0.5}\text{V/s} = 22.5\text{V/s}$$

所以

$$\begin{cases} 10 + A_1 + A_2 = 3.75 \\ -4.34 A_1 - 27.66 A_2 = 22.5 \end{cases}$$

解得

$$A_1 = -6.45 \qquad A_2 = -0.2$$

因此电流

$$i_L(t) = (10 - 6.45 e^{-4.34t} - 0.2 e^{-27.66t})\text{A}\,(t \geq 0_+)$$

习 题

10.1 题 10.1 图所示电路原已处于稳定状态。$t=0$ 时，开关 S 断开。求开关 S 断开瞬间各元件在 $t=0_+$ 时刻的电压、电流值。

10.2 电路如题 10.2 图所示，$t=0$ 时，开关 S 闭合，S 闭合前电路已处于稳定状态。试求开关 S 闭合后各元件电压、电流的初始值。

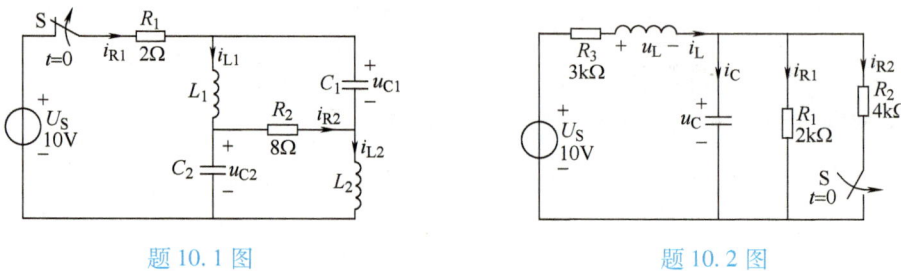

题 10.1 图   题 10.2 图

10.3 电路如题 10.3 图所示，设开关 S 闭合前电路已处于稳定状态。在 $t=0$ 时，将开关 S 闭合，试求 $t=0_+$ 瞬间的 u_C、i_1、i_2、i_3、i_C 的初始值。

10.4 电路如题 10.4 图所示，换路前电路已处于稳定状态，$t=0$ 时将开关 S 闭合。试求暂态过程的初始值 $i_L(0_+)$、$i(0_+)$、$i_S(0_+)$ 及 $u_L(0_+)$。

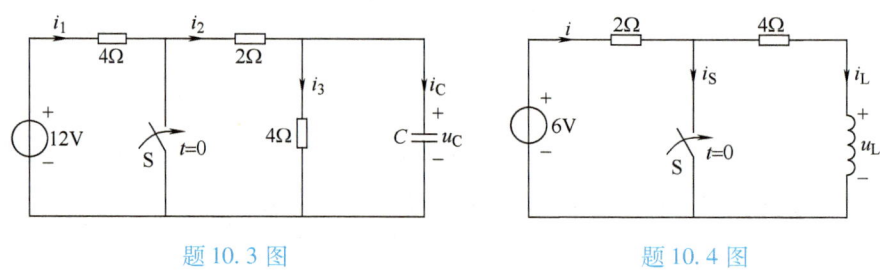

题 10.3 图   题 10.4 图

10.5 电路如题 10.5 所示，$t<0$ 时电路处于稳定状态，$t=0$ 时开关 S 断开。求初始值 $u_C(0_+)$、$i_L(0_+)$ 及开关两端电压 $u(0_+)$。

10.6 电路如题 10.6 图所示，开关 S 在 $t=0$ 时闭合。求时间常数 τ。

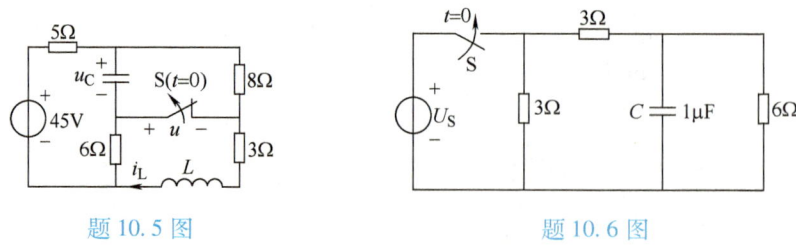

题 10.5 图   题 10.6 图

10.7 题 10.7 图所示电路原已处于稳定状态，$t=0$ 时开关 S 断开。求时间常数 τ。

10.8 电路如题 10.8 图所示，开关 S 在 a 位置时已处于稳定状态。$t=0$ 时开关 S 合到 b 位置，试求 $t \geq 0$ 时的电容元件端电压 $u_C(t)$。

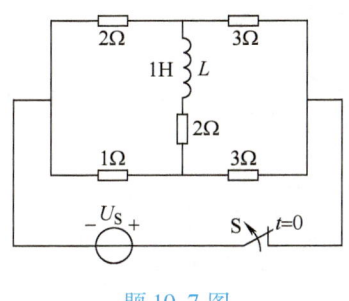
题 10.7 图

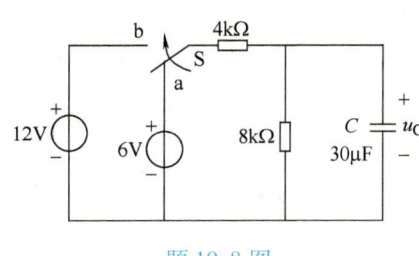
题 10.8 图

10.9 电路如题 10.9 图所示，开关 S 闭合前电路已处于稳定状态。当 $t=0$ 时 S 闭合，求 $t\geqslant 0$ 时的电压 $u_C(t)$。

10.10 电路如题 10.10 图所示，在开关 S 闭合前电路已处于稳定状态。求 $t\geqslant 0$ 时的电压 $u_C(t)$ 和电流 $i_1(t)$。

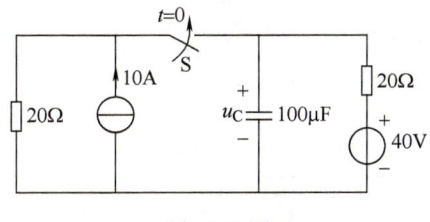
题 10.9 图

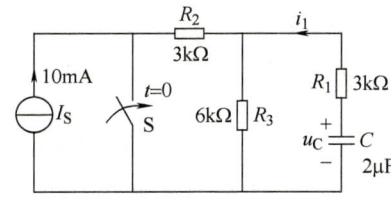
题 10.10 图

10.11 题 10.11 图所示电路原已处于稳定状态。$t=0$ 时开关 S 闭合，求 $t\geqslant 0$ 时的电流 $i_1(t)$ 和 $i_2(t)$。

10.12 电路如题 10.12 图所示，换路前已处于稳定状态。试求换路后（$t\geqslant 0$）的电压 $u_C(t)$。

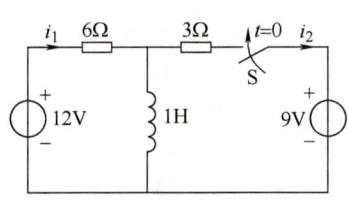
题 10.11 图

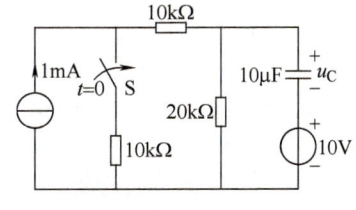
题 10.12 图

10.13 题 10.13 图所示电路原已处于稳定状态，已知 $R_1=R_2=R_3=3\text{k}\Omega$，$C=0.1\mu\text{F}$，$U_S=12\text{V}$。$t=0$ 时断开 S，求 $t\geqslant 0$ 后的电压 $u_{R3}(t)$。

10.14 电路如题 10.14 图所示，$t<0$ 时电路已处于稳定状态。当 $t=0$ 时开关 S 由 1 接至 2，求换路后 $t\geqslant 0$ 时的电压 $u(t)$。

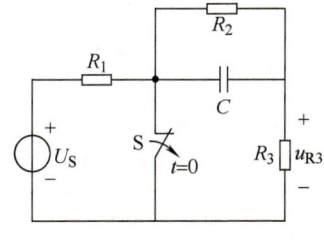
题 10.13 图

10.15 电路如题 10.15 图所示，$t<0$ 时电路已处于稳定状态。当 $t=0$ 时开关 S 断开，求换路后 $t\geq 0$ 时的电压 $u_C(t)$。

10.16 电路如题 10.16 图所示，开关 S 断开前电路已处于稳定状态。当 $t=0$ 时 S 断开，求换路后 $t\geq 0$ 时的电流 $i_L(t)$。

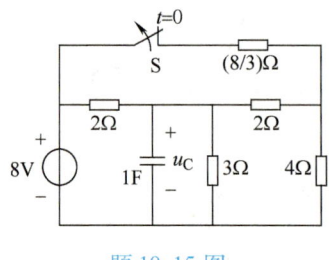

题 10.15 图

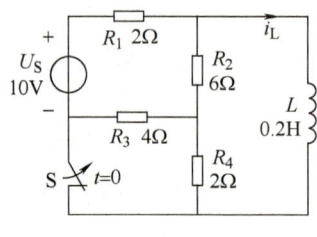

题 10.16 图

10.17 题 10.17 图所示电路原已处于稳定状态。$t=0$ 时开关 S 断开，试求 $t\geq 0$ 换路后的 $i_L(t)$。

10.18 电路如题 10.18 图所示，开关 S 闭合前电路已处于稳定状态。当 $t=0$ 时 S 闭合，试求：(1) 当 $U_{S2}=12V$，$t\geq 0$ 时的 $u_C(t)$；(2) 当 $U_{S2}=?$ 时，开关 S 闭合后不出现暂态过程。

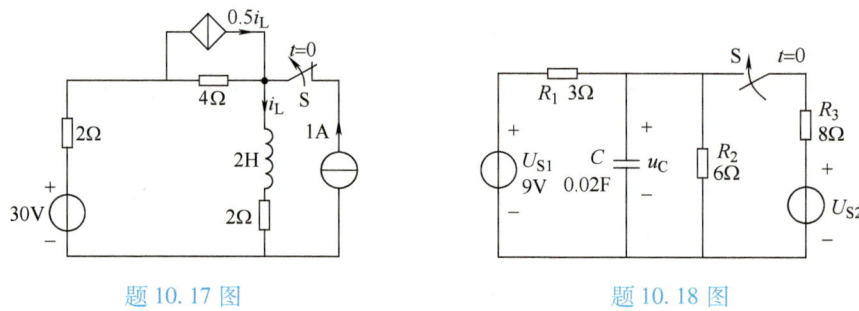

题 10.17 图　　　　　　　　题 10.18 图

10.19 电路如题 10.19 图所示，开关 S 断开前电路已处于稳定状态。当 $t=0$ 时 S 断开，求 $t\geq 0$ 时的 $u_C(t)$。

10.20 题 10.20 图所示电路原来已处于稳定状态，已知 $u_S=300\cos(200t+30°)\text{V}$，$R_1=20\Omega$，$R_2=80\Omega$，$L=0.5\text{H}$。当 $t=0$ 时开关 S 转换，求 $t\geq 0$ 时的电流 $i(t)$ 和电压 $u(t)$。

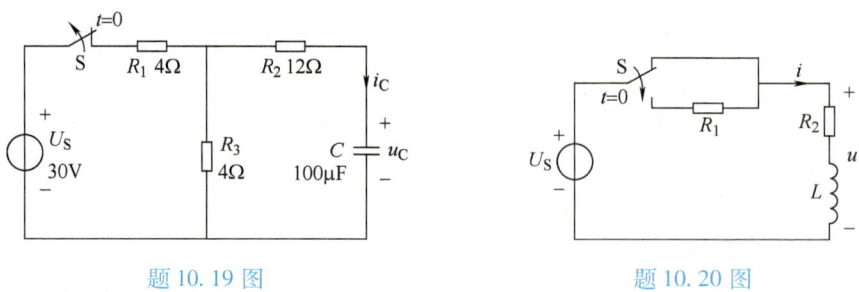

题 10.19 图　　　　　　　　题 10.20 图

10.21 题 10.21 图所示电路原已处于稳定状态。$t=0$ 时开关 S 断开，试求 $t\geq 0$ 换路后的电流 $i(t)$ 和电压 $u(t)$。

10.22 电路如题 10.22 图所示，开关 S 闭合前电路已处于稳定状态。当 $t=0$ 时 S 闭合，试求 $t\geq 0$ 换路后的电感两端的电压 $u_L(t)$ 及 R_2 电阻消耗的能量。

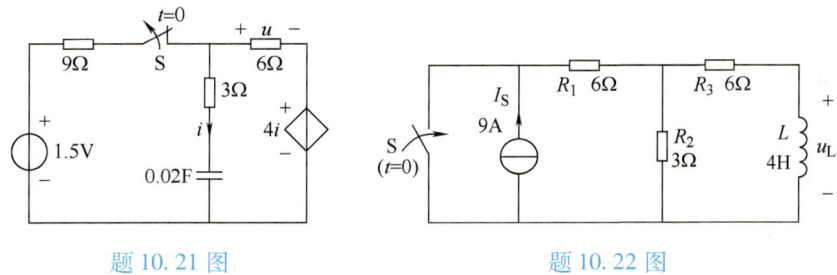

题 10.21 图　　　　　　　　　　　题 10.22 图

10.23　题 10.23 图所示电路原已处于稳定状态。$t=0$ 时开关 S 闭合，试求 $t \geq 0$ 换路后的电流 $i(t)$。

10.24　题 10.24 图所示电路中，已知 $R_1=6\Omega$，$R_2=R_3=R_4=3\Omega$，$L=2\mathrm{H}$，$U_{S1}=5u$，$U_{S2}=15\mathrm{V}$，电路原已处于稳定状态。$t=0$ 时开关 S 由 1 接至 2，试求 $t \geq 0$ 换路后的电感电压 $u_L(t)$。

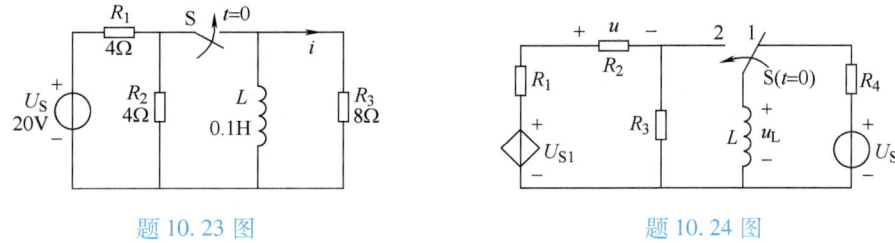

题 10.23 图　　　　　　　　　　　题 10.24 图

10.25　电路如题 10.25 图所示，电感无初始储能，已知电源 $i_S=30\varepsilon(t)\mathrm{mA}$。求电流 $i(t)$。

10.26　电路如题 10.26 图所示，已知 $u_C(0_-)=0$。试求当 u_S 为下列给定情况时的 $u_C(t)$ 和 $i_C(t)$：
(1) $u_S=18\varepsilon(t)\mathrm{V}$；(2) $u_S=6\delta(t)\mathrm{V}$。

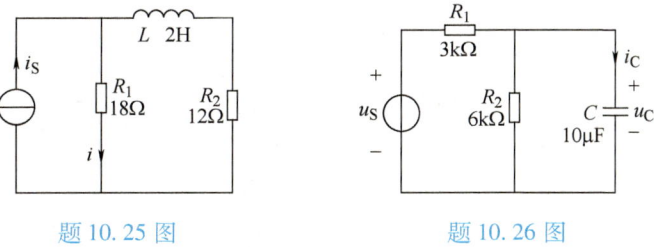

题 10.25 图　　　　　　　　　　　题 10.26 图

10.27　题 10.27 图所示电路中，$t=0$ 时开关闭合。(1) 求电路为振荡、非振荡过渡过程时电阻 R 应满足的条件；(2) 设 $R=5\Omega$，$L=0.1\mathrm{H}$，$C=0.001\mathrm{F}$，$i_L(0_-)=0$，$u_C(0_-)=20\mathrm{V}$，试求 $t \geq 0$ 换路后的零输入响应 $i_L(t)$。

10.28　题 10.28 图所示电路原处于稳定状态，已知 $R_1=50\Omega$，$R_2=100\Omega$，$L=0.5\mathrm{H}$，$C=0.001\mathrm{F}$，$U_S=30\mathrm{V}$。$t=0$ 时开关 S 打开，试求换路后的 $u_C(t)$ 和 $i_L(t)$。

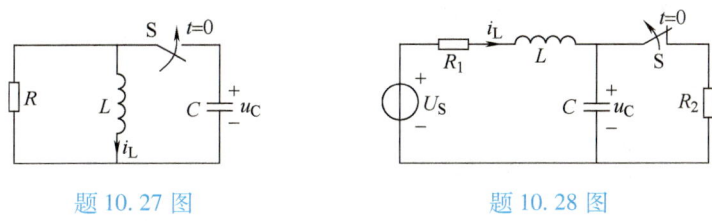

题 10.27 图　　　　　　　　　　　题 10.28 图

10.29　题 10.29 图所示电路中，$R=4\Omega$，$L=0.6\mathrm{H}$，$C=0.2\mathrm{F}$，$U_{S1}=8\mathrm{V}$，$U_{S2}=6\mathrm{V}$，电路已处于稳定

状态。设 $t=0$ 时开关 S 由 1 接至 2，试求换路后的 $i_L(t)$。

10.30 题 10.30 图所示电路原处于稳定状态，$R=40\Omega$，$L=1H$，$C=100\mu F$，$u_C(0_-)=18V$，$U_S=20V$。$t=0$ 时开关闭合，求换路后的全响应 $u_C(t)$。

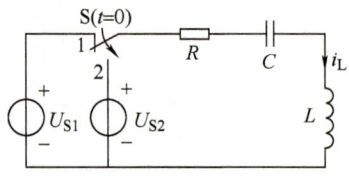

题 10.29 图

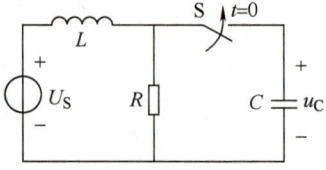

题 10.30 图

第 11 章 线性动态电路的复频域分析

课程目标：本章首先介绍拉普拉斯变换及与电路分析有关的一些基本性质，其次介绍复频域中运算形式的电路定律、运算阻抗、运算导纳及运算电路，最后介绍用拉普拉斯变换法分析线性动态电路。通过本章的学习，应重点掌握运算法在分析线性动态电路中的应用。

思政目标：通过本章的学习，同学们应能感受到同样是线性动态电路的分析，方法不同，难易不同，所以我们平时要坚持守正创新，与时俱进，坚持效率就是效益，尤其是工作之后，要提高职业素养，在全面建设社会主义现代化国家新征程中彰显担当作为。

第 10 章采用经典法研究了一阶电路和二阶电路，通过建立电路方程，求解线性常系数微分方程，而得到线性动态电路中电路变量的时域响应。对于具有多个动态元件的复杂电路，如果建立的电路方程为高阶微分方程，则直接求解高阶微分方程比较困难。

拉普拉斯变换（Laplace Transform）是一种数学积分变换，将其应用于线性动态电路的分析，其核心是通过数学变换，将时间域的高阶微分方程变换为复频域的代数方程，将时间域的微积分运算变换为复频域的代数运算，简化了运算过程，由此使得线性动态电路的分析变得简单，所以在线性电路分析中得到广泛应用。

11.1 拉普拉斯变换与反变换

11.1.1 拉普拉斯变换的定义

11.1.1 拉普拉斯变换的定义

1. 拉氏正变换的定义

对于定义在 $[0, +\infty]$ 区间的函数 $f(t)$，它的拉普拉斯变换式 $F(s)$ 定义为

$$F(s) = L[f(t)] = \int_{0_-}^{+\infty} f(t) e^{-st} dt \tag{11.1.1}$$

式中，s 为复变量，被称为复频率（Complex Frequency），$s = \sigma + j\omega$；$F(s)$ 称为 $f(t)$ 的象函数（Image Function），$f(t)$ 称为 $F(s)$ 的原函数（Original Function）。

拉普拉斯变换简称为拉氏变换。式（11.1.1）中的积分下限取 0_-，是考虑 $f(t)$ 可能包含冲激函数，从而为电路的计算带来方便。

由式（11.1.1）可看出，$f(t)e^{-st}$ 的积分结果为有限值时，即

$$\int_{0_-}^{+\infty} |f(t)| e^{-st} dt < \infty \tag{11.1.2}$$

$f(t)$ 的拉氏变换式 $F(s)$ 才存在。式中的 e^{-st} 起收敛作用，称为收敛因子。电路分析中所涉及的时间函数一般都能满足式（11.1.2），因此可直接利用式（11.1.1）进行拉普拉斯变换，求出 $F(s)$，不对其存在性进行讨论。

2. 拉氏反变换的定义

如果已知象函数 $F(s)$，要求出与它对应的原函数 $f(t)$，由 $F(s)$ 到 $f(t)$ 的变换称为拉普拉斯反变换（Inverse Laplace Transform），简称为拉氏反变换，它的定义为

$$f(t) = L^{-1}[F(s)] = \frac{1}{2\pi j}\int_{\sigma-j\infty}^{\sigma+j\infty} F(s)e^{st}ds \tag{11.1.3}$$

式中，σ 为正的有限常数。

【例 11.1.1】 求以下函数的象函数：（1）单位阶跃函数 $f(t) = \varepsilon(t)$；（2）冲激函数 $f(t) = \delta(t)$；（3）指数函数 $f(t) = e^{-\alpha t}$（α 为实数）；（4）斜坡函数 $f(t) = t$。

解 （1）求单位阶跃函数 $f(t) = \varepsilon(t)$ 的象函数

$$F(s) = L[\varepsilon(t)] = \int_{0_-}^{\infty}\varepsilon(t)e^{-st}dt = \int_{0_-}^{\infty}e^{-st}dt = -\frac{1}{s}e^{-st}\Big|_{0_-}^{\infty} = \frac{1}{s}$$

（2）求冲激函数 $f(t) = \delta(t)$ 的象函数。根据冲激函数 $\delta(t)$ 的筛分性质，$f(t)\delta(t) = f(0)\delta(t)$，则有

$$F(s) = L[\delta(t)] = \int_{0_-}^{\infty}\delta(t)e^{-st}dt = \int_{0_-}^{0_+}\delta(t)e^{-st}dt = \int_{0_-}^{0_+}\delta(t)e^{0}dt = \int_{0_-}^{0_+}\delta(t)dt = 1$$

（3）求指数函数 $f(t) = e^{-\alpha t}$（α 为实数）的象函数

$$F(s) = L[e^{-\alpha t}] = \int_{0_-}^{\infty}e^{-\alpha t}e^{-st}dt = \int_{0_-}^{\infty}e^{-(\alpha+s)t}dt = -\frac{1}{s+\alpha}e^{-(\alpha+s)t}\Big|_{0_-}^{\infty} = \frac{1}{s+\alpha}$$

（4）求斜坡函数 $f(t) = t$ 的象函数。由分部积分公式 $\int udv = uv - \int vdu$，令 $u = t$，$dv = e^{-st}dt$，则 $v = -e^{-st}/s$，所以

$$F(s) = L[t] = \int_{0_-}^{\infty}te^{-st}dt = \frac{te^{-st}}{-s}\Big|_{0_-}^{\infty} - \int_{0_-}^{\infty}\frac{e^{-st}}{-s}dt = \frac{1}{s^2}$$

11.1.2 拉普拉斯变换的基本性质

拉普拉斯变换有许多重要性质，在此仅介绍电路分析中常用的一些基本性质。

11.1.2 拉普拉斯变换的基本性质

1. 线性性质

若 $L[f_1(t)] = F_1(s)$，$L[f_2(t)] = F_2(s)$，a 和 b 为两个任意常数，则

$$L[af_1(t) \pm bf_2(t)] = aF_1(s) \pm bF_2(s) \tag{11.1.4}$$

式（11.1.4）线性性质（Linearity Property）表明，原函数线性组合的象函数等于各原函数的象函数的线性组合。

【例 11.1.2】 求（1）正弦函数 $f(t) = \sin(\omega t)$；（2）零状态响应 $f(t) = K(1 - e^{-\alpha t})$ 的象函数。

解 （1）由欧拉公式知

$$\sin(\omega t) = \frac{e^{j\omega t} - e^{-j\omega t}}{2j}$$

则有

$$F(s) = L[\sin(\omega t)] = L\left[\frac{e^{j\omega t} - e^{-j\omega t}}{2j}\right] = \frac{1}{2j}\left(\frac{1}{s-j\omega} - \frac{1}{s+j\omega}\right) = \frac{\omega}{s^2+\omega^2}$$

(2) $F(s) = L[K(1-e^{-\alpha t})] = L[K] - L[Ke^{-\alpha t}] = \dfrac{K}{s} - \dfrac{K}{s+\alpha} = \dfrac{K\alpha}{s(s+\alpha)}$

2. 时域微分性质

若 $L[f(t)] = F(s)$，则

$$L[f'(t)] = L\left[\dfrac{df(t)}{dt}\right] = sF[s] - f(0_-) \tag{11.1.5}$$

式中，$f(0_-)$ 为原函数 $f(t)$ 在 $t=0_-$ 时的值。

式 (11.1.5) 表明，时域中原函数导数的拉普拉斯变换等于原函数的象函数乘以 s，再减去原函数的初始值。

证 由分部积分公式 $\int u dv = uv - \int v du$，有

$$L\left[\dfrac{df(t)}{dt}\right] = \int_{0_-}^{\infty} \dfrac{df(t)}{dt} e^{-st} dt = f(t)e^{-st}\Big|_{0_-}^{\infty} - \int_{0_-}^{\infty} f(t)(-se^{-st}) dt = sF[s] - f(0_-)$$

同理可以推证得

$$L[f''(t)] = s^2 F[s] - sf(0_-) - f'(0_-)$$

$$L\left[\dfrac{d f^{(n)}(t)}{dt^{(n)}}\right] = s^n F[s] - s^{n-1} f(0_-) - s^{n-2} f'(0_-) - \cdots - f^{(n-1)}(0_-) \tag{11.1.6}$$

若所有初始值为零，则有

$$L[f^{(n)}(t)] = s^n F[s] \tag{11.1.7}$$

【例 11.1.3】 求 (1) 余弦函数 $f(t) = \cos(\omega t)$；(2) 冲激函数的导数 $\delta'(t)$ 的象函数。

解 (1) 由于 $\cos(\omega t) = \dfrac{1}{\omega}\dfrac{d\sin(\omega t)}{dt}$，$L[\sin(\omega t)] = \dfrac{\omega}{s^2+\omega^2}$，则有

$$L[\cos(\omega t)] = L\left[\dfrac{1}{\omega}\dfrac{d\sin(\omega t)}{dt}\right] = \dfrac{1}{\omega}\left(s\dfrac{\omega}{s^2+\omega^2} - 0\right) = \dfrac{s}{s^2+\omega^2}$$

(2) 由于 $L[\delta(t)] = 1$，$\delta(0_-) = 0$，则有

$$L[\delta'(t)] = sL[\delta(t)] - \delta(0_-) = s \times 1 - 0 = s$$

3. 时域积分性质

若 $L[f(t)] = F(s)$，则

$$L\left[\int_{0_-}^{t} f(\xi) d\xi\right] = \dfrac{F(s)}{s} \tag{11.1.8}$$

式 (11.1.8) 表明，时域中原函数积分的拉普拉斯变换等于原函数的象函数除以 s 的运算。

证 由分部积分公式 $\int u dv = uv - \int v du$，令 $u = \int_{0_-}^{t} f(\xi) d\xi$，$dv = e^{-st} dt$，则 $du = f(\xi) d\xi$，$v = -\dfrac{1}{s} e^{-st}$，所以

$$L\left[\int_{0_-}^{t} f(\xi) d\xi\right] = \int_{0_-}^{\infty}\left(\int_{0_-}^{t} f(\xi) d\xi\right) e^{-st} dt = \left(\int_{0_-}^{t} f(\xi) d\xi\right)\dfrac{e^{-st}}{-s}\Big|_{0_-}^{\infty} - \int_{0_-}^{\infty} f(t)\left(\dfrac{e^{-st}}{-s}\right) dt$$

$$= 0 + \dfrac{F(s)}{s} = \dfrac{F(s)}{s}$$

同理可推证得，原函数 $f(t)$ 的 n 重积分的拉普拉斯变换为

$$L\left[\overbrace{\int_{0_-}^{t}\int_{0_-}^{t}\cdots\int_{0_-}^{t}}^{n}f(\xi)(\mathrm{d}\xi)^n\right]=\frac{F(s)}{s^n} \tag{11.1.9}$$

【例 11.1.4】 已知电容器端口的电压、电流为 $u_C(t)$ 和 $i_C(t)$，二者为关联参考方向，而 $L[i_C(t)]=I_C(s)$，求 $u_C(t)$ 的象函数。

解 由

$$u_C(t)=\frac{1}{C}\int_{-\infty}^{t}i_C(t)\mathrm{d}t=\frac{1}{C}\int_{-\infty}^{0_-}i_C(t)\mathrm{d}t+\frac{1}{C}\int_{0_-}^{t}i_C(t)\mathrm{d}t=u_C(0_-)+\frac{1}{C}\int_{0_-}^{t}i_C(t)\mathrm{d}t$$

则有

$$L[u_C(t)]=L\left[u_C(0_-)+\frac{1}{C}\int_{0_-}^{t}i_C(t)\mathrm{d}t\right]$$

$$=L[u_C(0_-)]+\frac{1}{C}L\left[\int_{0_-}^{t}i_C(t)\mathrm{d}t\right]=\frac{u_C(0_-)}{s}+\frac{1}{sC}I_C(s)$$

4. 时域延时性质

若 $L[f(t)]=F(s)$，则

$$L[f(t-t_0)\varepsilon(t-t_0)]=\mathrm{e}^{-st_0}F(s) \tag{11.1.10}$$

证 由拉普拉斯变换的定义得

$$L[f(t-t_0)\varepsilon(t-t_0)]=\int_{0_-}^{\infty}f(t-t_0)\varepsilon(t-t_0)\mathrm{e}^{-st}\mathrm{d}t=\int_{t_0}^{\infty}f(t-t_0)\mathrm{e}^{-st}\mathrm{d}t$$

令 $t_e=t-t_0$ 代入上式，则有

$$L[f(t-t_0)\varepsilon(t-t_0)]=\int_{0_-}^{\infty}f(t_e)\mathrm{e}^{-s(t_e+t_0)}\mathrm{d}t_e=\mathrm{e}^{-st_0}\int_{0_-}^{\infty}f(t_e)\mathrm{e}^{-st_e}\mathrm{d}t_e=\mathrm{e}^{-st_0}F(s)$$

【例 11.1.5】 求图 11.1.1 所示矩形脉冲电压的象函数。

解 图 11.1.1 中的矩形脉冲电压可表示为

$$u(t)=U[\varepsilon(t)-\varepsilon(t-t_0)]$$

由于 $L[\varepsilon(t)]=\frac{1}{s}$，$L[\varepsilon(t-t_0)]=\frac{1}{s}\mathrm{e}^{-st_0}$，则有

$$L[u(t)]=U\left(\frac{1}{s}-\frac{1}{s}\mathrm{e}^{-st_0}\right)=\frac{U}{s}(1-\mathrm{e}^{-st_0})$$

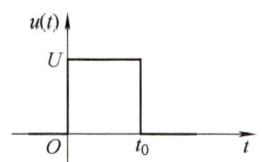

图 11.1.1 例 11.1.5 的图

【例 11.1.6】 求 $f(t)=t\varepsilon(t)-t\varepsilon(t-1)$ 的象函数。

解 由 $f(t)=t\varepsilon(t)-t\varepsilon(t-1)=t\varepsilon(t)-(t-1)\varepsilon(t-1)-\varepsilon(t-1)$，则

$$L[f(t)]=L[t\varepsilon(t)-(t-1)\varepsilon(t-1)-\varepsilon(t-1)]=\frac{1}{s^2}-\mathrm{e}^{-s}\frac{1}{s^2}-\mathrm{e}^{-s}\frac{1}{s}$$

应用拉普拉斯变换的定义和一些基本性质，可以求得一些常用函数的拉普拉斯变式，见表 11.1.1，借助它们可以使一些函数的象函数求解简化。

表 11.1.1　常用函数的拉普拉斯变换表

原函数 $f(t)$	象函数 $F(s)$	原函数 $f(t)$	象函数 $F(s)$
$\delta(t)$	1	$\varepsilon(t)$	$\dfrac{1}{s}$
$\delta^{(n)}(t)$	s^n	$e^{-\alpha t}$	$\dfrac{1}{s+\alpha}$
$\sin(\omega t)$	$\dfrac{\omega}{s^2+\omega^2}$	$1-e^{-\alpha t}$	$\dfrac{\alpha}{s(s+\alpha)}$
$\cos(\omega t)$	$\dfrac{s}{s^2+\omega^2}$	$(1-\alpha t)e^{-\alpha t}$	$\dfrac{s}{(s+\alpha)^2}$
$\sin(\omega t+\varphi)$	$\dfrac{s\sin\varphi+\omega\cos\varphi}{s^2+\omega^2}$	$\dfrac{1}{n!}t^n$（n 为正整数）	$\dfrac{1}{s^{n+1}}$
$\cos(\omega t+\varphi)$	$\dfrac{s\cos\varphi-\omega\sin\varphi}{s^2+\omega^2}$	$\dfrac{1}{n!}t^n e^{-\alpha t}$（$n$ 为正整数）	$\dfrac{1}{(s+\alpha)^{n+1}}$
$t\sin(\omega t)$	$\dfrac{2\omega s}{(s^2+\omega^2)^2}$	$e^{-\alpha t}\sin(\omega t)$	$\dfrac{\omega}{(s+\alpha)^2+\omega^2}$
$t\cos(\omega t)$	$\dfrac{s^2-\omega^2}{(s^2+\omega^2)^2}$	$e^{-\alpha t}\cos(\omega t)$	$\dfrac{s+\alpha}{(s+\alpha)^2+\omega^2}$

11.1.3　拉普拉斯反变换的部分分式展开

11.1.3　拉普拉斯反变换的部分分式展开

用拉普拉斯变换求解线性电路的时域响应时，需要将求得的响应的拉普拉斯变换式反变换为时间函数。由象函数求原函数的方法有：①利用拉氏反变换的定义式（11.1.3）求解，一般比较复杂；②对于简单形式的象函数，可以利用拉普拉斯变换表直接查得原函数；③对于不在拉普拉斯变换表中的象函数，则将象函数 $F(s)$ 分解为简单项的组合，然后利用查变换表求得原函数，称此为部分分式展开法（Partial Fraction Expansion Method）。若

$$F(s)=F_1(s)+F_2(s)+\cdots+F_n(s) \qquad (11.1.11)$$

则

$$f(t)=f_1(t)+f_2(t)+\cdots+f_n(t) \qquad (11.1.12)$$

设象函数 $F(s)$ 的有理式为

$$F(s)=\frac{N(s)}{D(s)}=\frac{a_m s^m+a_{m-1}s^{m-1}+\cdots+a_0}{b_n s^n+b_{n-1}s^{n-1}+\cdots+b_0}=\frac{a_m(s-z_1)(s-z_2)\cdots(s-z_m)}{b_n(s-p_1)(s-p_2)\cdots(s-p_n)} \qquad (11.1.13)$$

式中，a_i、b_i 均为实数；m、n 均为正整数；z_i 称为 $F(s)$ 的零点，它们是方程 $N(s)=0$ 的根；p_i 称为 $F(s)$ 的极点，它们是方程 $D(s)=0$ 的根，如果 $N(s)$ 和 $D(s)$ 分别有重根，则称之为重零点和重极点。

由式（11.1.13）可知，零点只对 $F(s)$ 的大小（模）有影响，而极点则会影响 $F(s)$ 的性质。

若 $m<n$，象函数 $F(s)$ 为真分式。若 $m\geqslant n$，象函数 $F(s)$ 的有理式为假分式，需使用多项式长除法，转化为整式加真分式，其中整式（多项式）的拉普拉斯反变换为冲激函数 $\delta(t)$ 及 $\delta(t)$ 的各阶导数。例如

$$F(s) = \frac{3s^3 - 2s^2 - 7s + 1}{s^2 + s + 1} = 3s - 5 - \frac{5s - 6}{s^2 + s + 1}$$

其中，$3s - 5$ 为整式部分，而 $L^{-1}[3s] = 3\delta'(t)$，$L^{-1}[5] = 5\delta(t)$。

对于象函数 $F(s)$ 的真分式，采用部分分式展开，对分母多项式 $D(s)$ 作因式分解，求出 $D(s) = 0$ 的根。根据极点性质的不同，部分分式的展开分两种情况进行讨论。

1. $D(s)$ 存在单根情况

设 $D(s) = 0$ 时有 n 个单根，p_1、p_2、$\cdots$、p_n 为实数根或复数根，则式（11.1.13）展开为

$$F(s) = \frac{N(s)}{D(s)} = \frac{K_1}{s - p_1} + \frac{K_2}{s - p_2} + \cdots + \frac{K_n}{s - p_n} \tag{11.1.14}$$

式中，K_1、K_2、$\cdots$、K_n 为待定系数。

则象函数 $F(s)$ 的拉普拉斯反变换式，即 $F(s)$ 对应的原函数为

$$f(t) = L^{-1}[F(s)] = K_1 e^{p_1 t} + K_2 e^{p_2 t} + \cdots + K_n e^{p_n t} \tag{11.1.15}$$

任意一个待定系数 K_i 的确定，可以用 $(s - p_i)$ 乘以式（11.1.14），令 $s = p_i$，就可求出 K_i。例如求 K_1，用 $(s - p_1)$ 乘以式（11.1.14），有

$$(s - p_1) F(s) = K_1 + (s - p_1) \left(\frac{K_2}{s - p_2} + \cdots + \frac{K_n}{s - p_n} \right)$$

令 $s = p_1$，等式右边除 K_1 外，其余各项均为零，则得

$$K_1 = [(s - p_1) F(s)]_{s = p_1}$$

依次类推，可得待定系数 K_i 为

$$K_i = [(s - p_i) F(s)]_{s = p_i} \quad (i = 1, 2, \cdots, n) \tag{11.1.16}$$

由式（11.1.16）求待定系数 K_i 时，如果不将分子分母中的 $(s - p_i)$ 因子消去，则当 $s = p_i$ 时，式（11.1.16）就变成 $K_i = \dfrac{0}{0}$ 的不定式。根据洛必达法则，则有另一个公式求待定系数

$$K_i = \lim_{s \to p_i} \frac{(s - p_i) N(s)}{D(s)} = \lim_{s \to p_i} \frac{(s - p_i) N'(s) + N(s)}{D'(s)} = \frac{N(p_i)}{D'(p_i)} \quad (i = 1, 2, \cdots, n) \tag{11.1.17}$$

因此象函数 $F(s)$ 对应的原函数为

$$f(t) = L^{-1}[F(s)] = \sum_{i=1}^{n} K_i e^{p_i t} = \sum_{i=1}^{n} \frac{N(p_i)}{D'(p_i)} e^{p_i t} \tag{11.1.18}$$

【例 11.1.7】 求 $F(s) = \dfrac{8s + 2}{s^2 + 3s + 2}$ 的原函数 $f(t)$。

解 令 $D(s) = s^2 + 3s + 2 = 0$，根为：$p_1 = -1$、$p_2 = -2$，则

$$F(s) = \frac{8s + 2}{s^2 + 3s + 2} = \frac{8s + 2}{(s + 1)(s + 2)} = \frac{K_1}{s + 1} + \frac{K_2}{s + 2}$$

方法一：由式（11.1.16）求系数 K_1、K_2 的值

$$K_1 = \left[(s + 1) \frac{8s + 2}{(s + 1)(s + 2)} \right]_{s = p_1 = -1} = \frac{8s + 2}{s + 2} \bigg|_{s = p_1 = -1} = -6$$

$$K_2 = \left[(s+2)\frac{8s+2}{(s+1)(s+2)}\right]_{s=p_2=-2} = \frac{8s+2}{s+1}\bigg|_{s=p_2=-2} = 14$$

方法二：由式（11.1.17）求系数 K_1、K_2 的值。由 $N(s) = 8s+2$，$D'(s) = 2s+3$，则有

$$K_1 = \frac{N(s)}{D'(s)}\bigg|_{s=p_1=-1} = \frac{8s+2}{2s+3}\bigg|_{s=p_1=-1} = -6$$

$$K_2 = \frac{N(s)}{D'(s)}\bigg|_{s=p_2=-2} = \frac{8s+2}{2s+3}\bigg|_{s=p_2=-2} = 14$$

所以

$$F(s) = \frac{8s+2}{s^2+3s+2} = \frac{-6}{s+1} + \frac{14}{s+2}$$

查表得原函数

$$f(t) = L^{-1}[F(s)] = -6e^{-t} + 14e^{-2t}$$

【例 11.1.8】 求 $F(s) = \dfrac{2s+4}{s^2+2s+2}$ 的原函数 $f(t)$。

解 令 $D(s) = s^2+2s+2 = 0$，求得共轭复根：$p_1 = -1+j$，$p_2 = -1-j$，则

$$F(s) = \frac{2s+4}{s^2+2s+2} = \frac{K_1}{s+1-j} + \frac{K_2}{s+1+j}$$

由 $D'(s) = 2s+2$，有

$$K_1 = \frac{2s+4}{2s+2}\bigg|_{s=p_1=-1+j} = 1-j = \sqrt{2}e^{-j45°}$$

$$K_2 = \frac{2s+4}{2s+2}\bigg|_{s=p_2=-1-j} = 1+j = \sqrt{2}e^{j45°}$$

所以

$$F(s) = \frac{\sqrt{2}e^{-j45°}}{s+1-j} + \frac{\sqrt{2}e^{j45°}}{s+1+j}$$

原函数

$$\begin{aligned} f(t) = L^{-1}[F(s)] &= \sqrt{2}e^{-j45°}e^{(-1+j)t} + \sqrt{2}e^{j45°}e^{(-1-j)t} \\ &= \sqrt{2}e^{-t}[e^{j(t-45°)} + e^{-j(t-45°)}] \\ &= 2\sqrt{2}e^{-t}\cos(t-45°) \end{aligned}$$

由例 11.1.8 可知，若 $D(s) = 0$ 具有共轭复根，$p_1 = \alpha+j\omega$、$p_2 = \alpha-j\omega$，则由于 $F(s)$ 为实系数多项式之比，因此待定系数 K_1、K_2 也为共轭复数。设

$$K_1 = |K_1|e^{j\theta} \qquad K_2 = |K_1|e^{-j\theta}$$

则象函数 $F(s)$ 对应的原函数为

$$\begin{aligned} f(t) = L^{-1}[F(s)] &= K_1 e^{p_1 t} + K_2 e^{p_2 t} \\ &= |K_1|e^{j\theta}e^{(\alpha+j\omega)t} + |K_1|e^{-j\theta}e^{(\alpha-j\omega)t} \\ &= 2|K_1|e^{\alpha t}\cos(\omega t+\theta) \end{aligned} \qquad (11.1.19)$$

2. $D(s)$ 存在重根情况

若 $D(s) = 0$ 具有 q 阶重根时，则在 $D(s)$ 中含有 $(s-p_1)^q$ 的因式。设在 $s=p_1$ 有三重根，其余为单根，则 $F(s)$ 展开式为

$$F(s) = \frac{N(s)}{D(s)} = \frac{K_{11}}{s-p_1} + \frac{K_{12}}{(s-p_1)^2} + \frac{K_{13}}{(s-p_1)^3} + \sum_{i=2}^{n}\frac{K_i}{(s-p_i)} \qquad (11.1.20)$$

式中，K_{11} 的第一个下标对应重根 p_1，第二个下标对应分母的阶次。单根的系数确定同前面所述。重根的系数确定可采用

$$(s-p_1)^3 F(s) = (s-p_1)^2 K_{11} + (s-p_1)K_{12} + K_{13} + (s-p_1)^3 \sum_{i=2}^{n}\frac{K_i}{(s-p_i)}$$

则有

$$K_{13} = [(s-p_1)^3 F(s)]_{s=p_1}$$

$$K_{12} = \frac{d}{ds}[(s-p_1)^3 F(s)]_{s=p_1}$$

$$K_{11} = \frac{1}{2}\frac{d^2}{ds^2}[(s-p_1)^3 F(s)]_{s=p_1}$$

因此式（11.1.20）象函数 $F(s)$ 对应的原函数为

$$f(t) = L^{-1}[F(s)] = K_{11}e^{p_1 t} + K_{12}te^{p_1 t} + K_{13}\frac{1}{2}t^2 e^{p_1 t} + \sum_{i=2}^{n}K_i e^{p_i t} \qquad (11.1.21)$$

当 $D(s)=0$ 具有多个重根时，对每个重根分别利用上述方法即可得到各系数。

【例 11.1.9】 求 $F(s) = \dfrac{2s-6}{(s+2)^3(s+4)}$ 的原函数 $f(t)$。

解 令 $D(s)=(s+2)^3(s+4)=0$，求得根为：$p_1=-2$（三重根），$p_2=-4$，则

$$F(s) = \frac{2s-6}{(s+2)^3(s+4)} = \frac{K_{11}}{s+2} + \frac{K_{12}}{(s+2)^2} + \frac{K_{13}}{(s+2)^3} + \frac{K_2}{(s+4)}$$

式中

$$K_{13} = [(s+2)^3 F(s)]_{s=p_1=-2} = \frac{2s-6}{s+4}\bigg|_{s=p_1=-2} = -5$$

$$K_{12} = \frac{d}{ds}[(s+2)^3 F(s)]_{s=p_1=-2} = \frac{d}{ds}\left[\frac{2s-6}{s+4}\right]_{s=p_1=-2} = \frac{14}{(s+4)^2}\bigg|_{s=p_1=-2} = 3.5$$

$$K_{11} = \frac{1}{2}\frac{d^2}{ds^2}[(s+2)^3 F(s)]_{s=p_1=-2} = \frac{-14}{(s+4)^3}\bigg|_{s=p_1=-2} = -1.75$$

$$K_2 = [(s+4)F(s)]_{s=p_2=-3} = \frac{2s-6}{(s+2)^3}\bigg|_{s=p_2=-4} = 1.75$$

因此

$$F(s) = \frac{2s-6}{(s+2)^3(s+4)} = -\frac{5}{s+2} + \frac{3.5}{(s+2)^2} - \frac{1.75}{(s+2)^3} + \frac{1.75}{s+4}$$

所以原函数

$$f(t) = L^{-1}[F(s)] = -5e^{-2t} + 3.5te^{-2t} - 1.75t^2 e^{-2t} + 1.75e^{-4t}$$

11.2 运算电路

在第 10 章线性动态电路的时域分析中，描述动态电路的方程为微分方程，当微分方程的阶数大于二时，用经典法求解是很困难的。通过拉普拉斯变换，将时间域的微分方程变换

为复频域的代数方程，使得线性动态电路的分析变得简单。因此需要分析复频域（s 域）下的电路模型（Complex Frequency – domain Model），称之为运算电路。

11.2 运算电路

11.2.1 电路元件的运算电路模型

根据元件电压、电流的时域关系，可以推导出各元件电压电流关系的运算形式。

1. 电阻元件的运算电路模型

图 11.2.1a 所示的电阻元件时域模型，在电压、电流关联参考方向下，线性电阻元件的电压、电流关系为

$$u_R(t) = Ri_R(t)$$

对上式的两边取拉普拉斯变换，并利用线性性质得

$$U_R(s) = RI_R(s) \tag{11.2.1}$$

根据式（11.2.1）可得电阻元件的运算电路模型，如图 11.2.1b 所示。

图 11.2.1　电阻元件的时域模型和运算电路模型

2. 电感元件的运算电路模型

图 11.2.2a 所示的电感元件时域模型，在电压、电流关联参考方向下，线性电感元件的电压、电流关系为

$$u_L(t) = L\frac{di_L}{dt}$$

对上式的两边取拉普拉斯变换，并利用微分性质得

$$U_L(s) = sLI_L(s) - Li_L(0_-) \tag{11.2.2}$$

$$I_L(s) = \frac{1}{sL}U_L(s) + \frac{i_L(0_-)}{s} \tag{11.2.3}$$

根据式（11.2.2）和式（11.2.3）可得电感元件的运算电路模型，如图 11.2.2b、c 所示。图中，sL 为电感的运算感抗（Operational Inductive Reactance），$i_L(0_-)$ 为电感中初始电流，$Li_L(0_-)$ 表示附加电压源的电压，它反映了电感的初始储能作用，$\frac{1}{sL}$ 为电感的运算感

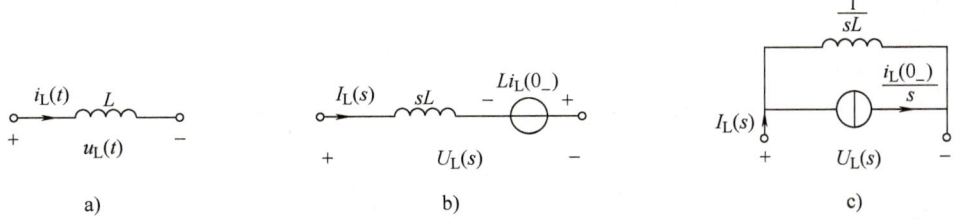

图 11.2.2　电感元件的时域模型和运算电路模型

纳，$\dfrac{i_L(0_-)}{s}$ 表示附加电流源的电流。注意运算电路模型中附加电源的参考方向。

3. 电容元件的运算电路模型

图 11.2.3a 所示的电容元件时域模型，在电压、电流关联参考方向下，线性电容元件的电压、电流关系为

$$i_C(t) = C \dfrac{du_C}{dt}$$

对上式的两边取拉普拉斯变换，并利用微分性质得

$$I_C(s) = sCU_C(s) - Cu_C(0_-) \tag{11.2.4}$$

$$U_C(s) = \dfrac{1}{sC}I_C(s) + \dfrac{u_C(0_-)}{s} \tag{11.2.5}$$

根据式（11.2.4）和式（11.2.5）可得电容元件的运算电路模型，如图 11.2.3b、c 所示。图中 $\dfrac{1}{sC}$ 为电容的运算容抗（Operational Capacitive Reactance），$u_C(0_-)$ 为电容的初始电压，$\dfrac{u_C(0_-)}{s}$ 表示附加电压源的电压，它反映了电容的初始储能作用，sC 为电容的运算容纳，$Cu_C(0_-)$ 表示附加电流源的电流。注意运算电路模型中附加电源的参考方向。

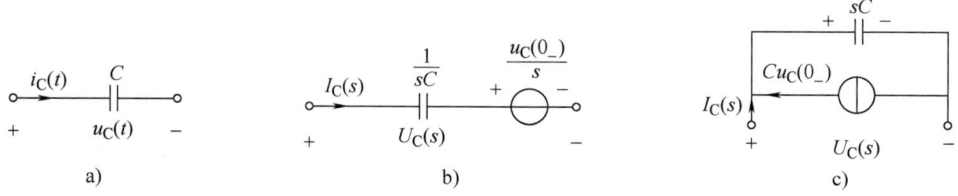

图 11.2.3　电容元件的时域模型和运算电路模型

11.2.2　电路定律的运算形式

1. KCL 的运算形式

对于时域电路中的任一节点，KCL 的方程为

$$\sum i(t) = 0$$

对上式的两边取拉普拉斯变换，并利用线性性质，可得

$$\sum I(s) = 0 \tag{11.2.6}$$

式（11.2.6）称为 KCL 的运算形式。表明在运算电路的任一节点上，所有支路电流象函数的代数和为零。

2. KVL 的运算形式

对于时域电路中的任一闭合回路，KVL 的方程为

$$\sum u(t) = 0$$

对上式的两边取拉普拉斯变换，并利用线性性质，可得

$$\sum U(s) = 0 \tag{11.2.7}$$

式（11.2.7）称为 KVL 的运算形式。表明在运算电路的任一闭合回路中，所有支路电压象函数的代数和为零。

3. 欧姆定律的运算形式

图 11.2.4a 所示为 RLC 串联电路，设 $t=0_-$ 时有 $u_C(0_-)$ 和 $i(0_-)$，则可得到图 11.2.4b 所示的运算电路模型。由 $\sum U(s) = 0$ 可得

$$U(s) = \left(R + sL + \frac{1}{sC}\right)I(s) - Li(0_-) + \frac{u_C(0_-)}{s} \quad (11.2.8)$$

令 RLC 串联电路的运算阻抗（Operational Impedance）

$$Z(s) = R + sL + \frac{1}{sC} \quad (11.2.9)$$

在零初始条件下，$i(0_-) = 0$，$u_C(0_-) = 0$，则有

$$U(s) = Z(s)I(s) \quad (11.2.10)$$

式（11.2.10）为欧姆定律的运算形式。式中 $Z(s)$ 具有电阻的量纲。

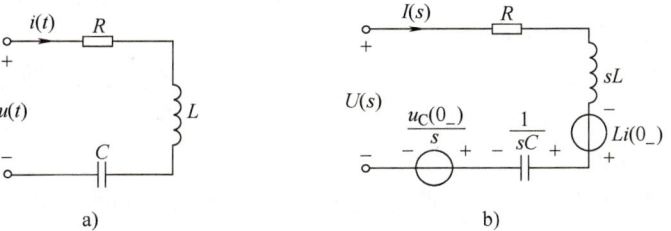

图 11.2.4　RLC 串联电路的时域模型和运算模型

【例 11.2.1】　图 11.2.5a 所示的时域电路原已处于稳定状态，已知 $t=0$ 时开关 S 闭合，求对应的运算电路图。

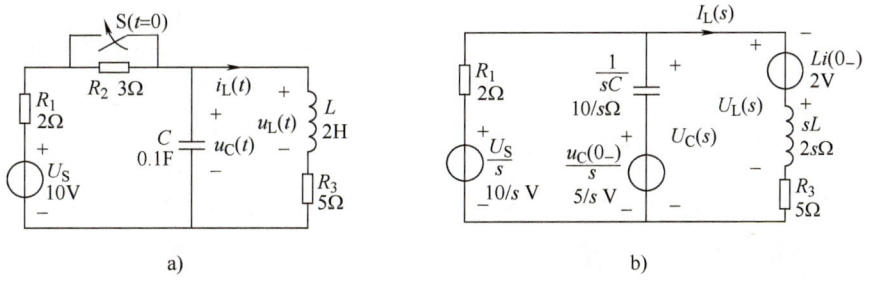

图 11.2.5　例 11.2.1 图

解　$t=0_-$ 时电路已处于稳定状态，此时电容相当于开路，电感相当于短路，则由图 11.2.5a 可求得

$$i_L(0_-) = \frac{U_S}{R_1 + R_2 + R_3} = \frac{10}{2+3+5}A = 1A$$

$$u_C(0_-) = i_L(0_-)R_3 = 1 \times 5V = 5V$$

电源 U_S 的象函数为

$$U_S(s) = \frac{U_S}{s} = \frac{10}{s}\text{V}$$

所求的运算电路图如图 11.2.5b 所示。

11.3 线性动态电路的复频域分析——运算法

从前面的分析中已知基尔霍夫定律和欧姆定律在运算电路中的应用。同样，电路的分析法和定理，如等效变换法、回路电流法、网孔电流法、节点电压法、叠加定理和戴维南定理等均可以直接应用于运算电路。

11.3 线性动态电路的复频域分析

运用拉普拉斯变换法求解线性动态电路的方法称为运算法。

采用运算法求解电路时域响应的主要步骤为：

（1）由给定的时域电路确定电路的初始值 $u_C(0_-)$ 和 $i_L(0_-)$，并求电路中激励信号的象函数。

（2）由给定的时域电路作出运算电路图，不要遗忘电容、电感初始值产生的附加电压源（或附加电流源），注意附加电源的参考方向。

（3）依题意选用适当的线性电路分析计算方法，求出响应的象函数。

（4）利用部分分式展开法及变换表进行拉普拉斯反变换，求出相应象函数的原函数，即得到电路响应的时域解。

【例 11.3.1】 图 11.3.1a 所示电路原处于稳定状态，$t=0$ 时开关 S 闭合。试求换路后电路中所示的电压和电流。

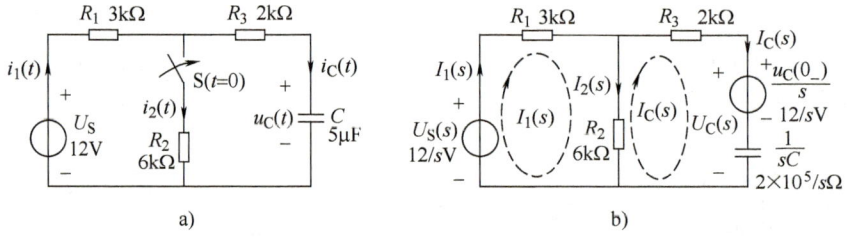

图 11.3.1 例 11.3.1 图

解 由电路知，$u_C(0_-) = U_S = 12\text{V}$，作运算电路图如图 11.3.1b 所示。以网孔电流 $I_1(s)$、$I_C(s)$ 为变量，列写 KVL 方程为

$$(R_1 + R_2)I_1(s) - R_2 I_C(s) = U_S(s)$$

$$-R_2 I_1(s) + \left(R_2 + R_3 + \frac{1}{sC}\right)I_C(s) = -\frac{u_C(0_-)}{s}$$

代入数据并整理得

$$9000 I_1(s) - 6000 I_C(s) = \frac{12}{s}$$

$$-6000 I_1(s) + \left(8000 + \frac{2 \times 10^5}{s}\right) I_C(s) = -\frac{12}{s}$$

解得

$$I_1(s) = \left(\frac{4}{3000s} - \frac{2}{3} \times \frac{1}{1000s + 50000}\right)\text{A} = \left(\frac{4}{3s} - \frac{2}{3} \times \frac{1}{s+50}\right)\text{mA}$$

$$I_C(s) = -\frac{1}{1000s + 50000}\text{A} = -\frac{1}{s+50}\text{mA}$$

而

$$I_2(s) = I_1(s) - I_C(s) = \left(\frac{4}{3s} + \frac{1}{3}\frac{1}{s+50}\right)\text{mA}$$

$$U_C(s) = \frac{u_C(0_-)}{s} + \frac{1}{sC}I_C(s) = \left(\frac{12}{s} + \frac{2 \times 10^5}{s} \times \frac{-1}{1000s + 50000}\right)\text{V} = \left(\frac{8}{s} + \frac{4}{s+50}\right)\text{V}$$

通过拉普拉斯反变换，查表得换路后的电压和电流为

$$i_1(t) = \left(\frac{4}{3} - \frac{2}{3}\text{e}^{-50t}\right)\text{mA} \quad (t \geq 0_+)$$

$$i_C(t) = -\text{e}^{-50t}\text{mA} \quad (t \geq 0_+)$$

$$i_2(t) = \left(\frac{4}{3} + \frac{1}{3}\text{e}^{-50t}\right)\text{mA} \quad (t \geq 0_+)$$

$$u_C(t) = (8 + 4\text{e}^{-50t})\text{V} \quad (t \geq 0_+)$$

用拉普拉斯变换法求得的结果与例 10.2.2 的结果相同。

【例 11.3.2】 图 11.3.2 所示的动态电路原来已处于稳定状态，$t=0$ 时开关 S 断开。试用运算法求开关 S 断开后的电流 $i_{L2}(t)$ 和电压 $u_{L2}(t)$。

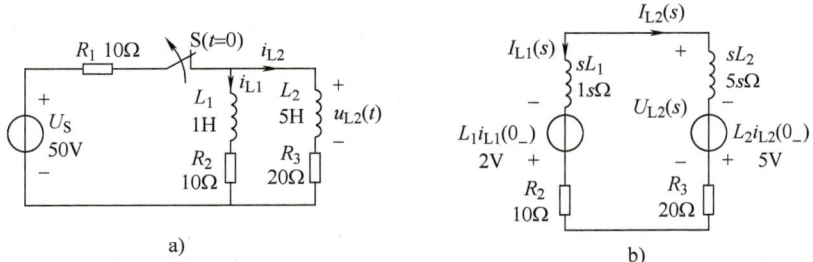

图 11.3.2 例 11.3.2 图

解 $t=0_-$ 时电路处于稳定状态，电感 L_1、L_2 相当于短路，则由图 11.3.2a 可求得

$$i_{L1}(0_-) = \frac{U_S}{R_1 + R_2 // R_3} \times \frac{R_3}{R_2 + R_3} = \frac{50}{10 + \frac{10 \times 20}{10 + 20}} \times \frac{20}{10 + 20}\text{A} = 2\text{A}$$

$$i_{L2}(0_-) = \frac{U_S}{R_1 + R_2 // R_3} \times \frac{R_2}{R_2 + R_3} = \frac{50}{10 + \frac{10 \times 20}{10 + 20}} \times \frac{10}{10 + 20}\text{A} = 1\text{A}$$

作运算电路图如图 11.3.2b 所示，则有

$$I_{L2}(s) = \frac{L_2 i_{L2}(0_-) - L_1 i_{L1}(0_-)}{R_2 + R_3 + sL_1 + sL_2} = \frac{5-2}{10+20+1s+5s}\text{A} = \frac{3}{30+6s}\text{A} = \frac{0.5}{s+5}\text{A}$$

$$U_{L2}(s) = sL_2 I_{L2}(s) - L_2 i_{L2}(0_-) = \left(5s \times \frac{0.5}{s+5} - 5\right)\text{V} = \left(-2.5 - \frac{12.5}{s+5}\right)\text{V}$$

通过拉普拉斯反变换，查表得开关 S 断开后

$$i_{L2}(t) = 0.5e^{-5t} \text{A} \quad (t \geq 0_+)$$
$$u_{L2}(t) = [-2.5\delta(t) - 12.5e^{-5t}\varepsilon(t)]\text{V}$$

此例可见，由于电感电流发生了跃变，因此电感电压中有冲激电压出现。由于拉普拉斯变换式中下限取 0_-，因此自动地将冲激函数考虑进去，而无须先求 $t=0_+$ 时的跃变值，使得分析变得简单了。

【例 11.3.3】 图 11.3.3 所示电路，已知 $u_S(t) = 5\delta(t)\text{V}$，$R = 2\Omega$，$L = 100\text{mH}$，$C = 1000\mu\text{F}$。试用运算法求电流 $i(t)$。

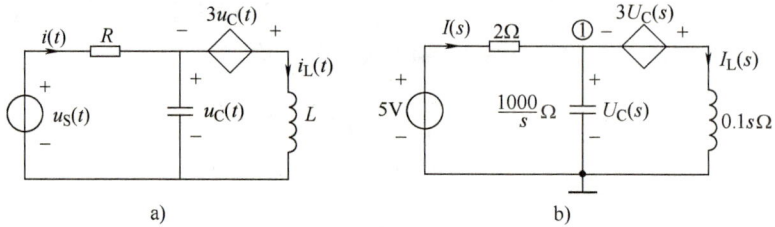

图 11.3.3 例 11.3.3 图

解 由图 11.3.3a 可知，电路在冲激电源作用下
$$u_C(0_-) = 0 \quad i_L(0_-) = 0$$
冲激电源的象函数为
$$L[u_S(t)] = L[5\delta(t)] = 5$$

作运算电路图如图 11.3.3b 所示。对节点①列写节点电压方程，有
$$\left(\frac{1}{2} + \frac{s}{1000} + \frac{1}{0.1s}\right)U_{n1}(s) = \frac{5}{2} - \frac{3U_C(s)}{0.1s}$$
由
$$U_{n1}(s) = U_C(s)$$
解得
$$U_C(s) = \frac{2500s}{s^2 + 500s + 40000}$$

电流
$$I(s) = \frac{5 - U_C(s)}{2} = 2.5 - \frac{1250s}{s^2 + 500s + 40000} = 2.5 + \frac{1250/3}{s + 100} - \frac{5000/3}{s + 400}$$

通过拉普拉斯反变换，查表得电流
$$i(t) = \left[2.5\delta(t) + \left(\frac{1250}{3}e^{-100t} - \frac{5000}{3}e^{-400t}\right)\varepsilon(t)\right]\text{A}$$

【例 11.3.4】 如图 11.3.4a 所示的电路，已知 $u_{S1}(t) = 5e^{-3t}\varepsilon(t)\text{V}$，$U_{S2} = 10\text{V}$，$R_1 = 6\Omega$，$R_2 = 10\Omega$，$L = 0.1\text{H}$。试用运算法求 $t \geq 0$ 后的电压 $u_L(t)$。

解 由于 $u_{S1}(0_-) = 0$，电感 L 相当于短路，因此有
$$i_L(0_-) = \frac{U_{S2}}{R_2} = \frac{10}{10}\text{A} = 1\text{A}$$

电源的象函数为
$$L[u_{S1}(t)] = L[5e^{-3t}] = \frac{5}{s+3} \quad L[U_{S2}] = L[10] = \frac{10}{s}$$

作运算电路图如图 11.3.4b 所示。对节点①列写节点电压方程，有

$$\left(\frac{1}{6}+\frac{1}{10}+\frac{1}{0.1s}\right)U_L(s)=\frac{5}{6(s+3)}+\frac{1}{s}-\frac{0.1}{0.1s}=\frac{5}{6(s+3)}$$

而

$$U_{n1}(s)=U_L(s)$$

解得

$$U_L(s)=\frac{3.125s}{(s+3)(s+37.5)}=\frac{-0.272}{s+3}+\frac{3.397}{s+37.5}$$

通过拉普拉斯反变换，查表得电压为

$$u_L(t)=(-0.272\mathrm{e}^{-3t}+3.397\mathrm{e}^{-37.5t})\varepsilon(t)\mathrm{V}$$

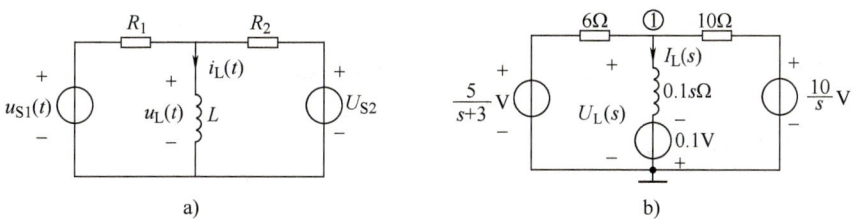

图 11.3.4　例 11.3.4 图

【例 11.3.5】 图 11.3.5a 所示电路原已稳定，已知 $u_S(t)=10\cos(100t)\mathrm{V}$，$R_1=R_2=50\Omega$，$L_1=L_2=0.5\mathrm{H}$，$M=0.3\mathrm{H}$。$t=0$ 时开关 S 闭合，试用运算法求换路后的电流 $i_1(t)$ 和 $i_2(t)$。

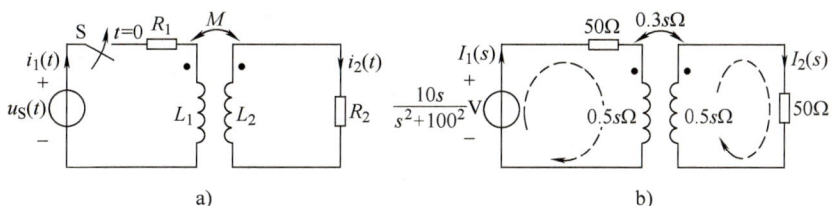

图 11.3.5　例 11.3.5 图

解 电源的象函数为

$$U_S(s)=L[u_S(t)]=L[10\cos(100t)]=\frac{10s}{s^2+100^2}$$

由 $i_1(0_-)=0$，$i_2(0_-)=0$，作运算电路图如图 11.3.5b 所示。列写 KVL 方程，有

$$\begin{cases}(50+0.5s)I_1(s)-0.3sI_2(s)=\dfrac{10s}{s^2+100^2}\\ -0.3sI_1(s)+(50+0.5s)I_2(s)=0\end{cases}$$

解得

$$I_1(s)=\frac{31.25s^2+3125s}{(s^2+100^2)(s^2+312.5s+15625)}=\frac{0.07\angle 34.8°}{s+\mathrm{j}100}+\frac{0.07\angle -34.8°}{s-\mathrm{j}100}-\frac{0.028}{s+62.5}-\frac{0.086}{s+250}$$

$$I_2(s)=\frac{18.75s^2}{(s^2+100^2)(s^2+312.5s+15625)}=\frac{0.03\angle -10.2°}{s+\mathrm{j}100}+\frac{0.03\angle 10.2°}{s-\mathrm{j}100}+\frac{0.028}{s+62.5}-\frac{0.086}{s+250}$$

通过拉普拉斯反变换,电流为

$$i_1(t) = (0.14\cos(100t - 34.8°) - 0.028e^{-62.5t} - 0.086e^{-250t}) \text{A} \quad (t \geq 0_+)$$
$$i_2(t) = (0.06\cos(100t + 10.2°) + 0.028e^{-62.5t} - 0.086e^{-250t}) \text{A} \quad (t \geq 0_+)$$

习 题

11.1 根据拉普拉斯变换的定义求 $f(t) = t\varepsilon(t)$ 和 $f(t) = te^{-\alpha t}\varepsilon(t)$ 的象函数。

11.2 设 $f_1(t) = A(1 - e^{-t/\tau})\varepsilon(t)$,$f_1(0_-) = 0$,$f_2(t) = a\dfrac{df_1(t)}{dt} + bf_1(t) + c\int_{0_-}^{t} f_1(\xi)d\xi$。求 $f_2(t)$ 的象函数 $F_2(s)$。

11.3 求下列函数的象函数。

(1) $f(t) = e^{-\alpha t}(1 - \alpha t)$ (2) $f(t) = \dfrac{1}{2}t^2$

(3) $f(t) = 3\delta(t-2) - 5e^{-10t}$ (4) $f(t) = e^{-\alpha t}\sin(\omega t)$

(5) $f(t) = t[\varepsilon(t-1) - \varepsilon(t-2)]$ (6) $f(t) = e^{-\alpha t}\cos(\omega t)$

11.4 求下列象函数的原函数。

(1) $F(s) = \dfrac{2s+1}{s^2+5s+6}$ (2) $F(s) = \dfrac{s^3+5s^2+9s+7}{(s+1)(s+2)}$

(3) $F(s) = \dfrac{3}{s^2+2s+6}$ (4) $F(s) = \dfrac{s^2+4s+1}{s(s+2)^2}$

(5) $F(s) = \dfrac{3}{s^2(s+1)}$ (6) $F(s) = \dfrac{5s^2+10s+3}{s^3+6s^2+11s+6}$

11.5 求题 11.5 图所示电路的等效运算阻抗或等效运算导纳。

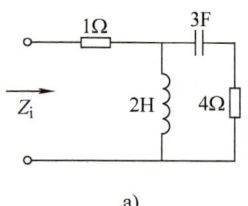
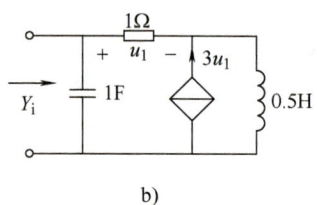

题 11.5 图

11.6 电路如题 11.6 图所示,开关 S 断开前电路已处于稳定状态。$t = 0$ 时 S 断开,求换路后的 $u_C(t)$。

11.7 电路如题 11.7 图所示,求 $t \geq 0$ 时的电流 $i_1(t)$ 和 $i_2(t)$。

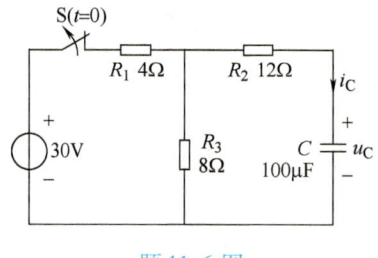
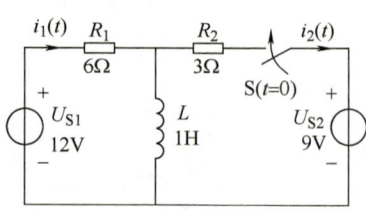

题 11.6 图   题 11.7 图

11.8 题 11.8 图所示电路原已处于稳定状态。$t = 0$ 时开关 S 断开,试求 $t \geq 0$ 换路后的电流 $i(t)$ 和电压 $u_C(t)$。

11.9 题 11.9 图所示电路原已处于稳定状态,已知 $R_1 = 6\Omega$,$R_2 = R_3 = R_4 = 3\Omega$,$L = 2\text{H}$,$u_{S1} = 5u$,

$U_{S2} = 15V$。$t = 0$ 时开关 S 由 1 接至 2，试求 $t \geq 0$ 换路后的电感电压 $u_L(t)$。

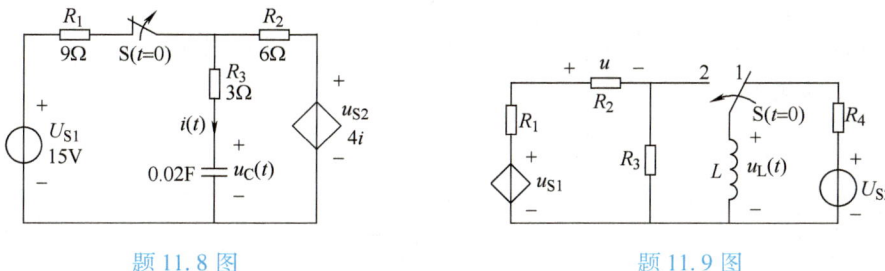

题 11.8 图   题 11.9 图

11.10　题 11.10 图所示电路原已处于稳定状态，已知 $u_S(t) = 10\cos(10t)$V，$R_1 = 10\Omega$，$R_2 = 30\Omega$，$L = 0.6$H。$t = 0$ 时开关 S 闭合，求电压 $u_L(t)$。

11.11　题 11.11 图所示电路原处于稳定状态。已知 $R_1 = 30\Omega$，$R_2 = 10\Omega$，$L = 0.1$H，$C = 10^{-3}$F，$U_S = 200$V，$u_C(0_-) = 100$V。求开关 S 闭合后的电感电流 $i_L(t)$。

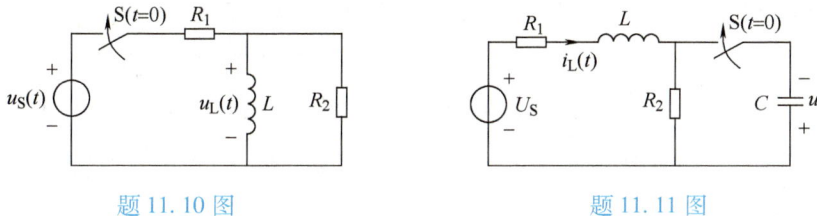

题 11.10 图   题 11.11 图

11.12　题 11.12 图所示电路原处于稳定状态。已知 $R_1 = 2\Omega$，$R_2 = 4\Omega$，$L = 1$H，$C = 0.5$F，$U_{S1} = 4$V，$U_{S2} = 2$V。求开关 S 闭合后的电感电流 $i_L(t)$ 和电容电压 $u_C(t)$。

11.13　题 11.13 图所示电路原处于稳定状态。已知 $U_S = 2$V，$R_1 = R_2 = 1\Omega$，$L_1 = L_2 = 1$H。若开关 S 在 $t = 0$ 时断开，试求 $t \geq 0$ 时的电感电流 $i_{L1}(t)$ 和 $u_{L1}(t)$。

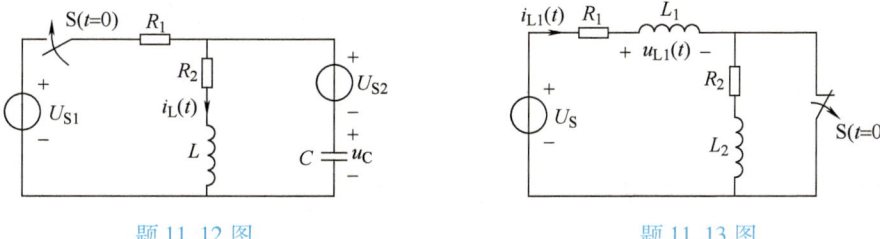

题 11.12 图   题 11.13 图

11.14　题 11.14 图示电路原处于稳定状态，已知 $R_1 = 10\Omega$，$R_2 = 5\Omega$，$L = 0.5$H，$C = 0.02$F，$U_S = 30$V，$t = 0$ 时开关 S 打开。试求换路后的 $u_C(t)$ 和 $i_L(t)$。

11.15　题 11.15 图示电路中，已知 $R_1 = 6\Omega$，$R_2 = 2\Omega$，$L = 1$H，$C = 0.5$F，$I_S = 4$A，$t = 0$ 时开关 S 断开。试求换路后的 $u_C(t)$ 和 $i_L(t)$。

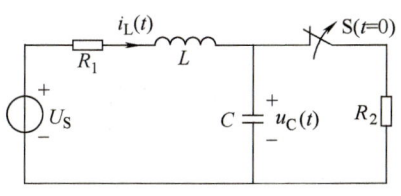 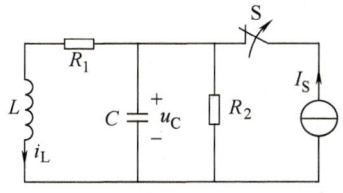

题 11.14 图   题 11.15 图

11.16 题 11.16 图所示电路为零状态，已知 $R=25\Omega$，$L=0.5\text{H}$，$C=5\times10^{-3}\text{F}$，$u_S=10\cos(t)\text{V}$。求开关 S 接通后的电流 $i(t)$。

11.17 题 11.17 图所示电路原处于稳定状态。已知 $R_1=R_2=2.5\Omega$，$L_1=L_2=3\text{H}$，$M=2\text{H}$，$U_S=10\text{V}$。求开关 S 闭合后的电流 $i_1(t)$ 和 $i_2(t)$。

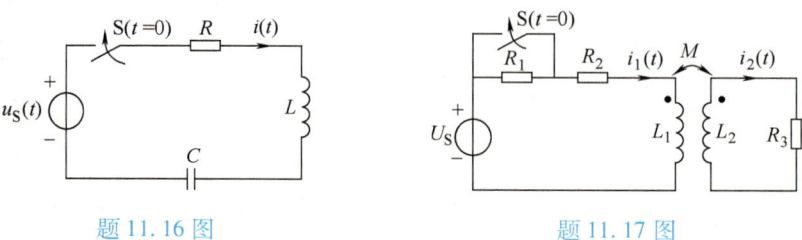

题 11.16 图 题 11.17 图

11.18 电路如题 11.18 图所示，已知 $R_1=4\text{k}\Omega$，$R_2=10\text{k}\Omega$，$C=10\mu\text{F}$，$u_C(0_-)=0$。试求当 u_S 为：(1) $u_S=10\varepsilon(t)\text{V}$；(2) $u_S=5\delta(t)\text{V}$ 时的 $u_C(t)$ 和 $i_C(t)$。

11.19 电路如题 11.19 图所示，已知 $i_S=2\delta(t)\text{A}$，求冲激响应电压 $u(t)$ 和电流 $i_L(t)$。

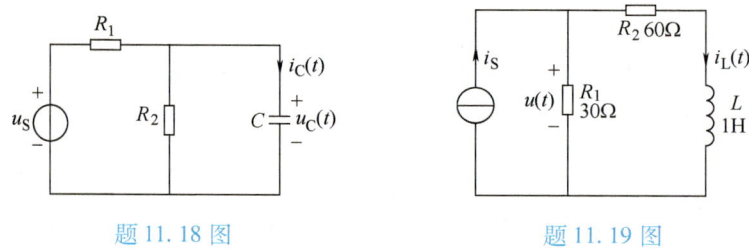

题 11.18 图 题 11.19 图

11.20 题 11.20 图所示电路原已稳定，已知 $R_1=R_2=5\Omega$，$L=0.5\text{H}$，$C=0.1\text{F}$，$U_{S1}=10\text{V}$，$u_{S2}=10\varepsilon(t)\text{V}$。$t=0$ 时开关 S 打开，求电流 $i_C(t)$。

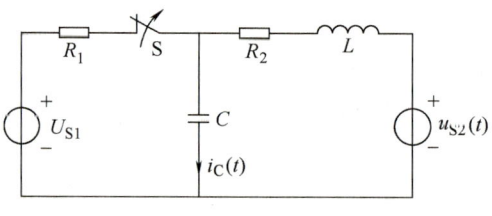

题 11.20 图

第 12 章 二端口网络

课程目标：本章将一端口网络的概念推广到二端口网络，主要介绍二端口网络的方程及参数、二端口网络的等效电路、二端口网络的连接、二端口网络的网络函数，以及用二端口描述的电路元件——回转器和负阻抗变换器。通过本章的学习，应重点掌握二端口网络的特性及分析方法。

思政目标：通过本章的学习，同学们应能感受到无论网络内部（集成电路）多么复杂，都能用端口特性方程描述及简化分析。虽然现在半导体芯片（集成电路）产业与世界先进水平有差距，但只要我们坚持自信自立、踔厉奋发、勇毅前行，一定能在建设社会主义现代化国家的进程中做出贡献。

前面章节的电路分析，研究了一端口网络（二端网络）的网络函数，多数是在电路及其输入给定的情况下，分析计算一条或多条支路的电压和电流。随着集成电路技术的发展，要分析这类网络内部各处的电压和电流几乎是不可能的。人们感兴趣的是网络的外部特性，即引出端子上的电压与电流关系。当只需要研究网络的输入、输出之间的关系时，可以将网络看作是具有一个输入端口与一个输出端口的二端口网络。

12.1 二端口网络的概念

在前面的电路分析中，已经涉及了二端网络。二端网络又称为一端口网络。所谓端口，指电路中的一对端钮，且满足端口条件：即从端口的一个端钮流入的电流必须等于从该端口的另一个端钮流出的电流，如图 12.1.1 所示，$i = i'$。在正弦稳态电路中

12.1 二端口网络的概念

$$\dot{U} = Z\dot{I} \quad \dot{I} = Y\dot{U}$$

可见端口的两个物理量仅需一个参数去联系。

当一个网络与外部电路通过两个端口连接时，称此电路为二端口网络（Two-port Network），如图 12.1.2 所示。图中 1、1'端口接激励，称为输入端口；2、2'端口接负载，称为输出端口。端口电压、电流参考方向的规定如图中所示。

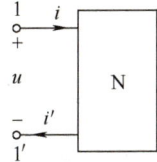
图 12.1.1 二端网络

图 12.1.2 二端口网络

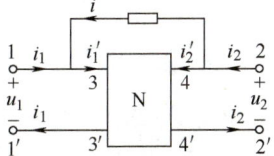
图 12.1.3 二端口网络与四端网络

对于二端口网络，要注意与四端网络的区别。二端口的两个端口间若有外部连接，则会破坏原二端口的端口条件。图 12.1.3 所示的电路，1-1'和 2-2'是二端口，但 3-3'和 4-

4′不是二端口,而是四端网络。

研究二端口网络有其重要的现实意义。实际的二端口网络制作好后一般都要封装起来(如集成电路器件),对使用者来说,无法知晓其内部电路的具体结构和特性,因此,分析这类网络时,一般只能通过端口处的电压、电流及其相互关系来表征电路的功能。也就是说,不用涉及网络内部电路的工作状况,只需找出表征网络端口电特性的电压、电流关系方程即可,这些方程可通过一些参数来表示,也可以用二端口网络的电路模型来研究。常见的传输线、滤波器、变压器等都可看成是二端口网络,如图12.1.4所示

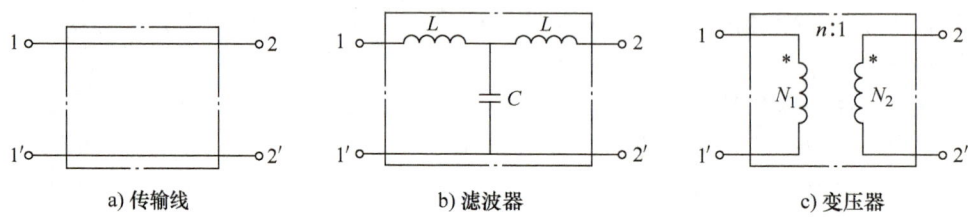

a) 传输线　　　　　　　b) 滤波器　　　　　　　c) 变压器

图12.1.4　常见的二端口网络

根据二端口网络的内部结构及端口特性,当组成二端口网络的元件都为线性元件时,则称为线性二端口网络。当二端口网络满足互易定理时,则称为互易二端口网络。如果将二端口网络的输入端口与输出端口对调后,其各端口电流、电压关系均不改变,则为对称二端口网络,这种网络从连接结构看也是对称的。

本章分析的二端口网络内部不包含独立电源,可以包含线性的电阻 R、电感 L、电容 C、互感 M 和受控电源等元件,并处于零状态下,没有与外界相耦合的元件。当网络内部不含受控电源时,其二端口网络总能满足互易定理。

12.2　二端口网络的方程和参数

二端口网络方程(Two-port Network Equation),反映了二端口网络的端口电压与电流之间的关系。在分析二端口网络问题时,可通过这些方程式进行分析计算。分析时,注意端口上电压、电流参考方向的规定,必须向内关联。

对于二端口网络,端口共有 u_1、i_1、u_2、i_2 四个物理量,要研究端口的电压和电流之间的关系,任选其中两个为自变量,而另外两个为因变量。根据不同的组合方式,可有六组不同的二端口网络特性方程,相应地有六组不同的参数,这里只介绍常用的四组特性方程及参数,即 Z、Y、T 和 H 参数。

12.2.1　Z 参数方程和开路阻抗参数矩阵

12.2.1　Z 参数方程和开路阻抗参数矩阵

对于正弦稳态情况,分析二端口网络时采用相量法。图12.2.1所示为二端口网络的相量模型。以端口电流 $\dot{I}_1$、$\dot{I}_2$ 作自变量,端口电压 $\dot{U}_1$、$\dot{U}_2$ 作因变量,应用叠加定理,将两个端口电流视作两个电流源,则端口电压可视为两个电流源单独作用时的响应之和,即

$$\begin{cases} \dot{U}_1 = Z_{11}\dot{I}_1 + Z_{12}\dot{I}_2 \\ \dot{U}_2 = Z_{21}\dot{I}_1 + Z_{22}\dot{I}_2 \end{cases} \quad (12.2.1)$$

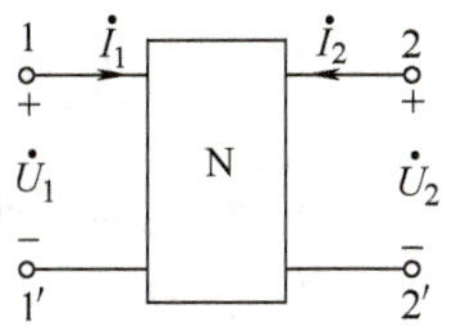

式中，Z_{11}、Z_{12}、Z_{21}、Z_{22} 称为二端口网络的 Z 参数。Z 参数值仅由网络的内部结构和元件参数所决定。Z 参数具有阻抗的量纲。Z 参数矩阵形式为

图 12.2.1 二端口网络的相量模型

$$\mathbf{Z} = \begin{pmatrix} Z_{11} & Z_{12} \\ Z_{21} & Z_{22} \end{pmatrix} \quad (12.2.2)$$

Z 参数的计算或测定：当输出端口开路（$\dot{I}_2 = 0$）时，可得输入阻抗 Z_{11}、转移阻抗 Z_{21}；当输入端口开路（$\dot{I}_1 = 0$）时，可得转移阻抗 Z_{12}、输出阻抗 Z_{22}。故 Z 参数也称为开路阻抗参数（Open-circuit Impedance Parameter）。Z 参数定义式为

$$Z_{11} = \frac{\dot{U}_1}{\dot{I}_1}\bigg|_{\dot{I}_2=0} \quad Z_{21} = \frac{\dot{U}_2}{\dot{I}_1}\bigg|_{\dot{I}_2=0} \quad Z_{12} = \frac{\dot{U}_1}{\dot{I}_2}\bigg|_{\dot{I}_1=0} \quad Z_{22} = \frac{\dot{U}_2}{\dot{I}_2}\bigg|_{\dot{I}_1=0} \quad (12.2.3)$$

对于互易二端口网络，有
$$Z_{12} = Z_{21}$$

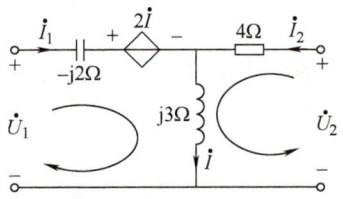

对于对称二端口网络，有
$$Z_{12} = Z_{21}, \quad Z_{11} = Z_{22}$$

【例 12.2.1】 求图 12.2.2 所示二端口网络的 Z 参数。

解 方法一：由 Z 参数的定义式（12.2.3）进行计算。

图 12.2.2 例 12.2.1 的图

当输出端口开路时，$\dot{I}_2 = 0$，有 $\dot{I} = \dot{I}_1$，则

$$Z_{11} = \frac{\dot{U}_1}{\dot{I}_1}\bigg|_{\dot{I}_2=0} = \frac{-j2\dot{I}_1 + 2\dot{I} + j3\dot{I}}{\dot{I}_1} = \frac{-j2\dot{I}_1 + 2\dot{I}_1 + j3\dot{I}_1}{\dot{I}_1} = (2+j)\,\Omega$$

$$Z_{21} = \frac{\dot{U}_2}{\dot{I}_1}\bigg|_{\dot{I}_2=0} = \frac{j3\dot{I}}{\dot{I}_1} = \frac{j3\dot{I}_1}{\dot{I}_1} = j3\,\Omega$$

当输入端口开路时，$\dot{I}_1 = 0$，有 $\dot{I} = \dot{I}_2$，则

$$Z_{12} = \frac{\dot{U}_1}{\dot{I}_2}\bigg|_{\dot{I}_1=0} = \frac{2\dot{I} + j3\dot{I}}{\dot{I}_2} = \frac{2\dot{I}_2 + j3\dot{I}_2}{\dot{I}_2} = (2+j3)\,\Omega$$

$$Z_{22} = \frac{\dot{U}_2}{\dot{I}_2}\bigg|_{\dot{I}_1=0} = \frac{4\dot{I}_2 + j3\dot{I}}{\dot{I}_2} = \frac{4\dot{I}_2 + j3\dot{I}_2}{\dot{I}_2} = (4+j3)\,\Omega$$

其矩阵形式为

$$\mathbf{Z} = \begin{pmatrix} 2+j & 2+j3 \\ j3 & 4+j3 \end{pmatrix}\,\Omega$$

方法二：利用端口特性方程求 Z 参数。由图 12.2.2 列写 KCL、端口 KVL 方程，得

$$\dot{I} = \dot{I}_1 + \dot{I}_2$$

$$\dot{U}_1 = -j2\dot{I}_1 + 2\dot{I} + j3\dot{I} = -j2\dot{I}_1 + (2+j3)(\dot{I}_1 + \dot{I}_2) = (2+j)\dot{I}_1 + (2+j3)\dot{I}_2$$

$$\dot{U}_2 = 4\dot{I}_2 + j3\dot{I} = 4\dot{I}_2 + j3(\dot{I}_1 + \dot{I}_2) = j3\dot{I}_1 + (4+j3)\dot{I}_2$$

比较式（12.2.1），即 $\dot{U}_1 = Z_{11}\dot{I}_1 + Z_{12}\dot{I}_2$，$\dot{U}_2 = Z_{21}\dot{I}_1 + Z_{22}\dot{I}_2$，则有

$$Z_{11} = (2+j)\,\Omega, \quad Z_{12} = (2+j3)\,\Omega, \quad Z_{21} = j3\,\Omega, \quad Z_{22} = (4+j3)\,\Omega$$

由于 $Z_{12} \neq Z_{21}$，所以该二端口网络不是互易网络。

12.2.2 Y参数方程和短路导纳参数矩阵

针对图 12.2.1 所示的二端口网络,以端口电压 $\dot{U}_1$、$\dot{U}_2$ 作自变量,端口电流 $\dot{I}_1$、$\dot{I}_2$ 作因变量,应用叠加定理,将两个端口电压视作两个电压源,则端口电流可视为两个电压源单独作用时的响应之和,即

$$\begin{cases} \dot{I}_1 = Y_{11}\dot{U}_1 + Y_{12}\dot{U}_2 \\ \dot{I}_2 = Y_{21}\dot{U}_1 + Y_{22}\dot{U}_2 \end{cases} \quad (12.2.4)$$

12.2.2 Y 参数方程和短路导纳参数矩阵

式中,Y_{11}、Y_{12}、Y_{21}、Y_{22} 称为二端口网络的 Y 参数。Y 参数值仅由网络的内部结构和元件参数所决定。Y 参数具有导纳的量纲。Y 参数矩阵形式为

$$\boldsymbol{Y} = \begin{pmatrix} Y_{11} & Y_{12} \\ Y_{21} & Y_{22} \end{pmatrix} \quad (12.2.5)$$

Y 参数的计算或测定:当输出端口短路($\dot{U}_2 = 0$)时,可得输入导纳 Y_{11}、转移导纳 Y_{21};当输入端口短路($\dot{U}_1 = 0$)时,可得转移导纳 Y_{12}、输出导纳 Y_{22}。故 Y 参数也称为短路导纳参数(Short – circuit Admittance Parameter)。Y 参数定义式为

$$Y_{11} = \left.\frac{\dot{I}_1}{\dot{U}_1}\right|_{\dot{U}_2=0} \quad Y_{21} = \left.\frac{\dot{I}_2}{\dot{U}_1}\right|_{\dot{U}_2=0} \quad Y_{12} = \left.\frac{\dot{I}_1}{\dot{U}_2}\right|_{\dot{U}_1=0} \quad Y_{22} = \left.\frac{\dot{I}_2}{\dot{U}_2}\right|_{\dot{U}_1=0} \quad (12.2.6)$$

对于互易二端口网络,有

$$Y_{12} = Y_{21}$$

对于对称二端口网络,有

$$Y_{12} = Y_{21}, Y_{11} = Y_{22}$$

比较式(12.2.2)和式(12.2.5)可见,二端口网络的开路阻抗矩阵 $\boldsymbol{Z}$ 和短路导纳矩阵 $\boldsymbol{Y}$ 互为逆矩阵关系,可以相互转换。即有

$$\boldsymbol{Z} = \boldsymbol{Y}^{-1}, \quad \boldsymbol{Y} = \boldsymbol{Z}^{-1} \quad (12.2.7)$$

【例 12.2.2】 图 12.2.3a 所示的二端口网络,已知 $R = 5\Omega$,$X_L = 4\Omega$,$X_C = 2\Omega$。试求 Y 参数。

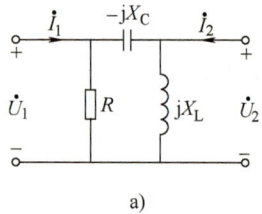
a)
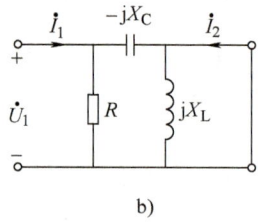
b)
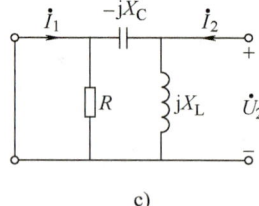
c)

图 12.2.3 例 12.2.2 的图

解 由 Y 参数的定义式(12.2.6)进行计算。

当输出端口短路时,$\dot{U}_2 = 0$,由图 12.2.3b 得

$$Y_{11} = \left.\frac{\dot{I}_1}{\dot{U}_1}\right|_{\dot{U}_2=0} = \frac{\frac{\dot{U}_1}{R} + \frac{\dot{U}_1}{-\mathrm{j}X_C}}{\dot{U}_1} = \frac{1}{R} + \frac{1}{-\mathrm{j}X_C} = \left(\frac{1}{5} + \frac{1}{-\mathrm{j}2}\right)\mathrm{S} = (0.2 + \mathrm{j}0.5)\mathrm{S}$$

$$Y_{21} = \left.\frac{\dot{I}_2}{\dot{U}_1}\right|_{\dot{U}_2=0} = \frac{-\dfrac{\dot{U}_1}{-\mathrm{j}X_C}}{\dot{U}_1} = \frac{1}{\mathrm{j}X_C} = \left(-\mathrm{j}\frac{1}{2}\right)\mathrm{S} = -\mathrm{j}0.5\mathrm{S}$$

当输入端口短路时，$\dot{U}_1 = 0$，由图 12.2.3c 得

$$Y_{12} = \left.\frac{\dot{I}_1}{\dot{U}_2}\right|_{\dot{U}_1=0} = \frac{-\dfrac{\dot{U}_2}{-\mathrm{j}X_C}}{\dot{U}_2} = \frac{1}{\mathrm{j}X_C} = \left(-\mathrm{j}\frac{1}{2}\right)\mathrm{S} = -\mathrm{j}0.5\mathrm{S}$$

$$Y_{22} = \left.\frac{\dot{I}_2}{\dot{U}_2}\right|_{\dot{U}_1=0} = \frac{\dfrac{\dot{U}_2}{\mathrm{j}X_L} + \dfrac{\dot{U}_2}{-\mathrm{j}X_C}}{\dot{U}_2} = \frac{1}{\mathrm{j}X_L} + \frac{1}{-\mathrm{j}X_C} = \left(\frac{1}{\mathrm{j}4} + \frac{1}{-\mathrm{j}2}\right)\mathrm{S} = \mathrm{j}0.25\mathrm{S}$$

其矩阵形式为

$$\boldsymbol{Y} = \begin{pmatrix} 0.2+\mathrm{j}0.5 & -\mathrm{j}0.5 \\ -\mathrm{j}0.5 & \mathrm{j}0.25 \end{pmatrix}\mathrm{S}$$

由于 $Y_{12} = Y_{21}$，所以该二端口网络为互易网络。另外也可利用端口特性方程来求 Y 参数，读者可自行分析。

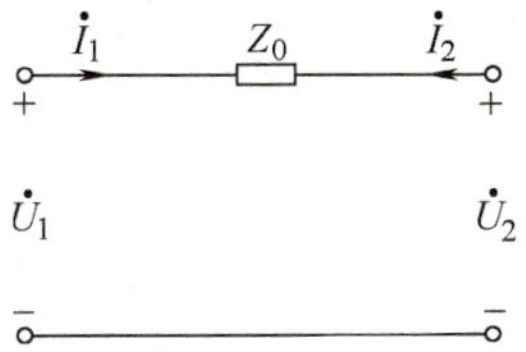

【例 12.2.3】 求图 12.2.4 所示传输线网络的 Y 参数。

解 由图可得

$$\begin{cases} \dot{I}_1 = \dfrac{\dot{U}_1 - \dot{U}_2}{Z_0} = \dfrac{1}{Z_0}\dot{U}_1 - \dfrac{1}{Z_0}\dot{U}_2 \\ \dot{I}_2 = -\dot{I}_1 = -\dfrac{1}{Z_0}\dot{U}_1 + \dfrac{1}{Z_0}\dot{U}_2 \end{cases}$$

图 12.2.4 例 12.2.3 的图

与 Y 参数方程式（12.2.4）比较可得

$$\boldsymbol{Y} = \begin{pmatrix} \dfrac{1}{Z_0} & -\dfrac{1}{Z_0} \\ -\dfrac{1}{Z_0} & \dfrac{1}{Z_0} \end{pmatrix}$$

由 $\boldsymbol{Z} = \boldsymbol{Y}^{-1}$ 知，该传输线网络的 Z 参数不存在。该例说明，对于大多数的二端口网络，既可用 Z 参数表示，也可用 Y 参数表示，但并非所有的二端口网络都存在 Z、Y 参数。对于图 12.2.5 所示的理想变压器电路，端口电压和电流满足方程 $\dot{U}_1 = n\dot{U}_2$，$\dot{I}_1 = -\dot{I}_2/n$，显然其 Z、Y 参数均不存在。

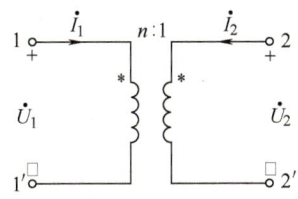

图 12.2.5 理想变压器

12.2.3　T 参数方程和传输参数矩阵

在实际应用中，为了便于描述信号的传输情况，还需要建立输入端口的电压、电流与输出端口的电压、电流之间的关系。针对图 12.2.1 所示的二端口网络，以 $\dot{U}_2$、$(-\dot{I}_2)$ 作自变量，$\dot{U}_1$、$\dot{I}_1$ 作因变量，则有特性方程

$$\begin{cases} \dot{U}_1 = A\dot{U}_2 + B(-\dot{I}_2) \\ \dot{I}_1 = C\dot{U}_2 + D(-\dot{I}_2) \end{cases} \tag{12.2.8}$$

式中，A、B、C、D 称为二端口网络的 T 参数，T 参数也称为传输参数（Transmission Parameter）或 A 参数，T 参数值仅由网络的内部结构和元件参数所决定。A 无量纲，B 具有阻抗的量纲，C 具有导纳的量纲，D 无量纲。T 参数矩阵形式为

$$T = \begin{pmatrix} A & B \\ C & D \end{pmatrix} \tag{12.2.9}$$

式（12.2.8）中，输出端口电流用（$-\dot{I}_2$），主要考虑输出端口接上负载后，负载上的电压、电流为关联参考方向。

12.2.3　T 参数方程和传输参数矩阵

T 参数的计算或测定：当输出端口开路（$\dot{I}_2 = 0$）时，可得转移电压比 A、转移导纳 C；当输出端口短路（$\dot{U}_2 = 0$）时，可得转移阻抗 B、转移电流比 D。T 参数定义式为

$$A = \left.\frac{\dot{U}_1}{\dot{U}_2}\right|_{\dot{I}_2=0} \quad B = \left.\frac{\dot{U}_1}{-\dot{I}_2}\right|_{\dot{U}_2=0} \quad C = \left.\frac{\dot{I}_1}{\dot{U}_2}\right|_{\dot{I}_2=0} \quad D = \left.\frac{\dot{I}_1}{-\dot{I}_2}\right|_{\dot{U}_2=0} \tag{12.2.10}$$

对于互易二端口网络，有

$$AD - BC = 1$$

对于对称二端口网络，有

$$AD - BC = 1, \quad A = D$$

【例 12.2.4】　求图 12.2.4 所示传输线网络和图 12.2.5 所示理想变压器的 T 参数。

解　根据图 12.2.4，可列写方程为

$$\begin{cases} \dot{U}_1 = \dot{U}_2 + Z_0(-\dot{I}_2) \\ \dot{I}_1 = -\dot{I}_2 \end{cases}$$

比较式（12.2.8），则有 $A = 1$，$B = Z_0$，$C = 0$，$D = 1$，即

$$T = \begin{pmatrix} 1 & Z_0 \\ 0 & 1 \end{pmatrix}$$

对于图 12.2.5 所示的理想变压器，端口电压、电流方程为

$$\dot{U}_1 = n\dot{U}_2 \quad \dot{I}_1 = \frac{1}{n}(-\dot{I}_2)$$

比较式（12.2.8），则有 $A = n$，$B = 0$，$C = 0$，$D = \dfrac{1}{n}$，即

$$T = \begin{pmatrix} n & 0 \\ 0 & \dfrac{1}{n} \end{pmatrix}$$

【例 12.2.5】　图 12.2.6 所示的二端口网络，已知 $R_1 = 5\Omega$，$R_2 = 10\Omega$。当开关 S 断开时，$\dot{U}_1 = 6\text{V}$，$\dot{U}_2 = 3\text{V}$，$\dot{U}_3 = 12\text{V}$；当开关 S 闭合时，$\dot{U}_1 = 5\text{V}$，$\dot{U}_2 = 2\text{V}$，$\dot{U}_3 = 10\text{V}$，求 T 参数。

解　由 T 参数的定义得，当开关 S 断开时

$$A = \left.\frac{\dot{U}_1}{\dot{U}_2}\right|_{\dot{I}_2=0} = \frac{6}{3} = 2$$

$$C = \left.\frac{\dot{I}_1}{\dot{U}_2}\right|_{\dot{I}_2=0} = \frac{\dot{U}_3 - \dot{U}_1}{R_1 \dot{U}_2} = \frac{12-6}{5 \times 3}\text{S} = 0.4\text{S}$$

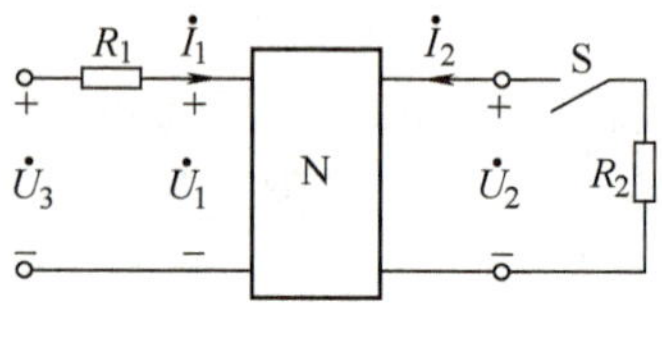

当开关 S 闭合时

图 12.2.6　例 12.2.5 的图

$$\dot{I}_1 = \frac{\dot{U}_3 - \dot{U}_1}{R_1} = \frac{10-5}{5}\text{A} = 1\text{A}$$

$$\dot{I}_2 = -\frac{\dot{U}_2}{R_2} = -\frac{2}{10}\text{A} = -0.2\text{A}$$

则由 T 参数方程式（12.2.8）得

$$\begin{cases} \dot{U}_1 = A\dot{U}_2 + B(-\dot{I}_2) = 2\times 2 + 0.2B = 5 \\ \dot{I}_1 = C\dot{U}_2 + D(-\dot{I}_2) = 0.4\times 2 + 0.2D = 1 \end{cases}$$

解得

$$B = 5\Omega \quad D = 1$$

所以 T 参数矩阵为

$$\boldsymbol{T} = \begin{pmatrix} 2 & 5\Omega \\ 0.4\text{S} & 1 \end{pmatrix}$$

12.2.4 H 参数方程和混合参数矩阵

针对图 12.2.1 所示的二端口网络，以 $\dot{U}_2$、$\dot{I}_1$ 作自变量，$\dot{U}_1$、$\dot{I}_2$ 作因变量，则有端口电压、电流之间的特性方程为

$$\begin{cases} \dot{U}_1 = H_{11}\dot{I}_1 + H_{12}\dot{U}_2 \\ \dot{I}_2 = H_{21}\dot{I}_1 + H_{22}\dot{U}_2 \end{cases} \quad (12.2.11)$$

12.2.4 H 参数方程和混合参数矩阵

式中，H_{11}、H_{12}、H_{21}、H_{22} 称为二端口网络的 H 参数，H 参数也称为混合参数（Hybrid Parameter），H 参数值仅由网络的内部结构和元件参数所决定。H_{11} 具有阻抗的量纲，H_{22} 具有导纳的量纲，H_{12}、H_{21} 无量纲。H 参数矩阵形式为

$$\boldsymbol{H} = \begin{pmatrix} H_{11} & H_{12} \\ H_{21} & H_{22} \end{pmatrix} \quad (12.2.12)$$

H 参数的计算或测定：当输出端口短路（$\dot{U}_2 = 0$）时，可得输入阻抗 H_{11}、转移电流比 H_{21}；当输入端口开路（$\dot{I}_1 = 0$）时，可得转移电压比 H_{12}、输出导纳 H_{22}。故 H 参数定义式为

$$H_{11} = \left.\frac{\dot{U}_1}{\dot{I}_1}\right|_{\dot{U}_2=0} \quad H_{21} = \left.\frac{\dot{I}_2}{\dot{I}_1}\right|_{\dot{U}_2=0} \quad H_{12} = \left.\frac{\dot{U}_1}{\dot{U}_2}\right|_{\dot{I}_1=0} \quad H_{22} = \left.\frac{\dot{I}_2}{\dot{U}_2}\right|_{\dot{I}_1=0} \quad (12.2.13)$$

对于互易二端口网络，有

$$H_{12} = -H_{21}$$

对于对称二端口网络，有

$$H_{12} = -H_{21},\quad H_{11}H_{22} - H_{12}H_{21} = 1$$

【**例 12.2.6**】 图 12.2.7 所示为晶体管工作在小信号条件下的简化等效电路，求该二端口网络的 H 参数。

解 根据图 12.2.7，可列写方程为

$$\begin{cases} \dot{U}_1 = R_1\dot{I}_1 \\ \dot{I}_2 = \beta\dot{I}_1 + \dfrac{1}{R_2}\dot{U}_2 \end{cases}$$

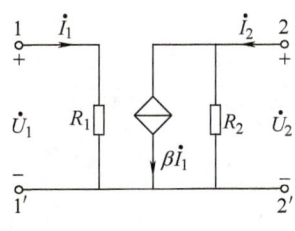

图 12.2.7　例 12.2.6 的图

比较 H 参数方程得 H 参数矩阵为

$$H = \begin{pmatrix} R_1 & 0 \\ \beta & \dfrac{1}{R_2} \end{pmatrix}$$

本例读者也可根据 H 参数定义进行分析。

对于同一个二端口网络,可以用不同的参数来表示端口的电压电流关系。有些二端口网络的某种参数可能不易算得或不易用实验测得,而另一种参数却可能容易得到,因此有时需要在各种参数之间进行相互转换,这可以利用相关的参数方程进行推算。表 12.2.1 列出了各种参数之间的换算关系,以备查考。

表 12.2.1 二端口网络各种参数之间的换算关系

	Z 参数	Y 参数	T 参数	H 参数
Z 参数	Z_{11} Z_{12} Z_{21} Z_{22}	$\dfrac{Y_{22}}{\Delta Y}$ $-\dfrac{Y_{12}}{\Delta Y}$ $-\dfrac{Y_{21}}{\Delta Y}$ $\dfrac{Y_{11}}{\Delta Y}$	$\dfrac{A}{C}$ $\dfrac{\Delta T}{C}$ $\dfrac{1}{C}$ $\dfrac{D}{C}$	$\dfrac{\Delta H}{H_{22}}$ $\dfrac{H_{12}}{H_{22}}$ $-\dfrac{H_{21}}{H_{22}}$ $\dfrac{1}{H_{22}}$
Y 参数	$\dfrac{Z_{22}}{\Delta Z}$ $-\dfrac{Z_{12}}{\Delta Z}$ $-\dfrac{Z_{21}}{\Delta Z}$ $\dfrac{Z_{11}}{\Delta Z}$	Y_{11} Y_{12} Y_{21} Y_{22}	$\dfrac{D}{B}$ $-\dfrac{\Delta T}{B}$ $-\dfrac{1}{B}$ $\dfrac{A}{B}$	$\dfrac{1}{H_{11}}$ $-\dfrac{H_{12}}{H_{11}}$ $\dfrac{H_{21}}{H_{11}}$ $\dfrac{\Delta H}{H_{11}}$
T 参数	$\dfrac{Z_{11}}{Z_{21}}$ $\dfrac{\Delta Z}{Z_{21}}$ $\dfrac{1}{Z_{21}}$ $\dfrac{Z_{22}}{Z_{21}}$	$-\dfrac{Y_{22}}{Y_{21}}$ $-\dfrac{1}{Y_{21}}$ $-\dfrac{\Delta Y}{Y_{21}}$ $-\dfrac{Y_{11}}{Y_{21}}$	A B C D	$-\dfrac{\Delta H}{H_{21}}$ $-\dfrac{H_{11}}{H_{21}}$ $-\dfrac{H_{22}}{H_{21}}$ $-\dfrac{1}{H_{21}}$
H 参数	$\dfrac{\Delta Z}{Z_{22}}$ $\dfrac{Z_{12}}{Z_{22}}$ $-\dfrac{Z_{21}}{Z_{22}}$ $\dfrac{1}{Z_{22}}$	$\dfrac{1}{Y_{11}}$ $-\dfrac{Y_{12}}{Y_{11}}$ $\dfrac{Y_{21}}{Y_{11}}$ $\dfrac{\Delta Y}{Y_{11}}$	$\dfrac{B}{D}$ $\dfrac{\Delta T}{D}$ $-\dfrac{1}{D}$ $\dfrac{C}{D}$	H_{11} H_{12} H_{21} H_{22}

注:表中 $\Delta Z = \begin{vmatrix} Z_{11} & Z_{12} \\ Z_{21} & Z_{22} \end{vmatrix}$,$\Delta Y = \begin{vmatrix} Y_{11} & Y_{12} \\ Y_{21} & Y_{22} \end{vmatrix}$,$\Delta T = \begin{vmatrix} A & B \\ C & D \end{vmatrix}$,$\Delta H = \begin{vmatrix} H_{11} & H_{12} \\ H_{21} & H_{22} \end{vmatrix}$。

12.3 二端口网络的等效电路

等效变换是网络分析的主要方法之一。对外电路而言,只要保持端口的伏安特性相同,任何一个给定的线性二端口网络,总可以用一个较为简单的二端口网络来等效代替,达到简化分析的目的。

12.3 二端口网络的等效电路

12.3.1 用 Z 参数表征的等效电路

如果已知线性二端口网络的 Z 参数,则由该网络的 Z 参数方程

$$\begin{cases} \dot{U}_1 = Z_{11}\dot{I}_1 + Z_{12}\dot{I}_2 \\ \dot{U}_2 = Z_{21}\dot{I}_1 + Z_{22}\dot{I}_2 \end{cases}$$

可得到图 12.3.1a 所示的等效电路。将上述方程进行恒等变换，则有

$$\begin{cases} \dot{U}_1 = (Z_{11} - Z_{12})\dot{I}_1 + Z_{12}(\dot{I}_1 + \dot{I}_2) \\ \dot{U}_2 = Z_{12}(\dot{I}_1 + \dot{I}_2) + (Z_{22} - Z_{12})\dot{I}_2 + (Z_{21} - Z_{12})\dot{I}_1 \end{cases} \tag{12.3.1}$$

由式（12.3.1）可得图 12.3.1b 所示的等效电路。若该二端口网络为互易网络，即有 $Z_{12} = Z_{21}$，则上述二端口网络等效电路中将不含受控源，可得图 12.3.1c 所示的 T 型等效电路。对于对称二端口网络，其 T 型等效电路也一定是对称的。

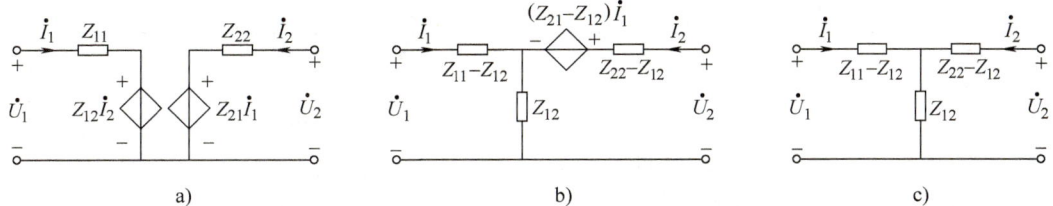

图 12.3.1　Z 参数表征的二端口网络等效电路

12.3.2　用 Y 参数表征的等效电路

如果已知线性二端口网络的 Y 参数，则由该网络的 Y 参数方程

$$\begin{cases} \dot{I}_1 = Y_{11}\dot{U}_1 + Y_{12}\dot{U}_2 \\ \dot{I}_2 = Y_{21}\dot{U}_1 + Y_{22}\dot{U}_2 \end{cases}$$

可得到图 12.3.2a 所示的等效电路。将上述方程进行恒等变换，则有

$$\begin{cases} \dot{I}_1 = (Y_{11} + Y_{12})\dot{U}_1 - Y_{12}(\dot{U}_1 - \dot{U}_2) \\ \dot{I}_2 = -Y_{12}(\dot{U}_2 - \dot{U}_1) + (Y_{22} + Y_{12})\dot{U}_2 + (Y_{21} - Y_{12})\dot{U}_1 \end{cases} \tag{12.3.2}$$

由式（12.3.2）可得图 12.3.2b 所示的等效电路。若该二端口网络为互易网络，即有 $Y_{12} = Y_{21}$，则上述二端口网络等效电路中将不含受控源，可得图 12.3.2c 所示的 π 型等效电路。对于对称二端口网络，其 π 型等效电路也一定是对称的。

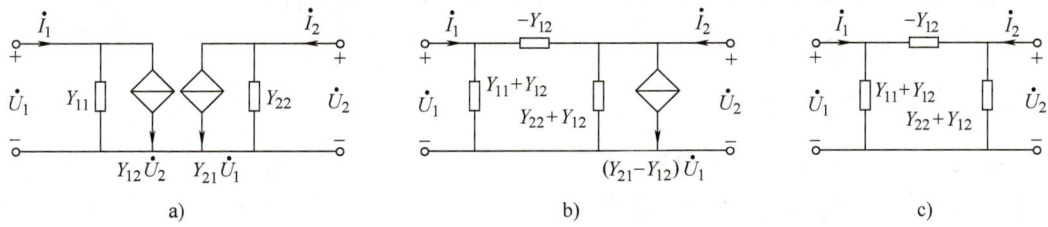

图 12.3.2　Y 参数表征的二端口网络等效电路

根据不同的网络参数和方程，可以得到用其他参数表示的等效电路。利用表 12.2.1，可以将其他参数变换成 Z 参数或 Y 参数后求得等效电路。例如图 12.3.1c 所示的 T 型等效电路，用 T 参数表示时参数关系为

$$Z_{11} - Z_{12} = \frac{A-1}{C} \qquad Z_{12} = \frac{1}{C} \qquad Z_{22} - Z_{12} = \frac{D-1}{C} \tag{12.3.3}$$

图 12.3.2c 所示的 π 型等效电路，用 T 参数表示时参数关系为

$$Y_{11} + Y_{12} = \frac{D-1}{B} \quad -Y_{12} = \frac{1}{B} \quad Y_{22} + Y_{12} = \frac{A-1}{B} \quad (12.3.4)$$

【例 12.3.1】 图 12.3.3a 所示二端口网络，已知 $Z_1 = j2\Omega$，$Z_2 = 2\Omega$，$Z_3 = 3\Omega$，$\dot{U}_S = 4\dot{I}_2$，$\dot{I}_S = 2\dot{U}_3$，求该网络的 Z 参数及等效电路。

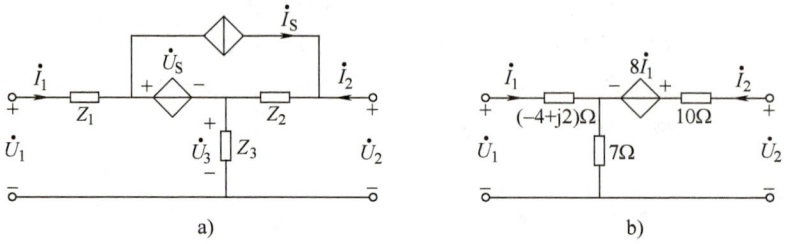

图 12.3.3 例 12.3.1 的图

解 由图 12.3.3a，列写端口特性方程得

$$\begin{cases} \dot{U}_1 = Z_1 \dot{I}_1 + \dot{U}_S + Z_3(\dot{I}_1 + \dot{I}_2) = (Z_1 + Z_3)\dot{I}_1 + (4 + Z_3)\dot{I}_2 = (3+j2)\dot{I}_1 + 7\dot{I}_2 \\ \dot{U}_2 = Z_2(\dot{I}_2 + \dot{I}_S) + Z_3(\dot{I}_1 + \dot{I}_2) = Z_3(1 + 2Z_2)\dot{I}_1 + (Z_2 + Z_3 + 2Z_2Z_3)\dot{I}_2 = 15\dot{I}_1 + 17\dot{I}_2 \end{cases}$$

则该网络的 Z 参数为

$$Z_{11} = (3+j2)\Omega \quad Z_{12} = 7\Omega$$
$$Z_{21} = 15\Omega \quad Z_{22} = 17\Omega$$

由 $Z_{11} - Z_{12} = (-4+j2)\Omega$，$Z_{22} - Z_{12} = 10\Omega$，$Z_{21} - Z_{12} = 8\Omega$ 可得图 12.3.3b 所示的等效电路。

12.4 二端口网络的连接

如果将一个复杂的二端口网络看作是由若干个简单的二端口网络按某种方式连接而成的，那么将使电路分析得到简化。另外，在设计和实现一个复杂的二端口网络时，也可以用搭积木的分式将简单的二端口网络按一定方式连接起来而成，因此讨论二端口网络的连接问题具有重要的意义。二端口网络的连接方式很多，下面介绍常用的级联、并联和串联三种连接方式。

12.4.1 二端口网络的级联

设有两个或两个以上的二端口网络，上一级二端口网络的输出端口与下一级二端口网络的输入端口作对应的连接，构成一个新的二端口网络，称为二端口网络的级联（Cascade Connection），如图 12.4.1 所示。级联时，各二端口网络的端口条件不会被破坏，此时采用传输参数 T 计算较为方便。

12.4 二端口网络的连接

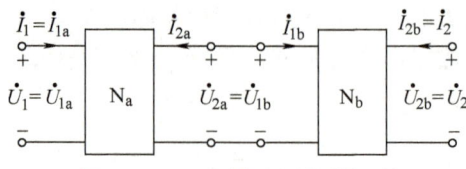

图 12.4.1 二端口网络的级联

设二端口网络 N_a、N_b 的 T 参数矩阵为 $\boldsymbol{T_a}$、$\boldsymbol{T_b}$，则有

$$\begin{pmatrix}\dot{U}_1\\ \dot{I}_1\end{pmatrix}=\begin{pmatrix}\dot{U}_{1a}\\ \dot{I}_{1a}\end{pmatrix}=\boldsymbol{T_a}\begin{pmatrix}\dot{U}_{2a}\\ -\dot{I}_{2a}\end{pmatrix}=\boldsymbol{T_a}\begin{pmatrix}\dot{U}_{1b}\\ \dot{I}_{1b}\end{pmatrix}=\boldsymbol{T_a T_b}\begin{pmatrix}\dot{U}_{2b}\\ -\dot{I}_{2b}\end{pmatrix}=\boldsymbol{T_a T_b}\begin{pmatrix}\dot{U}_2\\ -\dot{I}_2\end{pmatrix}=\boldsymbol{T}\begin{pmatrix}\dot{U}_2\\ -\dot{I}_2\end{pmatrix}$$

即有

$$\boldsymbol{T}=\boldsymbol{T_a T_b} \tag{12.4.1}$$

式（12.4.1）表明，级联时，复合二端口网络的传输参数矩阵等于级联的各二端口网络的传输参数矩阵的乘积。上述分析结论可推广到 n 个二端口网络的级联。

12.4.2　二端口网络的并联

两个或两个以上二端口网络的对应端口分别作并联连接，构成一个新的二端口网络，称为二端口网络的并联（Parallel Connection），如图 12.4.2 所示。二端口网络并联时参数的计算，采用短路导纳参数 Y 较为方便。

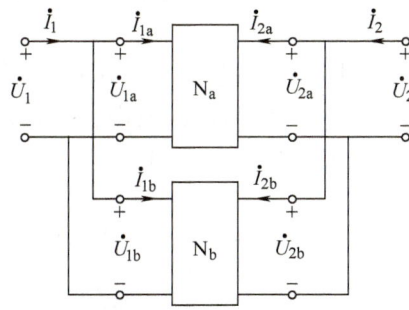

图 12.4.2　二端口网络的并联

假设并联的两个二端口网络满足端口条件，各二端口网络的短路导纳参数矩阵为 $\boldsymbol{Y_a}$、$\boldsymbol{Y_b}$，则有

$$\begin{pmatrix}\dot{I}_1\\ \dot{I}_2\end{pmatrix}=\begin{pmatrix}\dot{I}_{1a}+\dot{I}_{1b}\\ \dot{I}_{2a}+\dot{I}_{2b}\end{pmatrix}=\begin{pmatrix}\dot{I}_{1a}\\ \dot{I}_{2a}\end{pmatrix}+\begin{pmatrix}\dot{I}_{1b}\\ \dot{I}_{2b}\end{pmatrix}=\boldsymbol{Y_a}\begin{pmatrix}\dot{U}_{1a}\\ \dot{U}_{2a}\end{pmatrix}+\boldsymbol{Y_b}\begin{pmatrix}\dot{U}_{1b}\\ \dot{U}_{2b}\end{pmatrix}=(\boldsymbol{Y_a}+\boldsymbol{Y_b})\begin{pmatrix}\dot{U}_1\\ \dot{U}_2\end{pmatrix}=\boldsymbol{Y}\begin{pmatrix}\dot{U}_1\\ \dot{U}_2\end{pmatrix}$$

即有

$$\boldsymbol{Y}=\boldsymbol{Y_a}+\boldsymbol{Y_b} \tag{12.4.2}$$

式（12.4.2）表明，二端口网络并联时，其等效二端口网络的短路导纳参数矩阵等于并联的各二端口网络的短路导纳参数矩阵相加。上述分析结论可推广到 n 个二端口网络的并联。

由于二端口网络并联时，其端口条件可能被破坏，因此分析计算时需要验证各二端口网络满足端口条件。

12.4.3　二端口网络的串联

两个或两个以上二端口网络的对应端口分别作串联连接，构成一个新的二端口网络，称为二端口网络的串联（Series Connection），如图 12.4.3 所示。二端口网络串联时参数的计算，采用开路阻抗参数 Z 较为方便。

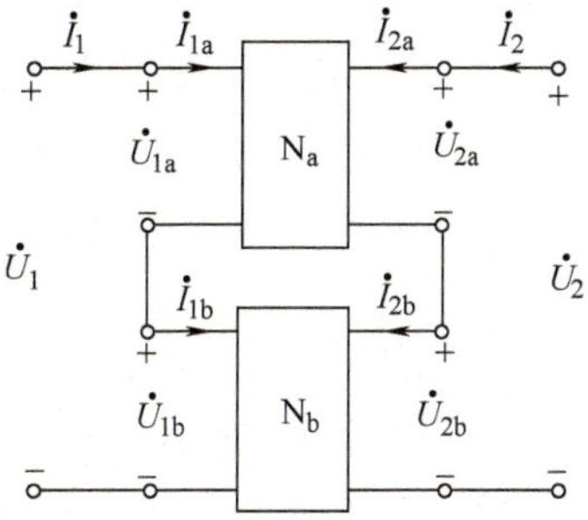

图 12.4.3　二端口网络的串联

假设串联的两个二端口网络满足端口条件，各二端口网络的开路阻抗参数矩阵为 $\boldsymbol{Z_a}$、$\boldsymbol{Z_b}$，则有

$$\begin{pmatrix}\dot{U}_1\\ \dot{U}_2\end{pmatrix}=\begin{pmatrix}\dot{U}_{1a}+\dot{U}_{1b}\\ \dot{U}_{2a}+\dot{U}_{2b}\end{pmatrix}=\begin{pmatrix}\dot{U}_{1a}\\ \dot{U}_{2a}\end{pmatrix}+\begin{pmatrix}\dot{U}_{1b}\\ \dot{U}_{2b}\end{pmatrix}=\boldsymbol{Z_a}\begin{pmatrix}\dot{I}_{1a}\\ \dot{I}_{2a}\end{pmatrix}+\boldsymbol{Z_b}\begin{pmatrix}\dot{I}_{1b}\\ \dot{I}_{2b}\end{pmatrix}=(\boldsymbol{Z_a}+\boldsymbol{Z_b})\begin{pmatrix}\dot{I}_1\\ \dot{I}_2\end{pmatrix}=\boldsymbol{Z}\begin{pmatrix}\dot{I}_1\\ \dot{I}_2\end{pmatrix}$$

即有

$$Z = Z_a + Z_b \qquad (12.4.3)$$

式（12.4.3）表明，二端口网络串联时，其等效二端口网络的开路阻抗参数矩阵等于串联的各二端口网络的开路阻抗参数矩阵相加。上述分析结论可推广到 n 个二端口网络的串联。

同样地，二端口网络串联时，其端口条件可能被破坏，因此分析计算时需要验证各二端口网络满足端口条件。

【例 12.4.1】 求图 12.4.4 所示二端口网络的 T 参数矩阵。

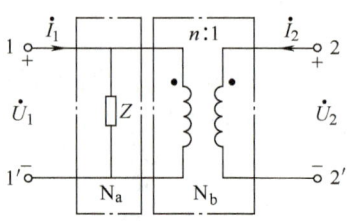

图 12.4.4 例 12.4.1 的图

解 图 12.4.4 所示的二端口网络可看作是两个二端口网络 N_a、N_b 的级联，如图中虚线所示。容易求得两个二端口网络的 T 参数矩阵分别为

$$T_a = \begin{pmatrix} 1 & 0 \\ \dfrac{1}{Z} & 1 \end{pmatrix} \qquad T_b = \begin{pmatrix} n & 0 \\ 0 & \dfrac{1}{n} \end{pmatrix}$$

由式（12.4.1）可得该二端口网络的 T 参数矩阵为

$$T = T_a T_b = \begin{pmatrix} 1 & 0 \\ \dfrac{1}{Z} & 1 \end{pmatrix}\begin{pmatrix} n & 0 \\ 0 & \dfrac{1}{n} \end{pmatrix} = \begin{pmatrix} n & 0 \\ \dfrac{n}{Z} & \dfrac{1}{n} \end{pmatrix}$$

12.5 二端口网络的网络函数

实际应用中，二端口网络通常接在信号源和负载之间，起着信号传递、能量传送的作用，如放大器、滤波器等。工程上，大多数二端口网络都是在输出端口接负载阻抗，输入端口可认为连接带有内阻抗的电源，如图 12.5.1 所示。这样的二端口网络称为有载二端口网络。对于正弦稳态二端口网络，网络函数定义为：在零状态下，二端口网络的输出响应相量与输入激励相量之比。当响应相量和激励相量属于同一端口时，称为策动点函数，否则称为转移函数。

12.5.1 二端口网络的网络函数

12.5.1 二端口网络的策动点函数

两个重要的策动点函数是输入阻抗和输出阻抗。

如图 12.5.2a 所示，有载二端口网络输入端口的阻抗称为输入阻抗（Input Impedance），用 Z_{in} 表示。设已知网络的传输参数 T，则由传输参数方程可得

$$Z_{in} = \dfrac{\dot{U}_1}{\dot{I}_1} = \dfrac{A\dot{U}_2 + B(-\dot{I}_2)}{C\dot{U}_2 + D(-\dot{I}_2)}$$

图 12.5.1 有载二端口网络

由于

$$\dot{U}_2 = Z_L(-\dot{I}_2)$$

所以

$$Z_{in} = \frac{\dot{U}_1}{\dot{I}_1} = \frac{AZ_L + B}{CZ_L + D} \tag{12.5.1}$$

式（12.5.1）表明，输入阻抗不仅与二端口网络的参数有关，而且与负载阻抗有关。对于不同的二端口网络，Z_{in} 与 Z_L 的关系不同，因此二端口网络具有变换阻抗的作用。

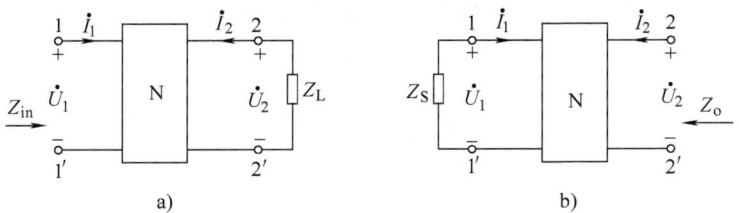

图 12.5.2　有载二端口网络的输入阻抗和输出阻抗

如果移去有载二端口网络输入端口的电源，保留内阻抗 Z_S，则由输出端口看进去的阻抗称为输出阻抗（Output Impedance），用 Z_o 表示，如图 12.5.2b 所示。输出阻抗 Z_o 即为该一端口网络的戴维南等效阻抗。由网络的传输参数方程及输入端口方程 $\dot{U}_1 = -Z_S \dot{I}_1$，经化简整理，可求得

$$Z_o = \frac{\dot{U}_2}{\dot{I}_2}\bigg|_{\dot{U}_S=0} = \frac{DZ_S + B}{CZ_S + A} \tag{12.5.2}$$

12.5.2　二端口网络的转移函数

二端口网络的转移函数，又称传递函数（Transfer Function），不仅与网络的参数有关，还与电源内阻抗 Z_S 及负载阻抗 Z_L 有关。设已知网络的传输参数 T，则由式（12.2.8）传输参数方程、输入端口方程 $\dot{U}_S = \dot{U}_1 + Z_S \dot{I}_1$ 及输出端口方程 $\dot{U}_2 = Z_L(-\dot{I}_2)$ 可得

转移电压比（或电压增益）

$$A_U = \frac{\dot{U}_2}{\dot{U}_S} = \frac{Z_L}{AZ_L + B + Z_S(CZ_L + D)} \tag{12.5.3}$$

转移电流比（或电流增益）

$$A_i = \frac{\dot{I}_2}{\dot{I}_1} = \frac{-1}{CZ_L + D} \tag{12.5.4}$$

转移阻抗

$$Z_T = \frac{\dot{U}_2}{\dot{I}_1} = \frac{Z_L}{CZ_L + D} \tag{12.5.5}$$

转移导纳

$$Y_T = \frac{\dot{I}_2}{\dot{U}_S} = \frac{-1}{AZ_L + B + Z_S(CZ_L + D)} \tag{12.5.6}$$

计算时根据二端口网络的实际端接情况，再考虑 Z_S 和 Z_L 影响，采用不同的二端口网络参数方程，可得到相同的结果，但计算的繁简相差很大，应根据需要选择合适的参数进行计算。

【例 12.5.1】　图 12.5.1 所示电路中，已知二端口网络 N 的传输参数矩阵为 $T =$

$\begin{pmatrix} 5 & j4\Omega \\ 2S & 6 \end{pmatrix}$,输入端口接电压源 $\dot{U}_S = 24\angle 0°\text{V}$,$Z_S = 10\Omega$,求

(1) 当负载阻抗等于多少时将获得最大功率,最大功率为多少?

(2) 此时的输入电流 $\dot{I}_1$。

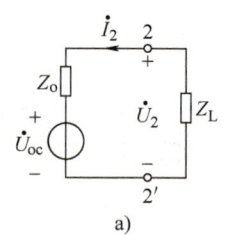

解 (1) 由已知条件,二端口网络 N 的传输参数方程为

$$\dot{U}_1 = 5\dot{U}_2 + j4(-\dot{I}_2) \qquad \dot{I}_1 = 2\dot{U}_2 + 6(-\dot{I}_2)$$

输入端口方程

$$\dot{U}_1 = \dot{U}_S - Z_S\dot{I}_1 = 24 - 10\dot{I}_1$$

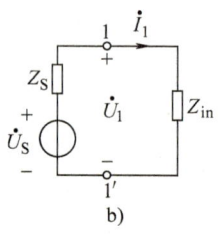

消去 $\dot{U}_1$、$\dot{I}_1$ 得

$$\dot{U}_2 = 0.96 + (2.4 + j0.16)\dot{I}_2$$

由此可得输出端的等效电路,如图 12.5.3a 所示,其开路电压和输出阻抗分别为

$$\dot{U}_{oc} = 0.96\text{V} \qquad Z_o = (2.4 + j0.16)\Omega$$

图 12.5.3 例 12.5.1 的图

由最大功率传输定理有,当 $Z_L = Z_o^* = (2.4 - j0.16)\Omega$ 时,负载阻抗将获得最大功率,此时最大功率为

$$P_{max} = \frac{U_{oc}^2}{4R_o} = \frac{0.96^2}{4\times 2.4}\text{W} = 0.096\text{W}$$

12.5.2 例题

(2) 由式 (12.5.1) 可求得输入阻抗

$$Z_{in} = \frac{\dot{U}_1}{\dot{I}_1} = \frac{AZ_L + B}{CZ_L + D} = \frac{5\times(2.4 - j0.16) + j4}{2\times(2.4 - j0.16) + 6}\Omega$$

$$= (1.1 + j0.33)\Omega = 1.15\angle 16.7°\Omega$$

由此可得输入端的等效电路,如图 12.5.3b 所示,则输入电流为

$$\dot{I}_1 = \frac{\dot{U}_S}{Z_S + Z_{in}} = \frac{24\angle 0°}{10 + 1.1 + j0.33}\text{A} = 2.16\angle -1.7°\text{A}$$

12.6 回转器和负阻抗变换器

回转器和负阻抗变换器是两种常见的二端口元件,可以用晶体管或运算放大器等来实现。

12.6.1 回转器

回转器(Gyrator)是一种线性非互易二端口元件,其符号如图 12.6.1 所示。图中的箭头表示回转方向。回转器的端口电压、电流满足关系

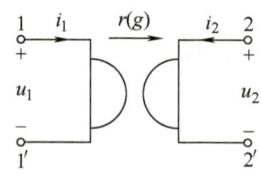

图 12.6.1 回转器

$$\begin{cases} u_1 = -ri_2 \\ u_2 = ri_1 \end{cases} \quad (12.6.1)$$

或

$$\begin{cases} i_1 = gu_2 \\ i_2 = -gu_1 \end{cases} \quad (12.6.2)$$

式中，r 称为回转电阻（Gyration Resistance），g 称为回转电导（Gyration Conductance），$g = \dfrac{1}{r}$，它们具有电阻和电导的量纲，简称回转常数。

从式（12.6.1）和式（12.6.2）可以看出，回转器具有将一个端口的电压（或电流）"回转"成另一个端口的电流（或电压）的功能。

当在回转器的输出端口接一负载阻抗 Z_L，如图 12.6.2 所示，回转器的输入阻抗为

$$Z_{in} = \frac{\dot{U}_1}{\dot{I}_1} = \frac{-r\dot{I}_2}{\dot{I}_1} = \frac{r\dot{U}_2/Z_L}{\dot{I}_1} = \frac{r^2}{Z_L} \qquad (12.6.3)$$

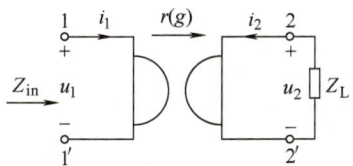

图 12.6.2　回转器接负载阻抗

式（12.6.3）表明，回转器的输入阻抗与输出端口所接的负载阻抗成反比。如果负载阻抗 Z_L 为电容元件，即 $Z_L = \dfrac{1}{j\omega C}$，则有

$$Z_{in} = \frac{r^2}{Z_L} = j\omega(r^2 C) = j\omega L \qquad (12.6.4)$$

式中，$L = r^2 C$。从回转器的输入端口看，等效为电感元件了，即回转器将一个电容"回转"为一个电感。如果回转电阻 $r = 20\text{k}\Omega$，$C = 1\mu\text{F}$，则等效电感 $L = 400\text{H}$，即可用体积小的电容元件来等效代替体积较大的电感元件，使电路更易于小型化，这一性质使得回转器在电子线路设计中获得广泛应用。

12.6.2　负阻抗变换器

负阻抗变换器（Negative Impedance Converter，NIC）也是一种二端口元件，其符号如图 12.6.3 所示。负阻抗变换器有两种形式，即电压反向型和电流反向型。电压反向型负阻抗变换器的端口电压、电流满足关系

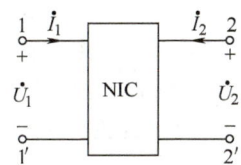

图 12.6.3　负阻抗变换器

$$\begin{cases} \dot{U}_1 = -k\dot{U}_2 \\ \dot{I}_1 = -\dot{I}_2 \end{cases} \qquad (12.6.5)$$

电流反向型负阻抗变换器的端口电压、电流满足关系

$$\begin{cases} \dot{U}_1 = \dot{U}_2 \\ \dot{I}_1 = -k(-\dot{I}_2) \end{cases} \qquad (12.6.6)$$

当在负阻抗变换器的输出端口接一负载阻抗 Z_L 时，如图 12.6.4 所示，以电压反向型为例，负阻抗变换器的输入阻抗为

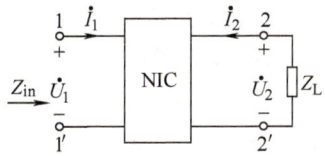

图 12.6.4　负阻抗变换器接负载阻抗

$$Z_{in} = \frac{\dot{U}_1}{\dot{I}_1} = \frac{-k\dot{U}_2}{-\dot{I}_2} = -kZ_L \qquad (12.6.7)$$

式（12.6.7）表明，当负载阻抗 Z_L 分别为电阻 R、电感 L 和电容 C 时，负阻抗变换器的输入端则分别得到负电阻、负电感和负电容，即将正阻抗变为负阻抗。

负阻抗变换器可用运算放大器来实现，为电路设计中实现负的 R、L 和 C 提供了可能性。

习 题

12.1 求题 12.1 图所示二端口网络的 Z 参数矩阵。

12.2 题 12.2 图所示二端口网络中，已知 $R_1 = 10\Omega$，$R_2 = 20\Omega$，$\omega L = 60\Omega$，$\dfrac{1}{\omega C} = 40\Omega$。试求 Z 参数矩阵。

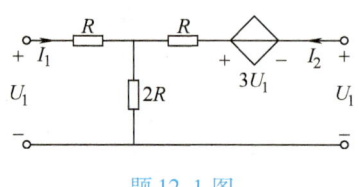

题 12.1 图

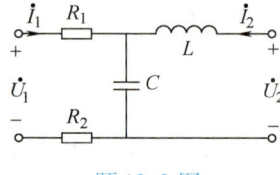

题 12.2 图

12.3 题 12.3 图所示二端口网络中，已知 $R_1 = 5\Omega$，$R_2 = 20\Omega$，$R_3 = 15\Omega$。试求 Y 参数矩阵。

12.4 题 12.4 图所示二端口网络中，当角频率为 ω 时，试求 Z 参数和 T 参数矩阵。

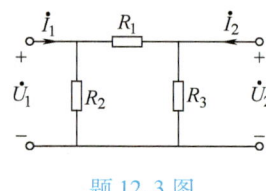

题 12.3 图

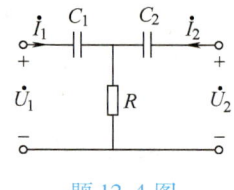

题 12.4 图

12.5 题 12.5 图所示二端口网络中，当角频率为 ω 时，试求 Y 参数矩阵。

12.6 题 12.6 图所示二端口网络中，已知 $R_1 = 4\Omega$，$R_2 = 6\Omega$。当开关 S 断开时，测得 $U_1 = 5\text{V}$，$U_2 = 3\text{V}$，$U_3 = 9\text{V}$，开关 S 闭合时测得 $U_1 = 4\text{V}$，$U_2 = 2\text{V}$，$U_3 = 8\text{V}$。求网络 N 的传输参数矩阵 $\boldsymbol{T}$。

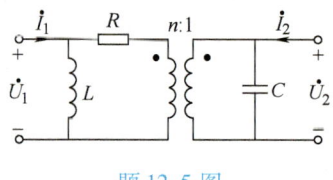

题 12.5 图

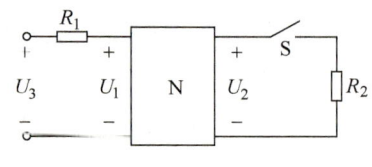

题 12.6 图

12.7 题 12.7 图所示电路中，试求 H 参数矩阵。

12.8 题 12.8 图所示电路中，已知 $U_\text{S} = 24\text{V}$，$R_\text{S} = 2\Omega$，二端口网络 N 的阻抗参数矩阵为 $\boldsymbol{Z} = \begin{pmatrix} 6 & 2 \\ 4 & 6 \end{pmatrix} \Omega$。求（1）当负载电阻 R_L 为何值时可获得最大功率，并求出此最大功率；（2）此时网络 N 从 $1-1'$ 端口看入的等效电阻 R_in 及输入电流 I_1。

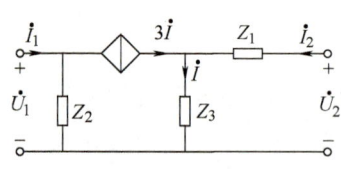

题 12.7 图

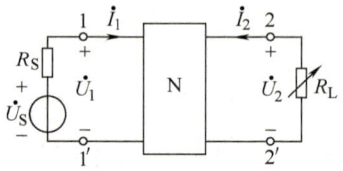

题 12.8 图

12.9 题 12.9 图所示电路中，已知 $u_S = 15\cos(2t)$ V，$R_S = 5\Omega$，$L = 2$H，二端口网络阻抗参数矩阵 $\mathbf{Z} = \begin{pmatrix} 10 & j6 \\ j6 & 4 \end{pmatrix}\Omega$。求 $2-2'$ 端戴维南等效电路并计算电感两端电压 u_L。

12.10 题 12.10 图所示电路中，已知 $\dot{I}_S = 10\angle 0°$ A，$R_S = 5\Omega$，$R = 15\Omega$，二端口网络 N 的传输参数矩阵为 $\mathbf{T} = \begin{pmatrix} 10 & j6\Omega \\ 2S & 5 \end{pmatrix}$。求（1）当负载阻抗 Z_L 为何值时可获得最大功率，并求出此最大功率；（2）此时网络 N 从 $1-1'$ 端口看入的等效阻抗 Z_{in} 及输入电流 $\dot{I}_1$。

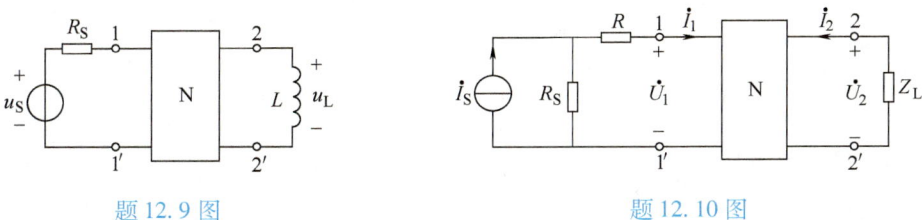

题 12.9 图　　　　　　　　题 12.10 图

12.11 题 12.11 图所示电路中，N 为线性无源二端口网络，$U_S = 10$V。已知当 $I_2 = 0$ 时，$I_1 = 2$A，$U_2 = 4$V；当 $U_2 = 0$ 时，$I_1 = 1.2$A，$I_2 = -1$A。求 $R_L = 12\Omega$ 时的电流 I_1 和 I_2。

12.12 题 12.12 图所示电路中，已知 $R_1 = 1\Omega$，$R_2 = 2\Omega$，二端口网络 N 的阻抗参数矩阵为 $\mathbf{Z}(s) = \dfrac{1}{s+1}\begin{pmatrix} 2 & 1 \\ 1 & 3 \end{pmatrix}\Omega$。试求：（1）输入电压 $u_S(t) = \varepsilon(t)$ V 时的零状态响应 $u_2(t)$；（2）输入电压 $u_S(t) = 10\cos(3t + 60°)$ V 时的正弦稳态输出电压 $u_2(t)$。

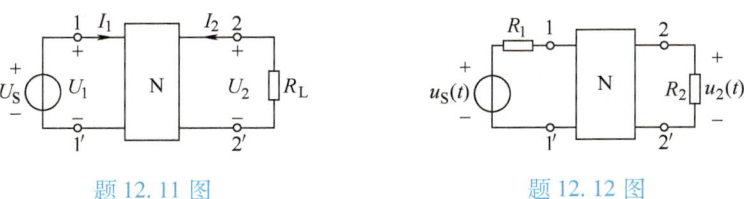

题 12.11 图　　　　　　　　题 12.12 图

12.13 题 12.13 图所示二端口网络中，已知 $R = 0.5\Omega$，设二端口网络 N_a 的传输参数矩阵 $\mathbf{T} = \begin{pmatrix} 3 & 4\Omega \\ 2S & 3 \end{pmatrix}$。试用二端口网络级联的方法求整个网络的传输矩阵 $\mathbf{T}$。

12.14 题 12.14 图所示电路中，已知 $U_S = 24$V，电容 $C = 0.2$F，$u_C(0_-) = 10$V，网络 N 的传输参数矩阵 $\mathbf{T} = \begin{pmatrix} 4 & 8\Omega \\ 2S & 3 \end{pmatrix}$，$t = 0$ 时开关 S 闭合，求电压 $u_C(t)$。

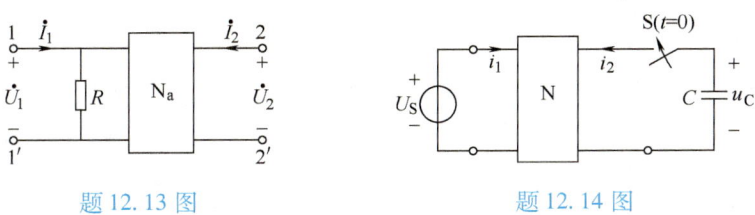

题 12.13 图　　　　　　　　题 12.14 图

12.15 题 12.15 图所示电路中，已知 $u_S(t) = [20 + 50\sqrt{2}\cos(\omega t) + 10\sqrt{2}\cos(3\omega t)]$V，$R = 5\Omega$，$\omega L_1 = 1.5\Omega$，$\omega L_2 = 12\Omega$，$\dfrac{1}{\omega C} = 12\Omega$，网络 N 的传输参数矩阵 $\mathbf{T} = \begin{pmatrix} 2 & 20\Omega \\ 0.1S & 4 \end{pmatrix}$。求电流 i_2。

12.16 求题 12.16 图所示二端口网络的传输参数矩阵 T。

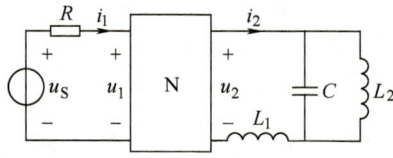 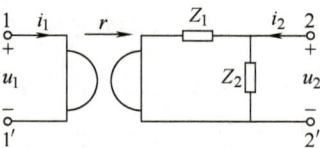

题 12.15 图　　　　　　　　题 12.16 图

第 13 章　电路方程的矩阵形式

课程目标：本章介绍电路方程矩阵形式分析方法的一些知识，通过学习，掌握图论的一些基本概念，掌握关联矩阵和回路矩阵的列写方法，掌握节点电压方程矩阵形式的分析方法，了解回路电流方程和割集电压方程的矩阵形式。

思政目标：通过学习，从图论基本概念的不同角度进行讲解与分析，将同一种东西分作多种不同的方式方法，方便同学们进行运用，培养服务人民的意识与奉献社会的优良品质。

在之前学习支路电流法、网孔电流法、回路电流法和节点电压法时，都是凭观察来列出所需的独立方程组。对于含元件较少的电路，这种做法是可行的。但是现代的电子电路可以包含数百个元件，特别是随着集成电路技术的飞速发展，电路日益复杂。对于这类"大规模（Large Scale）电路"，不可能再凭观察来列写方程，而需要有一种系统化的步骤来处理，使列写方程和求解的工作都能由计算机去完成。

13.1　图的概念

网络图论与矩阵论、计算方法等构成电路的计算机辅助分析的基础。其中网络图论主要讨论电路分析中的拓扑规律性，从而便于电路方程的列写。

13.1.1　电路的图

图论是数学中重要的分支，网络图论是图论在电路理论中的应用，主要通过电路的结构及其连接性质，对电路进行分析计算。如果暂时不关心元件的性质差别，只注意其连接方式，用抽象的线段来代替元件或元件的某种组合，则电路变为由线段和节点构成的图。图 13.1.1 给出了一个具体电路和它对应的图。

13.1.1　电路的图

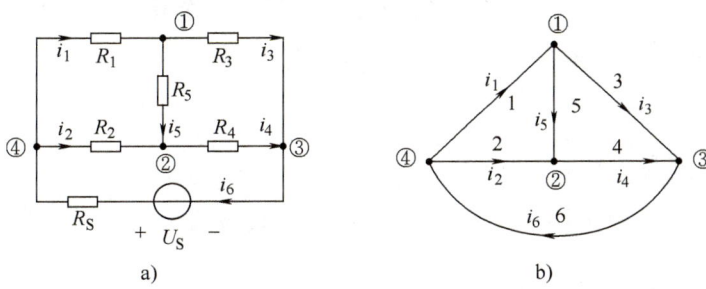

图 13.1.1　电路和它对应的图

下面给出一些与之有关的基本定义和术语：

（1）图（Graph）。节点和支路的集合，称为图 G，每一条支路的两端都连接到相应的节点上。有向图(Oriented Graph)是指各个支路规定了参考方向的图;反之,称为无向图。在一个图中,允许孤立的节点存在,不允许有孤立的支路存在。有时说移走某些支路,但这并不意味着同时把该支路所连接的两个节点移走;有时说移走某个节点,则意味着将连接于该节点的所有支路同时移走。

(2) 子图。若图 G_1 的所有支路和节点都是图 G 的支路和节点,则称图 G_1 是图 G 的一个子图。

(3) 路径。从图 G 的某一节点出发,沿着一些支路连续移动,从而到达一个指定的节点,这一系列支路构成图的一条路径。

(4) 连通图。当图 G 中的任意两个节点之间至少存在一条路径时,称为连通图。

(5) 回路。如果一条路径的起点和终点重合,且经过的其他节点不出现重复,这条闭合路径就构成图 G 的一个回路。

(6) 树。一个连通图 G 的树 T 是指包含图 G 的全部节点但不含任何回路的连通子图。树中包含的支路称为树支,图 G 中不属于树 T 的其他支路称为连支。

一个连通图的树可能存在多种选择方法。图 13.1.2 所示是图 13.1.1 的树。显然,树是全部节点和连接这些节点所需最少支路的集合,多一条支路就会存在回路,少一条支路就不连通。

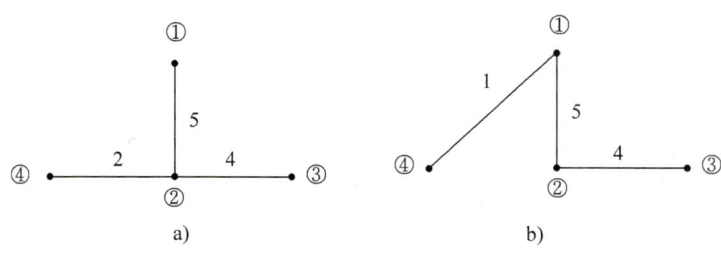

图 13.1.2 图 G 的树

可以证明,任一个具有 n 个节点的连通图,它的任何一个树的树支数为 (n-1)。

(7) 基本回路。只含一条连支的回路称为单连支回路,它们的总和为一组独立回路,称为基本回路组。基本回路的个数显然等于连支数。树一经选定,基本回路就唯一地确定下来。例如图 13.1.2a 中,树为 (2, 4, 5),相应的连支为 (1, 3, 6),对应于这一树的基本回路是 (1, 2, 5)、(3, 4, 5) 和 (6, 2, 4)。对于一个具有 b 条支路和 n 个节点的电路,连支数 $l = b - n + 1$,这也就是一个图的独立回路的数目。

13.1.2 割集

割集是连通图 G 的一个支路集合,它必须同时满足:

(1) 若移去这个集合中所有支路,则剩下的图成为两个完全分离的部分。

(2) 若少移去这个集合中的任何一条支路,则剩下的图仍是连通的。

13.1.2 割集

割集的定义可以简单叙述为:把图分割为两个子图的最少支路的集合。用符号 Q 表示。例如,图 13.1.3a 所示的图 G,支路集合 (1, 3) 和支路集合 (2, 3, 4) 都是图 G 的割集。若移去割集 (1, 3) 的全部支路,剩下的图不再是连通图,分成两个完全分离的部分,如图 13.1.3b 所示；若移去割集（2，3，4）的全部支路，剩下的图也不再是连通图，也分成两个完全分离的部分，如图 13.1.3c 所示。相反，若少移去割集（1，3）中的支路 3，剩下的图仍是连通图，如图 13.1.3d 所示；若少移去割集（2，3，4）中的支路 2，剩下的图也仍是连通图，如图 13.1.3e 所示。若移去支路集合（1，2，3，5），图 G 分成三个分离部分，若少移去（1，2，3，5）中的支路 2，图仍然不是连通的，则该支路集合（1，2，3，5）不是割集。

一般可以用作闭合面的方法来选择割集。具体的做法是：对一个连通图 G 作一闭合面，使其将图分割为两个部分，只要少移去一条支路，图仍为连通的，则与闭合面相交支路的集合就是一个割集。例如，对图 13.1.3a 所示图 G 作闭合面，可作出 6 个闭合面，每个闭合面都把图 G 分成内外两个分离部分，由此可得与闭合面相交的六组支路集合，即 6 个割集分别为：$Q_1(1,3)$，$Q_2(1,2,4)$，$Q_3(2,5)$，$Q_4(3,4,5)$，$Q_5(1,4,5)$，$Q_6(2,3,4)$，如图 13.1.3f 所示。

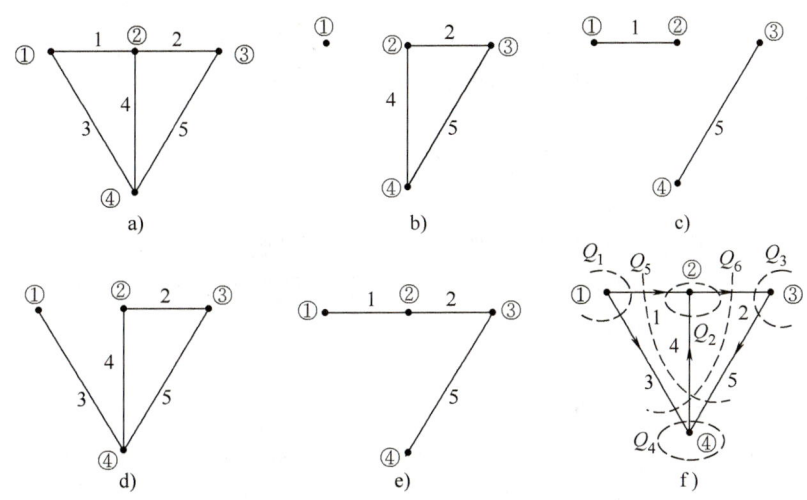

图 13.1.3 割集的定义

适用于节点的 KCL 同样适用于割集，即割集中所有支路电流的代数和为零。对于连通图，总共可列出与割集数相等数目的 KCL 方程，但这些方程并非都是线性独立的。对应于一组线性独立的 KCL 方程的割集称为独立割集。

一般是利用图 G 的树来确定独立割集。因为连通图 G 一个树的树支，连接了图 G 的全部节点，所以全部的连支不能构成割集，也就是说，割集中至少包含一条树支。选择图 G 的一个树 T，找出仅包含树 T 的一条树支的所有割集。由于每个割集中含有其他割集所没有的树支，所以这些割集，就是图 G 的一组独立割集。把仅含一条树支的割集称为基本割集或单树支割集，把对应于某一个树的一组基本割集称为基本割集组或单树支割集组，如图 13.1.4a 所示。图 13.1.4b～图 13.1.4e 的基本割集组分别是：｛(1，2，3)，(1，4，8)，(2，5，7)，(6，7，8)｝，｛(1，2，3)，(2，3，4，8)，(2，5，6，8)，(6，7，8)｝，｛(1，4，6，7)，(2，3，4，6，7)，(3，4，5，6)，(6，7，8)｝，｛(1，2，3)，(1，3，5，7)，(1，4，6，7)，(1，4，8)｝。

不管图 13.1.4a 中所示图 G 的树是怎样选择，每组独立割集数总是 4 个，所以 n 个节点

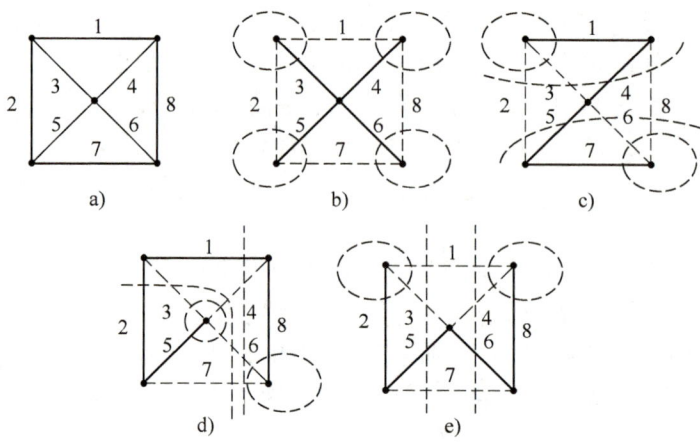

图 13.1.4 基本割集与基本割集组

的连通图 G 的独立割集数是 $(n-1)$。顺便指出,独立割集不一定是单树支割集。如果把 KCL 应用到闭合面上,显然割集中各支路电流的代数和等于零。

13.2 关联矩阵、回路矩阵和割集矩阵

电路的图是电路拓扑结构的抽象描述。有向图的拓扑性质可以用关联矩阵、回路矩阵和割集矩阵描述。关联矩阵 A 描述节点与支路的关系,回路矩阵 B 描述回路与支路的关系,割集矩阵 Q 描述割集与支路的关系。

13.2.1 关联矩阵

在有向图 G 中,支路与节点之间的相互关系是:如果支路 k 的电流从节点 j 流出或流入节点 j,则称支路 k 与节点 j 相关联;否则,称支路 k 与节点 j 不相关联。用关联矩阵 A_a 表示节点与支路的关联关系。A_a 的第 j 行第 k 列的元素用 a_{jk} 表示,j 为节点序号,k 为支路序号,a_{jk} 描述有向图的第 j 个节点与第 k 条支路的关联关系。根据支路与节点的关联情况,对 a_{jk} 定义如下:

13.2.1 关联矩阵

$a_{jk}=0$,表示节点 j 与支路 k 不相关联。

$a_{jk}=1$,表示节点 j 与支路 k 相关联,且支路 k 的电流流出节点 j。

$a_{jk}=-1$,表示节点 j 与支路 k 相关联,且支路 k 的电流流入节点 j。

对于图 13.2.1 所示有向图,它的关联矩阵是

$$A_a = \begin{array}{c} \\ ① \\ ② \\ ③ \\ ④ \end{array} \begin{pmatrix} 1 & 2 & 3 & 4 & 5 & 6 & 7 \\ 1 & 1 & 1 & 0 & 0 & 0 & 0 \\ 0 & 0 & -1 & 1 & 1 & 0 & 0 \\ 0 & 0 & 0 & 0 & -1 & -1 & 1 \\ -1 & -1 & 0 & -1 & 0 & 1 & -1 \end{pmatrix}$$

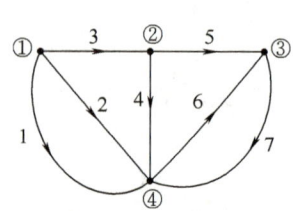

图 13.2.1 关联矩阵

一个 n 个节点 b 条支路的电路,其关联矩阵是 $(n \times b)$ 阶矩阵。因为一条支路必然仅与两个节点相关联,支路的方向必是背

离其中一个节点指向另外一个节点的，所以关联矩阵 A_a 的每一列元素只有两个非 0 元素，其中一个是 1，另一个是 -1。若把 A_a 的各行相加，就得到一行全为 0 的元素，因此 A_a 的各行不是彼此独立的，A_a 的任一行必能从其他 $(n-1)$ 行导出。

常用降阶关联矩阵 A 表示独立节点与支路的关联关系。一个 n 个节点 b 条支路的有向图的降阶关联矩阵是 $(n-1) \times b$ 阶矩阵。从关联矩阵 A_a 中取对应于独立节点的 $(n-1)$ 行组成的矩阵为降阶关联矩阵 A（以后常用此矩阵，本节之后省略"降阶"二字）。对于图 13.2.1 所示有向图，若选节点④为参考节点，关联矩阵为

$$A = \begin{pmatrix} 1 & 1 & 1 & 0 & 0 & 0 & 0 \\ 0 & 0 & -1 & 1 & 1 & 0 & 0 \\ 0 & 0 & 0 & 0 & -1 & -1 & 1 \end{pmatrix}$$

由于关联矩阵 A 只考虑独立节点与支路的关联关系，因此连在参考节点上的支路只与一个独立节点相关联，A 中对应于这样的支路的列只有一个非零元素。一个有向图的参考节点不同，关联矩阵 A 也不同。显然，矩阵 A_a 的各行不是相对独立的，而关联矩阵 A 的各行是相对独立的。

图 13.2.1 有向图中，若选节点④为参考节点，对独立节点列出的 KCL 方程为

节点① $\quad\quad\quad\quad\quad\quad i_1 + i_2 + i_3 = 0$
节点② $\quad\quad\quad\quad\quad\quad -i_3 + i_4 + i_5 = 0$
节点③ $\quad\quad\quad\quad\quad\quad -i_5 - i_6 + i_7 = 0$

写成矩阵形式为

$$\begin{pmatrix} 1 & 1 & 1 & 0 & 0 & 0 & 0 \\ 0 & 0 & -1 & 1 & 1 & 0 & 0 \\ 0 & 0 & 0 & 0 & -1 & -1 & 1 \end{pmatrix} \begin{pmatrix} i_1 \\ i_2 \\ i_3 \\ i_4 \\ i_5 \\ i_6 \\ i_7 \end{pmatrix} = 0$$

可见，对独立节点列出的 KCL 方程组中，支路电流列向量 $[i_1 \ i_2 \ i_3 \ i_4 \ i_5 \ i_6 \ i_7]^\mathrm{T}$ 的系数矩阵就是关联矩阵 A。用 i 表示支路电流列向量，上式写成

$$Ai = 0 \quad\quad\quad\quad (13.2.1)$$

式（13.2.1）是用关联矩阵 A 表示的 KCL 方程的矩阵形式，可推广到任意 n 个节点、b 条支路的电路。

支路电压可以用独立节点电压表示，图 13.2.1 有向图的支路电压用独立节点电压 u_{n1}、u_{n2} 和 u_{n3} 表示为

$$u_1 = u_{n1} \quad\quad u_2 = u_{n1} \quad\quad u_3 = u_{n1} - u_{n2} \quad\quad u_4 = u_{n2}$$
$$u_5 = u_{n2} - u_{n3} \quad\quad u_6 = -u_{n3} \quad\quad u_7 = u_{n3}$$

写成矩阵形式为

$$\begin{pmatrix} u_1 \\ u_2 \\ u_3 \\ u_4 \\ u_5 \\ u_6 \\ u_7 \end{pmatrix} = \begin{pmatrix} 1 & 0 & 0 \\ 1 & 0 & 0 \\ 1 & -1 & 0 \\ 0 & 1 & 0 \\ 0 & 1 & -1 \\ 0 & 0 & -1 \\ 0 & 0 & 1 \end{pmatrix} \begin{pmatrix} u_{n1} \\ u_{n2} \\ u_{n3} \end{pmatrix}$$

上式中，独立节点电压列向量的系数矩阵是关联矩阵 $\boldsymbol{A}$ 的转置矩阵 $\boldsymbol{A}^T$，也就是说，支路电压可以用独立节点电压和关联矩阵 $\boldsymbol{A}$ 表示。若支路电压列向量和独立节点电压列向量分别用 $\boldsymbol{u}$ 和 $\boldsymbol{u}_n$ 表示，对图 13.2.1 有

$$\boldsymbol{u} = \begin{bmatrix} u_1 & u_2 & u_3 & u_4 & u_5 & u_6 & u_7 \end{bmatrix}^T \text{ 和 } \boldsymbol{u}_n = \begin{bmatrix} u_{n1} & u_{n2} & u_{n3} \end{bmatrix}^T$$

则上式写成

$$\boldsymbol{u} = \boldsymbol{A}^T \boldsymbol{u}_n \tag{13.2.2}$$

式（13.2.2）是用关联矩阵 $\boldsymbol{A}$ 表示的 KVL 方程的矩阵形式，可推广到任意 n 个节点、b 条支路的电路。

13.2.2 回路矩阵

有向图 G 中，回路 j 与支路 k 的相互关系是：如果回路 j 中不包含支路 k，或者说支路 k 不在回路 j 中，则称回路 j 与支路 k 不相关联；否则，称回路 j 与支路 k 相关联，回路 j 与支路 k 相关联时二者的方向可能相同也可能相反。常用所谓的独立回路矩阵（简称回路矩阵）$\boldsymbol{B}$ 来描述独立回路与支路的关联关系。回路矩阵 $\boldsymbol{B}$ 的第 j 行第 k 列的元素用 b_{jk} 表示，j 为回路序号，k 为支路序号，b_{jk} 描述回路 j 和支路 k 的关联关系。根据回路与支路的关联情况，对 b_{jk} 定义如下：

13.2.2 回路矩阵

$b_{jk} = 0$，表示第 j 回路与第 k 支路不相关联。

$b_{jk} = 1$，表示第 j 回路与第 k 支路相关联，且方向相同。

$b_{jk} = -1$，表示第 j 回路与第 k 支路相关联，且方向相反。

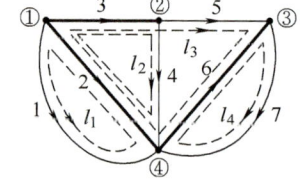

图 13.2.2 回路矩阵示例

一般对于一个图来说，可以取许多不同的回路，而对于大规模网络可以利用图中的树来确定一组独立回路。在图 13.2.2 中，对应于树（2，3，6）的一组独立回路 $\{l_1(1,2), l_2(2,3,4), l_3(2,3,5,6), l_4(6,7)\}$，这些回路也是单连支回路组，即基本回路组。若取基本回路的编号顺序与连支编号顺序一致，基本回路的方向与其所包含的连支方向一致，如图 13.2.2 中所示，则对应于该组回路的基本回路矩阵 $\boldsymbol{B}$ 为

$$\boldsymbol{B} = \begin{array}{c} \\ l_1 \\ l_2 \\ l_3 \\ l_4 \end{array} \begin{pmatrix} 1 & 2 & 3 & 4 & 5 & 6 & 7 \\ 1 & -1 & 0 & 0 & 0 & 0 & 0 \\ 0 & -1 & 1 & 1 & 0 & 0 & 0 \\ 0 & -1 & 1 & 0 & 1 & -1 & 0 \\ 0 & 0 & 0 & 0 & 0 & 1 & 1 \end{pmatrix}$$

若支路编号采用"先连支后树支"的顺序，则在基本回路矩阵中会有一个单位方阵。一个 n 个节点、b 条支路的有向图，有基本回路矩阵 $\boldsymbol{B}_\mathrm{f}$ 为

$$\boldsymbol{B}_\mathrm{f} = [\boldsymbol{I} \vdots \boldsymbol{B}_\mathrm{t}]$$

式中，$\boldsymbol{I}$ 为 $(b-n+1)$ 阶单位方阵，描述回路与连支的关联关系；$\boldsymbol{B}_\mathrm{t}$ 矩阵描述回路与树支的关联关系。对于图 13.2.2，将支路按先连支后树支的顺序重新编号，如图 13.2.3 所示，写出的基本回路矩阵 $\boldsymbol{B}_\mathrm{f}$ 为

$$\boldsymbol{B}_\mathrm{f} = \begin{matrix} & 1 & 2 & 3 & 4 & 5 & 6 & 7 \\ l_1 \\ l_2 \\ l_3 \\ l_4 \end{matrix} \begin{pmatrix} 1 & 0 & 0 & 0 & -1 & 0 & 0 \\ 0 & 1 & 0 & 0 & -1 & 1 & 0 \\ 0 & 0 & 1 & 0 & -1 & 1 & -1 \\ 0 & 0 & 0 & 1 & 0 & 0 & 1 \end{pmatrix}$$

图 13.2.2 中，对应于连支（1，4，5，7）的基本回路的 KVL 方程为

回路 1 $u_1 - u_2 = 0$

回路 2 $-u_2 + u_3 + u_4 = 0$

回路 3 $-u_2 + u_3 + u_5 - u_6 = 0$

回路 4 $u_6 + u_7 = 0$

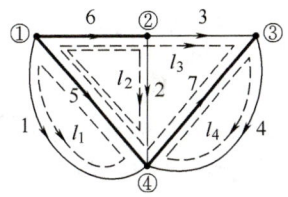

图 13.2.3 基本回路矩阵

写成矩阵形式为

$$\begin{pmatrix} 1 & -1 & 0 & 0 & 0 & 0 & 0 \\ 0 & -1 & 1 & 1 & 0 & 0 & 0 \\ 0 & -1 & 1 & 0 & 1 & -1 & 0 \\ 0 & 0 & 0 & 0 & 0 & 1 & 1 \end{pmatrix} \begin{pmatrix} u_1 \\ u_2 \\ u_3 \\ u_4 \\ u_5 \\ u_6 \\ u_7 \end{pmatrix} = 0$$

上式中，支路电压列向量 $\boldsymbol{u}$ 的系数矩阵就是回路矩阵 $\boldsymbol{B}$，可写成

$$\boldsymbol{B}\boldsymbol{u} = 0 \qquad\qquad (13.2.3)$$

式（13.2.3）为用回路矩阵 $\boldsymbol{B}$ 表示的 KVL 方程的矩阵形式，可推广到 n 个节点、b 条支路的电路。

有向图中支路电流可以用各连支电流表示。连支电流列向量用 $\boldsymbol{i}_l$ 表示。例如图 13.2.2 中，$\boldsymbol{i}_l = [i_{l1} \quad i_{l2} \quad i_{l3} \quad i_{l4}]^\mathrm{T} = [i_1 \quad i_4 \quad i_5 \quad i_7]^\mathrm{T}$，各个支路电流用连支电流表示为

$$i_1 = i_{l1} \qquad i_2 = -i_{l1} - i_{l2} - i_{l3} \qquad i_3 = i_{l2} + i_{l3} \qquad i_4 = i_{l2}$$
$$i_5 = i_{l3} \qquad i_6 = -i_{l3} + i_{l4} \qquad i_7 = i_{l4}$$

写成矩阵形式为

$$\begin{pmatrix} i_1 \\ i_2 \\ i_3 \\ i_4 \\ i_5 \\ i_6 \\ i_7 \end{pmatrix} = \begin{pmatrix} 1 & 0 & 0 & 0 \\ -1 & -1 & -1 & 0 \\ 0 & 1 & 1 & 0 \\ 0 & 1 & 0 & 0 \\ 0 & 0 & 1 & 0 \\ 0 & 0 & -1 & 1 \\ 0 & 0 & 0 & 1 \end{pmatrix} \begin{pmatrix} i_{l1} \\ i_{l2} \\ i_{l3} \\ i_{l4} \end{pmatrix}$$

上式中，回路电流列向量的系数矩阵是回路矩阵的转置矩阵 $\boldsymbol{B}^{\mathrm{T}}$，可写成

$$\boldsymbol{i} = \boldsymbol{B}^{\mathrm{T}} \boldsymbol{i}_l \qquad (13.2.4)$$

式（13.2.4）为用回路矩阵表示的 KCL 方程的矩阵形式，可推广到 n 个节点、b 条支路的电路。

13.2.3 割集矩阵

有向图 G 中，割集 j 与支路 k 的相互关系是：如果支路 k 不是割集 j 的元素，则称支路 k 与割集 j 不相关联；如果支路 k 是割集 j 的元素（支路 k 的方向与割集 j 的方向可能相同也可能不同），则称支路 k 与割集 j 相关联。常用独立割集矩阵 $\boldsymbol{Q}$（简称割集矩阵）来描述独立割集与支路的关联关系。割集矩阵 $\boldsymbol{Q}$ 的第 j 行第 k 列元素用 q_{jk} 表示，j 为割集序号，k 为支路序号，q_{jk} 描述了割集 j 与支路 k 的关联关系。根据割集与支路的关联情况，对 q_{jk} 定义如下：

$q_{jk} = 0$，表示割集 j 与支路 k 不相关联。

$q_{jk} = 1$，表示割集 j 与支路 k 相关联，且方向相同。

$q_{jk} = -1$，表示割集 j 与支路 k 相关联，且方向相反。

如果选基本割集组作为一组独立割集，这时割集矩阵称为基本割集矩阵（简称为割集矩阵），一般用 $\boldsymbol{Q}_{\mathrm{f}}$ 表示。每一个基本割集只包含一条树支，每一树支只会出现在一个基本割集中。因此，基本割集与树支的关系是一一对应的，对应于每个树支的列上仅有一个非 0 元素，而且这个非 0 元素一定是 1。如图 13.2.4 所示，若选树（2, 3, 6），可以取得三个单树支割集 $\{Q_1(1, 2, 4, 5), Q_2(3, 4, 5), Q_3(5, 6, 7)\}$。取基本割集的编号顺序与树支编号顺序一致，采用"先树支后连支"的顺序，基本割集中树支的方向为该割集的方向。以图 13.2.4 为例写出的割集矩阵 $\boldsymbol{Q}_{\mathrm{f}}$ 为

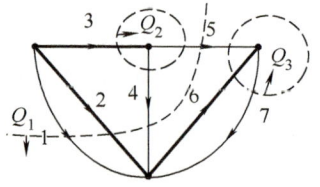

图 13.2.4 割集矩阵

$$\boldsymbol{Q}_{\mathrm{f}} = \begin{pmatrix} 1 & 0 & 0 & 1 & 1 & 0 \\ 0 & 1 & 0 & 0 & -1 & -1 & 0 \\ 0 & 0 & 1 & 0 & 0 & 1 & -1 \end{pmatrix}$$

一个有向图可以确定多个树，因此可写出多个基本割集矩阵 $\boldsymbol{Q}_{\mathrm{f}}$。

对图 13.2.4 的基本割集 $\boldsymbol{Q}_{\mathrm{f}}$ 列出的 KCL 方程为

割集 1 $\qquad\qquad i_1 + i_2 + i_4 + i_5 = 0$

割集 2 $\qquad\qquad i_3 - i_4 - i_5 = 0$

割集 3 $\qquad i_5 + i_6 - i_7 = 0$

写成矩阵形式为

$$\begin{pmatrix} 1 & 0 & 0 & 1 & 1 & 1 & 0 \\ 0 & 1 & 0 & 0 & -1 & -1 & 0 \\ 0 & 0 & 1 & 0 & 0 & 1 & -1 \end{pmatrix} \begin{pmatrix} i_2 \\ i_3 \\ i_6 \\ i_1 \\ i_4 \\ i_5 \\ i_7 \end{pmatrix} = 0$$

上式中，支路电流列向量 $\boldsymbol{i}$ 的系数矩阵是割集矩阵 $\boldsymbol{Q}_\mathrm{f}$，可写成

$$\boldsymbol{Q}_\mathrm{f}\boldsymbol{i} = 0 \qquad (13.2.5)$$

式（13.2.5）为用割集矩阵 $\boldsymbol{Q}_\mathrm{f}$ 表示的 KCL 方程的矩阵形式，可推广到 n 个节点、b 条支路的电路。

在有向图中，支路电压列向量 $\boldsymbol{u}$ 可用树支电压列向量 $\boldsymbol{u}_\mathrm{t}$ 表示。例如，图 13.2.4 所示有向图的各个支路电压用树支电压 $u_\mathrm{t1}(u_2)$、$u_\mathrm{t2}(u_3)$ 和 $u_\mathrm{t3}(u_6)$ 表示，即

$$u_1 = u_\mathrm{t1} \qquad u_2 = u_\mathrm{t1} \qquad u_3 = u_\mathrm{t2} \qquad u_4 = u_\mathrm{t1} - u_\mathrm{t2}$$
$$u_5 = u_\mathrm{t1} - u_\mathrm{t2} + u_\mathrm{t3} \qquad u_6 = u_\mathrm{t3} \qquad u_7 = -u_\mathrm{t3}$$

写成矩阵形式为

$$\begin{pmatrix} u_2 \\ u_3 \\ u_6 \\ u_1 \\ u_4 \\ u_5 \\ u_7 \end{pmatrix} = \begin{pmatrix} 1 & 0 & 0 \\ 0 & 1 & 0 \\ 0 & 0 & 1 \\ 1 & 0 & 0 \\ 1 & -1 & 0 \\ 1 & -1 & 1 \\ 0 & 0 & -1 \end{pmatrix} \begin{pmatrix} u_\mathrm{t1} \\ u_\mathrm{t2} \\ u_\mathrm{t3} \end{pmatrix}$$

上式中，树支电压列向量 $[u_\mathrm{t1} \quad u_\mathrm{t2} \quad u_\mathrm{t3}]^\mathrm{T}$ 的系数矩阵是割集矩阵的转置矩阵 $\boldsymbol{Q}_\mathrm{f}^\mathrm{T}$，可写成

$$\boldsymbol{u} = \boldsymbol{Q}_\mathrm{f}^\mathrm{T}\boldsymbol{u}_\mathrm{t} \qquad (13.2.6)$$

式（13.2.6）是用割集矩阵 $\boldsymbol{Q}_\mathrm{f}$ 表示的 KVL 方程的矩阵形式，可推广到 n 个节点、b 条支路的电路应用。

13.3 节点电压方程的矩阵形式

1. 支路方程的矩阵形式

在分析电路时，除了根据电路的图列出 KCL、KVL 方程，还需知道电路各支路的电压电流的约束关系。支路上的元件不同约束关系也不一样，为了规范化，定义一种标准复合支路是必要的。

图 13.3.1 定义了正弦稳态的一个标准复合支路，本章涉及的标准复合

13.3 节点电压方程的矩阵形式

支路不考虑受控电源。图中各符号的含义：$Y_k(Z_k)$ 为第 k 条支路的复导纳（复阻抗），且规定它只可能是单一的电阻、电感或电容，而不能是它们的组合；$\dot{U}_{Sk}$、$\dot{I}_{Sk}$ 分别表示支路的独立电压源和独立电流源。标准复合支路只是定义了一条支路最多可以包含的不同元件数及连接方式，但允许缺少某些元件，并且对独立源的方向作了严格的规定。

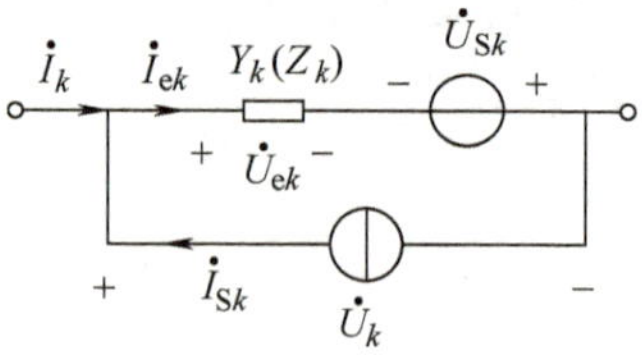

图 13.3.1 标准复合支路

下面，假设电路中电感间无耦合时，应用 KCL 和 KVL，可以写出用阻抗表示的第 k 条支路电压、电流关系方程

$$\dot{U}_k = Z_k(\dot{I}_k + \dot{I}_{Sk}) - \dot{U}_{Sk} \tag{13.3.1}$$

即

$$\begin{pmatrix} \dot{U}_1 \\ \dot{U}_2 \\ \vdots \\ \dot{U}_b \end{pmatrix} = \begin{pmatrix} Z_1 & & & \\ & Z_2 & & \\ & & \ddots & \\ & & & Z_b \end{pmatrix} \begin{pmatrix} \dot{I}_1 + \dot{I}_{S1} \\ \dot{I}_2 + \dot{I}_{S2} \\ \vdots \\ \dot{I}_b + \dot{I}_{Sb} \end{pmatrix} - \begin{pmatrix} \dot{U}_{S1} \\ \dot{U}_{S2} \\ \vdots \\ \dot{U}_{Sb} \end{pmatrix}$$

写成矩阵形式为

$$\dot{U} = Z(\dot{I} + \dot{I}_S) - \dot{U}_S \tag{13.3.2}$$

式中，$\dot{U} = [\dot{U}_1 \quad \dot{U}_2 \quad \cdots \quad \dot{U}_b]^T$ 为支路电压列向量；$\dot{I} = [\dot{I}_1 \quad \dot{I}_2 \quad \cdots \quad \dot{I}_b]^T$ 为支路电流列向量；$\dot{I}_S = [\dot{I}_{S1} \quad \dot{I}_{S2} \quad \cdots \quad \dot{I}_{Sb}]^T$ 为支路电流源的电流列向量；$\dot{U}_S = [\dot{U}_{S1} \quad \dot{U}_{S2} \quad \cdots \quad \dot{U}_{Sb}]^T$ 为支路电压源的电压列向量；Z 为支路阻抗矩阵。

如果将式 (13.3.2) 乘以阻抗矩阵 Z 的逆矩阵 Z^{-1}，而 $Y = Z^{-1}$ 为支路导纳矩阵，则有

$$\dot{I} = Y(\dot{U} + \dot{U}_S) - \dot{I}_S \tag{13.3.3}$$

当电路中无受控源且电感间无耦合时，支路阻抗矩阵 Z 和支路导纳矩阵 Y 都是对角阵 $Z = \text{diag} [Z_1 \quad Z_2 \quad \cdots \quad Z_b]$，$Y = \text{diag} [Y_1 \quad Y_2 \quad \cdots \quad Y_b]$。当电路中有受控源时，矩阵 Z 和 Y 不再是对角阵；当电路中无受控源但电感间有耦合时，矩阵 Z 和 Y 是关于主对角线对称的矩阵，这里不再详述。

2. 节点电压方程的矩阵形式

对于正弦稳态电路，用关联矩阵 A 表示矩阵形式的 KCL 方程、KVL 方程为

$$A\dot{I} = 0 \tag{13.3.4}$$

$$\dot{U} = A^T \dot{U}_n \tag{13.3.5}$$

将式 (13.3.3) 代入式 (13.3.4) 中，有

$$A[Y(\dot{U} + \dot{U}_S) - \dot{I}_S] = 0$$

即

$$AY\dot{U} + AY\dot{U}_S - A\dot{I}_S = 0 \tag{13.3.6}$$

将式 (13.3.5) 代入式 (13.3.6)，有

$$AYA^T \dot{U}_n = A\dot{I}_S - AY\dot{U}_S \tag{13.3.7}$$

式 (13.3.7) 即为节点电压方程的矩阵形式，可简写成

$$Y_n \dot{U}_n = \dot{J}_n \tag{13.3.8}$$

式中，Y_n 称为节点导纳阵，$Y_n = AYA^T$，它的主对角元素为自导纳，非对角元素为互导纳；

$\dot{\boldsymbol{J}}_n$ 是独立电源引起的注入节点的电流列向量，$\dot{\boldsymbol{J}}_n = \boldsymbol{A}\dot{\boldsymbol{I}}_S - \boldsymbol{A}\boldsymbol{Y}\dot{\boldsymbol{U}}_S$。

列写节点电压方程的矩阵形式可分四个步骤进行：

（1）画有向图，给支路和节点编号，选出参考节点。

（2）列写关联矩阵 $\boldsymbol{A}$ 和支路导纳矩阵 $\boldsymbol{Y}$，按标准复合支路的规定列写支路电压源列向量 $\dot{\boldsymbol{U}}_S$ 和支路电流源列向量 $\dot{\boldsymbol{I}}_S$。

（3）用矩阵相乘计算节点导纳矩阵：$\boldsymbol{Y}_n = \boldsymbol{A}\boldsymbol{Y}\boldsymbol{A}^T$。

（4）写出矩阵形式节点电压方程的表达式 $\boldsymbol{A}\boldsymbol{Y}\boldsymbol{A}^T\dot{\boldsymbol{U}}_n = \boldsymbol{A}\dot{\boldsymbol{I}}_S - \boldsymbol{A}\boldsymbol{Y}\dot{\boldsymbol{U}}_S$ 或 $\boldsymbol{Y}_n\dot{\boldsymbol{U}}_n = \dot{\boldsymbol{J}}_n$。

【例 13.3.1】 求图 13.3.2a 所示网络节点电压方程的矩阵形式。已知 $\dot{U}_{S1} = 1\text{V}$，$\dot{I}_{S5} = 1\text{A}$，$Y_1 = 2\text{S}$，$Y_2 = 1\text{S}$，$Y_3 = 3\text{S}$，$Y_4 = Y_5 = 1\text{S}$。

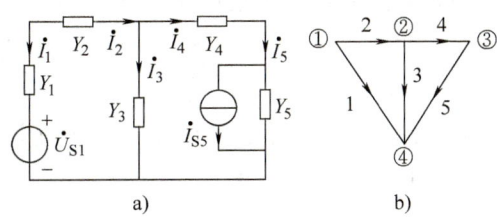

图 13.3.2 例 13.3.1 的图

解 画有向图如图 13.3.2b 所示，以节点④为参考节点，关联矩阵为

$$\boldsymbol{A} = \begin{pmatrix} 1 & 1 & 0 & 0 & 0 \\ 0 & -1 & 1 & 1 & 0 \\ 0 & 0 & 0 & -1 & 1 \end{pmatrix}$$

支路导纳矩阵

$$\boldsymbol{Y} = \text{diag}(Y_1 \quad Y_2 \quad Y_3 \quad Y_4 \quad Y_5) = \text{diag}(2 \quad 1 \quad 3 \quad 1 \quad 1)\text{S}$$

节点电压列向量

$$\dot{\boldsymbol{U}}_n = [\dot{U}_{n1} \quad \dot{U}_{n2} \quad \dot{U}_{n3}]^T$$

支路电压源电压列向量

$$\dot{\boldsymbol{U}}_S = [-\dot{U}_{S1} \quad 0 \quad 0 \quad 0 \quad 0]^T = [-1 \quad 0 \quad 0 \quad 0 \quad 0]^T \text{V}$$

支路电流源电流列向量

$$\dot{\boldsymbol{I}}_S = [0 \quad 0 \quad 0 \quad 0 \quad -\dot{I}_{S5}]^T = [0 \quad 0 \quad 0 \quad 0 \quad -1]^T \text{A}$$

节点导纳矩阵

$$\boldsymbol{Y}_n = \boldsymbol{A}\boldsymbol{Y}\boldsymbol{A}^T = \begin{pmatrix} 3 & -1 & 0 \\ -1 & 5 & -1 \\ 0 & -1 & 2 \end{pmatrix} \text{S}$$

由独立电源引起的注入节点的电流列向量

$$\dot{\boldsymbol{J}}_n = \boldsymbol{A}\dot{\boldsymbol{I}}_S - \boldsymbol{A}\boldsymbol{Y}\dot{\boldsymbol{U}}_S = \begin{pmatrix} 2 \\ 0 \\ -1 \end{pmatrix} \text{A}$$

由 $\boldsymbol{Y}_n\dot{\boldsymbol{U}}_n = \dot{\boldsymbol{J}}_n$ 得节点电压方程的矩阵形式为

$$\begin{pmatrix} 3 & -1 & 0 \\ -1 & 5 & -1 \\ 0 & -1 & 2 \end{pmatrix} \begin{pmatrix} \dot{U}_{n1} \\ \dot{U}_{n2} \\ \dot{U}_{n3} \end{pmatrix} = \begin{pmatrix} 2 \\ 0 \\ -1 \end{pmatrix}$$

由上述求解步骤可以看出，节点电压法的优点是：①与图的树无关，即不需要画出图的树；②对平面网络与非平面网络均适用，故应用广泛。

13.4 回路电流方程的矩阵形式

第 3 章介绍回路电流法分析电路时，以回路电流为未知电路变量的独立 KVL 方程组称为回路电流方程。回路电流方程也可写成矩阵形式。本节介绍回路电流方程矩阵形式的列写方法。

由于描述支路和回路关联性质的是回路矩阵 $\boldsymbol{B}$，所以适合用以 $\boldsymbol{B}$ 表示的 KCL 和 KVL 推导出回路电流方程。假设回路电流列向量为 $\dot{\boldsymbol{I}}_l$，有矩阵形式 KCL 方程和 KVL 方程为

$$\dot{\boldsymbol{I}} = \boldsymbol{B}^{\mathrm{T}} \dot{\boldsymbol{I}}_l \tag{13.4.1}$$

$$\boldsymbol{B}\dot{\boldsymbol{U}} = 0 \tag{13.4.2}$$

采用图 13.3.1 的复合支路，当电路中不含受控源且电感间无耦合时，将式（13.3.2）代入式（13.4.2）中，有

$$\boldsymbol{B}[\boldsymbol{Z}(\dot{\boldsymbol{I}} + \dot{\boldsymbol{I}}_S) - \dot{\boldsymbol{U}}_S] = 0$$

即

$$\boldsymbol{B}\boldsymbol{Z}\dot{\boldsymbol{I}} + \boldsymbol{B}\boldsymbol{Z}\dot{\boldsymbol{I}}_S - \boldsymbol{B}\dot{\boldsymbol{U}}_S = 0 \tag{13.4.3}$$

将式（13.4.1）代入式（13.4.3）中，整理得到回路电流方程的矩阵形式

$$\boldsymbol{B}\boldsymbol{Z}\boldsymbol{B}^{\mathrm{T}}\dot{\boldsymbol{I}}_l = \boldsymbol{B}\dot{\boldsymbol{U}}_S - \boldsymbol{B}\boldsymbol{Z}\dot{\boldsymbol{I}}_S \tag{13.4.4}$$

简写为

$$\boldsymbol{Z}_l \dot{\boldsymbol{I}}_l = \dot{\boldsymbol{E}}_l \tag{13.4.5}$$

式中，$\boldsymbol{Z}_l$ 称为回路阻抗阵，它的主对角元素为自阻抗，非对角元素为互阻抗；$\dot{\boldsymbol{E}}_l$ 为独立电源引起的沿回路方向的电压升列向量。

列写矩阵形式回路电流方程的步骤如下：
（1）画有向图，给支路编号，选一个树。
（2）写出回路矩阵 $\boldsymbol{B}$ 和支路阻抗矩阵 $\boldsymbol{Z}$。按标准复合支路的规定，写出支路电压源列向量 $\dot{\boldsymbol{U}}_S$ 和支路电流源列向量 $\dot{\boldsymbol{I}}_S$。
（3）用矩阵相乘计算回路阻抗阵 $\boldsymbol{Z}_l = \boldsymbol{B}\boldsymbol{Z}\boldsymbol{B}^{\mathrm{T}}$。
（4）写出回路电流方程的矩阵形式 $\boldsymbol{B}\boldsymbol{Z}\boldsymbol{B}^{\mathrm{T}}\dot{\boldsymbol{I}}_l = \boldsymbol{B}\dot{\boldsymbol{U}}_S - \boldsymbol{B}\boldsymbol{Z}\dot{\boldsymbol{I}}_S$ 或 $\boldsymbol{Z}_l \dot{\boldsymbol{I}}_l = \dot{\boldsymbol{E}}_l$。

【例 13.4.1】 试求图 13.4.1a 所示电路的矩阵形式回路电流方程。

解 有向图如图 13.4.1b 所示，选支路 1、2、3 为树支，如图中粗实线所示，其基本回路（单连支回路）如虚线所示。其基本回路矩阵为

$$\boldsymbol{B} = \begin{pmatrix} 1 & 0 & 1 & 1 & 0 & 0 \\ 1 & -1 & 0 & 0 & 1 & 0 \\ 0 & 1 & 1 & 0 & 0 & 1 \end{pmatrix}$$

支路阻抗矩阵 $\boldsymbol{Z}$，支路电压源电压列向量 $\dot{\boldsymbol{U}}_S$ 和支路电流源电流列向量 $\dot{\boldsymbol{I}}_S$，分别为

$$\boldsymbol{Z} = \mathrm{diag}[20 \quad 10 \quad 5 \quad 50 \quad 10 \quad 40]\,\Omega$$

$$\dot{\boldsymbol{U}}_S = [0 \quad 20 \quad 0 \quad 0 \quad 0 \quad 0]^{\mathrm{T}}\,\mathrm{V}$$

$$\dot{\boldsymbol{I}}_S = [-2.5 \quad 0 \quad 2 \quad 0 \quad 0 \quad 0]^{\mathrm{T}}\,\mathrm{A}$$

计算回路阻抗矩阵 $\boldsymbol{Z}_l = \boldsymbol{B}\boldsymbol{Z}\boldsymbol{B}^{\mathrm{T}}$

$$Z_l = \begin{pmatrix} 75 & 20 & 5 \\ 20 & 40 & -10 \\ 5 & -10 & 55 \end{pmatrix} \Omega$$

由回路电流方程的矩阵形式 $BZB^T\dot{I}_l = B\dot{U}_S - BZ\dot{I}_S$，得

$$\begin{pmatrix} 75 & 20 & 5 \\ 20 & 40 & -10 \\ 5 & -10 & 55 \end{pmatrix} \begin{pmatrix} \dot{I}_{l1} \\ \dot{I}_{l2} \\ \dot{I}_{l3} \end{pmatrix} = \begin{pmatrix} 40 \\ 30 \\ 10 \end{pmatrix}$$

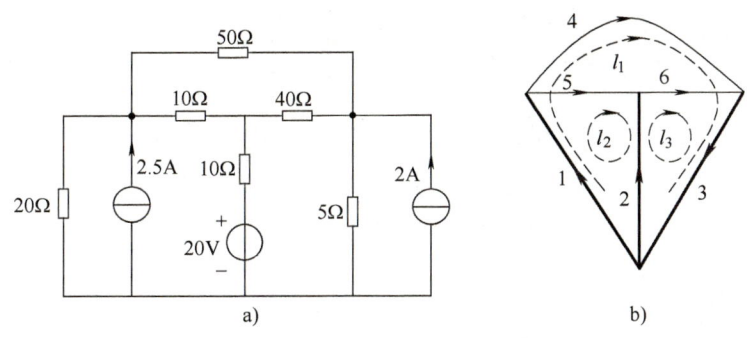

图 13.4.1　例 13.4.1 的图

13.5　割集电压方程的矩阵形式

分析电路时，若对其有向图选定了一个树，每一个单树支割集的唯一树支可用树支电压表示，其他支路的电压都能用树支电压来表示。以树支电压作为未知的电路变量，对基本割集组列写一组独立的 KCL 方程，并进一步求出树支电压，这种分析方法称为割集电压法。用割集电压法分析电路时，所列的以树支电压为电路变量的独立 KCL 方程组称为割集电压方程。割集电压方程也能写成矩阵形式。

对所给定的电路，画出它的图 G，从图 G 中选择一个树，设树支电压向量为 $\dot{U}_t$、基本割集矩阵 Q_f，有矩阵形式 KCL 方程和 KVL 方程为

$$Q_f \dot{I} = 0 \tag{13.5.1}$$

$$Q_f^T \dot{U}_t = \dot{U} \tag{13.5.2}$$

采用图 13.3.1 的复合支路，当电路中不含受控源且电感间无耦合时，将式（13.3.3）代入式（13.5.1）中，有

$$Q_f [Y(\dot{U} + \dot{U}_S) - \dot{I}_S] = 0 \tag{13.5.3}$$

将式（13.5.2）代入式（13.5.3）中，整理得到割集电压方程的矩阵形式

$$Q_f Y Q_f^T \dot{U}_t = Q_f \dot{I}_S - Q_f Y \dot{U}_S \tag{13.5.4}$$

简写为

$$Y_t \dot{U}_t = \dot{J}_t \tag{13.5.5}$$

式中，Y_t 称为割集导纳矩阵，Y_t 的主对角线元素为相应割集各支路的导纳之和，总为正，

其余元素为相应两割集之间共有支路导纳之和，正负由两割集方向确定；$\dot{\boldsymbol{J}}_t$ 为独立电源引起的与割集方向相反的电流列向量。

值得指出，割集电压法是节点电压法的推广，或者说节点电压法是割集电压法的一个特例。若选择一组独立割集，使每一割集都由汇集在一个节点上的支路构成时，割集电压法便成为节点电压法。

【例 13.5.1】 电路如图 13.5.1a 所示，试用运算形式写出该电路割集电压方程的矩阵形式。设电感、电容的初始条件为零。

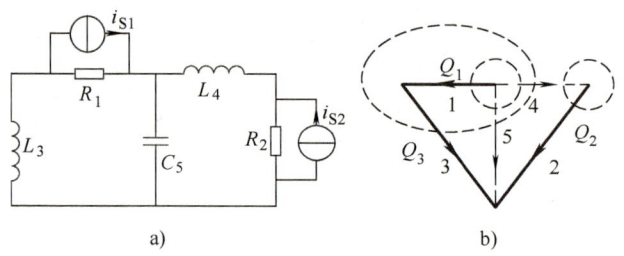

图 13.5.1 例 13.5.1 的图

解 作出电路有向图 13.5.1b，选支路 1、2、3 为树支，对应的三个单树支割集如图中虚线所示，树支电压 $U_{t1}(s)$、$U_{t2}(s)$、$U_{t3}(s)$ 就是割集电压，它们的方向也是割集的方向。

由图 13.5.1b 可以写出基本割集矩阵为

$$\boldsymbol{Q}_f = \begin{pmatrix} 1 & 0 & 0 & 1 & 1 \\ 0 & 1 & 0 & -1 & 0 \\ 0 & 0 & 1 & 1 & 1 \end{pmatrix}$$

电压源和电流源列向量分别为

$$\boldsymbol{U}_S(s) = 0$$
$$\boldsymbol{I}_S(s) = \begin{bmatrix} I_{S1}(s) & I_{S2}(s) & 0 & 0 & 0 \end{bmatrix}^T$$

支路导纳矩阵为

$$\boldsymbol{Y}(s) = \mathrm{diag}\left(\frac{1}{R_1} \quad \frac{1}{R_2} \quad \frac{1}{sL_3} \quad \frac{1}{sL_4} \quad sC_5 \right)$$

根据割集电压方程的矩阵形式 $\boldsymbol{Q}_f \boldsymbol{Y} \boldsymbol{Q}_f^T \dot{\boldsymbol{U}}_t = \boldsymbol{Q}_f \dot{\boldsymbol{I}}_S - \boldsymbol{Q}_f \boldsymbol{Y} \dot{\boldsymbol{U}}_S$，得到割集电压方程为

$$\begin{pmatrix} \dfrac{1}{R_1} + \dfrac{1}{sL_4} + sC_5 & -\dfrac{1}{sL_4} & \dfrac{1}{sL_4} + sC_5 \\ -\dfrac{1}{sL_4} & \dfrac{1}{R_2} + \dfrac{1}{sL_4} & -\dfrac{1}{sL_4} \\ \dfrac{1}{sL_4} + sC_5 & -\dfrac{1}{sL_4} & \dfrac{1}{sL_3} + \dfrac{1}{sL_4} + sC_5 \end{pmatrix} \begin{pmatrix} U_{t1}(s) \\ U_{t2}(s) \\ U_{t3}(s) \end{pmatrix} = \begin{pmatrix} I_{S1}(s) \\ I_{S2}(s) \\ 0 \end{pmatrix}$$

习 题

13.1 题 13.1a、b 图表示同一有向图的两种不同的树，图中粗线为树支。试指出各基本回路和基本割集，并写出关联矩阵 $\boldsymbol{A}$ 和基本回路矩阵 $\boldsymbol{B}$。

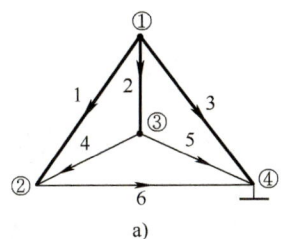 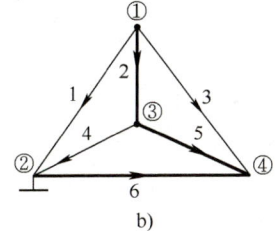

题 13.1 图

13.2 题 13.2 图是一直流网络,支路 3、4、5 为树支。试写出该网络的关联矩阵 $\boldsymbol{A}$ 和基本回路矩阵 $\boldsymbol{B}$。

13.3 题 13.3 图表示一个直流网络,其中各电流源的电流和各元件的电阻值已给出。(1) 绘出此网络的有向图,并写出关联矩阵 $\boldsymbol{A}$;(2) 用节点电压法写出矩阵形式的节点方程。

13.4 写出题 13.4 图所示直流网络的矩阵形式的节点方程。

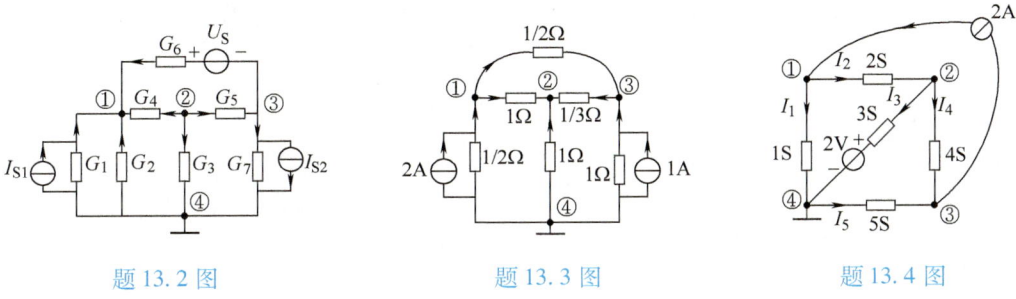

题 13.2 图　　　　　　题 13.3 图　　　　　　题 13.4 图

13.5 题 13.5 图表示一正弦交流网络。(1) 试绘出网络的有向图并写出关联矩阵 $\boldsymbol{A}$;(2) 用节点电压法写出矩阵形式的节点方程(电源角频率为 ω)。

13.6 在题 13.6 图所示正弦交流网络中,已知 $R_1 = R_2 = 1\Omega$,$L = 0.1\text{mH}$,$C_1 = C_2 = 100\mu\text{F}$,$u_S(t) = 6\sqrt{2}\cos 10^4 t\text{V}$,$i_S(t) = 8\sqrt{2}\cos(10^4 t + 45°)\text{A}$,用节点电压法写出网络的矩阵形式的节点方程。

13.7 对于题 13.7 图所示网络,选定一包含支路 R_1、R_2、R_3、R_4 的树。(1) 绘出网络的有向图并写出基本回路矩阵 $\boldsymbol{B}$;(2) 用回路法写出矩阵形式的回路方程。

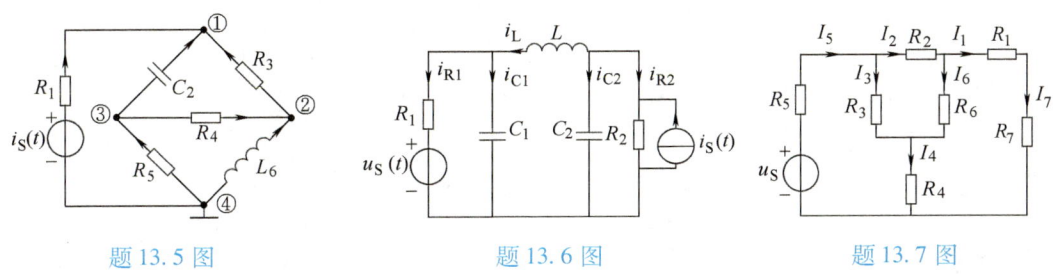

题 13.5 图　　　　　　题 13.6 图　　　　　　题 13.7 图

13.8 在题 13.8 图所示网络中,已知 $L_1 = 1\text{H}$,$R_2 = 1\Omega$,$R_3 = 2\Omega$,$C_4 = C_5 = 0.5\text{F}$,$L_6 = 2\text{H}$,$i_S(t) = 3\sqrt{2}\cos 2t\text{A}$,$u_S(t) = 2\sqrt{2}\cos 2t\text{V}$。(1) 绘出电路的有向图并写出以支路 1、2、3 为树的基本回路矩阵;(2) 计算回路阻抗矩阵,写出回路方程。

13.9 在题 13.9 图所示直流网络中,$R_1 = R_2 = 2\Omega$,$R_3 = R_4 = R_5 = 1\Omega$,$I_S = 1\text{A}$。现选定一包含 R_1、R_2、R_3 支路的树,试写出对应于此树的基本割集矩阵和矩阵形式的割集方程。

13.10 写出题 13.10 图所示正弦交流网络的割集导纳矩阵和矩阵形式的割集方程（选支路 G_1、G_2、L_3 为树），电源角频率为 ω。

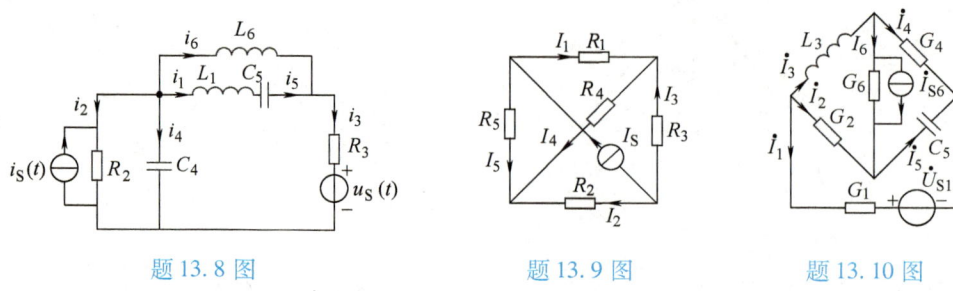

题 13.8 图　　　　　题 13.9 图　　　　　题 13.10 图

第14章 非线性电路

课程目标：本章介绍非线性电阻、电感和电容等元件的概念，对求解非线性电阻电路的解析法、图解法及小信号分析法作一简明的阐述。通过本章的学习，应重点掌握非线性电阻电路的分析方法。

思政目标：通过本章的学习，同学们应能感受到人生道路就像非线性特性一样，有曲折，不会一帆风顺，只要我们不忘初心、牢记使命、团结奋斗，一定能谱写出新时代中国特色社会主义的绚丽华章，以中国式现代化全面推进中华民族伟大复兴。

前面各章节分析的是线性电路，它们是电路分析的核心内容，组成线性电路的电阻、电感和电容等元件的参数都是常数。由于实际电路元件的参数总是或多或少地随着电压或电流而变化，因此严格地讲，实际电路都是非线性电路。分析非线性电路的基本依据仍然是基尔霍夫电流定律和电压定律（KCL 和 KVL）以及元件的电压、电流关系（VCR）。

工程计算中，电路在一定工作范围内，可以把非线性程度比较弱的电路元件当成线性元件来处理，从而简化电路分析；而对某些电路，可能非线性特征不能被忽略，否则将导致计算结果与实际量值相差太大，以致无法解释电路中发生的物理现象。

14.1 非线性电路元件

14.1.1 非线性电阻元件

线性电阻元件的伏安特性，在 $u-i$ 平面上它是通过坐标原点的一条直线，可用欧姆定律来表示，即

$$u = Ri$$

14.1 非线性电路元件

式中，R 为常数。对应地，非线性电阻元件的伏安关系不满足欧姆定律，在 $u-i$ 平面上为一条非线性曲线。图 14.1.1 为非线性电阻元件的符号。

1. 伏安特性

如果通过非线性电阻元件中的电流是其两端电压的单值函数，则称为电压控制型电阻。如图 14.1.2a 所示，对于每一个电压值，只有一个电流值与之相对应；但对于同一电流值，与之对应的电压可能是多值的。隧道二极管就具有这样的伏安特性。电压控制型电阻的 VCR 可表示为

图 14.1.1 非线性电阻元件的符号

$$i = g(u) \tag{14.1.1}$$

如果非线性电阻元件两端电压是其通过的电流的单值函数，则称为电流控制型电阻。如图 14.1.2b 所示，对于每一个电流值，只有一个电压值与之对应；而同一电压值，与之对应的电流可能是多值的。充气二极管就具有这样的伏安特性。电流控制型电阻的 VCR 可表

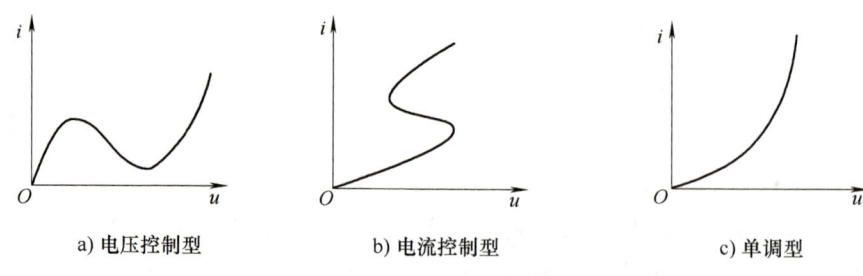

图 14.1.2　非线性电阻元件的伏安关系

示为

$$u = f(i) \quad (14.1.2)$$

还有一种称为单调型电阻，其伏安特性为单调增长型或单调下降型，它既是电流控制又是电压控制的，如图 14.1.2c 所示。白炽灯泡、普通二极管就具有这样的伏安特性。其 VCR 可表示为

$$u = f(i) \text{ 或 } i = g(u) \quad (14.1.3)$$

图 14.1.3 所示，为理想二极管及其伏安特性曲线，属于开关型。其 VCR 可表示为

当 $u<0$ 时，$i=0$；当 $i>0$ 时，$u=0$

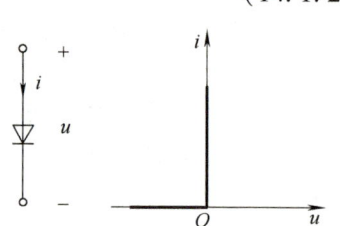

图 14.1.3　理想二极管及其伏安特性曲线

2. 静态电阻和动态电阻

为了计算与分析上的需要，对于非线性电阻元件引入静态电阻和动态电阻的概念。

图 14.1.4 所示为某个非线性电阻元件的伏安特性曲线。非线性电阻在某一工作点 Q 的静态电阻定义为该工作点的直流电压与直流电流之比，即

$$R = \frac{U_0}{I_0} \quad (14.1.4)$$

静态电阻又称为直流电阻。显然 Q 点的静态电阻 R 正比于 $\tan\alpha$。

非线性电阻在某一工作点 Q 的动态电阻定义为该工作点的电压增量与电流增量之比，也就是电压对电流的导数，即

$$R_\text{d} = \frac{\mathrm{d}u}{\mathrm{d}i} \quad (14.1.5)$$

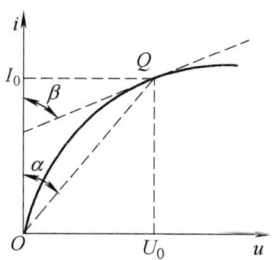

图 14.1.4　静态电阻和动态电阻

动态电阻又称为交流电阻。显然 Q 点的动态电阻 R_d 正比于 $\tan\beta$。

显然，静态电阻 R 和动态电阻 R_d 都与工作点的位置有关。

【例 14.1.1】　设有一个非线性电阻元件，其伏安特性为 $u = f(i) = 20i + i^2$（u、i 的单位分别为 V 和 A）。(1) 试分别求出对应 $i_1 = 0.1\text{A}$、$i_2 = 5\text{A}$ 时的电压 u_1、u_2 的值；(2) 设 $u_{12} = f(i_1 + i_2)$，试问 u_{12} 是否等于 $u_1 + u_2$？

解　(1) $i_1 = 0.1\text{A}$ 时：$u_1 = 20 \times 0.1 + 0.1^2 \text{V} = 2.01\text{V}$

$i_2 = 5\text{A}$ 时：$u_2 = 20 \times 5 + 5^2 \text{V} = 125\text{V}$

可以看出，如果将这个电阻作为 20Ω 的线性电阻，当电流 i 不同时，引起的误差不同。特别

是当电流值较大时，引起的误差较大。

（2） $$u_{12}=f(i_1+i_2)=20(i_1+i_2)+(i_1+i_2)^2=u_1+u_2+2i_1i_2$$
可见
$$u_{12}\neq u_1+u_2$$
所以，叠加定理不适用于非线性电路。

14.1.2 非线性电容元件和非线性电感元件

1. 非线性电容元件

电容元件的特性用电压与电荷的关系来表示。线性电容元件的库伏特性，在 q-u 平面上它是通过坐标原点的一条直线。如果一个电容元件的库伏特性在 q-u 平面上不是一条通过坐标原点的直线，那么这种电容就称为非线性电容。图 14.1.5 所示为非线性电容元件的符号。

如果非线性电容元件的电荷可用电压的单值函数 $q=f(u)$ 来表示，则称为电压控制型电容；如果电压可用电荷的单值函数 $u=f(q)$ 来表示，则称为电荷控制型电容；如果库伏特性在 q-u 平面上是单调增长或单调下降的，则称为单调型电容。

同非线性电阻类似，非线性电容有时也引入静态电容和动态电容的概念。如图 14.1.6 所示，非线性电容在某一工作点 P，则有

静态电容 $C=\dfrac{Q_0}{U_0}$，C 正比于 $\tan\alpha$；

动态电容 $C_{\mathrm{d}}=\dfrac{\mathrm{d}q}{\mathrm{d}u}$，$C_{\mathrm{d}}$ 正比于 $\tan\beta$。

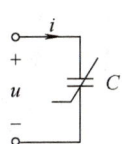

图 14.1.5 非线性电容元件的符号

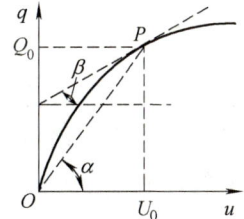

图 14.1.6 静态电容和动态电容

2. 非线性电感元件

电感元件的特性用磁链与电流的关系来表示。线性电感元件的韦安特性，在 $\varPsi$-i 平面上它是通过坐标原点的一条直线。如果一个电感元件的韦安特性在 $\varPsi$-i 平面上不是一条通过坐标原点的直线，那么这种电感就称为非线性电感。图 14.1.7 为非线性电感元件的符号。

如果非线性电感元件的磁链可用电流的单值函数 $\varPsi=f(i)$ 来表示，则称为电流控制型电感；如果非线性电感元件的电流用磁链的单值函数 $i=f(\varPsi)$ 来表示，则称为磁链控制型电感；如果韦安特性在 $\varPsi$-i 平面上是单调增长或单调下降的，则称为单调型电感。图 14.1.8 所示为铁磁材料的 $\varPsi$-i 特性曲线。

同样，非线性电感也引入静态电感和动态电感的概念。如图 14.1.8a 所示，非线性电感在某一工作点 P，则有

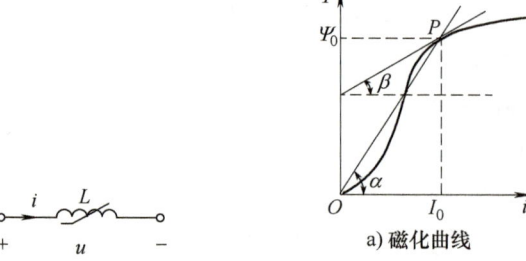

图 14.1.7 非线性电感元件的符号

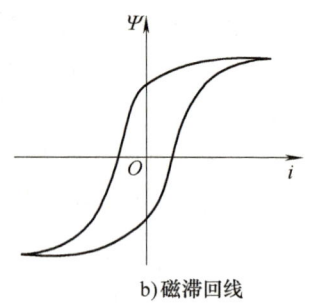

图 14.1.8 铁磁材料的 $\Psi-i$ 特性曲线

静态电感 $L = \dfrac{\Psi_0}{I_0}$，L 正比于 $\tan\alpha$；

动态电感 $L_d = \dfrac{d\Psi}{di}$，L_d 正比于 $\tan\beta$。

14.2 非线性电阻电路的分析

在电路的分析与计算中，基尔霍夫定律是分析线性电路和非线性电路的基本定律，所以线性电路方程与非线性电路方程的差别仅是由于元件特性的不同而引起的。由于非线性电阻电路列出的方程是一组非线性代数方程，因此对非线性电阻电路的分析，要比对线性电阻电路的分析困难。分析与求解非线性电阻电路的方法有图解法、解析法和小信号分析法等。

14.2.1 图解法

非线性电阻电路借助图形进行求解的方法称为图解法。图解法在非线性电阻电路分析中占有重要的地位，多用于定性分析，具有直观、清晰的优点，但准确度不高，不易得到定量的分析结果。图解法分析可分为曲线相加法和曲线相交法。

1. 非线性电阻的串联

当非线性电阻元件串联时，只有所有非线性电阻元件的控制类型相同，才有可能得出其等效电阻伏安特性的解析表达式。当串联的非线性电阻元件的控制类型不相同时，很难写出等效的伏安特性的解析式，可用图解法求其等效伏安特性。

如图 14.2.1a、b 所示，两个非线性电阻串联用一个等效电阻来代替。假设两个非线性电阻的伏安特性分别为 $u_1 = f_1(i_1)$ 和 $u_2 = f_2(i_2)$，等效电阻的伏安特性用 $u = f(i)$ 表示。根据 KCL 和 KVL，有

$$i = i_1 = i_2$$
$$u = f(i) = u_1 + u_2 = f_1(i_1) + f_2(i_2)$$

上式表明，两个电流控制型的非线性电阻串联，其等效电阻还是一个电流控制型的非线性电阻。

可以采用"曲线相加法"进行分析。如图 14.2.1c 所示，将曲线 $u_1 = f_1(i_1)$ 和 $u_2 = $

$f_2(i_2)$，在同一电流值 i 下的纵坐标值 u_1 和 u_2 相加，即得 u 值。取不同的电流值，逐点分析，即可得到串联后的特性曲线 $u=f(i)$，如图 14.2.1c 所示。

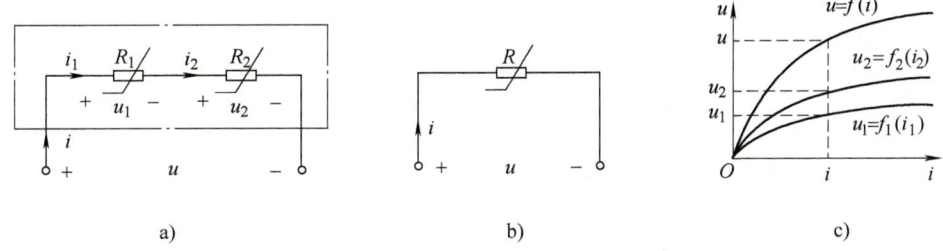

图 14.2.1 非线性电阻的串联

2. 非线性电阻的并联

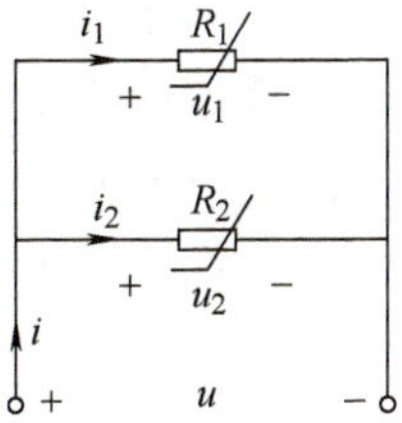

当非线性电阻元件并联时，只有所有非线性电阻元件的控制类型相同，才有可能得出其等效电阻伏安特性的解析表达式。如图 14.2.2 所示，假设两个并联的非线性电阻的伏安特性分别为 $i_1=f_1(u_1)$ 和 $i_2=f_2(u_2)$，并联后用一个等效电阻来代替，其伏安特性用 $i=f(u)$ 表示。根据 KCL 和 KVL，有

图 14.2.2 非线性电阻的并联

$$u = u_1 = u_2$$
$$i = f(u) = i_1 + i_2 = f_1(u_1) + f_2(u_2)$$

上式表明，两个电压控制型的非线性电阻并联，其等效电阻还是一个电压控制型的非线性电阻。

同样，也可以采用"曲线相加法"分析非线性电阻的并联。只要对每一个特定的电压值 u，将特性曲线所对应的电流值 i_1 和 i_2 相加，即得 i 值。取不同的电压值，逐点分析，便可得到并联后的特性曲线 $i=f(u)$。

【例 14.2.1】 图 14.2.3a、d 所示为一个线性电阻与一个理想二极管的串联和并联电路，图 14.2.3b、c 分别为它们的特性曲线，$i_1=f_1(u_1)$ 和 $i_2=f_2(u_2)$。试绘出串联和并联等效电路的特性曲线。

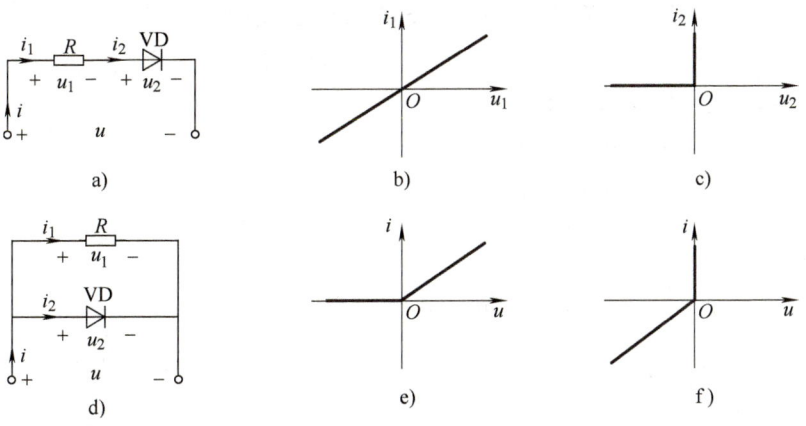

图 14.2.3 例 14.2.1 的图

解 根据理想二极管的特性曲线，当 $u<0$ 时相当于开路，$i=0$，当 $i>0$ 时相当于短路，可得到串联时等效电路的特性曲线，如图 14.2.3e 所示，并联时等效电路的特性曲线，如图 14.2.3f 所示。

【例 14.2.2】 图 14.2.4a 所示为一个有源线性二端网络两端接一非线性电阻的电路，非线性电阻的伏安特性 $i=g(u)$ 如图 14.2.4b 所示，求电路中的电流 i 和电压 u。

解 对于 U_S 与 R_S 串联组合的有源线性二端网络，按图示的电压、电流参考方向，则有外特性方程

$$u = U_S - R_S i$$

它在 $u-i$ 平面上是一条直线，如图 14.2.4b 所示。

非线性电阻的伏安特性 $i=g(u)$ 如图 14.2.4b 所示，曲线与直线的交点 Q 同时满足非线性电阻的伏安特性和有源线性二端网络的外特性，因此它就是图示电路的解。交点 Q 称为电路的静态工作点。所以有

$$U_0 = U_S - R_S I_0 \qquad I_0 = g(U_0)$$

该例的求解方法称为图解法的"曲线相交法"。

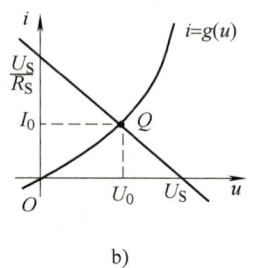

图 14.2.4　例 14.2.2 的图

14.2.2 解析法

分析非线性电阻电路的基本依据，仍然是基尔霍夫电流定律和电压定律（KCL 和 KVL）以及元件的电压、电流关系（VCR）。在一定的条件下，串联或并联、节点电压法、回路电流法也可用于非线性电阻，但叠加定理、相量法、拉普拉斯变换法仅适用于线性电路分析。例如，当电路中的非线性元件都是电压控制型时，就容易写出节点电压方程；当电路中的非线性元件都是电流控制型时，就容易写出回路电流方程。如果电路中的非线性元件含有电压控制型和电流控制型时，建立电路方程就复杂了。

【例 14.2.3】 图 14.2.5 所示电路中，已知 $U_{S1}=10V$，$U_{S2}=4V$，$R_1=R_3=20\Omega$，$i_2=2u_2^2$，其中 $u_2>0$。试求各支路电流。

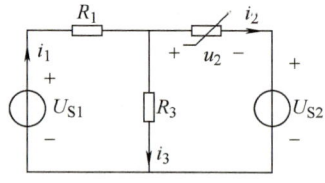

图 14.2.5　例 14.2.3 的图

解 列写 KCL、KVL 方程，有

$$i_1 - i_2 - i_3 = 0$$
$$R_1 i_1 - R_3 i_3 - U_{S1} = 0$$
$$u_2 + U_{S2} - R_3 i_3 = 0$$

代入数据并整理得

$$20u_2^2 + u_2 - 1 = 0$$

解得

$$u_2 = 0.2V \qquad u_2 = -0.25V（舍去）$$

求得各支路电流为

$$i_1 = 0.29A \qquad i_2 = 0.08A \qquad i_3 = 0.21A$$

【例 14.2.4】 图 14.2.6a 所示为含有理想二极管的电路，试求电流 I。

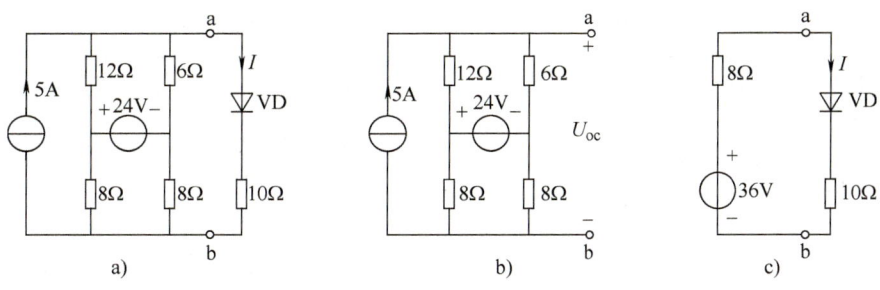

图 14.2.6 例 14.2.4 的图

解 在分析含有理想二极管的电路时，首先需要确定理想二极管是否导通。当电路较复杂时，往往不易判断，运用戴维南定理可以很好地解决这个问题。先将理想二极管的支路移去，求余下的线性二端电路的戴维南等效电路，如图 14.2.6b 所示。由图 14.2.6b 可求得

开路电压

$$U_{oc} = 36\text{V}$$

等效电阻

$$R_{eq} = 8\Omega$$

将理想二极管的支路接入，则有图 14.2.6c 所示的等效电路。在这简单的电路中，很容易判断理想二极管是否导通。由图 14.2.6c 可知，理想二极管为导通状态，相当于短路，则有电流

$$I = \frac{36}{8+10}\text{A} = 2\text{A}$$

如果还需要求解电路中的某个支路电压或电流，则将图 14.2.6a 中的理想二极管短路后再行分析即可。

14.2.3 小信号分析法

小信号分析法是分析非线性电路的一种重要方法。所谓"小信号"，是指在非线性电路中随时间变化的输入电压或电流幅度远小于直流输入电压或电流。小信号分析法又称为局部线性化近似法，其分析的基本思路是，围绕静态工作点建立一个局部的线性电路模型，对"小信号"输入用线性电路的分析法进行分析，即把非线性电路问题归结为线性电路问题来求解。

小信号分析法的基本步骤如下：
（1）求非线性电路的静态工作点。
（2）求非线性电路在静态工作点处的动态电阻或动态电导。
（3）作出静态工作点处的小信号等效电路。
（4）根据小信号等效电路求解小信号电压和电流，并与静态工作点的电压、电流进行叠加。

下面用例子说明小信号分析法在非线性电路中的应用。

【例 14.2.5】 图 14.2.7a 所示非线性电路，已知 $U_S = 20\text{V}$，$u_S(t) = 0.45\cos(\omega t)\text{V}$，$R = 100\Omega$，非线性电阻的伏安特性为 $i = \begin{cases} 0.01u^2 & u > 0 \\ 0 & u < 0 \end{cases}$（$i$、$u$ 单位分别为 A 和 V），试求非

线性电阻两端的电压 u、流过的电流 i。

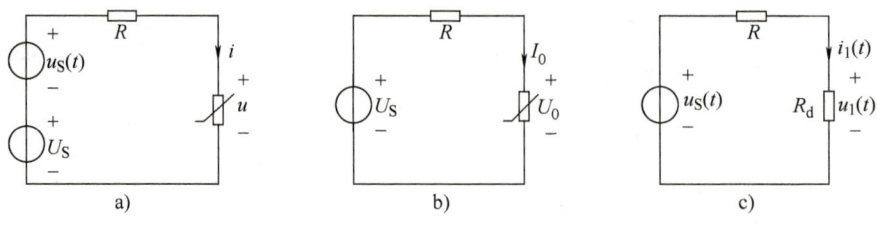

图 14.2.7　例 14.2.5 的图

解　由于交流电压源幅度远小于直流电压源，因此可采用小信号分析法来求解。

（1）求静态工作点。令 $u_S(t)=0$，作出直流电压源单独作用时的电路图，如图 14.2.7b 所示。根据 KVL 和非线性电阻的伏安特性，有

$$U_S = RI_0 + U_0 \qquad I_0 = 0.01 U_0^2$$

联立上述二式，并代入参数，得

$$U_0^2 + U_0 - 20 = 0$$

求得 $U_0 = 4\text{V}$，$I_0 = 0.16\text{A}$；另一个解 $U_0 = -5\text{V}$，不符合 $u>0$ 的条件，故舍去。

（2）求非线性电路静态工作点处的动态电阻。由动态电导为

$$G_d = \frac{di}{du}\bigg|_{U_0=4\text{V}} = \frac{d(0.01u^2)}{du}\bigg|_{U_0=4\text{V}} = 0.02u\big|_{U_0=4\text{V}} = 0.08\text{S}$$

可得动态电阻为

$$R_d = \frac{1}{G_d} = \frac{1}{0.08}\Omega = 12.5\Omega$$

（3）作出静态工作点处的小信号等效电路，如图 14.2.7c 所示。由阻性电路有

$$i_1(t) = \frac{u_S(t)}{R+R_d} = \frac{0.45\cos(\omega t)}{100+12.5}\text{A} = 0.004\cos(\omega t)\text{A}$$

$$u_1(t) = R_d i_1(t) = 12.5 \times 0.004\cos(\omega t)\text{V} = 0.05\cos(\omega t)\text{V}$$

（4）求电路的解。将静态工作点的电压、电流与小信号电压、电流进行叠加。

$$u(t) = U_0 + u_1(t) = [4 + 0.05\cos(\omega t)]\text{V}$$

$$i(t) = I_0 + i_1(t) = [0.16 + 0.004\cos(\omega t)]\text{A}$$

习　题

14.1　题 14.1 图所示电路中，已知非线性电阻的伏安特性为 $i = \begin{cases} u^2 & u>0 \\ 0 & u<0 \end{cases}$（$i$、$u$ 单位分别为 A 和 V），$U_S = 1\text{V}$，$R_S = 2\Omega$。试求：（1）电路的静态工作点；（2）工作点处的静态电阻和动态电阻。

14.2　电路如题 14.2a 图所示，非线性电阻 R_2 的伏安曲线如题 14.2b 图所示。假设电压 $u=8\text{V}$，试求 i_1、i_2、i。

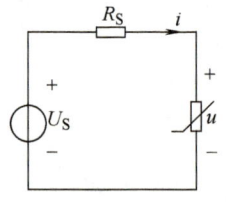

题 14.1 图

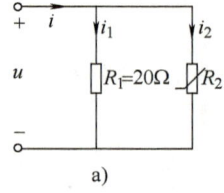　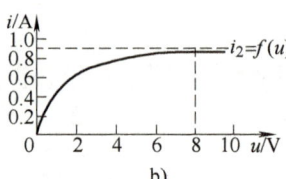

题 14.2 图

14.3 题 14.3 图所示曲线①和②为非线性电阻 R_1 和 R_2 的伏安特性曲线。试画出 R_1、R_2 串联后的等效伏安特性曲线。

14.4 题 14.4 图 a 中，$u_1 = f(i)$ 为非线性电阻 R 的伏安特性曲线，已知 $U_S = 1\text{V}$。试画出题 14.4 图 b 所示 ab 支路的伏安特性曲线。

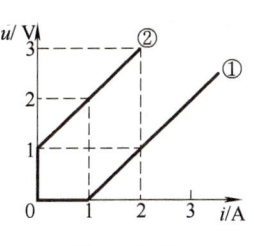
题 14.3 图

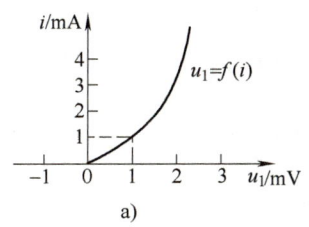
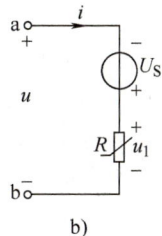
题 14.4 图

14.5 题 14.5 图 a 所示为含有理想二极管的电路，理想二极管的伏安特性如题 14.5 图 b 所示，试画出该电路的等效伏安特性曲线。如果将理想二极管反接，再求电路的等效伏安特性曲线。

14.6 题 14.6 图所示为含有理想二极管的电路，已知 $U_S = 1\text{V}$，$I_S = 5\text{A}$，$R_1 = 1\Omega$，$R_2 = 2\Omega$，$R_3 = 5\Omega$，$R_4 = 4\Omega$。求电流 I。

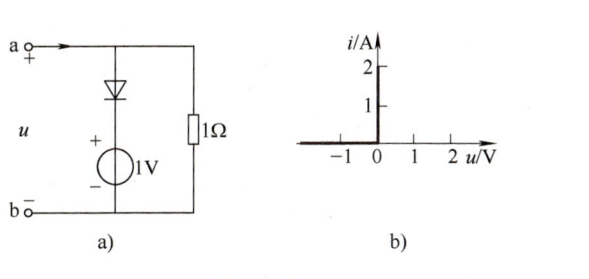

题 14.5 图

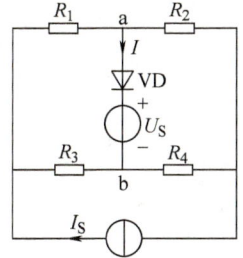
题 14.6 图

14.7 题 14.7 图所示电路中，已知 $U_S = 2\text{V}$，$I_S = 2\text{A}$，$R_1 = R_2 = 0.5\Omega$，非线性电阻的伏安特性 $I = 2U^2$（I、U 单位分别为 A 和 V，且 $U \geq 0$）。求电流 I。

14.8 题 14.8 图所示电路中，已知 $U_S = 20\text{V}$，$I_S = 5\text{A}$，$R_1 = 0.4\Omega$，$R_2 = 0.6\Omega$，非线性电阻的伏安特性 $U = I^2 + 2I$（I、U 单位分别为 A 和 V，且 $I \geq 0$）。试求电压 U。

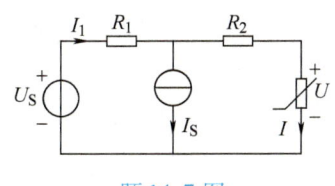
题 14.7 图

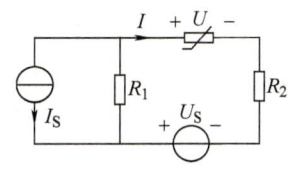
题 14.8 图

14.9 题 14.9 图所示电路中，已知 $U_S = 5\text{V}$，非线性电阻的伏安特性 $I_1 = 0.1\sqrt{U_1}$（U_1、I_1 单位分别为 V 和 A，$U_1 \geq 0$），$I_2 = 0.05\sqrt{U_2}$（U_2、I_2 单位分别为 V 和 A，$U_2 \geq 0$）。求 I_1 和 U_1。

14.10 题 14.10 图所示非线性电路中，已知 $I_S = 5\text{A}$，$R_S = 2\Omega$，$i_S(t) = 0.17\cos(\omega t)\text{A}$，非线性电阻的

伏安特性为 $i = \begin{cases} u^2 & u>0 \\ 0 & u<0 \end{cases}$ (i、u 单位分别为 A 和 V)。试用小信号分析法求非线性电阻两端的电压 $u(t)$ 和流过的电流 $i(t)$。

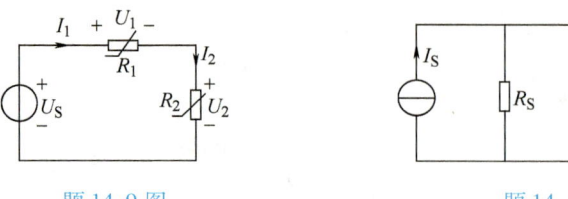

题 14.9 图　　　　　　　　题 14.10 图

附录　Multisim 简介

Multisim 的前身为 EWB（Electronics Workbench）软件。它以界面形象直观、操作方便、分析功能强大、易学易用等突出优点，早在 20 世纪 90 年代初就在我国得到迅速推广，并成为电子类专业课程教学和实验的一种辅助手段。21 世纪初，EWB 5.0 更新换代推出 EWB 6.0，并更名为 Multisim 2001；2003 年升级为 Multisim 7；2005 年发布 Multisim 8 时其功能已十分强大，能胜任电路分析、模拟电路、数字电路、高频电路、RF 电路、电力电子及自动控制原理等各方面的虚拟仿真，并提供多达 18 种基本分析方法；2022 年发布的 Multisim 14.3 将交互式仿真与 20 种分析类型相结合，可以更加快速地设计模拟和数字电路。

Multisim 和 Ultiboard 是美国国家仪器公司（NI）推出的交互式 SPICE 仿真和电路分析软件，专用于原理图捕获、交互式仿真、电路板设计和集成测试。通过将 NI Multisim 电路仿真软件和 LabVIEW 测试软件相集成，那些需要设计制作自定义印制电路板（PCB）的工程师能够非常方便地比较仿真数据和真实数据，规避设计上的反复，减少原型错误并缩短产品上市时间。

打开 Multisim 软件后，其基本界面如附图 1 所示。Multisim 的基本界面主要包括菜单栏、工具栏、仿真电源开关、元器件栏、仪器仪表栏、设计工具箱、电路工作区、电子表格区和状态栏等。

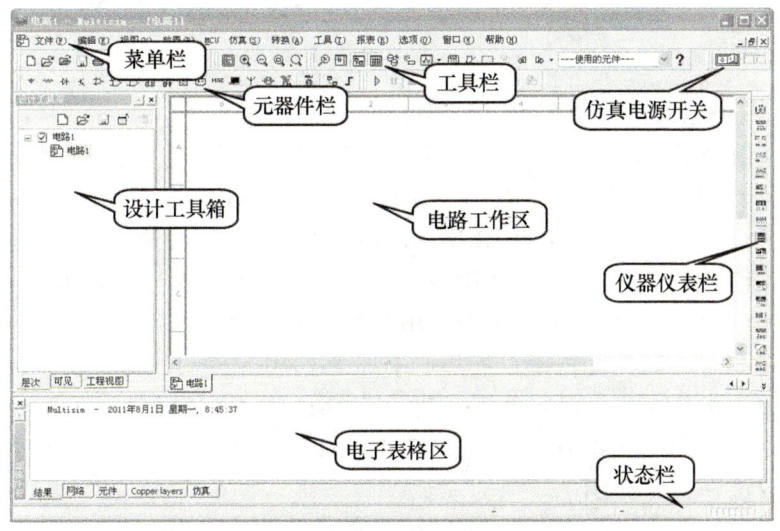

附图 1　Multisim 的基本界面

1. 元器件栏

Multisim 软件的常用元器件库有 13 个，元器件栏如附图 2 所示。在元器件栏中单击要选择的元器件库图标，可打开该元器件库。在屏幕出现的元器件库对话框中选择所需的元器件，单击"确定"按钮后放置在电路图中，如附图 3 所示。

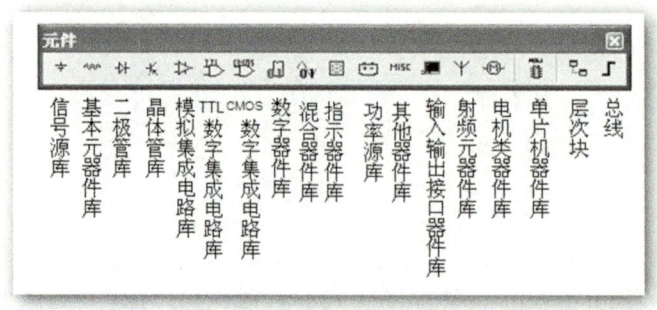

附图 2　元器件栏

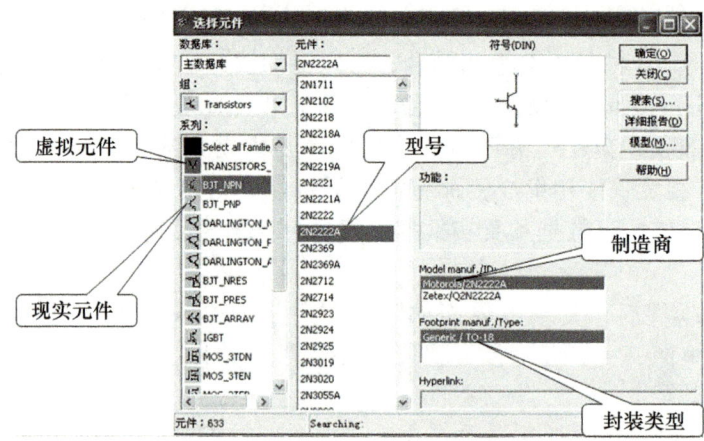

附图 3　"选择元件"对话框

这里介绍一些电路课程中使用到的元器件：

（1）单击"信号源（Sources）"库图标，在弹出对话框的"系列"选项中，有各种电源，如直流电压源（DC_POWER）、交流电压源（AC_POWER）、数字地（DGND）、模拟地（GROUND）、三相△接电压源（THREE_PHASE_DELTA）、三相Y接电压源（THREE_PHASE_WYE）、直流电流源（DC_CURRENT）、交流电流源（AC_CURRENT）、电压控制电压源、电流控制电压源、电压控制电流源、电流控制电流源等。

（2）在"基本（basic）元器件"库里，有基本虚拟元件（BASIC_VIRTUAL）、额定虚拟元件（RATED_VIRTUAL）、现实电阻元件（Resistor）、电感元件（Inductor）、电容元件（Capacitor）、开关元件（SWITCH）等。开关元件（SWITCH）栏中有单刀单掷开关（SPST）、单刀双掷开关（SPDT）。

（3）"指示器件（Indicators）"库里有电压表（VOLTMETER）、电流表（AMMETER）、探测器（PROBE）和灯泡（LAMP）等。

2. 仪器仪表栏

Multisim 在仪器仪表栏下提供了 22 个常用仪器仪表，如附图 4 所示，依次为：万用表、函数信号发生器、功率表、示波器、四踪示波器、伯德图示仪、频率计、字发生器、逻辑分析仪、逻辑转换器、IV 分析仪、失真分析仪、频谱分析仪、网络分析仪、安捷伦函数发生器、安捷伦万用表、安捷伦示波器、泰克示波器、测量探针、Labview 测试仪、NI ELVISmx Instruments 和电流探针。

附图 4　仪器仪表栏

3. 元器件基本操作

（1）选中元器件。左键单击元器件，可选中该元器件。

（2）设置元器件特性参数。双击该元器件，在弹出的元器件特性对话框中，可以设置或编辑元器件的各种特性参数。元器件不同，每个选项下将对应不同的参数。

4. 典型电路仿真操作

（1）打开 Multisim 设计环境。弹出一个新的电路图编辑窗口，工程栏同时出现一个新的名称。单击"保存"按钮，可将该文件命名保存到指定文件夹下。

这里需要说明的是：

① 文件的名字要能体现电路的功能，要让自己一年后看到该文件名就能一下子想起该文件实现了什么功能。

② 在电路图的编辑和仿真过程中，要养成随时保存文件的习惯，以免由于没有及时保存而导致文件的丢失或损坏。

③ 最好用一个专门的文件夹来保存所有基于 Multisim 的例子，这样便于管理。

（2）放置电源。单击元件栏的"信号源（Sources）"选项，出现如附图 5 所示的对话框。在"系列"选项里选择"POWER_SOURCES"，在"元件"选项里选择"DC_POWER"。单击"确定"按钮，移动鼠标到电路编辑窗口，选择放置位置后，单击左键即可将电源符号放置于电路编辑窗口中。放置完成后，还会弹出元件选择对话框，可以继续放置其他元件。单击"关闭"按钮可以取消放置。

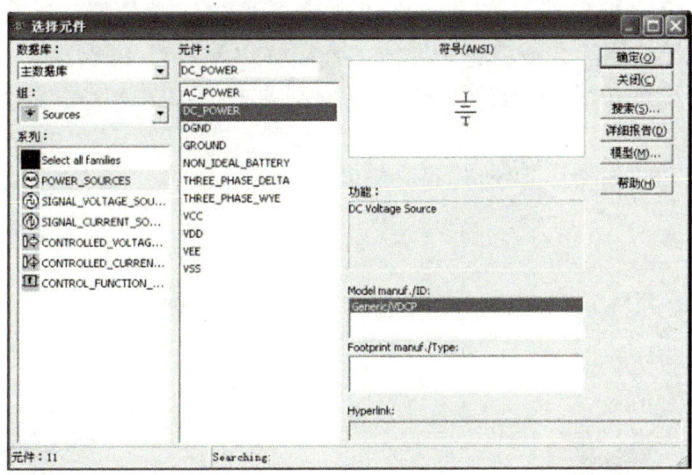

附图 5　"选择元件"对话框

（3）放置的电源符号显示的数值是 12V。双击该电源符号，出现属性对话框，在该对话框里，可以更改该元件的属性。将电压的数值改为 3V，当然，也可以更改元件的序号引脚等属性。

（4）放置电阻。单击"基本（Basic）元器件"库图标，在弹出的对话框的"系列"选项里选择"RESISTOR"，在"元件"选项里选择"20K"，放置一个 20kΩ 的电阻。按上述方法，再放置一个 10kΩ 的电阻和一个 100kΩ 的可调电阻（POTENTIOMETER）。放置完毕后，如附图 6 所示。

（5）放置后的元件都按照默认的摆放情况被放置在编辑窗口中。若需把电阻 R1 变成竖直摆放，则可单击电阻 R1，然后右键单击电阻 R1，在弹出的对话框中选择让元件顺时针或者逆时针旋转 90°。如果元件摆放的位置不合适，想移动一下元件的摆放位置，则将鼠标放在元件上，按住鼠标左键，即可拖动元件到合适位置。

（6）放置电压表。在"指示器件（Indicators）"库选择"电压表（VOLTMETER）"，将鼠标移动到电路编辑窗口内，单击鼠标左键，将电压表放置在合适位置。电压表的属性同样可以双击鼠标左键进行查看和修改。所有元器件放置好后，如附图 7 所示。

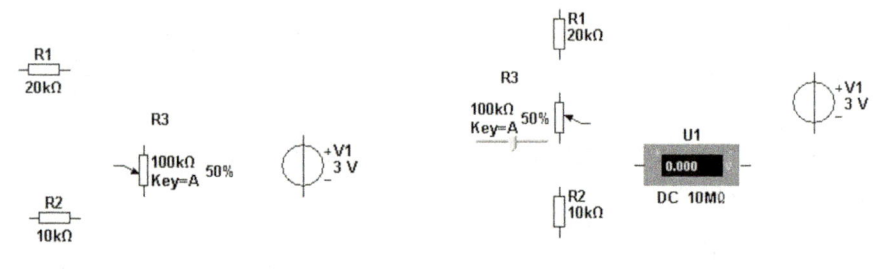

附图 6　电路元件图　　　　　　　附图 7　摆放好的电路元件图

（7）连线。首先，将鼠标移动到电源的正极，当鼠标指针变成◆时，表示导线已经和正极连接起来了，单击鼠标将该连接点固定。然后，移动鼠标到电阻 R1 的一端，出现小红点后，表示正确连接到 R1 了，单击鼠标左键固定，这样，一根导线就连接好了，如附图 8 所示。如果想要删除这根导线，将鼠标移动到该导线的任意位置，单击鼠标右键，选择"删除"，即可将该导线删除，或者选中导线，直接按"delete"键删除。

（8）按照前面步骤（2）的方法，放置一个模拟地（GROUND），如附图 9 所示，然后将各连线连接好。

注意：在电路图的绘制中，"地"是必需的。

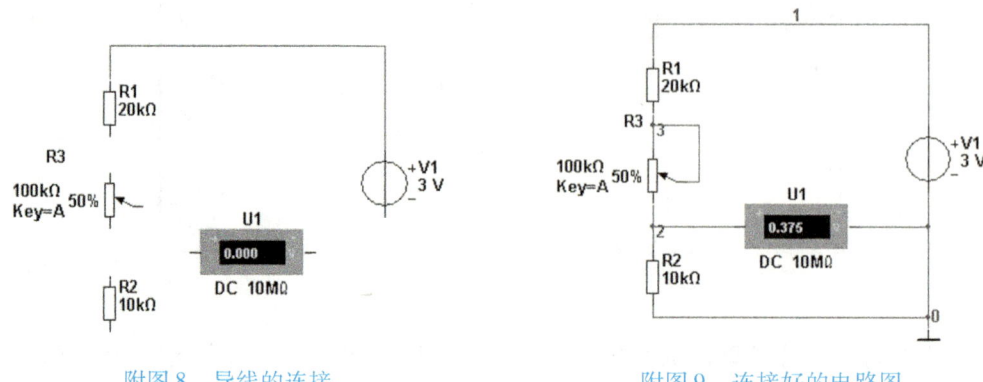

附图 8　导线的连接　　　　　　　附图 9　连接好的电路图

(9) 电路连接完毕，检查无误后，进行仿真。单击仿真栏中的绿色"开始"按钮▷。电路进入仿真状态。电压表显示了电阻 R2 上的电压为 0.375V。从附图 8 中可以看出，R3 是一个 100kΩ 的可调电阻，其调节百分比为 50%（可以通过按键 A 来控制百分比），则在这个电路中，R3 的阻值为 50kΩ。

(10) 关闭仿真，改变 R2 的阻值，按照步骤（9）再次观察 R2 上的电压值，会发现随着 R2 阻值的变化，其上的电压值也随之变化。注意：在改变 R2 阻值的时候，最好关闭仿真。千万注意：一定要及时保存文件。

Multisim 有很多关于电压、电流、电功率的测量方法，此外还提供波形测量及相位差测量。Multisim 还具有较强的分析功能，可以用鼠标单击仿真菜单中的分析（Analysis）菜单（Simulate→ Analysis），常用的电路分析有直流工作点分析、交流分析、直流扫描分析和参数扫描分析。

5. 常见仪器仪表的使用操作

Multisim 提供了 22 个常用仪器仪表，下面介绍几个常用的仪器仪表的使用方法。

(1) 万用表（Multimeter）。单击仪器仪表栏的"万用表"后，有一个万用表虚影跟随鼠标移动在电路窗口的相应位置，单击鼠标，完成万用表的放置。双击该图标得到数字万用表参数设置控制面板，如附图 10 所示，黑色条形框用于测量数值的显示。"万用表 – XMM1"测量类型的选取为电压"V"，再选择测量模式为交流"~"或直流"—"。"万用表 – XMM2"测量类型的选取为电流"A"，再选择测量模式为交流"~"或直流"—"。单击"设置"按钮，可以设置数字万用表的各个参数。需要注意的是，指示器件库里的电压表和电流表也可以实现相同的功能，但是在测量数据时有可能得到的数据达不到 3 位有效数字。例如附图 10 中，电流表的示数为 0.016A，该测量数值误差较大，而这时用万用表测量得到的示数为 15.873mA，显然万用表的示数更精确。

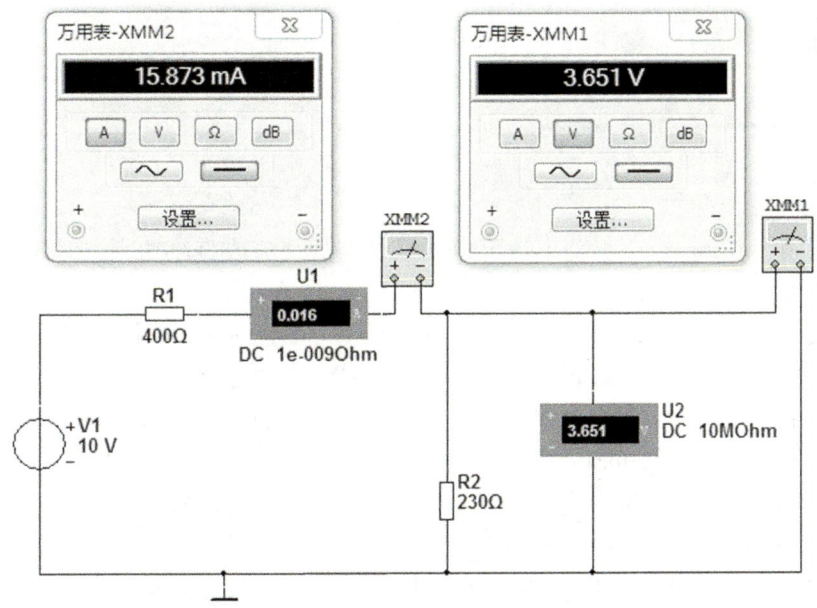

附图 10　万用表的使用方法

（2）函数信号发生器（Function Generator）。函数信号发生器是用来提供正弦波、三角波和方波信号的电压源。

在仪器仪表栏选择"函数信号发生器"，得到如附图 11 所示的函数信号发生器图标 XFG1。双击 XFG1 图标，可得到参数设置控制面板（见附图 11 左图）。该控制面板的各个部分的功能如下（图上方的三个按钮用于选择输出波形，分别为正弦波、三角波和方波）：

① 频率（Frequency）：设置输出信号的频率。
② 占空比（Duty Cycle）：设置输出的方波和三角波电压信号的占空比。
③ 振幅（Amplitude）：设置输出信号幅度的峰值。
④ 偏移（Offset）：设置输出信号的偏置电压，即设置输出信号中直流成分的大小。
⑤ 设置上升/下降时间（Set Rise/Fall Time）：设置上升沿与下降沿的时间（仅对方波有效）。
⑥ +：表示波形电压信号的正极性输出端。
⑦ -：表示波形电压信号的负极性输出端。
⑧ 公共（Common）：表示公共接地端。

在附图 11 所示的仿真电路中，函数信号发生器用来产生幅值为 10V，频率为 1kHz 的交流信号，并用万用表测量函数信号发生器产生的交流信号。

注意，在附图 11 电路中，函数信号发生器产生的交流信号频率值不能过低，否则万用表无法进行测量。

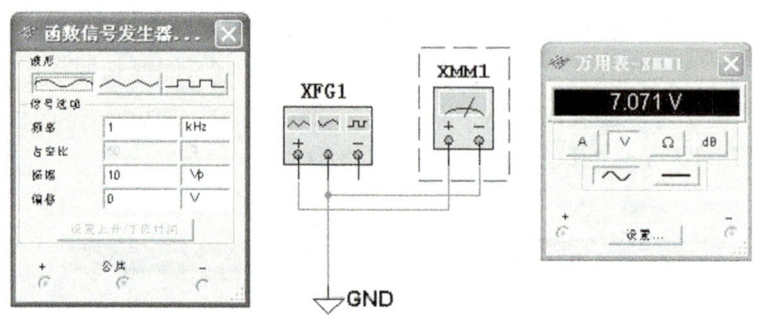

附图 11　函数信号发生器的应用

（3）功率表（Wattmeter）。功率表可以测量电路的交流或直流功率，对于交流电路，还可以测量功率因数。

在仪器仪表栏中选择"功率表"，得到如附图 12 所示的功率表图标 XWM1。双击 XWM1 图标，便可以得到参数设置控制面板（见附图 12 右下图）。该控制面板很简单，主要功能如下所述（图上方的黑色条形框用于显示所测量的功率，即电路的平均功率）：

① 功率因数（Power Factor）：功率因数显示栏。
② 电压（Voltage）：电压的输入端点，从"+"、"-"极接入。
③ 电流（Current）：电流的输入端点，从"+"、"-"极接入。

在附图 12 所示的仿真电路中，用功率表来测量复阻抗的功率及功率因数。电路中使用了一个复阻抗 $Z = R + jX$。其中实部 R 为 250Ω，虚部 X 为 490Ω。单击"仿真/运行"按钮，或者直接按 F5 键即开始仿真。从仿真结果中可以看到，功率表测得有功功率为 39.940W，电路的功率因数为 0.454，电路电流的有效值为 399.894mA。仿真结果的数值与理论计算的数值基本一致。注意，功率因数并没有区分电路的性质是感性还是容性。

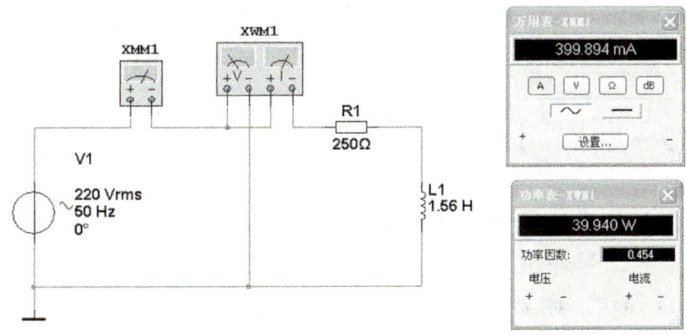

附图 12　RL 仿真电路

（4）示波器（Oscilloscope）。被测量信号的波形主要用示波器（Oscilloscope）来显示并测量，还可以测量被测信号的频率和周期等参数。软件提供了 2 通道和 4 通道示波器。

在仪器仪表栏中选择"示波器"，可得到附图 13 所示的 2 通道示波器图标 XSC1。双击 XSC1 图标，得到参数设置控制面板（见附图 13 右图）。

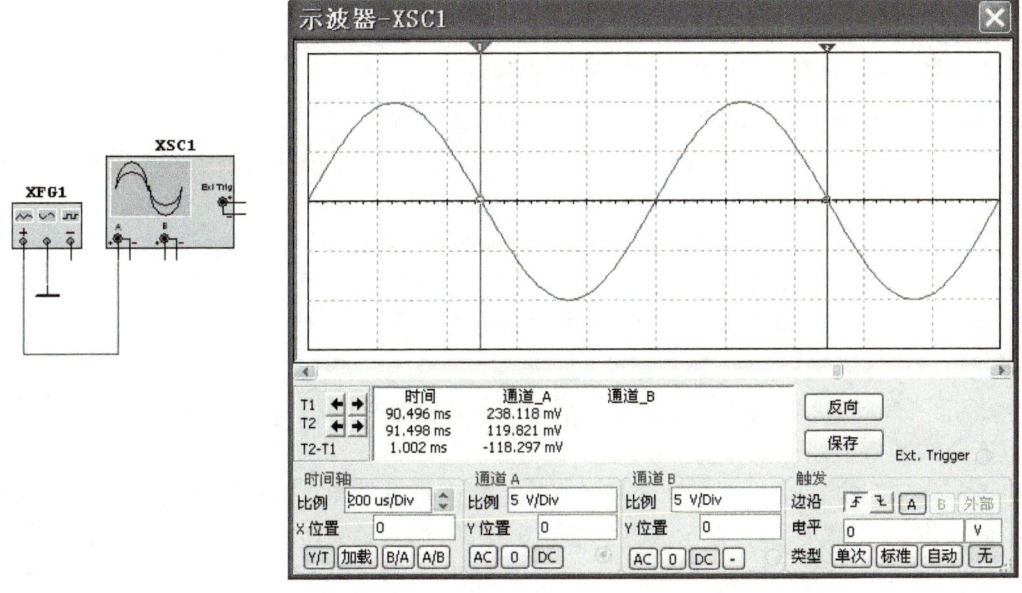

附图 13　示波器图标及参数设置控制面板

示波器的面板控制设置与真实示波器的设置基本一致，一共分成时间轴模块、通道模块和触发模块三个模块。

时间轴（Timebase）模块。主要用来进行时基信号的控制调整。其各部分功能如下所述。

① 比例（Scale）：X 轴刻度选择。控制在示波器显示信号时，横轴每一格所代表的时间。单位为 s/Div。范围为 1fs/Div ~ 1000Ts/Div。

② X 位置（X position）：用来调整时间基准的起始点位置。即控制信号在 X 轴的偏移位置。一般情况下不改变。

③ Y/T：选择 X 轴显示时间刻度且 Y 轴显示电压信号幅度的示波器显示方法。

④ 加载（Add）：选择 X 轴显示时间以及 Y 轴显示的电压信号幅度为 A 通道和 B 通道的输入电压之和。

⑤ B/A：选择将 A 通道信号作为 X 轴扫描信号，B 通道信号幅度除以 A 通道信号幅度后所得信号作为 Y 轴的信号输出。

⑥ A/B：选择将 B 通道信号作为 X 轴扫描信号，A 通道信号幅度除以 B 通道信号幅度后所得信号作为 Y 轴的信号输出。

通道（Channel）模块。用于双通道示波器输入通道的设置：

① 通道 A（Channel A）：A 通道设置。

② 比例（Scale）：Y 轴的刻度选择。控制在示波器显示信号时，Y 轴每一格所代表的电压刻度。单位为 V/Div，范围为 1fV/Div ~ 1000TV/Div。

③ Y 位置（Y position）：用来调整示波器 Y 轴方向的原点。

- AC 方式：滤除显示信号的直流部分，仅仅显示信号的交流部分；
- 0：没有信号显示，输出端接地；
- DC 方式：将直接显示输入的原始信号。

④ 通道 B（Channel B）：B 通道设置；用法同 A 通道设置。

触发（Trigger）模块。用于设置示波器的触发方式：

① 边沿（Edge）：触发边缘的选择设置，有上边沿和下边沿等选择方式。

② 电平（Level）：设置触发电平的大小，该选项表示只有当被显示的信号幅度超过右侧的文本框中的数值时，示波器才能进行采样显示。

③ 类型（Type）：设置触发方式，Multisim 中提供了以下几种触发方式。

- 自动（Auto）：自动触发方式，只要有输入信号就显示波形；
- 单次（Single）：单次脉冲触发方式，满足触发电平的要求后，示波器仅采样一次。每单击"单次"一次产生一个触发脉冲；
- 标准（Normal）：只要满足触发电平要求，示波器就采样显示输出一次。

下面介绍数值显示区的设置。

T1 对应着 T1 的游标指针，T2 对应着 T2 的游标指针。单击 T1 右侧的左右指向的两个箭头，可以将 T1 的游标指针在示波器的显示屏中移动。T2 的使用同理。波形在示波器的屏幕稳定后（可以使用暂停仿真的功能），通过左右移动 T1 和 T2 的游标指针，可以观察到在示波器显示屏下方的条形显示区中，对应显示 T1 和 T2 游标指针的时间和 A/B 波形的幅值。通过这个操作，可以简要地测量 A/B 两个通道的各自波形的周期和某一通道信号的上升和下降时间。在附图 13 中，A、B 表示两个信号输入通道，Ext Trig 表示触发信号输入端，"-"表示示波器的接地端。在 Multisim 中，"-"端不接地也可以使用示波器。

示波器应用举例：在 Multisim 的仿真电路窗口中建立如附图 13 左图所示的仿真电路。将函数信号发生器设置为正弦波发生器，幅值为 10V，频率为 1kHz。仿真结果如附图 13 所示。读者可自行分析波形参数。

同时，示波器里的波形可以通过记录仪来获取。在附图 1 的工具栏中，单击"视图/记录仪"图标,即可打开记录仪,如附图 14 所示。可以按住鼠标左键在记录仪波形的某一部分选择一个长方形区域将波形局部放大,通过多次选取,可以得到合适的波形,如附图 15 所示。单击记录仪工具栏中的"显示光标"图标,即可显示"1""2"两条光标线,如附图 14 所示,移动光标线,可以得到该处的测量值,由此可计算波形的周期和幅值。

另外,单击记录仪工具栏中的"属性"图标,或双击波形坐标轴或坐标值,都可打开"属性"对话框对波形进行有关设置,读者可自行练习。

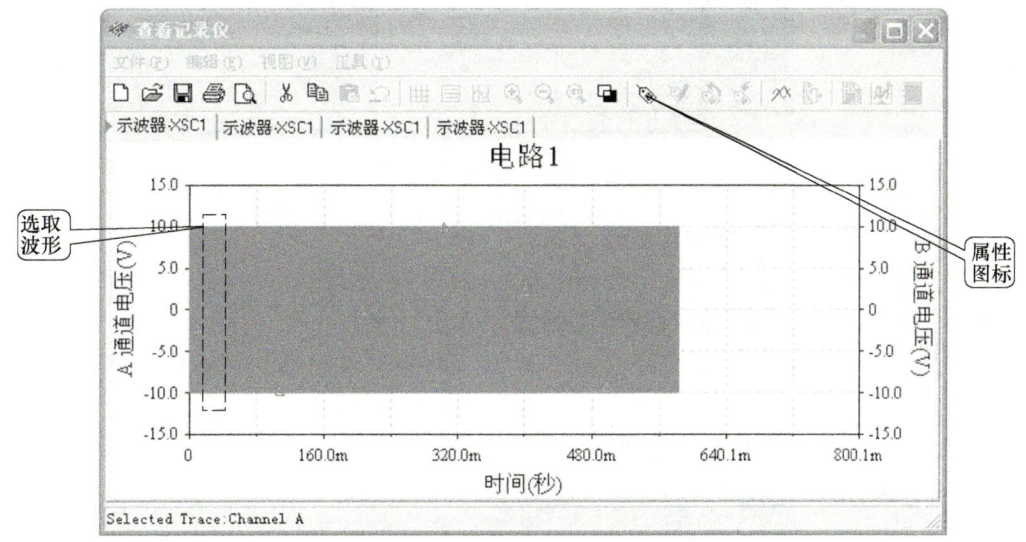

附图 14　记录仪

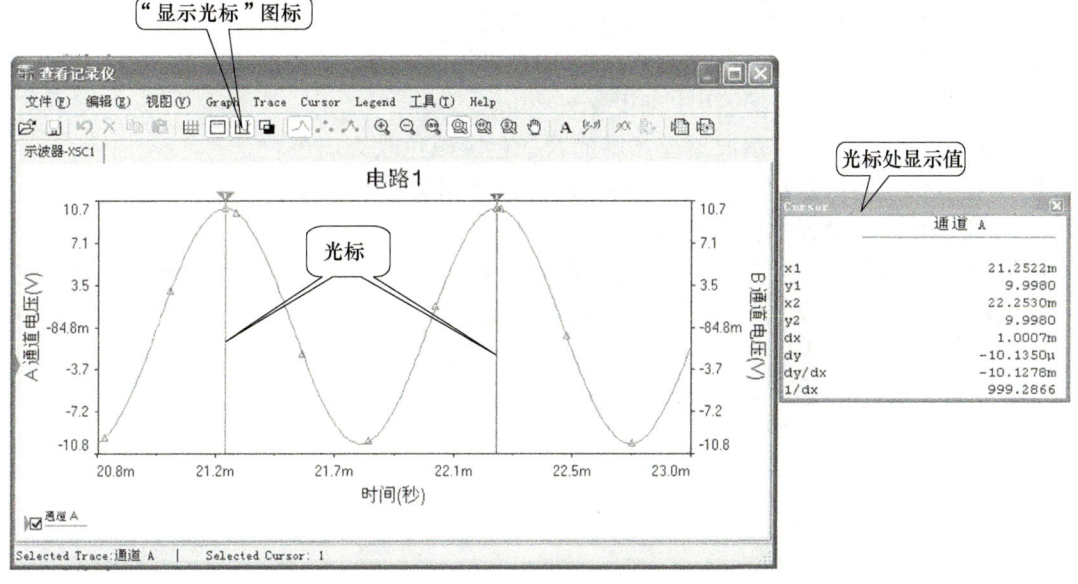

附图 15　波形放大后的记录仪

(5)伯德图示仪(Bode Plotter)。滤波器的频率特性主要用伯德图示仪(Bode Plotter)来测量,电路的幅频特性和相频特性均可测量。

在仪器仪表栏中选择"伯德图示仪",得到如附图 16 所示的伯德图示仪图标 XBP1。双击 XBP1 图标,得到内部参数设置控制面板(见附图 16 右图)。该控制面板中央分为以下四个部分:

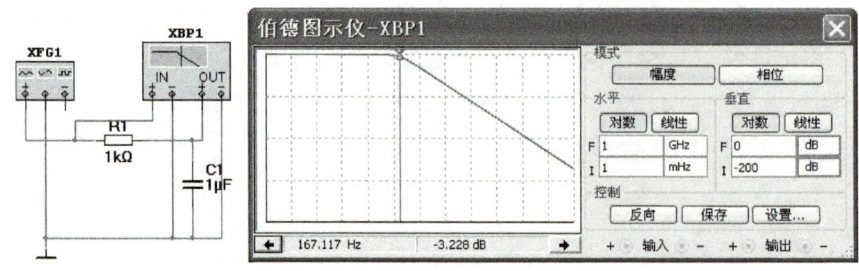

附图 16　伯德图示仪

模式(Mode)区域,是输出方式选择区:
① 幅度(Magnitude):用于显示被测电路的幅频特性曲线。
② 相位(Phase):用于显示被测电路的相频特性曲线。

水平(Horizontal)区域,是水平坐标(X 轴)的频率显示格式设置区,水平轴总是显示频率的数值:
① 对数(Log):水平坐标采用对数的显示格式。
② 线性(Lin):水平坐标采用线性的显示格式。
③ F:水平坐标(频率)的最大值;I:水平坐标(频率)的最小值。

垂直(Vertical)区域,是垂直坐标的设置区:
① 对数(Log):垂直坐标采用对数的显示格式。
② 线性(Lin):垂直坐标采用线性的显示格式。
③ F:垂直坐标(频率)的最大值;I:垂直坐标(频率)的最小值。

控制(Control)区域,是输出控制区:
① 反向(Reverse):将示波器显示屏的背景色由黑色改为白色。
② 保存(Save):保存显示的频率特性曲线及其相关的参数设置。
③ 设置(Set):设置扫描的分辨率。

在伯德图示仪内部参数设置控制面板的最下方有输入(In)和输出(Out)两个按钮。它们分别对应附图 16 中的 IN 和 OUT 两个接口(见附图 16 左图)。IN 是被测量信号输入端口,"+"和"-"信号分别接入被测信号的正端和负端。OUT 是被测量信号输出端口,"+"和"-"信号分别接入仿真电路的正端和负端。

习题参考答案

第 1 章

1.1　$U_{ab} = -20$V

1.2　S 打开时，$V_a = 5$V；S 闭合时，$V_a = 7.5$V

1.3　$V_a = 8$V，$V_b = 6$V

1.4　$P_2 = 50$W，$U_1 = 250$V，$U_2 = 25$V，$U_3 = -200$V，$U_4 = -75$V

1.5　(a) 10W，发出；(b) 30W，吸收；(c) 6W，发出

1.6　$i_A = 10$A，$u_B = 6$V，$i_C = 25$A

1.7　(1) $u = 1000i$；(2) $u = -2 \times 10^{-3} \dfrac{di}{dt}$；(3) $i = 1 \times 10^{-6} \dfrac{du}{dt}$

1.8　$i(t) = \begin{cases} 10 \times 10^{-6}\text{A} & 0 \leqslant t \leqslant 2\text{s} \\ -10 \times 10^{-6}\text{A} & 2 < t \leqslant 4\text{s} \end{cases}$　　$p(t) = \begin{cases} 10^{-5}t\text{W} & 0 \leqslant t \leqslant 2\text{s} \\ -10^{-5}(-t+4)\text{W} & 2 < t \leqslant 4\text{s} \end{cases}$

1.9　$i(1) = 3$A，$i(3) = 9$A，$i(5) = 8$A

1.10　(a) 8V，16W，吸收功率　　(b) -8V，-16W，发出功率
　　　(c) -10V，60W，发出功率　　(d) 5V，-10W，吸收功率
　　　(e) -6V，12W，发出功率　　(f) -10V，20W，吸收功率

1.11　(a) 0.5A，1W；(b) 2A，4W；(c) -1A，-2W；(d) 1A，2W

1.12　(a) $U_1 = 12$V，$P_{3A} = 42$W（发出），$P_{2V} = 6$W（吸收）；(b) $I_2 = 0.5$A，$P_{1A} = 5$W（吸收），$P_{5V} = 7.5$W（发出）

1.13　(a) 3A，24V，$P = 72$W，发出功率；(b) 5V，3A，$P = 15$W，吸收功率

1.14　(a) $U_{ab} = U_S + RI$；(b) $U_{ab} = U_S - RI$；(c) $U_{ab} = -U_S + RI$；
　　　(d) $U_{ab} = -U_S - RI$

1.15　$I_X = -2$A，$U_{ab} = -21$V，$U_{ad} = 8$V，$U_{de} = 25$V

1.16　144V，-8A

1.17　$R_1 = 27\Omega$，$R_2 = 9\Omega$，$R_3 = 4.5\Omega$

1.18　(a) $I = 2$A，$U = 12$V，$P_{4A} = 48$W（发出），$P_{4A} = 48$W（发出）；
　　　(b) $I = -1.5$A，$U = 3$V，$P_{6V} = -9$W（吸收），$P_{18V} = 27$W（发出）

1.19　(a) 2A，12V，-48W；(b) 3A，-6V，-54W

第 2 章

2.1　(a) 12Ω，4Ω；(b) 3Ω，0Ω

2.2　(a) 10Ω；(b) 14Ω

2.3　(a) 30Ω；(b) 1.2Ω

2.4　(a) $R_\triangle = 12\Omega$；(b) $R_{12} = 10\Omega$，$R_{23} = 5\Omega$，$R_{31} = 10\Omega$；

(c) $R_Y = 1\Omega$; (d) $R_1 = 1\Omega$, $R_2 = 1/2\Omega$, $R_3 = 1/3\Omega$

2.5　(a) 2/3A (0.67A); (b) 1A

2.6　$0.3\mu F$, 330V

2.7　(a) 2V, 2Ω; (b) −12V, 9Ω; (c) −3V, 3Ω; (d) 2A, 6Ω

2.8　(a) 4V, 10/3A, 1.2Ω; (b) 5V, 5/3A, 3Ω;
　　(c) 8V, 2A, 4Ω; (d) 1V, 0.5A, 2Ω

2.9　(a) −0.075A; (b) 0.5A

2.10　(a) 2V, 2A; (b) −1.17V, 0.083A

2.11　(a) 4.5Ω; (b) 6.5Ω

2.12　(a) -11Ω; (b) 2.5Ω

2.13　(1) −3.33V, −3A; (2) 6Ω

2.14　$U_S = 1V$, $R_S = 1\Omega$

第3章

3.1　(a) $I_1 = 1.5A$, 发出 $P_{9V} = 13.5W$, 吸收 $P_{3V} = 2.25W$;
　　(b) $I_1 = -2A$, 发出 $P_{20V} = 40W$, 吸收 $P_{1A} = 20W$, 发出 $P_{100V} = 400W$

3.2　$I = -1/3A = -0.33A$, $U = 28/3V = 9.33V$

3.3　$-1 + I_2 + I_6 = 0$　$-I_2 + I_3 + I_4 = 0$　$-I_4 + I_5 - I_6 = 0$　$-4I_3 + 8I_4 + 8I_5 = 20$
　　$-10I_2 - 8I_4 + 2I_6 = -40$

3.4　(a) $30I_{M1} - 20I_{M2} = 4$　$-20I_{M1} + 25I_{M2} - 5I_{M3} = -U$　$-5I_{M2} + 15I_{M3} = -2 + U$
　　　$I_{M3} - I_{M2} = 0.1$
　　(b) $30I_{M1} - 20I_{M2} = 4$　$-20I_{M1} + 30I_{M2} + 10I_{M3} = -2$　$I_{M3} = 0.1$

3.5　$I = 0.625A$

3.6　$U = 7.33V$

3.7　$U = 7V$, $I = 3A$

3.8　$U_{n1} = -5V$, $U_{n2} = -2.5V$, $U_{n3} = 20V$

3.9　$P_{5A} = 1.9W$, 吸收功率

3.10　$P = 34W$, 发出功率

3.11　(a) $U_{n1} = 4V$, $U_{n2} = 1.5V$, $I = 2.5A$; (b) $U_{n1} = 3.6V$, $U_{n2} = 1.6V$, $I = 0.04A$

3.12　$U_o = 2.06V$

3.13　$I_o = -0.375mA$

3.14　$I_1 = 2A$

3.15　$I_X = 5/3A$, $U = 25/3V$

3.16　$I = 3A$, $U = -4V$

3.17　$I_1 + I_2 + I_4 = 0$　$-I_4 + I_5 + I_6 = 0$　$-I_2 + I_3 - I_5 = 0$
　　　$-10I_1 + 4I_4 + 4I_6 = 0$　$20I_3 + 6I_5 - 8I_6 = -20$　$15I_2 - 4I_4 - 6I_5 = -10$

3.18　$I = 5A$

3.19　$I_X = 3A$

3.20　(a) $30I_{M1} - 20I_{M2} = -10 + 4$　$-20I_{M1} + 35I_{M2} = -U + 10$　$8I_{M3} = -2I + U$

$$0.1 = I_{M3} - I_{M2} \qquad I = I_{M1} - I_{M2}$$
(b) $30I_{M1} + 20I_{M2} = -10 + 4 \qquad 20I_{M1} + 43I_{M2} - 8I_{M3} = 2I - 10 \qquad 0.1 = I_{M3}$
$$I = I_{M1} + I_{M2}$$

3.21 $I = 1\text{A}$, $U = 8\text{V}$

3.22 $U_{n1} = 2.4\text{V}$, $U_{n2} = -1\text{V}$, $I = 3.4\text{A}$

第 4 章

4.1 $I = 5/3 = 1.67\text{A}$, $U = 20/3 = 6.67\text{V}$

4.2 4V, 2.67W

4.3 $I = 0$, $U = 48\text{V}$

4.4 $U = -31.5\text{V}$

4.5 $P_{IS1} = 52\text{W}$, $P_{IS2} = 78\text{W}$

4.6 $I_S = 6\text{A}$

4.7 实际各支路电流值见下表，$\dfrac{U_o}{U_S} = \dfrac{2}{63}$

支路电流、节点电压	I_7/A	I_6/A	I_5/A	I_4/A	I_3/A	I_2/A	I_1/A	$U_①$/V	$U_②$/V	$U_③$/V
实际值	3	3	6	3	9	9	18	171	27	9

4.8 $U_{abo} = 1.5\text{V}$, $I_{sc} = 0.75\text{A}$, $R_{eq} = 2\Omega$

4.9 $U_{abo} = 6\text{V}$, $I_{sc} = 2\text{A}$, $R_{eq} = 3\Omega$

4.10 $U_{oc} = 22\text{V}$, $I_{sc} = 11\text{A}$, $R_{eq} = 2\Omega$

4.11 $R = R_{eq} = 4\Omega$, $U_{oc} = 18\text{V}$, $P_{max} = 20.25\text{W}$

4.12 $R = R_{eq} = 6\Omega$, $U_{oc} = 18\text{V}$, $P_{max} = 13.5\text{W}$

4.13 $R = R_{eq} = 10\Omega$, $P_{max} = 44.1\text{W}$

4.14 $U = 4.5\text{V}$, $P = 4.5\text{W}$

4.15 (a) $U_{oc} = 50\text{V}$, $R_{eq} = 38\Omega$, $I_{sc} = 50/38 = 1.32\text{A}$;
     (b) $U_{oc} = 6\text{V}$, $R_{eq} = 5\Omega$, $I_{sc} = 1.2\text{A}$

4.16 (a) $U_{oc} = 5\text{V}$, $R_{eq} = 1\Omega$; (b) $I_{sc} = -7.5\text{A}$, 不存在戴维南等效电路

4.17 $R = R_{eq} = 2.5\Omega$, $U_{oc} = \dfrac{2}{3}\text{V}$, $P_{max} = \dfrac{2}{45}\text{W}$

4.18 $U = 80\text{V}$

4.19 $I = 4\text{A}$

4.20 $R = 2\Omega$

4.21 $R_X = 4.6\Omega$

4.22 $P = -30.72\text{W}$

第 5 章

5.1 $I = 3.54\text{A}$, $U = 5\text{V}$, $f = 50\text{Hz}$, $\varphi = 90°$

5.2 $\dot{I}_1 = 20\angle-30°\text{A}$, $\dot{I}_2 = 10\angle 45°\text{A}$, $\dot{U} = 220\angle 0°\text{V}$

$i_1 = 20\sqrt{2}\cos(314t - 30°)$ A, $i_2 = 10\sqrt{2}\cos(314t + 45°)$ A, $u = 220\sqrt{2}\cos(314t)$ V

5.3　$\dot{I}_1 = 10\angle 53°$ A, $i_1 = 10\sqrt{2}\cos(314t + 53°)$ A

$\dot{I}_2 = 10\angle 127°$ A, $i_2 = 10\sqrt{2}\cos(314t + 127°)$ A

$\dot{I}_3 = 10\angle -127°$ A, $i_3 = 10\sqrt{2}\cos(314t - 127°)$ A

$\dot{I}_4 = 10\angle -53°$ A, $i_4 = 10\sqrt{2}\cos(314t - 53°)$ A

5.4　$I = 0.39$ A, $U_{RL} = 195$ V, $U_R = 39$ V

5.5　$R = 276\Omega$

5.6　$R = 200\Omega$, $C = 27.7\mu F$

5.7　$R = 80\Omega$, $L = 1.38$ H

5.8　(1) (a) $U = 50$ V; (b) $U = 10$ V; (c) $U = 25$ V

(2) (a) $U_1 = 50$ V, $U_2 = 0$; (b) $U_1 = 50$ V, $U_2 = 0$; (c) $U_1 = 0$, $U_2 = 0$, $U_3 = 50$ V

5.9　(a) $Z = (0.5 + j0.5)\Omega$, $Y = (1 - j1)$ S; (b) $Z = 4\Omega$, $Y = 0.25$ S;

(c) $Z = (-1 - j1)\Omega$, $Y = (-0.5 + j0.5)$ S;

(d) $Z = (2 + j2)\Omega$, $Y = (0.25 - j0.25)$ S

5.10　$i = 5\sqrt{2}\cos(\omega t + 15°)$ A, $u_1 = 25\sqrt{2}\cos(\omega t + 52°)$ V,

$u_2 = 30\cos(\omega t + 60°)$ V, $u_3 = 25\sqrt{2}\cos(\omega t + 68°)$ V

5.11　$u = 100\sqrt{2}\cos(\omega t - 30°)$ V, $i_1 = 10\cos(\omega t - 75°)$ A, $i_2 = 10\cos(\omega t + 15°)$ A

5.12　$I = 14.14$ A, $X_L = 5\sqrt{2}\Omega$, $R_2 = X_C = 10\sqrt{2}\Omega$

5.13　7.07 V

5.14　作相量模型的电路，如题 5.14 解图所示。

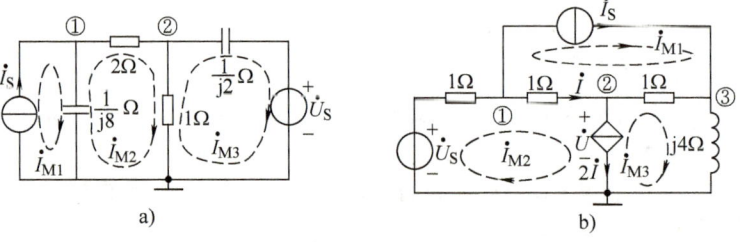

题 5.14 解图

(a) 网孔电流法，设网孔电流如题 5.14 解图 a 所示，则有

$\dot{I}_{M1} = \dot{I}_S$, $-\dfrac{1}{j8}\dot{I}_{M1} + \left(2 + 1 + \dfrac{1}{j8}\right)\dot{I}_{M2} - \dot{I}_{M3} = 0$, $-\dot{I}_{M2} + \left(1 + \dfrac{1}{j2}\right)\dot{I}_{M3} = -\dot{U}_S$

节点电压法: $\left(j8 + \dfrac{1}{2}\right)\dot{U}_{n1} - \dfrac{1}{2}\dot{U}_{n2} = \dot{I}_S$, $-\dfrac{1}{2}\dot{U}_{n1} + \left(\dfrac{1}{2} + 1 + j2\right)\dot{U}_{n2} = \dot{U}_{n2} \times j2$

(b) 网孔电流法，设网孔电流及受控电源端电压如题 5.14 解图 b 所示，则有

$\dot{I}_{M1} = \dot{I}_S$, $-\dot{I}_{M1} + (1+1)\dot{I}_{M2} = -\dot{U} + \dot{U}_S$, $-\dot{I}_{M1} + (1 + j4)\dot{I}_{M3} = \dot{U}$

补充: $2\dot{I} = \dot{I}_{M2} - \dot{I}_{M3}$, $\dot{I} = \dot{I}_{M2} - \dot{I}_{M1}$

节点电压法: $(1+1)\dot{U}_{n1} - \dot{U}_{n2} = \dot{U}_S - \dot{I}_S$, $-\dot{U}_{n1} + (1+1)\dot{U}_{n2} - \dot{U}_{n3} = -2\dot{I}$, $-\dot{U}_{n2} +$

$(1+j4)\dot{U}_{n3} = \dot{I}_S$

5.15 $\dot{I} = \sqrt{2}\angle -45°\text{A}$

5.16 $\dot{U}_{oc} = 8.84\angle 8.1°\text{V}, Z_{eq} = 0.87 + j5.13 = 5.2\angle 80.4°\Omega$

5.17 （1）5.05A；（2）357W；（3）0.707

5.18 （1）19.8A；（2）1400W；（3）0.707

5.19 $R = 6\Omega, C = 0.0125\text{F}$

5.20 $i = 20\cos(t - 135°)\text{A}, P = 200\text{W}$

5.21 $I = 11\text{A}, I_1 = 15.56\text{A}, I_2 = 11\text{A}, U = 220\text{V}, R = 10\Omega, C = 159\mu\text{F}, L = 0.032\text{H}$

5.22 $P = 1320\text{W}, Q = 440\text{var}, S = 1391\text{V}\cdot\text{A}, I = 13.91\text{A}$

5.23 $S = 9.51\text{V}\cdot\text{A}, \cos\varphi = 0.93$

5.24 （1）2.65A，0.76；（2）11.1μF，2.22A

5.25 0.5，0.85

5.26 $Z = (0.4 + j0.8)\Omega$，最大功率为1W

5.27 $Z = (0.5 + j0.5)\Omega$，最大功率为1W；负载为RL串联，$R = 0.5\Omega, L = 0.5\text{H}$

5.28 $Z_L = (1+j)\Omega, P_{Lmax} = 1.25\text{W}$

第6章

6.1 $Z_{ab} = (8 + j19)\Omega$

6.2 （1）$k = 0.875$；（2）$P_{R1} = 29.04\text{W}, P_{R2} = 48.4\text{W}$

6.3 （1）a、c 为同名端；（2）$M = 0.035\text{H}$

6.4 （a）1、3、5 为同名端；（b）1、3、6 为同名端

6.5 A、b 为同名端

6.6 反串：$Z_{in} = 263.22\angle 40.55°\Omega, i = 0.76\sqrt{2}\cos(314t - 4.55°)\text{A}$

顺串：$Z_{in} = 513.15\angle 67.06°\Omega, i = 0.429\sqrt{2}\cos(314t - 31.06°)\text{A}$

6.7 $Z_{in} = 8.59\angle 65.22°\Omega$

6.8 $Z_{in} = 200\sqrt{2}\angle 45°\Omega$

6.9 $\dot{I}_1 = 5.71\angle -35.89°\text{A}, \dot{I}_2 = 3.85\angle -27.03°\text{A}, \dot{I}_3 = \sqrt{2}\angle -53.13°\text{A}$

6.10 $\dot{U}_{ab} = 4\angle 0°\text{V}$

6.11 $C = 133.3\mu\text{F}, Z_{ab} = 3\Omega$

6.12 S 断开：$\dot{I} = 1.52\angle 14.04°\text{A}$；S 闭合：$\dot{I} = 7.8\angle -51.48°\text{A}$

6.13 $\dot{U}_{oc} = 20\angle 90°\text{V}, Z_{eq} = 111.8\angle -63.43°\text{V}$

6.14 $Z_L = (0.4 - j4.6)\Omega, P_{max} = 20\text{W}$

6.15 $\dot{I}_1 = 4.51\angle -61.47°\text{A}, \dot{I}_2 = 0.451\angle -61.47°\text{A}, \dot{U}_2 = 35.22\angle -101.3°\text{V}$

6.16 $\dot{U}_2 = 40\angle 0°\text{V}$

6.17 $n = 20, P_{max} = 56.25\text{mW}$

第7章

7.1 $R = 10\Omega, L = 0.1\text{H}, C = 10\mu\text{F}$

7.2 $U_S = 20$V, $Q = 10$

7.3 $R = 1.5\Omega$, $L = 0.016$H, $Q = 26.67$

7.4 $R = 10\Omega$, $L = 79.6\mu$H, $C = 318$pF, $Q = 50$

7.5 $L = 39.8$mH, $C = 6.37 \times 10^{-9}$F

7.6 (1) $I_0 = 2$A, $\omega_0 = 1000$rad/s；(2) I 减小；(3) $Q = 200$

7.7 $C = 497$pF, $Q = 100.5$。可用串电阻 $R' = R = 50\Omega$ 时可使 Q 值减小为原 Q 值的 $1/2$。

7.8 (1) $f_0 = 159.2$Hz, $I_0 = 0.01$A, $U_{C0} = 2$V, $U_{RL0} = 2.02$V
(2) $I = 5.5$mA, $U_C = 1$V, $U_{RL} = 1.22$V

7.9 (1) $\omega_0 = 3162.3$rad/s
(2) $i_{10} = 2\cos(\omega t)$A, $i_{20} = \cos(\omega t)$A, $i_0 = 3\cos(\omega t)$A

7.10 $L = 0.3$mH, $C = (32.8 \sim 295)$pF

7.11 (1) $\omega_0 = 2108.2$rad/s, $Q = 21.08$
(2) $I_0 = 0.2$A, $U_{R0} = 10$V, $U_{L0} = U_{C0} = 210.8$V
(3) $W = 0.02$J

7.12 $C = 16\mu$F, $I_R = 1$A, $U = 150$V, $I_C = I_L = 6$A

7.13 $C_1 = \dfrac{1}{\omega^2 L}$

7.14 $f_0 \approx 10065.8$Hz, $Q = 158.1$, $Z(j\omega_0) \approx 250$kΩ

7.15 (1) $R = 5\Omega$, $L = 0.5$mH, $C = 2 \times 10^{-9}$F
(2) $I_0 = 1$mA, $U_0 = 50$V, $P_{max} = 0.05$W

第 8 章

8.1 $u_B = 380\cos(314t - 90°)$V, $u_C = 380\cos(314t + 150°)$V

8.2 416V

8.3 $Z = 100\angle 36.9°\Omega = (80 + j60)\Omega$

8.4 $\dot{I}_A = 2.2\angle -53°$A, $\dot{I}_B = 2.2\angle -173°$A, $\dot{I}_C = 2.2\angle 67°$A

8.5 $\dot{I}_A = 13.2\angle -36.9°$A, $\dot{I}_{AB} = 7.62\angle -6.9°$A

8.6 3.43A, 356V

8.7 15.56A, 8.98A, 269.5V

8.8 有中性线时，$\dot{I}_A = 22\angle 0°$A, $\dot{I}_B = 22\angle 150°$A, $\dot{I}_C = 22\angle -150°$A, $\dot{I}_N = 16.11\angle 180°$A

无中性线时，$\dot{I}_A = 38.11\angle 0°$A, $\dot{I}_B = 19.72\angle -165°$A, $\dot{I}_C = 19.72\angle -165°$A

8.9 $\dot{I}_{AB} = 38\angle 0°$A, $\dot{I}_{BC} = 38\angle -173°$A, $\dot{I}_{CA} = 38\angle 157°$A, $\dot{I}_A = 74.5\angle -11.6°$A, $\dot{I}_B = 75.8\angle -176.5°$A, $\dot{I}_C = 19.8\angle 82.2°$A

8.10 $P = 3495$W, $Q = 4646.4$var, $S = 5808$V·A

8.11 $I_L = 11$A, $P = 5808$W, $Q = 4356$var, $S = 7260$V·A

8.12 $R = 30.4\Omega$, $X_L = 22.8\Omega$

8.13 负载接成星形时，$P = 8712$W；负载接成三角形时，$P = 25992$W

8.14 $I_L = 15.17$A

8.15　$I_L = 22.67\text{A}$

8.16　$U_L = 380\text{V}$, $S = 3950\text{V}\cdot\text{A}$, $Z = 109.7\angle 36.9°\Omega$

8.17　$P_1 = 1019\text{W}$, $P_2 = 7695\text{W}$

8.18　$Z = 36.2\angle 60°\Omega = (18.1 + \text{j}31.4)\Omega$

8.19　$Q = 6928\text{var}$

第 9 章

9.1　$f(t) = 0.5 + \sum_{k=1}^{\infty}\dfrac{A_m}{k\pi}\sin(k\omega_1 t)$

9.2　$I = 1.57\text{A}$, $P = 73.95\text{W}$

9.3　(1) $U = 81.01\text{V}$, $I = 58.74\text{mA}$；(2) $P = 3.42\text{W}$

9.4　$i = [0.2 + 0.303\sqrt{2}\cos(\omega t - 72.34°) + 0.0302\sqrt{2}\cos(3\omega t - 83.94°)]\text{A}$
　　$u_R = [20 + 30.3\sqrt{2}\cos(\omega t - 72.34°) + 3.02\sqrt{2}\cos(3\omega t - 83.94°)]\text{V}$

9.5　$i_R = [160 + 23.38\sqrt{2}\cos(\omega t + 160.5°) + 0.203\sqrt{2}\cos(5\omega t + 176.3°)]\text{mA}$

9.6　$C_2 = 1\text{F}$, $C_1 = \dfrac{1}{3}\text{F}$, $u = [2\cos t + 1.5\cos(2t)]\text{V}$

9.7　$L_1 = 1\text{H}$, $L_2 = \dfrac{1}{8}\text{H}$

9.8　$u = [4 + 10\sqrt{2}\cos(t + 45°)]\text{V}$

9.9　$u_R = [1 + \sqrt{2}\cos(2t - 23.13°) + \sqrt{2}\cos(1.5t + 45°)]\text{V}$
　　$P = [3\times 1 + 5\times 1\cos(30 - 23.13°)]\text{W} = 6\text{W}$

9.10　$i = [2 + 18.97\sqrt{2}\cos(\omega t - 18.43°) + 4.3\sqrt{2}\cos(3\omega t + 24°)]\text{A}$
　　$i_1 = [6\sqrt{2}\cos(\omega t + 53.13°) + 3.04\sqrt{2}\cos(3\omega t + 69°)]\text{A}$
　　$i_2 = [2 + 18\sqrt{2}\cos(\omega t - 36.87°) + 3.04\sqrt{2}\cos(3\omega t - 21°)]\text{A}$
　　$P = 1220.2\text{W}$

9.11　$P_{uS} = 0.4\text{W}$, $P_{iS} = 32.49\text{W}$

9.12　$u = [10\sqrt{2}\cos(100t + 55°) + 4\sqrt{5}\cos(200t + 76.57°)]\text{V}$

9.13　(1) $R = 10\Omega$, $L = 31.9\text{mH}$, $C = 318\mu\text{F}$
　　(2) $\psi_{i3} = -99.48°$
　　(3) $P = 515.8\text{W}$

9.14　$I_1 = 4.927\text{A}$, $I_2 = 1.178\text{A}$

第 10 章

10.1　$i_{L1}(0_+) = 1\text{A}$, $u_{C1}(0_+) = 8\text{V}$, $i_{L2}(0_+) = 1\text{A}$, $u_{C2}(0_+) = 8\text{V}$, $i_{R1}(0_+) = 0$,
　　$i_{R2}(0_+) = 2\text{A}$

10.2　$i_L(0_+) = 2\text{mA}$, $u_C(0_+) = 4\text{V}$, $u_L(0_+) = 0$, $i_{R1}(0_+) = 2\text{mA}$, $i_{R2}(0_+) = 1\text{mA}$,
　　$i_C(0_+) = -1\text{mA}$

10.3 $u_C(0_+) = 4.8\text{V}$, $i_1(0_+) = 3\text{A}$, $i_2(0_+) = -2.4\text{A}$, $i_3(0_+) = 1.2\text{A}$, $i_C(0_+) = -3.6\text{A}$

10.4 $i_L(0_+) = 1\text{A}$, $i(0_+) = 3\text{A}$, $i_S(0_+) = 2\text{A}$, $u_L(0_+) = -4\text{V}$

10.5 $i_L(0_+) = 2\text{A}$, $u_C(0_+) = 24\text{V}$, $u(0_+) = -8\text{V}$

10.6 $\tau = 2\mu\text{s}$

10.7 $\tau = 0.25\text{s}$

10.8 $u_C(t) = (8 - 4e^{-12.5t})\text{V} \quad (t \geq 0_+)$

10.9 $u_C(t) = (120 - 80e^{-1000t})\text{V} \quad (t \geq 0_+)$

10.10 $u_C(t) = 60e^{-100t}\text{V}$, $i_1 = 0.012e^{-100t}\text{A} \quad (t \geq 0_+)$

10.11 $i_1(t) = (2 - e^{-2t})\text{A}$, $i_2(t) = (2e^{-2t} - 3)\text{A} \quad (t \geq 0_+)$

10.12 $u_C(t) = (-5 + 15e^{-10t})\text{V} \quad (t \geq 0_+)$

10.13 $u_{R3}(t) = (4 + 2e^{-5000t})\text{V} \quad (t \geq 0_+)$

10.14 $u(t) = (-12 + 3.6e^{-5t})\text{V} \quad (t \geq 0_+)$

10.15 $u_C(t) = (4 + 0.8e^{-t})\text{V} \quad (t \geq 0_+)$

10.16 $i_L(t) = (1 + 4e^{-25t})\text{A} \quad (t \geq 0_+)$

10.17 $i_L(t) = (5 + e^{-3t})\text{A} \quad (t \geq 0_+)$

10.18 (1) $u_C(t) = (7.2 - 1.2e^{-31.255t})\text{V} \quad (t \geq 0_+)$; (2) $U_{S2} = 6\text{V}$

10.19 $u_C(t) = 15e^{-625t}\text{V} \quad (t \geq 0_+)$

10.20 $i(t) = [2.121\cos(200t - 15°) + 0.133e^{-200t}]\text{A} \quad (t \geq 0_+)$
$u(t) = [271.6\cos(200t - 36.34°) + 41e^{-200t}]\text{V} \quad (t \geq 0_+)$

10.21 $i(t) = -0.12e^{-10t}\text{A}$, $u(t) = 0.72e^{-10t}\text{V} \quad (t \geq 0_+)$

10.22 $u_L(t) = -24e^{-2t}\text{V} \quad (t \geq 0_+)$, $W_{R2}(t) = 3\text{J}$

10.23 $i(t) = e^{-16t}\text{A} \quad (t \geq 0_+)$

10.24 $u_L(t) = -30e^{-3t}\text{V} \quad (t \geq 0_+)$

10.25 $i(t) = (12 + 18e^{-15t})\varepsilon(t)\text{mA}$

10.26 (1) $u_C(t) = 12(1 - e^{-50t})\varepsilon(t)\text{V}$, $i_C(t) = 6e^{-50t}\varepsilon(t)\text{mA}$
(2) $u_C(t) = 200e^{-50t}\varepsilon(t)\text{V}$, $i_C(t) = [2\delta(t) - 100e^{-50t}\varepsilon(t)]\text{mA}$

10.27 (1) $R \leq \dfrac{1}{2}\sqrt{\dfrac{L}{C}}$ 时，电路为非振荡过渡过程，$R > \dfrac{1}{2}\sqrt{\dfrac{L}{C}}$ 时，电路为振荡过渡过程

(2) $i_L(t) = 200te^{-100t}\text{A} \quad (t \geq 0_+)$

10.28 $u_C(t) = (-11.71e^{-27.64t} + 1.71e^{-72.36t} + 30)\text{V}$, $i_L(t) = (0.324e^{-27.64t} - 0.124e^{-72.36t})\text{A} \quad (t \geq 0_+)$

10.29 $i_L(t) = (-e^{-1.67t} + e^{-5t})\text{A} \quad (t \geq 0_+)$

10.30 $u_C(t) = (-820e^{-0.2t} + 810e^{-0.8t} + 20)\text{V} \quad (t \geq 0_+)$

第 11 章

11.1 $L[t\varepsilon(t)] = \dfrac{1}{s^2}$, $L[te^{-\alpha t}\varepsilon(t)] = \dfrac{1}{(s+\alpha)^2}$

习题参考答案

11.2　$F_2(s) = \dfrac{A(as^2 + bs + c)}{s^2(s\tau + 1)}$

11.3　(1) $F(s) = \dfrac{s}{(s+\alpha)^2}$　　　　　　　　　(2) $F(s) = \dfrac{1}{s^3}$

　　　(3) $F(s) = 3\mathrm{e}^{-2s} - \dfrac{5}{s+10}$　　　　　(4) $F(s) = \dfrac{\omega}{(s+\alpha)^2 + \omega^2}$

　　　(5) $F(s) = \dfrac{1}{s}\mathrm{e}^{-s} + \dfrac{1}{s^2}\mathrm{e}^{-s} - \dfrac{2}{s}\mathrm{e}^{-2s} - \dfrac{1}{s^2}\mathrm{e}^{-2s}$　(6) $F(s) = \dfrac{s+\alpha}{(s+\alpha)^2 + \omega^2}$

11.4　(1) $f(t) = -3\mathrm{e}^{-2t} + 5\mathrm{e}^{-3t}$

　　　(2) $f(t) = \delta'(t) + 2\delta(t) + 2\mathrm{e}^{-t} - \mathrm{e}^{-2t}$

　　　(3) $f(t) = \dfrac{3}{\sqrt{5}}\mathrm{e}^{-t}\cos(\sqrt{5}t - 90°) = \dfrac{3}{\sqrt{5}}\mathrm{e}^{-t}\sin(\sqrt{5}t)$

　　　(4) $f(t) = 0.25 + 0.75\mathrm{e}^{-2t} + 1.5t\mathrm{e}^{-2t}$

　　　(5) $f(t) = -3 - 3\mathrm{e}^{-2t} + 3t$

　　　(6) $f(t) = -\mathrm{e}^{-t} - 3\mathrm{e}^{-2t} + 9\mathrm{e}^{-4t}$

11.5　(a) $Z_i = 5 - \dfrac{46s + 4}{6s^2 + 12s + 1}$;　　(b) $Y_i = s + \dfrac{2}{s+5}$

11.6　$u_C(t) = 20\mathrm{e}^{-500t}\mathrm{V}$　$(t \geq 0_+)$

11.7　$i_1(t) = (2 - \mathrm{e}^{-2t})\mathrm{A}$,　$i_2(t) = (-3 + 2\mathrm{e}^{-2t})\mathrm{A}$　$(t \geq 0_+)$

11.8　$i(t) = -1.2\mathrm{e}^{-10t}\mathrm{A}$,　$u_C(t) = (12 - 6\mathrm{e}^{-10t})\mathrm{V}$　$(t \geq 0_+)$

11.9　$u_L(t) = -30\mathrm{e}^{-3t}\mathrm{V}$　$(t \geq 0_+)$

11.10　$u_L(t) = [4.57\mathrm{e}^{-12.5t} + 5.3\cos(10t + 45°)]\mathrm{V}$　$(t \geq 0_+)$

11.11　$i_L(t) = (5 + 1500t\mathrm{e}^{-200t})\mathrm{A}$　$(t \geq 0_+)$

11.12　$i_L(t) = \left(\dfrac{2}{3} - 2\mathrm{e}^{-2t} + \dfrac{4}{3}\mathrm{e}^{-3t}\right)\mathrm{A}$,　$u_C(t) = \left(\dfrac{2}{3} - 4\mathrm{e}^{-2t} + 2\mathrm{e}^{-3t}\right)\mathrm{V}$　$(t \geq 0_+)$

11.13　$i_{L1}(t) = \varepsilon(t)\mathrm{A}$,　$u_{L1}(t) = -\delta(t)\mathrm{V}$

11.14　$i_L(t) = (2\mathrm{e}^{-10t} + 20t\mathrm{e}^{-10t})\mathrm{A}$,　$u_C(t) = (30 - 20\mathrm{e}^{-10t} - 100t\mathrm{e}^{-10t})\mathrm{V}$　$(t \geq 0_+)$

11.15　$u_C(t) = (6.16\mathrm{e}^{-1.44t} - 0.16\mathrm{e}^{-5.56t})\mathrm{V}$,　$i_L(t) = (1.57\mathrm{e}^{-1.44t} + 1.92\mathrm{e}^{-5.56t})\mathrm{A}$　$(t \geq 0_+)$

11.16　$i(t) = [(0.66\mathrm{e}^{-10t} - 0.67\mathrm{e}^{-40t} + 0.05\cos(t + 82.9°)]\mathrm{A}$　$(t \geq 0_+)$

11.17　$i_1(t) = (3.33 - 3.33\mathrm{e}^{-0.6t} - 3.33\mathrm{e}^{-3t})\mathrm{A}$,　$i_2(t) = (-3.33\mathrm{e}^{-0.6t} + 3.33\mathrm{e}^{-3t})\mathrm{A}$　$(t \geq 0_+)$

11.18　(1) $u_C(t) = \dfrac{50}{7}(1 - \mathrm{e}^{-35t})\varepsilon(t)\mathrm{V}$,　$i_C(t) = 2.5\mathrm{e}^{-35t}\varepsilon(t)\mathrm{mA}$

　　　(2) $u_C(t) = 125\mathrm{e}^{-35t}\varepsilon(t)\mathrm{V}$,　$i_C(t) = [1.25\delta(t) - 43.75\mathrm{e}^{-35t}\varepsilon(t)]\mathrm{mA}$

11.19　$u(t) = [60\delta(t) - 1800\mathrm{e}^{-90t}\varepsilon(t)]\mathrm{V}$　　$i_L(t) = 60\mathrm{e}^{-90t}\varepsilon(t)\mathrm{A}$

11.20　$i_C(t) = (1.25\mathrm{e}^{-2t} - 2.25\mathrm{e}^{-10t})\varepsilon(t)\mathrm{A}$

第 12 章

12.1　$\mathbf{Z} = \begin{pmatrix} 3R & 2R \\ -7R & -3R \end{pmatrix}$

12.2 $\mathbf{Z} = \begin{pmatrix} 30-\text{j}40 & -\text{j}40 \\ -\text{j}40 & \text{j}20 \end{pmatrix}\Omega$

12.3 $\mathbf{Y} = \begin{pmatrix} 0.25 & -0.2 \\ -0.2 & 0.27 \end{pmatrix}\text{S}$

12.4 $\mathbf{Z} = \begin{pmatrix} R-\text{j}\dfrac{1}{\omega C_1} & R \\ R & R-\text{j}\dfrac{1}{\omega C_2} \end{pmatrix}$ $\mathbf{T} = \begin{pmatrix} 1-\text{j}\dfrac{1}{\omega RC_1} & -\dfrac{1+\text{j}\omega R(C_1+C_2)}{\omega^2 RC_1 C_2} \\ \dfrac{1}{R} & 1-\text{j}\dfrac{1}{\omega RC_2} \end{pmatrix}$

12.5 $\mathbf{Y} = \begin{pmatrix} \dfrac{1}{R}-\text{j}\dfrac{1}{\omega L} & -\dfrac{n}{R} \\ -\dfrac{n}{R} & \text{j}\omega C + \dfrac{n^2}{R} \end{pmatrix}$

12.6 $\mathbf{T} = \begin{pmatrix} \dfrac{5}{3} & 2\Omega \\ \dfrac{1}{3}\text{S} & 1 \end{pmatrix}$

12.7 $\mathbf{H} = \begin{pmatrix} Z_2 & \dfrac{1.5 Z_2}{Z_1 - 2Z_3} \\ 0 & \dfrac{1}{Z_1 - 2Z_3} \end{pmatrix}$

12.8 (1) $R_L = 5\Omega$, $P_{\max} = 7.2\text{W}$

(2) $R_{in} = 5.273\Omega$, $I_1 = 3.3\text{A}$

12.9 $\dot{U}_{oc} = \text{j}3\sqrt{2}\text{V}$, $Z_{eq} = 6.4\Omega$, $u_L = 2.25\sqrt{2}\cos(2t + 148°)\text{V}$

12.10 (1) $Z_L = (2-\text{j}0.12)\Omega$, $P_{\max} = 0.125\text{W}$

(2) $Z_{in} = 2.29\angle 14.95°\Omega$, $\dot{I}_1 = 2.25\angle -1.52°\text{A}$

12.11 $I_1 = 1.8\text{A}$, $I_2 = -0.25\text{A}$

12.12 (1) $u_2(t) = \left(\dfrac{1}{7} + \dfrac{1}{3}\text{e}^{-2t} - \dfrac{10}{21}\text{e}^{-3.5t}\right)\varepsilon(t)\text{V}$

(2) $u_2(t) = 1.902\cos(3t + 34.66°)\text{V}$

12.13 $\mathbf{T} = \begin{pmatrix} 3 & 4\Omega \\ 8\text{S} & 11 \end{pmatrix}$

12.14 $u_C(t) = (6 + 4\text{e}^{-2.5t})\text{V}$ $(t \geqslant 0_+)$

12.15 $i_2(t) = [0.5 + 0.25\sqrt{2}\cos(3\omega t)]\text{A}$

12.16 $\mathbf{T} = \begin{pmatrix} \dfrac{r}{Z_2} & r \\ \dfrac{1}{r} + \dfrac{Z_1}{rZ_2} & \dfrac{Z_2}{r} \end{pmatrix}$

第 13 章

13.1 (a) 基本回路：$l_1:\{1,2,4\}$，$l_2:\{2,3,5\}$，$l_3:\{1,3,6\}$

基本割集：$Q_1:\{1, 4, 6\}$, $Q_2:\{2, 4, 5\}$, $Q_3:\{3, 5, 6\}$

$$\boldsymbol{A} = \begin{pmatrix} 1 & 1 & 1 & 0 & 0 & 0 \\ -1 & 0 & 0 & -1 & 0 & 1 \\ 0 & -1 & 0 & 1 & 1 & 0 \end{pmatrix} \quad \boldsymbol{B} = \begin{pmatrix} -1 & 1 & 0 & 1 & 0 & 0 \\ 0 & -1 & -1 & 0 & 1 & 0 \\ 1 & 0 & -1 & 0 & 0 & 1 \end{pmatrix}$$

(b) 基本回路：$l_1:\{1, 2, 5, 6\}$, $l_2:\{2, 3, 5\}$, $l_3:\{4, 5, 6\}$

基本割集：$Q_1:\{1, 2, 3\}$, $Q_2:\{1, 3, 4, 5\}$, $Q_3:\{1, 4, 6\}$

$$\boldsymbol{A} = \begin{pmatrix} 1 & 1 & 1 & 0 & 0 & 0 \\ 0 & -1 & 0 & 1 & 1 & 0 \\ 0 & 0 & -1 & 0 & -1 & -1 \end{pmatrix} \quad \boldsymbol{B} = \begin{pmatrix} 1 & -1 & 0 & 0 & -1 & -1 \\ 0 & -1 & 1 & 0 & -1 & 0 \\ 0 & 0 & 0 & 1 & -1 & 1 \end{pmatrix}$$

13.2 $\boldsymbol{A} = \begin{pmatrix} -1 & -1 & 0 & -1 & 0 & -1 & 0 \\ 0 & 0 & 1 & 1 & 1 & 0 & 0 \\ 0 & 0 & 0 & 0 & -1 & 1 & 1 \end{pmatrix} \quad \boldsymbol{B} = \begin{pmatrix} 1 & 0 & 1 & -1 & 0 & 0 & 0 \\ 0 & 1 & 1 & -1 & 0 & 0 & 0 \\ 0 & 0 & 0 & -1 & 1 & 1 & 0 \\ 0 & 0 & -1 & 0 & 1 & 0 & 1 \end{pmatrix}$

13.3 (1) $\boldsymbol{A} = \begin{pmatrix} -1 & 1 & 1 & 0 & 0 & 0 \\ 0 & -1 & 0 & -1 & -1 & 0 \\ 0 & 0 & -1 & 0 & 1 & -1 \end{pmatrix}$

(2) $\begin{pmatrix} 5 & -1 & -2 \\ -1 & 5 & -3 \\ -2 & -3 & 6 \end{pmatrix} \begin{pmatrix} U_1 \\ U_2 \\ U_3 \end{pmatrix} = \begin{pmatrix} 2 \\ 0 \\ 1 \end{pmatrix}$

13.4 $\begin{pmatrix} 3 & -2 & 0 \\ -2 & 9 & -4 \\ 0 & -4 & 9 \end{pmatrix} \begin{pmatrix} U_1 \\ U_2 \\ U_3 \end{pmatrix} = \begin{pmatrix} 2 \\ 6 \\ -2 \end{pmatrix}$

13.5 (1) $\boldsymbol{A} = \begin{pmatrix} -1 & -1 & -1 & 0 & 0 & 0 \\ 0 & 0 & 1 & 1 & 0 & 1 \\ 0 & 1 & 0 & 1 & -1 & 0 \end{pmatrix}$

(2) $\begin{pmatrix} \dfrac{1}{R_1} + j\omega C_2 + \dfrac{1}{R_3} & -\dfrac{1}{R_3} & -j\omega C_2 \\ -\dfrac{1}{R_3} & \dfrac{1}{R_3} + \dfrac{1}{R_4} + \dfrac{1}{j\omega L_6} & -\dfrac{1}{R_4} \\ -j\omega C_2 & -\dfrac{1}{R_4} & \dfrac{1}{R_4} + \dfrac{1}{R_5} + j\omega C_2 \end{pmatrix} \begin{pmatrix} \dot{U}_1 \\ \dot{U}_2 \\ \dot{U}_3 \end{pmatrix} = \begin{pmatrix} \dfrac{\dot{U}_S}{R_1} \\ 0 \\ 0 \end{pmatrix}$

13.6 $\begin{pmatrix} 1 & j \\ j & 1 \end{pmatrix} \begin{pmatrix} \dot{U}_{n1} \\ \dot{U}_{n2} \end{pmatrix} = \begin{pmatrix} 6 \\ 8\angle 45° \end{pmatrix}$

13.7 (1) $\boldsymbol{B} = \begin{pmatrix} 0 & 0 & 1 & 1 & 1 & 0 & 0 \\ 0 & 1 & -1 & 0 & 0 & 1 & 0 \\ 1 & 1 & -1 & -1 & 0 & 0 & 1 \end{pmatrix}$

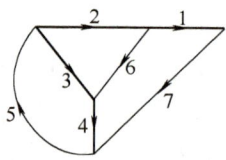

题 13.7 的有向图

(2) $\begin{pmatrix} R_3+R_4+R_5 & -R_3 & -R_4 \\ -R_3 & R_2+R_3+R_6 & R_2+R_3 \\ -R_4 & R_2+R_3 & R_1+R_2+R_3+R_4+R_7 \end{pmatrix} \begin{pmatrix} I_{l1} \\ I_{l2} \\ I_{l3} \end{pmatrix} = \begin{pmatrix} U_S \\ 0 \\ 0 \end{pmatrix}$

13.8 (1) $\mathbf{B} = \begin{pmatrix} 0 & -1 & 0 & 1 & 0 & 0 \\ 1 & -1 & 1 & 0 & 1 & 0 \\ 0 & -1 & 1 & 0 & 0 & 1 \end{pmatrix}$

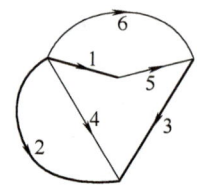

题 13.8 的有向图

(2) $\begin{pmatrix} 1-j & 1 & 1 \\ 1 & j+3 & 3 \\ 1 & 3 & 3+j4 \end{pmatrix} \begin{pmatrix} \dot{I}_{l1} \\ \dot{I}_{l2} \\ \dot{I}_{l3} \end{pmatrix} = \begin{pmatrix} 6 \\ 4 \\ 4 \end{pmatrix}$

13.9 $\mathbf{Q}_f = \begin{pmatrix} 1 & 0 & 0 & 0 & 1 & -1 \\ 0 & 1 & 0 & 0 & 1 & 1 \\ 0 & 0 & 1 & -1 & -1 & 1 \end{pmatrix}$ $\begin{pmatrix} 1.5 & -1 & -1 \\ -1 & 2.5 & -2 \\ -1 & -2 & 3 \end{pmatrix} \begin{pmatrix} U_{t1} \\ U_{t2} \\ U_{t3} \end{pmatrix} = \begin{pmatrix} 1 \\ 0 \\ -1 \end{pmatrix}$

13.10 $\mathbf{Q}_f = \begin{pmatrix} 1 & 0 & 0 & 1 & 1 & 0 \\ 0 & 1 & 0 & 0 & -1 & 1 \\ 0 & 0 & 1 & -1 & 0 & -1 \end{pmatrix}$

$\begin{pmatrix} G_1+G_4+j\omega C_5 & -j\omega C_5 & -G_4 \\ -j\omega C_5 & G_2+G_6+j\omega C_5 & -G_6 \\ -G_4 & -G_6 & G_4+G_6+\dfrac{1}{j\omega L_3} \end{pmatrix} \begin{pmatrix} \dot{U}_{t1} \\ \dot{U}_{t2} \\ \dot{U}_{t3} \end{pmatrix} = \begin{pmatrix} -G_1\dot{U}_{S1} \\ \dot{I}_{S6} \\ -\dot{I}_{S6} \end{pmatrix}$

第 14 章

14.1 (1) $U_Q = 0.5\text{V}$, $I_Q = 0.25\text{A}$; (2) $R = 2\Omega$, $R_d = 1\Omega$

14.2 $i_1 = 0.4\text{A}$, $i_2 = 0.87\text{A}$, $i = 1.27\text{A}$

习题参考答案

14.3

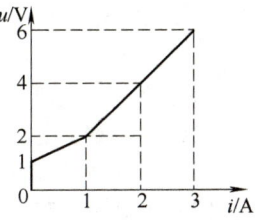

题 14.3 解图

14.4

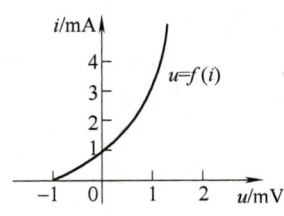

题 14.4 解图

14.5

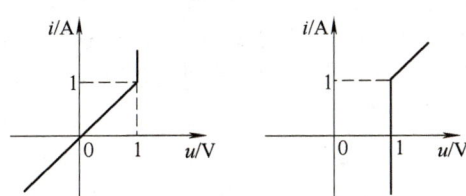

题 14.5 解图　理想二极管正接反接

14.6　$I = 0.5\text{A}$

14.7　$I = 0.5\text{A}$

14.8　$U = 15\text{V}$

14.9　$I_1 = 0.1\text{A}$，$U_1 = 1\text{V}$

14.10　$u(t) = [2 + 0.02\cos(\omega t)]\text{V}$，$i(t) = [4 + 0.16\cos(\omega t)]\text{A}$

参 考 文 献

[1] 周围. 电路分析基础 [M]. 2版. 北京：人民邮电出版社，2019.
[2] 卢元元，王晖. 电路理论基础 [M]. 3版. 西安：西安电子科技大学出版社，2015.
[3] 贺洪江，王振涛. 电路基础 [M]. 2版. 北京：高等教育出版社，2011.
[4] 刘健. 电路分析 [M]. 3版. 北京：电子工业出版社，2016.
[5] 邱关源，罗先觉. 电路 [M]. 6版. 北京：高等教育出版社，2022.
[6] 付永庆. 电路基础：上、下 [M]. 北京：高等教育出版社，2008.
[7] 刘陈，周井泉，沈元隆，等. 电路分析基础 [M]. 4版. 北京：人民邮电出版社，2016.
[8] 许小军. 电路分析 [M]. 北京：机械工业出版社，2008.
[9] 孙盾，范承志，童梅. 电路分析 [M]. 北京：机械工业出版社，2009.
[10] 张宇飞，史学军，周井泉. 电路分析基础 [M]. 西安：西安电子科技大学出版社，2010.
[11] 刘岚，叶庆云. 电路分析基础 [M]. 北京：高等教育出版社，2010.
[12] 郭琳，姬罗栓. 电路分析 [M]. 北京：人民邮电出版社，2010.
[13] 陈晓平，李长杰. 电路原理 [M]. 4版. 北京：机械工业出版社，2022.
[14] 汪金山. 电路分析教程 [M]. 北京：电子工业出版社，2011.
[15] 燕庆明. 电路分析教程 [M]. 4版. 北京：高等教育出版社，2022.
[16] 窦建华. 电路分析实用教程 [M]. 北京：机械工业出版社，2012.
[17] 毕淑娥. 电路分析基础 [M]. 北京：机械工业出版社，2012.
[18] 陈佳新. 电工电子技术 [M]. 北京：机械工业出版社，2020.